皮书系列

皮书系列

广视角·全方位·多品种

皮书系列

皮书系列

皮书系列

皮书系列

皮书系列

皮书系列

编目（CIP）数据

竞争力报告. 2012/张其仔主编. —北京：社会科学
2011. 12
书）
-7-5097-2882-6
· Ⅱ. ①张… Ⅲ. ①产业-市场竞争-研究报告-
Ⅳ. ①F121. 3
图书馆 CIP 数据核字（2011）第 231220 号

书
业竞争力报告（2012）No.2

编 / 张其仔
编 / 郭朝先 白 玫

人 / 谢寿光
者 / 社会科学文献出版社
址 / 北京市西城区北三环中路甲 29 号院 3 号楼华龙大厦
码 / 100029

门 / 皮书出版中心（010）59367127
箱 / pishubu@ssap. cn
筹 / 邓泳红 吴 敏
销 / 社会科学文献出版社发行部（010）59367081 59367089
务 / 读者服务中心（010）59367028

责任编辑 / 任文武 吴 敏
责任校对 / 杜绪林
责任印制 / 岳 阳

装 / 北京季蜂印刷有限公司
本 / 787mm×1092mm 1/16
次 / 2011 年 12 月第 1 版
次 / 2011 年 12 月第 1 次印刷
号 / ISBN 978-7-5097-2882-6
价 / 79. 00 元

印 张 / 27. 5
字 数 / 470 千字

权威 · 前沿 · 原创

中国产

ANNUAL REPORT ON IN

社会科学文献

SOCIAL SCIENCES ACADEMIC P

图书在版

中国产业
文献出版社，
（产业蓝皮
ISBN 978

Ⅰ. ①中…
中国－2012

中国版本

产业蓝皮
中国产

主 编
副 主 编

出 版 人
出 版 社
地
邮政编

责任部
电子信
项目统
总 经
读者服

印
开
版
印
书
定

本书

《中国产业竞争力报告（2012）No. 2》

编　委　会

主要编撰者简介

张其仔　中国社会科学院工业经济研究所研究员，博士生导师，国家可持续发展实验区专家委员会委员。研究兴趣主要有产业竞争力、社会资本、行为经济学、网络分析。在《中国社会科学》、《经济研究》、《中国工业经济》等刊物上发表中英文学术论文数十篇，主要著作包括《社会资本论》、《模块化、产业内分工与经济增长方式转变》（合著）、《生态补偿》（合著）、《中国产业竞争力报告（2010）》（主编）等。

郭朝先　中国社会科学院工业经济研究所副研究员，产业组织研究室副主任；中国可持续发展研究会理事。研究兴趣集中在产业经济学、工业化与经济增长、安全生产、可持续发展。自1997年从事研究工作以来，共主持和参与课题研究30余项，发表论文和研究报告100余篇，出版专著（独著、合著）10余部。

白　玫　经济学博士，中国社会科学院工业经济研究所能源经济研究室副研究员、硕士生导师。近年来主持、参与以“中国能源中长期发展战略研究”、“‘十二五’新兴能源优先发展领域及其战略任务”、“能源利用效率问题研究”为代表的30多项国家重大（点）、中国社会科学院重大（点）以及有关部委、地方委托和国际合作研究项目，在《中国工业经济》、《经济学动态》等刊物发表中英文学术论文数十篇。

李　钢　经济学博士，副研究员，《中国经济学人》（英文版）编辑部副主任，主要从事产业竞争力、环境经济学等研究，在《经济学季刊》、《中国工业经济》、《财贸经济》等刊物上发表论文数十篇，主持和参与国家和省部级项目十余项。

原　磊　经济学博士，主要从事工业运行和产业政策等领域的科研工作，现为工业运行室副主任。在《中国工业经济》、《经济学动态》、*China Economist*、《人民日报》等期刊、报纸上发表学术论文50多篇；出版译著3本。2008年获蒋一苇企业改革与发展学术基金奖优秀论文奖。

江飞涛　经济学博士，现为中国社会科学院工业经济研究所工业投资与市场研究室副主任。在《中国工业经济》、*Chinese Economy* 等学术期刊上发表论文20余篇，2007年获平安励志优秀经济学论文研究生组一等奖、2010年获第二届中金优秀经济学博士论文奖二等奖。

吴利学　经济学博士，中国社会科学院工业经济研究所助理研究员，主要从事能源经济、产业经济、宏观经济等领域的研究。近年来主持或参与了多项国际合作、国家及省部级课题，在《经济研究》、《管理世界》、《世界经济》、《中国工业经济》等期刊上发表论文数十篇，曾获中国青年经济学者优秀论文奖、国家能源局软科学研究优秀成果二等奖、北京市调查研究课题二等奖等多项科研奖励。

刘志雄　中国政法大学商学院副教授。2006年博士毕业于中国农业大学经济管理学院。曾在美国 Iowa State Universtiy 从事一年的学术访问。主要研究领域：对外贸易与产业竞争力、产业组织理论、粮食与能源经济。曾主持国家社会科学基金、中国博士后科学基金和教育部留学回国人员科研启动基金等项目。

摘　要

《中国产业竞争力报告（2012）No. 2》对中国产业竞争力的最新变化进行了系统分析，全书包括四部分。总报告分析了中国产业竞争力的结构。中国已进入中上等收入国家的行列，是否会面临着“中等收入陷阱”问题？总报告力图在分析了中国产业竞争力走势和结构的基础上，对此作出科学的回答。综合篇分析了中国 2011 年的产业竞争力变化，对 2012 年中国产业竞争力的走势进行了展望，并运用产业的国际竞争力指数，对各省、56 个地区和 44 个园区的产业国际竞争力进行了评估。此篇还对结构变化对减排的影响和碳关税对工业增长与就业的影响进行了评估。产业篇和地区篇重点分析各个产业和地区的低碳竞争力。产业篇分析了 12 个碳密集度高的行业的竞争力变化和低碳竞争力的情况。地区篇用市场占有率、显示比较优势指数和碳生产率对各地的产业竞争力新变化和低碳竞争力进行了测评。

主要发现：

1. 中国的产业竞争力存在结构性缺陷，面临跨越“中等收入陷阱”的严峻挑战。国际金融危机爆发后，全球的经济低迷、美国对人民币升值的不断施压和全球应对气候变化的压力，进一步增加了中国跨越“中等收入陷阱”的难度。

2. 东部地区的产业国际竞争力下降，中部地区有所提升，东北和西部地区城市的产业国际竞争力下降现象较普遍。

3. 中国的碳生产率仍要低于发达国家。横向比较，南部沿海和长三角是碳生产率最高的地区，而西北和东北地区是碳生产率较低的地区。

4. 中国完成跨越“中等收入陷阱”的措施包括：提高劳动密集型和资源密集型产业的生产率；进一步提升中技术产业的竞争力，推进中高技术产业的进口替代；加强服务业、创意型产业和战略性新兴产业的创新链建设，提高其竞争潜力。

关键词： 产业竞争力　碳生产率　中等收入陷阱

Abstract

The main objective of the report on industrial competitiveness of China (2012) No. 2, is to make analysis of the new trends of industrial competitiveness. The report is published in four parts.

1. The general report studies the structure of Industrial competitiveness in China. China is classified as one of middle-high income countries. Will China fall into the middle-income trap?

The general report is to answer this question through the identifying the weakness in structure of Industrial competitiveness in China.

2. The general issues analyses the new trends of Industrial competitiveness in 2011 and forecasts the industrial competitiveness of 2012. In this part the industrial competitiveness index is used to make comparison of competitiveness among 30 provinces, 56 areas and 44 zones. The impact of industrial structure adjustment on carbon emission is analyzed and the carbon tariff influence in industrial output and employment are evaluated.

3. Part three and four mainly study the industrial competitiveness among sectors and provinces. Part two examines the changes of industrial competitiveness regarding to new energy industry, electricity industry, steel industry, non-ferrous industry, cement industry, etc., 12 industries with carbon intensive characteristic. Part four covers the industrial competitiveness of 30 provinces with respect to market share, RCA and carbon productivity.

The key finding of the report as follows.

1. China is facing the weakness in the structure of industrial competitiveness and the big challenge from middle-income trap. The difficulty for China to get over middle-income trap will increase when China faces the low growth rate of the global after International financial crisis, and pressure of rising value of RMB from US and the challenge to deal with climate change.

2. Services economy, creative economy and strategy new industries are troubled with shortcomings in structure of competitiveness so that they can't play the lead in promoting economic growth. The potential competitiveness of strategy new industries

in China is less than that of in developed countries.

3. Industrail competitiveness of east area, east-north area and west area are incurring the decline. The industrial competitiveness of middle area is climbing up.

4. Carbon productivity of China still remains less than that of developed countries. A comparison among regions indicates that the carbon productivity of southern coastal regionandYangtze River Delta are the highest but western-north and eastern-north regionsare the lowest.

5. The measures for china to leap over middle-income trap including as the follows: raising the economic efficiency of labor-intensive and resource-intensive industries, improving the competitiveness of medium-technology industries and the promoting import substitute for medium-technology and high-technology production, and strengthening innovation chains construction of services economy, creative economy and strategy new industries. to to enhance the potential competitiveness of them.

Key Words: Industrial Competitiveness; Carbon Productivity; Middle-income Trap

前　言

《中国产业竞争力报告（2012）No. 2》和第一本《中国产业竞争力报告（2010）》相比，除继续对中国产业竞争力、重点行业的产业竞争力和各省产业竞争力的变化进行分析、评估外，还增加了一些新的内容。

1. 报告重点分析了典型行业和全国各个地区的低碳竞争力

中国未来的发展面临很多约束，碳排放空间无疑是最重要的制约因素，也是影响中国产业竞争力的关键因素之一。所以，《中国产业竞争力报告（2012）No. 2》用碳生产率这个指标，对重点行业和各个地区的碳生产率进行了测评，并对影响碳生产率的因素进行了探讨。

作为一个发展中国家和负责任的大国，中国为应对全球气候变化，在减少碳排放方面，做出了艰苦的努力，这几年的碳生产率也有了显著提高，提高的幅度大大高于发达国家。虽然与发达国家处于同样发展阶段时相比，中国的碳生产率有了显著提高，但由中国发展阶段的特点和总体技术水平所决定，中国的碳生产率仍要低于发达国家。横向比较，南部沿海和长三角是碳生产率最高的地区，而西北和泛东北是碳生产率最低的地区；北京和广东是碳生产率最高的省（直辖市），山西和宁夏是碳生产率最低的省（自治区）。

2. 报告对中国产业竞争力的结构分三个层面进行了评估。这三个层面包括中国对发达国家和发展中国家竞争力差异、不同技术含量的产业竞争力差异和不同产业的竞争力差异等

通过三个层面考察发现，中国的产业竞争力呈现一些明显的结构性特点：中国对发达国家的产业竞争力开始出现下降，对于发展中国家，中国的产业竞争力仍然维持弱势；中国的低技术产业具有明显的竞争优势，高技术产业虽然在国际市场上占有的份额上升很快，但用贸易竞争力指数衡量，则要明显弱于低技术产业，而中等技术产业的竞争力最低；与第二产业相比，第三产业产业竞争力明显较低。

3. 报告增加了对服务业、创意型产业和战略性新兴产业竞争力的分析

中国转变发展方式、实现产业的转型升级，一个重要任务就是要提高服务业、创意型产业和战略性新型产业对经济增长的作用，但目前这些产业还不能承担起支撑中国经济增长的主角重任。中国的服务业出口占国际市场的份额一直呈现上升势头，但长期处于弱势，用贸易竞争力指数衡量，中国的服务业竞争力甚至一直呈下降趋势，在服务出口中占有重要地位的行业竞争力也在下降；中国的创意型产业竞争力提升较快，但结构性问题突出，创意型服务产业的竞争力极低，远远低于创意型产品的竞争力，而在创意型产品中，图书、报纸、电影及设计的国际市场占有率不高，电影产品的竞争力不强的问题尤其突出；中国对战略性新兴产业投资虽为全球瞩目，但这些产业的技术储备明显不足，战略性新兴产业目前表现出的竞争潜力明显低于一些发达国家。

4. 报告引进了产业的国际竞争力指数，对各省、56 个地区和 44 个园区（经济开发区和高新技术园区）的产业国际竞争力进行了比较

在产业竞争力的评价中，通常采用的指标包括市场占有率、贸易竞争力指数、显示比较优势指数。产业的国际竞争力指数则是综合考虑这几个方面因素的集成性指标。用产业国际竞争力指数对各地产业竞争力进行比较后，报告得出了一个明显的结论，就是东部地区的产业国际竞争力开始下降，而中部地区有所提升。中国位列产业国际竞争力前五强的省（直辖市）是广东、江苏、浙江、上海和山东，但近年来都不同程度地出现了下滑，其中，东部地区北京下滑最为严重；中国位居产业国际竞争力前十强的地区都是东部沿海地区，其中，苏州、宁波、广州、杭州、中山市位列前五；产业国际竞争力前十强地区出现普遍下降趋势；2011 年上半年，大连取代温州进入产业国际竞争力十强地区，温州退出产业国际竞争力十强城市之列；在中部地区一些重要城市的产业国际竞争力普遍提升的同时，东北和西部地区的产业国际竞争力下降现象较普遍。根据课题组对 44 家园区的 2011 年产业国际竞争力的评估，44 家园区中位列前十强的园区有 9 家都属于东部沿海地区。其中，上海浦东新区、苏州工业园、天津经济技术开发区、广州经济技术开发区、大连经济技术开发区位列前五；十强园区中，产业国际竞争力仅武汉东湖新技术开发区出现了提高，其他都出现了下降。

按世界银行的标准，中国已经进入中上等收入国家的行列。不少国家在进入此阶段后，经济增长停滞，面临着“中等收入陷阱”问题。中国是否会落入这个陷阱？从中国产业竞争力走势和结构分析，中国的产业竞争力存在结构性缺陷，面临跨越“中等收入陷阱”的严峻挑战。国际金融危机爆发后，全球的经济低迷、美国对人民币升值的不断施压和全球应对气候变化的压力，进一步增加了中国跨越“中等收入陷阱”的难度。中国亟须建立一种适应复杂经济特性、摆脱产业转型升级锁定的政策体系和治理机制，实现成功跨越。

产业竞争力分析虽然充满探索的乐趣，但又复杂多变，课题组尽管为此付出了艰苦努力，但肯定仍存在很多不完善之处，诚挚地欢迎实践部门、理论界的同仁、热心的读者批评指正。

为了加强对产业竞争力的研究，课题组专门建立了全球与地区产业竞争力网。欢迎访问我们的网站，分享产业竞争力研究的最新成果和产业竞争力的最新信息。

本研究得到了国家 973 课题（编号：2010CB955205）和中国社会科学院重大课题“中国产业竞争优势转型及风险研究”、十一五科技支撑计划课题“跨区域经济发展动态仿真模拟技术研究”的支持，在此，课题组对国家科技部、中国社会科学院经济学部、科研局和工业经济研究所所学术委员会的支持表示衷心的感谢。

最后，课题组还要特别感谢社会科学文献出版社的谢寿光社长、范广伟副主编和任文武、吴敏编辑对本报告出版付出的辛勤劳动和所给予的不懈支持。

课题组

2011 年 11 月 1 日

目 录

𝔹 Ⅰ 总报告

𝔹.1 中国产业竞争力的结构与“中等收入陷阱” …… 张其仔 伍业君 / 001

一 中国已成为中上等收入国家 …… / 001

二 产业竞争力的技术水平结构 …… / 004

三 服务业的竞争力 …… / 006

四 创意型产业和战略性新兴产业竞争力 …… / 009

五 跨越“中等收入陷阱”的对策措施 …… / 011

𝔹 Ⅱ 综合篇

𝔹.2 中国产业竞争力走势分析与展望：2011～2012年 …… 张其仔 / 013

𝔹.3 产业结构变动对中国碳排放的影响 …… 郭朝先 / 027

𝔹.4 地区产业低碳竞争力比较 …… 原 磊 / 035

𝔹 Ⅲ 行业篇

𝔹.5 新能源工业竞争力 …… 白 玫 / 048

B.6 电力工业竞争力 …………………………………………… 吴利学 / 059
B.7 采掘工业竞争力 …………………………………… 向奕霓　李　钢 / 072
B.8 钢铁工业竞争力 …………………………………………… 江飞涛 / 082
B.9 水泥工业竞争力 …………………………………………… 白　玫 / 092
B.10 石油化学工业竞争力 ……………………………………… 梁泳梅 / 105
B.11 纺织服装工业竞争力 ……………………………………… 梁泳梅 / 117
B.12 家电工业竞争力 …………………………………………… 原　磊 / 130
B.13 汽车工业竞争力 …………………………………………… 江飞涛 / 140
B.14 机械工业竞争力 …………………………………………… 张航燕 / 150
B.15 航天航空工业竞争力 ……………………………………… 王　磊 / 159
B.16 交通运输业竞争力 ………………………………………… 张新民 / 169

BⅣ 地区篇

B.17 上海产业低碳竞争力 ……………………………………… 伍业君 / 186
B.18 江苏产业低碳竞争力 ……………………………………… 伍业君 / 195
B.19 浙江产业低碳竞争力 ……………………………………… 伍业君 / 203
B.20 广东产业低碳竞争力 ……………………………………… 刘　昶 / 211
B.21 福建产业低碳竞争力 ……………………………………… 刘　昶 / 223
B.22 广西产业低碳竞争力 ……………………………………… 刘　昶 / 231
B.23 海南产业低碳竞争力 ……………………………………… 刘　昶 / 240
B.24 河北产业低碳竞争力 ……………………………………… 张晓雪 / 249
B.25 山东产业低碳竞争力 ……………………………………… 张晓雪 / 257
B.26 黑龙江产业低碳竞争力 …………………………………… 谭运嘉 / 264
B.27 吉林产业低碳竞争力 ……………………………………… 谭运嘉 / 275
B.28 辽宁产业低碳竞争力 ……………………………………… 谭运嘉 / 286

B.29 内蒙古产业低碳竞争力 …… 谭运嘉 / 297
B.30 河南产业低碳竞争力 …… 刘志雄 / 308
B.31 山西产业低碳竞争力 …… 刘志雄 / 316
B.32 湖北产业低碳竞争力 …… 刘志雄 / 323
B.33 湖南产业低碳竞争力 …… 刘志雄 / 332
B.34 安徽产业低碳竞争力 …… 刘志雄 / 341
B.35 江西产业低碳竞争力 …… 刘志雄 / 349
B.36 陕西产业低碳竞争力 …… 徐 娟 / 356
B.37 青海产业低碳竞争力 …… 徐 娟 / 369
B.38 新疆产业低碳竞争力 …… 徐 娟 / 379
B.39 贵州产业低碳竞争力 …… 胡文龙 / 389
B.40 四川产业低碳竞争力 …… 胡文龙 / 398
B.41 重庆产业低碳竞争力 …… 胡文龙 / 407

皮书数据库阅读使用指南

CONTENTS

𝔹 I General Report

𝔹.1 Structure of Industrial Competitiveness and Middle-income Trap of China *Zhang Qizi, Wu Yejun* / 001

1. China is Classified as One of Middle-income Countries / 001

2. The Structure of Industrial Competitiveness / 004

3. The Competitiveness of Services Economy / 006

4. The Competitiveness of Creative Economy and Strategy New Industries / 009

5. The Measures for China to Leap over Middle-income Trap / 011

𝔹 II General Issues

𝔹.2 The Analysis and Forcast on the Industrial Competitiveness of China: 2011-2012 *Zhang Qizi* / 013

𝔹.3 The Impact of Industrial Structure Changes on Carbon Emission of China *Guo Chaoxian* / 027

𝔹.4 Comparison of Industrial Competitiveness of Low Carbon Among regions *Yuan Lei* / 035

𝔹 III Industrial Competitiveness of China

𝔹.5 The Competitiveness of New Energy Industry *Bai Mei* / 048

B.6 The Competitiveness of Electricity Industry *Wu Lixue* / 059

B.7 The Competitiveness of Extractive Industry *Xiang Yini, Li Gang* / 072

B.8 The Competitiveness of Steel Industry *Jiang Feitao* / 082

B.9 The Competitiveness of Cement Industry *Bai Mei* / 092

B.10 The Competitiveness of Petrolum-Chemical Industry *Liang Yongmei* / 105

B.11 The Competitiveness of Textile and Clothing Industry *Liang Yongmei* / 117

B.12 The Competitiveness of Appliances Industry *Yuan Lei* / 130

B.13 The Competitiveness of Auto Industry *Jiang Feitao* / 140

B.14 The Competitiveness of Machinery Industry *Zhang Hangyan* / 150

B.15 The Competitiveness of Aviation and Aerospace Industry *Wang Lei* / 159

B.16 The Competitiveness of Transportation Industry *Zhang Xinmin* / 169

B IV The Low Carbon Competitiveness of Industry Among Regions

B.17 The Low Carbon Competitiveness of Industry of Shanghai *Wu Yejun* / 186

B.18 The Low Carbon Competitiveness of Industry of Jiangsu *Wu Yejun* / 195

B.19 The Low Carbon Competitiveness of Industry of Zhejiang *Wu Yejun* / 203

B.20 The Low Carbon Competitiveness of Industry of Guangdong *Liu Chang* / 211

B.21 The Low Carbon Competitiveneeof Industry of Fujie *Liu Chang* / 223

B.22 The Low Carbon Competitiveness of Industry of Guangxi *Liu Chang* / 231

B.23 The Low Carbon Competiitveness of Industry of Hainan *Liu Chang* / 240

B.24 The Low Carbon Competitiveness of Industry of Hubei *Zhang Xiaoxue* / 249

B.25 The Low Carbon Competitiveness of Industry of Shangdong *Zhang Xiaoxue* / 257

B.26 The Low Carbon Competitiveness of Industry of Heilongjiang *Tan Yunjia* / 264

B.27 The Low Carbon Competitivness of Industry of Jilin *Tan Yunjia* / 275

B.28 The Low Carbon Competitiveness of Industry of Liaoning *Tan Yunjia* / 286

B.29 The Low Carbon Competitiveness of Industry of Inner Mongolia Autonomous Region *Tan Yunjia* / 297

B.30 The Low Carbon Competitiveness of Indsutry of Henan *Liu Zhixiong* / 308

B.31 The Low Carbon Competitiveness of Industry of Shanxi *Liu Zhixiong* / 316

B.32 The Low Carbon Competitiveness of Industry of Hubei *Liu Zhixiong* / 323

B.33 The Low Carbon Comptitiveness of Industry of Henan *Liu Zhixiong* / 332

B.34 The Low Carbon Competitiveness of Industry of Anhui *Liu Zhixiong* / 341

B.35 The Low Carbong Competitiveness of Industry of Jinagxi *Liu Zhixiong* / 349

B.36 The Low Carbon Competitiveness of Industry of Shaanxi *Xu Juan* / 356

B.37 The Low Carbon Competitiveness of Industry of Qinghai *Xu Juan* / 369

B.38 The Low Carbon Competitiveness of Industry of Xinjieng Uygur Autonomous Region *Xu Juan* / 379

B.39 The Low Carbon Competitiveness of Industry of Guizhou *Hu Wenlong* / 389

B.40 The Low Carbon Competitiveness of Industry of Sichuan *Hu Wenlong* / 398

B.41 The Low Carbon Competitivenss of Industry of Chongqing *Hu Wenlong* / 407

总 报 告

General Report

B.1 中国产业竞争力的结构与“中等收入陷阱”

张其仔　伍业君*

一　中国已成为中上等收入国家

每年7月世界银行都会对国家的分类进行调整，根据2011年世界银行的标准，中国已被列入中上等收入国家。20世纪80年代中期前，中国一直属于低收入国家行列。20世纪80年代中期后，中国开始变为中等收入国家，经过10多年的努力，中国又从低中等收入国家变成了中上等收入国家（见图1）。很多国家在成为中等收入国家之后，面临着“中等收入陷阱”的困扰。中国是否也面临摆脱“中等收入陷阱”的课题？

“中等收入陷阱”指的就是一个国家在成为中等收入国家之后，经济增长乏

* 张其仔，中国社会科学院工业经济研究所研究员；伍业君，中国社会科学院工业经济研究所博士。

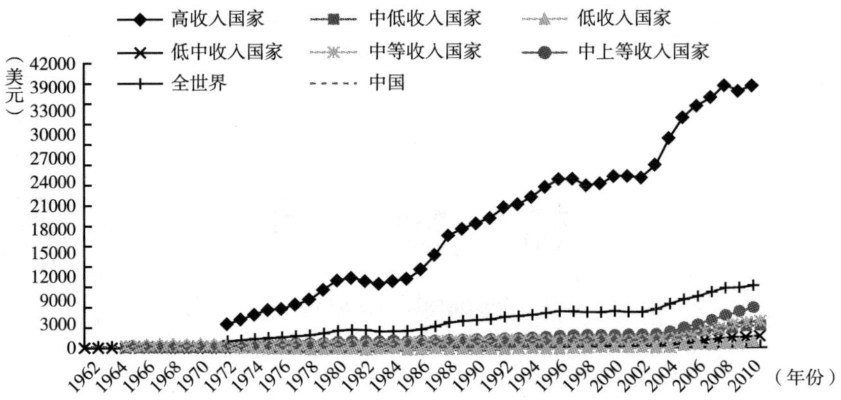

图1　全球不同类型国家人均 GNI 的变化趋势

资料来源：根据世界银行人均 GNI 数据库。

力、经济增长放慢、人均收入水平难以提高的现象。这一现象并非理论家编造的故事，或是发展中国家杞人忧天。20 世纪 70 年代以来，中等收入国家增长缓慢，与高收入国家相比，人均国民总收入（Gross National Income，以下简称 GNI）的差距，不仅没有缩小，反而有所扩大。进入 21 世纪，中等收入国家的人均收入水平提高的幅度比 20 世纪后 30 年虽然有所加快，但与高收入国家的收入差距仍然没有缩小。一些中等收入国家的人均收入水平提高仍然缓慢，有的甚至停滞不前。“中等收入陷阱”这一现象首先于拉美地区出现，继而在一些亚洲国家开始出现（见图 2、图 3、图 4）。

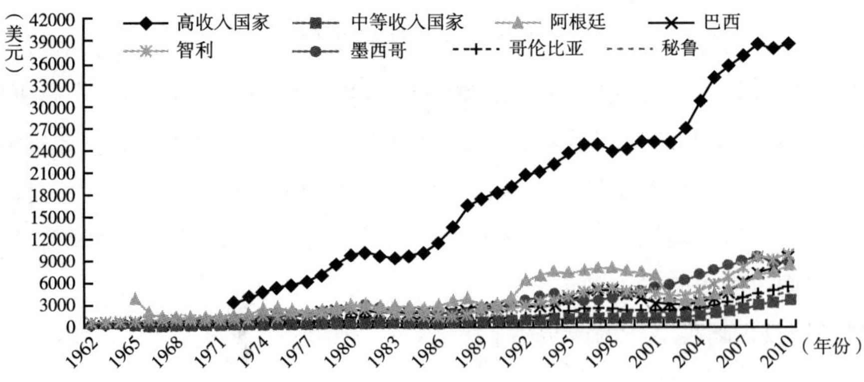

图2　拉美国家与高收入国家的人均 GNI 的差距变化趋势

资料来源：世界银行数据库。

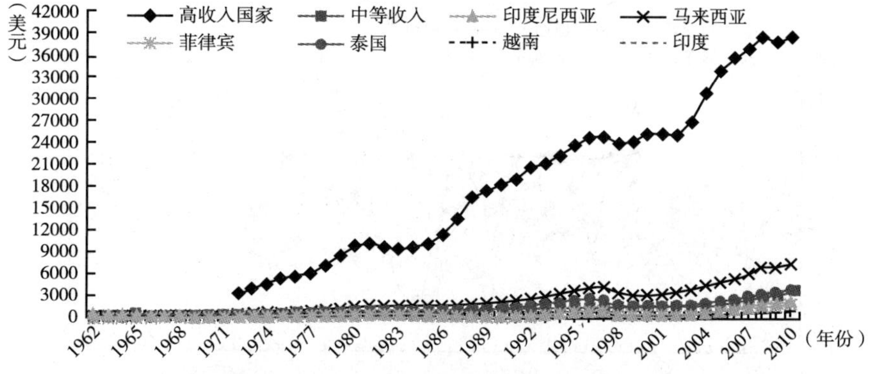

图3　亚洲部分国家与高收入国家的人均GNI的差距变化趋势

资料来源：世界银行数据库。

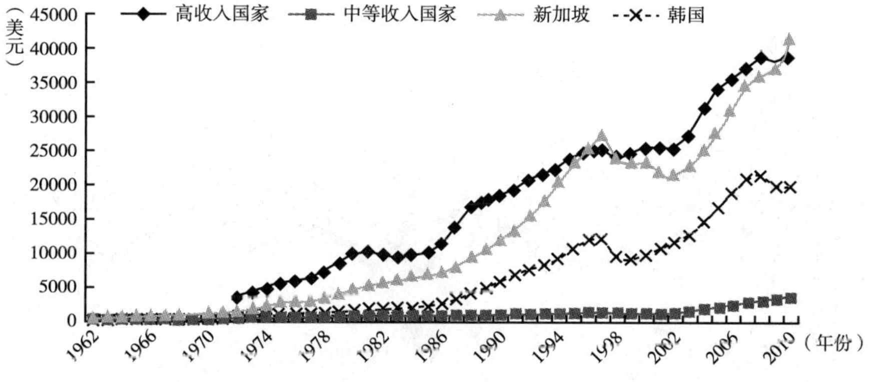

图4　新加坡、韩国与高收入国家的人均GNI的差距变化趋势

资料来源：世界银行数据库。

一些中等收入国家经济增长缓慢或出现停滞现象一般都与这些国家产业竞争力提升缓慢或下降现象相伴随。拉美和亚洲迈入中等收入水平的国家，其产业竞争力水平长期停滞不前，对经济增长造成了很大困扰（见图5、图6）。

中国在成为中等收入国家之后，成功地从低中等收入国家迈入中上等收入国家，在迈向高收入国家的前半段，没有落入“中等收入陷阱”，在后半段，也就是由中上等收入国家迈向高收入国家这个阶段，中国会不会不可避免地落入“中等收入陷阱”？这很大程度上取决于中国的产业竞争力的状况，取决于能否解决好中国产业竞争力提升过程中所面临的矛盾。

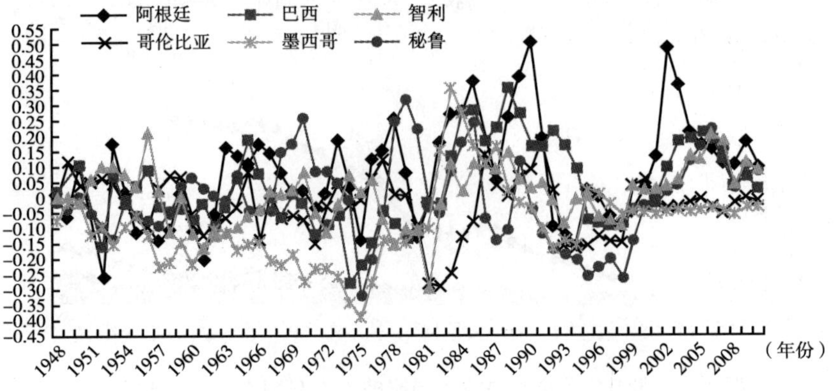

图5　部分拉美国家产业竞争力的变化情况（用贸易竞争力指数衡量）

资料来源：UNCTADstat，中国产业竞争力数据库。

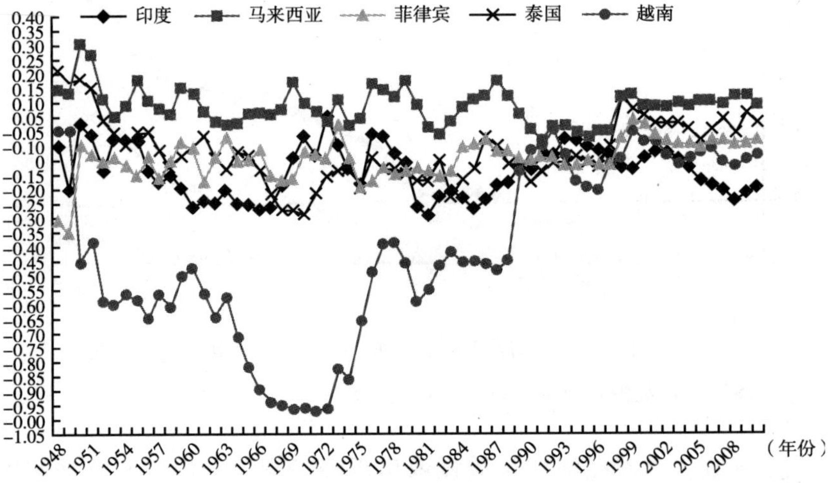

图6　部分亚洲国家的产业竞争力变化情况（用贸易竞争力指数衡量）

资料来源：UNCTADstat，中国产业竞争力数据库。

二　产业竞争力的技术水平结构

联合国在按技术含量对产业进行分类时，将产业分成了高、中、低和未分类四类。在这四类产业中，中国低技术产业的竞争力最强，其次为高技术产业。在国际市场上，中国是高技术产品的重要出口国，占国际同类产品出口的比重，从2003年就开始接近低技术产品。2006~2008年两者的差距虽有短暂扩大，但随后，2009~2010年又开始缩小。

中国高技术产品出口在国际市场上虽然占有相当大的份额，但中国也是高技术产品的重要进口国，综合国际和国内两个市场，中国高技术产业的竞争力仍处于中间水平。

国际金融危机对低技术和高技术产业都造成了冲击，低技术产业受到的冲击更加明显。但低技术产业的适应力和恢复力明显要强于高技术产业和其他技术含量的产业（见图7、图8、图9）。

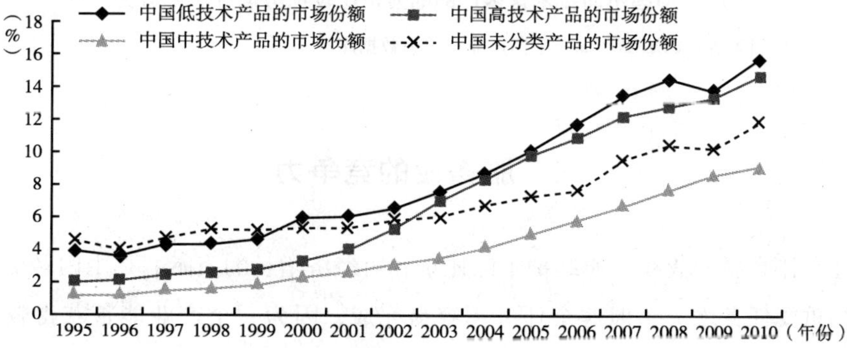

图7　中国不同技术含量产品的市场占有率变化情况

资料来源：UNCTADstat，中国产业竞争力数据库。

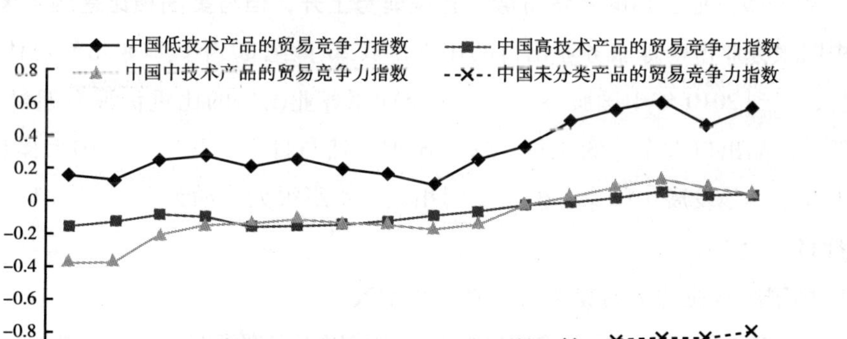

图8　中国不同技术含量的贸易竞争力指数变化情况

资料来源：UNCTADstat，中国产业竞争力数据库。

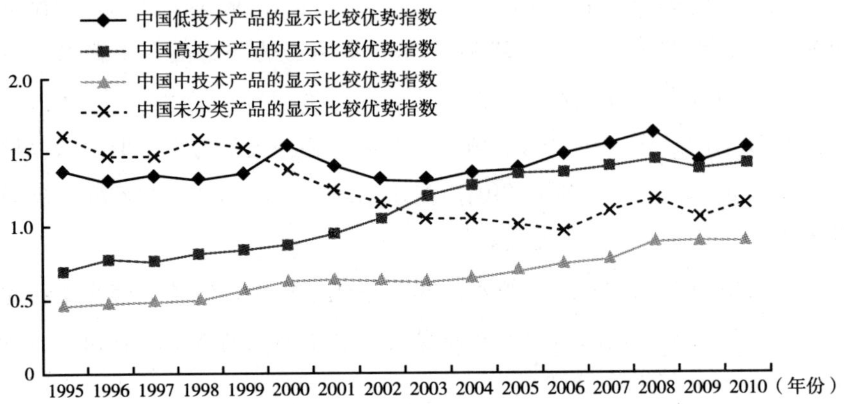

图9　中国不同技术含量产品的显示比较优势指数变化情况

资料来源：UNCTADstat，中国产业竞争力数据库。

三　服务业的竞争力

逐步提高服务业在产业结构中的比重和对经济增长的贡献，是中国转变发展方式的重要任务之一，但这个任务不容易完成，因为一个产业能否获得较快发展，主要取决于这个产业相对于其他产业的竞争优势，而中国服务业的竞争力，相比工业竞争力很弱。

1. 中国服务业出口的市场份额一直呈弱势上升，但与美国相比差距巨大

中国服务业占全球服务业出口的比重，从20世纪80年代以来虽然总体呈增加趋势，但到2010年中国服务业出口占全球服务业出口的比重仍没有超过5%，远远低于产品出口占全球的比重。这一比重虽然与日本、德国、法国大体相同，也大大高于其他发展中国家，但与美国相比，差距很大，约为美国的1/3（见图10、图11、表1）。

2. 中国服务业的贸易竞争力下降势头难改

中国服务业的贸易竞争力自20世纪90年代以来出现下降，此后，开始停滞不前。在停滞徘徊一段时期后，在国际金融危机的冲击下，出现了进一步下降。相比于产品出口，中国的服务出口，更容易受国际金融危机的影响。在国际金融危机的冲击下，中国的服务业出口占全球服务业出口的比重在2009年出现了下降。

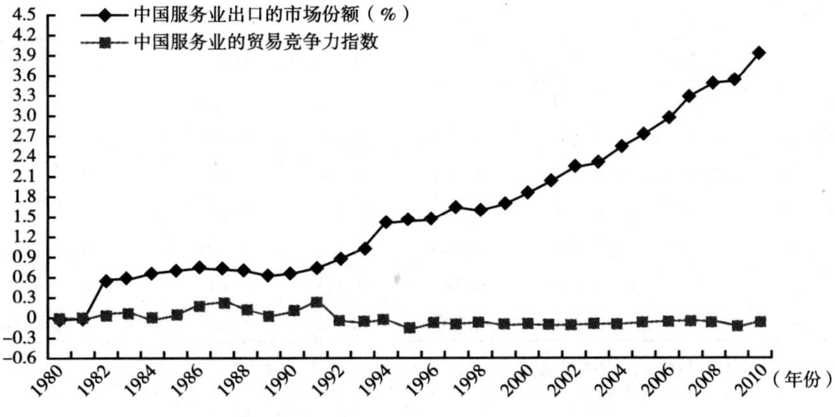

图 10　中国服务业出口占比与贸易竞争力指数变化情况

资料来源：UNCTADstat，中国产业竞争力数据库。

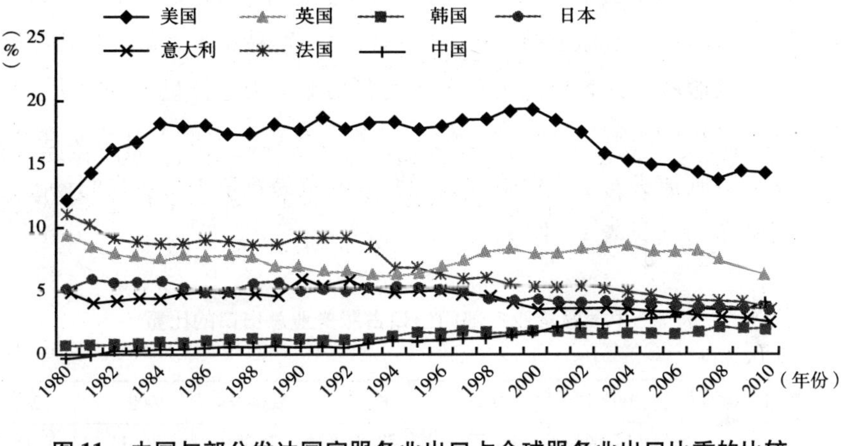

图 11　中国与部分发达国家服务业出口占全球服务业出口比重的比较

资料来源：UNCTADstat，中国产业竞争力数据库。

表 1　中国与部分发展中国家服务业出口占全球服务业出口比重的比较

单位：%

国　　家	1990 年	2000 年	2005 年	2007 年	2008 年	2009 年	2010 年
阿 根 廷	0. 295	0. 322	0. 258	0. 298	0. 309	0. 318	0. 349
巴　　西	0. 455	0. 621	0. 625	0. 688	0. 775	0. 799	0. 876
中　　国	0. 708	1. 989	2. 901	3. 514	3. 744	3. 735	4. 223
哥伦比亚	0. 193	0. 133	0. 104	0. 104	0. 105	0. 121	0. 119
印　　度	0. 559	1. 091	2. 048	2. 501	2. 652	2. 612	3. 105

续表

国　　家	1990 年	2000 年	2005 年	2007 年	2008 年	2009 年	2010 年
马来西亚	0.466	0.911	0.763	0.847	0.771	0.829	0.868
墨 西 哥	0.979	0.899	0.629	0.506	0.470	0.444	0.412
秘　　鲁	0.096	0.101	0.089	0.090	0.092	0.105	0.109
菲 律 宾	0.392	0.220	0.176	0.280	0.247	0.295	0.325
南　　非	0.412	0.329	0.440	0.397	0.325	0.346	0.373
泰　　国	0.776	0.906	0.786	0.873	0.849	0.870	0.909
越　　南	0.048	0.176	0.162	0.173	0.180	0.163	0.188

资料来源：UNCTADstat，中国产业竞争力数据库。

3. 在服务出口中占有重要地位的行业，竞争力一直处于下降通道

交通、旅游、建筑、计算机与信息等服务在中国服务出口中占有相对较大的比重，2009 年，交通服务和旅游服务两者出口加起来，占服务出口的 50% 左右（见表 2）。但这两者受国际金融危机的影响较大，贸易竞争力都表现出了较大幅度的下降。建筑服务、计算机与信息服务的贸易竞争力总体呈上升势头，但也受到了国际金融危机的影响，计算机与信息服务贸易竞争力的上升势头在 2009 年受阻，建筑服务则掉头向下。保险和金融服务的贸易竞争力虽然在弱势上升，但仍极端缺乏竞争力（见表 2、图 12）。

表 2　中国服务业各部门出口占服务业总出口的比重

单位：%

部门	2000 年	2005 年	2006 年	2007 年	2008 年	2009 年
交通	12.06	20.73	22.84	25.63	26.11	18.19
旅游	53.33	39.37	36.90	30.46	27.76	30.62
通信	4.42	0.65	0.80	0.96	1.06	0.92
建筑	1.97	3.48	2.99	4.40	7.02	7.30
保险	0.35	0.73	0.59	0.73	0.93	1.23
金融	0.25	0.19	0.15	0.18	0.21	0.33
计算机与信息	1.16	2.47	3.21	3.55	4.24	5.02
许可费	0.26	0.21	0.22	0.28	0.38	0.33
其他商业服务	25.18	31.29	31.49	33.06	31.50	35.21
个人、文化与娱乐服务	0.03	0.17	0.14	0.25	0.28	0.07
政府服务	0.93	0.66	0.62	0.45	0.45	0.73

资料来源：UNCTADstat，中国产业竞争力数据库。

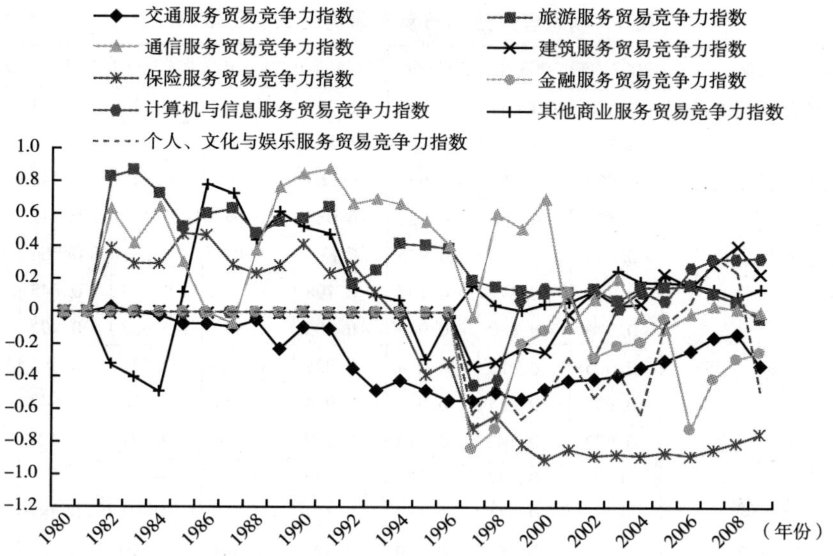

图 12　服务业各部门的贸易竞争力指数变化趋势

资料来源：UNCTADstat，中国产业竞争力数据库。

四　创意型产业和战略性新兴产业竞争力

近年来，创意型产业受到了全球各国的高度重视。创意型产业的出口也出现了较大增长，发展中国家的增长比发达国家还强劲。2003～2008 年，全球创意型产业的出口年均增长 11.53%，其中，发达国家为 10.5%，发展中国家为 13.55%。中国的创意型产业出口增长不仅高于发达国家水平，而且还高于发展中国家水平，达到了 16.92%。创意型产业出口的市场占有率 2008 年已达到了 20%。但结构性问题突出，创意型服务产业的竞争力极低，远远低于创意型产品的竞争力。而在创意型产品中，图书、报纸、电影及设计的国际市场占有率不高，电影产品的竞争力不强的问题尤其突出（见表 3、图 13）。

为了实现发展方式转变，中国提出大力发展新能源、新材料、新一代信息技术、高端装备制造、生物、节能环保和新能源汽车等战略性新兴产业。这些产业的竞争力对于中国实现发展方式转变至关重要，但这些产业的竞争力，因为数据相对缺乏，目前还难以系统评价，只能根据其技术储备情况进行初步分析。

表 3　创意型产业的贸易竞争力指数变化情况

产　业	2002 年	2003 年	2004 年	2005 年	2006 年	2007 年	2008 年	2009 年
广告、市场研究、舆论调查	-0.028	0.030	0.097	0.201	0.204	0.177	0.063	0.083
研发服务	-0.343	—	—	—	—	—	—	—
个人、文化与娱乐服务	-0.527	-0.350	-0.621	-0.069	0.061	0.345	0.242	-0.482
视听及相关服务	-0.527	-0.350	-0.621	-0.069	0.061	0.345	0.242	-0.482
所有创意型产品	0.833	0.840	0.855	0.866	0.871	0.856	0.866	—
工艺品	0.748	0.777	0.767	0.798	0.808	0.833	0.845	—
电影	-0.736	-0.850	-0.943	-0.985	-0.977	-0.988	-0.992	—
设计	0.905	0.913	0.924	0.928	0.929	0.922	0.915	—
玩具设计	0.946	0.924	0.939	0.944	0.957	0.950	0.943	—
新媒体	0.672	0.702	0.814	0.897	0.880	0.821	0.924	—
记录介质	-0.650	-0.547	-0.573	-0.640	-0.416	—	—	—
音乐(CD、磁带)	-0.469	-0.534	-0.689	-0.771	-0.783	-0.371	-0.387	—
出版	0.279	0.259	0.429	0.424	0.541	0.610	0.637	—
图书	0.616	0.656	0.733	0.742	0.766	0.795	0.830	—
报纸	-0.904	-0.895	-0.775	-0.826	0.121	0.400	0.297	—
古玩	0.223	0.093	0.127	-0.036	0.035	0.208	-0.502	—
绘画	0.918	0.921	0.889	0.946	0.944	0.882	0.854	—
摄影	0.035	0.217	0.071	0.209	-0.052	0.415	0.516	—
雕塑	0.988	0.987	0.984	0.983	0.981	0.984	0.984	—

资料来源：根据 UNCTADstat，创意型产业数据库计算。

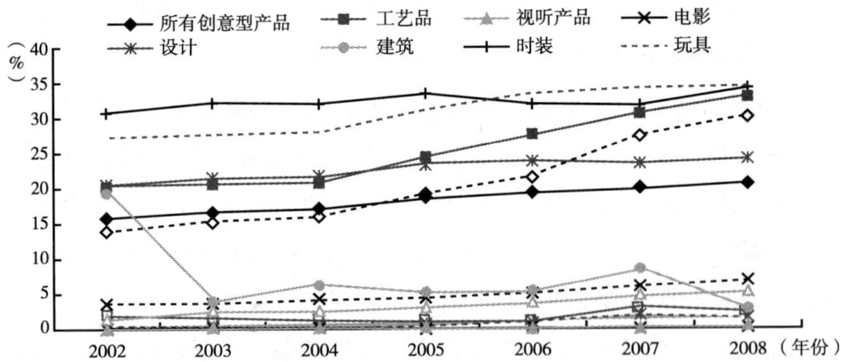

图 13　创意型产品的市场占有率变化趋势

资料来源；根据 UNCTADstat，创意型产业数据库绘制。

根据技术储备情况评估中国战略性新兴产业的发展，战略性新兴产业的竞争力明显不足。从与ICT相关的技术专利、生物技术专利、纳米技术专利、与新能源相关的技术专利看，中国与发达国家相比，差距十分明显（见表4）。

表4　不同领域在欧盟专利局的专利申请（截至2009年）

单位：%

国　家	与ICT相关的技术专利所占比	国　家	生物技术专利所占比	国　家	纳米技术专利所占比	国　家	新能源专利所占比重
瑞　典	1.7	意大利	1.5	法　国	5.4	英　国	4.53
芬　兰	1.8	比利时	1.4	意大利	1.4	法　国	3.37
意大利	1.7	瑞　典	1.5	韩　国	3.2	日　本	9.59
加拿大	1.7	韩　国	1.1	德　国	11.7	丹　麦	5.22
德　国	13.4	德　国	11.9	比利时	1.2	美　国	22.13
法　国	5.6	法　国	4.8	荷　兰	2.6	西班牙	5.90
日　本	23.0	日　本	11.2	日　本	22.9	德　国	11.87
英　国	5.0	荷　兰	2.4	瑞　典	1.3	韩　国	4.13
韩　国	2.9	英　国	5.7	英　国	4.5	中　国	4.26
荷　兰	4.2	加拿大	2.7	瑞　士	2.1		
美　国	30.2	美　国	42.5	美　国	36.2		
中　国	0.5	澳大利亚	1.8	加拿大	1.3		
		中　国	0.6	中　国	—		

资料来源：OECD，*Science，Technology and Industry Scoreboard 2011*。

五　跨越“中等收入陷阱”的对策措施

1. 中国面临着落入“中等收入陷阱”的严峻挑战

中国目前的产业竞争优势结构，使得中国在迈向高收入国家的后半程中仍然面临“中等收入陷阱”的挑战。按现今中国的经济发展水平，中国虽然能被划入中上等收入国家之列，但中国产业竞争优势的结构却并没有转到中高技术产业占主导的阶段。中国目前的产业竞争力结构存在明显缺陷：中国的竞争优势仍为低技术产业，高技术产品在国际市场上的占有率虽然和低技术产品水平接近，但这主要是由外资企业带动的，用高技术产品的贸易竞争力指数进行衡量，则其竞争力与中技术产品相当；服务业的国际市场占有率近年来一直呈上升趋势，目前已达到了与发达国家相当的水平，但市场开拓的难度加大，贸易竞争力较弱；创意型产业的市场占有率已经达到相当水平，但总体素质不高，竞争力不强，短期内如无特别推动，大幅拓展市场空间的可能性不大；战略性新兴产业虽然受到国家的大力支持，并表现出了一定的竞争力，但其发展正受制于研发能力和技术储备不足的制约。由此，中国面临着落入“中等收入陷阱”的严峻挑战。

2. 主要对策措施

（1）大力提高中技术产业的竞争力，推进中高技术产业的进口替代。中国中技术产业在国际市场上的竞争力比不过低技术产业和高技术产业，在国际市场上份额不高，还有市场开拓空间。发展这些产业，对于维持中国经济的持续增长意义重大。德国、日本已经是发达国家了，但其中技术产业仍占有很大比重。

中国的高技术产业在国外市场份额增加很快，但进口增加也很快。大力推进高技术产业的进口替代，可以有效抵消高技术产业在国际市场上可能受到的冲击。

（2）进一步提高低技术产业的生产率。中国人口数量庞大，总体人口素质不高，继续保持在低技术产业上的竞争力，对于解决中国的就业问题十分重要。但为了在这些产业上与发展中国家进行竞争，在生产成本上涨之后，就必须通过提高劳动生产率的办法，防止这些产业竞争力过快下降。

（3）大力加强战略性新兴产业、创意型产业和服务业的创新链建设。中国在战略性新兴产业、创意型产业和服务业的竞争力都还不高，为了提升这些产业的竞争力，就必须从创新链的角度加以筹划。

对于战略性新兴产业，重点是要加强研发投入。中国已成为全球ICT产品最大出口国，2008年中国ICT产品的出口占全球的比重达到了22.6%，大大高于处于第二位、占全球出口比重9.2%的美国；同时，中国ICT产业的贸易竞争力高于发展中国家的平均水平，在亚洲仅低于韩国和中国台湾地区，在全球位列第四。中国在新能源方面的投资增加也很快，但技术能力的储备却严重不足，需要加大研发方面的投入。

中国的创意型产业和服务型产业的创新能力严重不足，要大力推进创意型产业和服务业的创新能力建设，要充分实现创意型产业、服务业与现代制造业的融合，大力推进与创意型产业、服务业相关工业发展，通过创意型产业、服务业与现代工业相互支持，提高创意型产业和服务业的竞争力。

综 合 篇

General Issues

B.2

中国产业竞争力走势分析与展望：2011～2012年

张其仔*

一 2011年产业竞争力走势分析

1. 国际金融危机后，中国产业竞争力总体上进一步走弱

受国际金融危机的影响，中国产品出口占全球出口的比重仅由2007年的8.7%微幅上升为2008年的8.86%，中国产品在国际市场上所占份额一直呈现的较快增加势头受挫。2009年中国产品出口在全球出口占比重拾升势，达到了9.6%，2010年占全球出口的比重达到了10.3%。2011年中国产品的出口将进一步增加，占全球出口的份额也将随之增加。如综合考虑国内和国际两个市场，用贸易竞争力指数来衡量，则中国产业竞争力在国际金融危机的冲击下进一步弱化（见图1）。

---

* 张其仔，中国社会科学院工业经济研究所研究员。

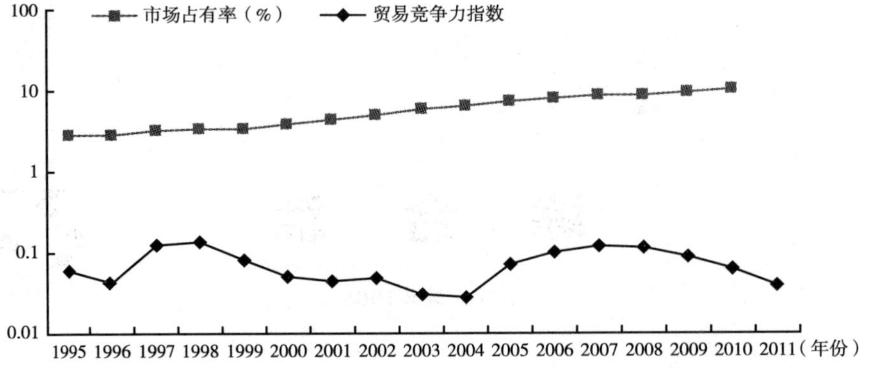

图1　中国的市场占有率和贸易竞争力指数的变化情况

注：2011 年数据仅由 1~8 月计算。
资料来源：WTO，中国海关总署。

2. 中国对发达国家的竞争力出现下降，对发展中国家的竞争力仍然保持弱势

2011 年中国的产业竞争力进一步弱化，其主要是由中国相对于发达国家的竞争力下降造成的（见表 1）。在对发达国家的竞争力出现下降的同时，中国对发展中国家的竞争力并没有得到有效提升，仍然保持弱势，从而造成了总体竞争力的下降。

表1　中国对主要国家或地区贸易竞争力指数的变化

国家或地区	2011 年贸易竞争力指数	2010 年贸易竞争力指数
印度	0. 349	0. 325
日本	-0. 151	-0. 186
韩国	-0. 317	-0. 336
东南亚国家联盟	-0. 066	-0. 055
印度尼西亚	-0. 006	0. 027
马来西亚	-0. 398	-0. 358
菲律宾	-0. 122	-0. 168
新加坡	0. 118	0. 133
泰国	-0. 211	-0. 254
越南	0. 471	0. 536
欧洲联盟	0. 256	0. 297
英国	0. 504	0. 548
德国	-0. 095	-0. 044

续表

国家或地区	2011 年贸易竞争力指数	2010 年贸易竞争力指数
法国	0. 157	0. 234
意大利	0. 338	0. 379
荷兰	0. 735	0. 769
俄罗斯联邦	－0. 018	0. 068
南非	－0. 408	－0. 576
巴西	－0. 216	－0. 217
加拿大	0. 068	0. 197
美国	0. 439	0. 470
澳大利亚	－0. 416	－0. 381
新西兰	－0. 204	－0. 152
总　值	0. 039	0. 061

注:2011 年数据仅由 1～8 月计算。

资料来源:中国海关总署,中国产业竞争力数据库。

3. 中国的出口结构，仍以资源型和劳动密集型产品为主

长期以来，劳动与资源密集型产业一直是中国竞争力最强的产业，即便是在国际金融危机爆发后，仍然保持了强劲的增长势头。2007 年，中国劳动与资源密集型产品出口占全球同类产品出口的比重达到 30%，2010 年这个比重则达到 34%左右，大大高于中国出口占全球出口总额的比重。2011 年，中国劳动与资源密集型产品的出口仍呈现快速增长势头。

中国劳动与资源密集型产品的相对竞争优势虽然一直在下降，但显示比较优势指数仍维持在 3 以上，相对竞争优势明显，国际金融危机同样没有改变这一基本态势（见图 2）。

中国劳动与资源密集型产业的贸易竞争力指数在 2008 年前一直呈现上升势头，2008 年后这种上升势头开始受阻，2010 年则出现下降，越来越多的国外劳动与资源密集型产品开始进入中国市场。2011 年前 8 个月，中国一方面出口了大量资源密集型产品，但同时也进口了大量资源密集型产品，资源密集型产品的进口呈现大幅度增长势头（见表 2）。

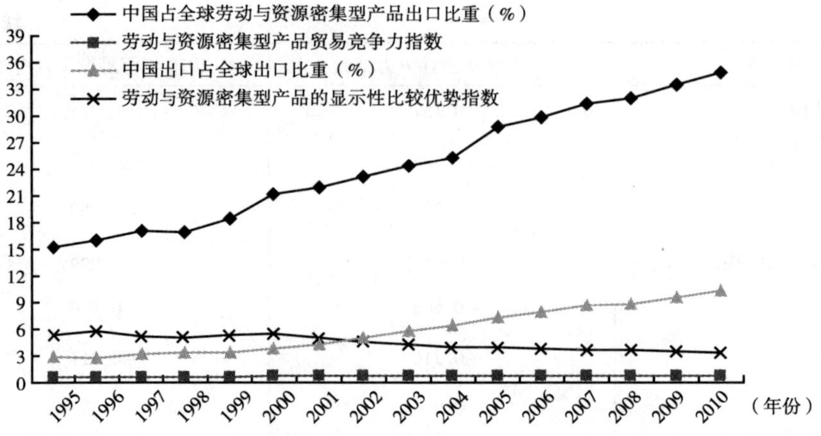

图 2　中国劳动与资源密集型产业竞争力情况

资料来源：中国海关总署。

表 2　2011 年中国进出口重点商品量值增长情况（1～8 月）

单位：%

商品名称	出口同比		商品名称	进口同比	
	数量	金额		数量	金额
活猪	-9.5	20.2	鲜、干水果及坚果	29.5	50.9
大米	-32.5	-27.2	谷物及谷物粉	-23.6	12.2
玉米	-20.9	-2.0	大豆	-5.5	24.0
食糖	-34.1	-21.3	食用植物油	-5.3	32.2
煤	-17.5	37.5	铁矿砂及其精矿	10.6	52.0
焦炭及半焦炭	31.0	41.0	原油	6.4	45.7
原油	3.9	40.0	成品油	15.2	54.2
成品油	-7.5	14.2	肥料	9.6	25.9
塑料制品	6.3	23.1	农药	-0.1	9.8
锯材	4.3	10.5	初级形状的塑料	-4.2	10.3
生丝	-15.4	25.9	ABS 树脂	-11.7	4.0
纺织纱线、织物及制品	—	27.2	聚酯切片	-24.6	-1.2
箱包及类似容器	—	37.9	天然橡胶（包括胶乳）	5.5	72.6
服装及衣着附件	—	24.8	合成橡胶（包括胶乳）	-9.2	23.8
鞋类	—	20.9	原木	24.7	39.0
贵金属或包贵金属的首饰	24.8	142.7	锯材	56.0	56.3
钢坯及粗锻件	-96.5	-94.7	木质胶合板	-1.3	10.9
钢材	6.5	35.1	纸浆	26.8	40.7
未锻轧铝	3.2	19.2	纸及纸板（未切成形的）	-1.4	13.0

续表

商品名称	出口同比		商品名称	进口同比	
	数量	金额		数量	金额
手持无线电话机及其零件	—	—	纺织用合成纤维	—	—
彩色电视接收机	-2.6	-5.4	合成纤维纱线	1.4	24.1
集成电路	16.3	10.0	钢坯及粗锻件	-89.0	-77.1
集装箱	66.2	128.3	钢材	-2.5	5.6
摩托车及有动力装置的脚踏车	19.2	29.4	未锻造的铜及铜材	-0.5	56.8
自行车	-6.3	11.4	废铜	8.9	149.0
手表	5.2	13.0	氧化铝	-21.0	14.6
玩具	—	9.3	未锻造的铝及铝材	-63.4	-30.9
自动数据处理设备及其部件	12.8	10.1	废铝	28.2	102.6
电动机及发电机	-2.3	21.8	金属加工机床	63.9	42.2
家具及其零件	—	13.7	汽车和汽车底盘	140.9	150.4
灯具、照明装置及零件	—	25.6	飞机	16.3	30.7
机电产品	—	19.0	机电产品	—	42.3
高新技术产品	—	15.74	高新技术产品	—	42.8

资料来源：中国海关总署。

二　地区产业国际竞争力的比较

近几年，中国中部地区的产业国际竞争力有所上升，但迄今仍没有从根本上改变中国产业国际竞争力的空间格局，东部沿海地区仍然维持强势，中西部地区的产业国际竞争力与东部相比，差距明显。

1. 广东、江苏、浙江是中国产业国际竞争力最强的省份，中部各省除湖南省外，其他地区产业国际竞争力呈上升势头

东部地区的产业竞争力，如果从占全国出口的比重和贸易竞争力指数的角度来衡量，从前5个月的情况看，2011年比2010年有所下降。而中部地区2011年出口出现较快增长，中部各省出口占全国出口的比重有所提高。

综合进出口平衡和出口在全国所占地位来考察，位列产业国际竞争力前五强的是广东、江苏、浙江、上海和山东，而北京、新疆、黑龙江位次有所下滑。其中，北京下滑最为严重，由第11位下滑到第16位。河南、湖北、安徽、江西、山西都有所上升，但在中部地区整体实力增强的同时，湖南的产业国际竞争力出现徘徊（见表3、表4）。

表 3　各省贸易竞争力指数和出口占全国出口比重

区　域	2011 年贸易竞争力指数	2010 年贸易竞争力指数	2011 年出口占全国出口比重(%)	2010 年出口占全国出口比重(%)	2011 年产业国际竞争力排　序
全　国	0.016	0.061	—	—	—
北京市	-0.547	-0.443	1.608	1.947	16(11)
天津市	-0.186	-0.175	2.345	2.395	9(9)
河北省	-0.182	-0.096	1.897	1.773	10(10)
山西省	0.022	-0.026	0.465	0.427	20(21)
内蒙古自治区	-0.218	-0.248	0.299	0.276	25(25)
辽宁省	-0.082	-0.097	2.852	2.722	8(8)
吉林省	-0.542	-0.470	0.293	0.285	27(26)
黑龙江省	-0.270	-0.070	0.517	0.539	21(20)
上海市	-0.100	-0.051	10.685	10.981	5(5)
江苏省	0.100	0.128	17.606	17.837	2(2)
浙江省	0.326	0.399	12.537	12.735	3(3)
安徽省	-0.014	-0.064	0.797	0.692	15(17)
福建省	0.193	0.205	4.322	4.222	7(7)
江西省	0.140	0.135	0.838	0.748	13(15)
山东省	-0.061	-0.018	7.380	6.991	6(6)
河南省	0.212	0.221	0.924	0.772	11(12)
湖北省	0.084	0.069	0.950	0.881	12(13)
湖南省	0.041	0.098	0.564	0.543	18(18)
广东省	0.080	0.120	29.325	29.607	1(1)
广西壮族自治区	-0.445	-0.331	0.467	0.413	24(24)
海南省	-0.676	-0.582	0.119	0.137	30(30)
四川省	-0.044	-0.058	0.905	0.786	14(16)
重庆市	0.116	0.182	0.579	0.443	17(19)
贵州省	-0.036	0.168	0.115	0.127	28(27)
云南省	-0.037	-0.008	0.329	0.324	23(23)
西藏自治区	0.917	0.825	0.033	0.034	29(29)
陕西省	-0.104	-0.035	0.356	0.357	22(22)
甘肃省	-0.635	-0.651	0.084	0.080	31(31)
青海省	-0.227	-0.223	0.018	0.020	32(32)
宁夏回族自治区	0.403	0.209	0.115	0.098	26(28)
新疆维吾尔自治区	-0.121	0.175	0.662	0.795	19(14)

注：产业国际竞争力 = 本地出口/全国出口 ×（贸易竞争力指数 +1）；2011 年数据由 1 ~5 月计算；括号中数字为 2010 年排序。

资料来源：中国海关总署，中国产业竞争力数据库。

2. 位居产业国际竞争力前列的地区，竞争力都出现了下降

中国位居产业国际竞争力前十位的地区都是东部沿海地区。其中，苏州、宁波、广州、杭州、中山市位列前五。2011 年上半年，大连取代温州进入产业国际竞争力十强城市，温州从 2010 年的第 9 位，退居第 11 位，退出产业国际竞争力十强城市之列。前十强的产业国际竞争力出现了普遍下降的趋势。

中部地区一些重要区域的产业国际竞争力普遍提升。相比之下，东北和西部地区的一些重要区域，其产业国际竞争力下降的现象比较普遍。产业国际竞争力位次提升最快的是岳阳、合肥、连云港，下降最快的是乌鲁木齐、伊宁、贵阳、珲春（见表 4）。

表 4　地区产业竞争力比较

地　区	2011 年产业国际竞争力排序	2011 年产业国际竞争力综合指数	2010 年产业国际竞争力指　　数	地　区	2011 年产业国际竞争力排序	2011 产业国际竞争力指　　数	2010 产业国际竞争力指　　数
苏州市	1(1)	0.0970	0.1076	合肥市	29(32)	0.0018	0.0014
宁波市	2(2)	0.0306	0.0345	昆明市	30(28)	0.0016	0.0017
广州市	3(3)	0.0271	0.0280	秦皇岛市	31(33)	0.0015	0.0013
杭州市	4(4)	0.0215	0.0224	长沙市	32(29)	0.0015	0.0014
中山市	5(5)	0.0203	0.0221	丹东市	33(34)	0.0014	0.0012
厦门市	6(8)	0.0168	0.0171	连云港市	34(37)	0.0013	0.0008
青岛市	7(6)	0.0166	0.0179	南宁市	35(36)	0.0013	0.0011
烟台市	8(7)	0.0158	0.0178	伊宁市	36(27)	0.0013	0.0017
珠海市	9(10)	0.0148	0.0140	太原市	37(35)	0.0012	0.0011
大连市	10(11)	0.0137	0.0140	贵阳市	38(32)	0.0011	0.0013
温州市	11(10)	0.0129	0.0145	桂林市	39(39)	0.0007	0.0006
南通市	12(12)	0.0121	0.0120	九江市	40(42)	0.0007	0.0006
南京市	13(13)	0.0109	0.0112	拉萨市	41(41)	0.0006	0.0006
福州市	14(14)	0.0097	0.0102	北海市	42(43)	0.0005	0.0004
威海市	15(15)	0.0053	0.0052	珲春市	43(38)	0.0004	0.0007
成都市	16(18)	0.0050	0.0038	湛江市	44(40)	0.0003	0.0006
汕头市	17(17)	0.0049	0.0049	岳阳市	45(50)	0.0002	0.0001
汕头特区	18	0.0049	—	长春市	46(44)	0.0002	0.0002
武汉市	19(20)	0.0043	0.0038	兰州市	47(45)	0.0002	0.0002
济南市	20(22)	0.0040	0.0032	呼和浩特市	48(46)	0.0002	0.0002
哈尔滨市	21(19)	0.0036	0.0038	银川市	49(48)	0.0001	0.0001
石家庄市	22(21)	0.0032	0.0036	海口市	50(51)	0.0001	0.0001
乌鲁木齐市	23(16)	0.0027	0.0052	二连浩特市	51(49)	8.39E-05	0.0001

续表

地　区	2011 年产业国际竞争力排序	2011 年产业国际竞争力综合指数	2010 年产业国际竞争力指　数	地　区	2011 年产业国际竞争力排序	2011 产业国际竞争力指　数	2010 产业国际竞争力指　数
沈阳市	24(23)	0.0027	0.0027	黑河市	52(52)	5.93E-05	0.0002
郑州市	25(25)	0.0021	0.0021	凭祥市	53(52)	4.38E-05	7.79E-05
南昌市	26(26)	0.0021	0.0019	绥芬河市	54(53)	3.74E-05	3.47E-05
西安市	27(24)	0.0019	0.0022	西宁市	55(54)	2.4E-05	3.1E-05
芜湖市	28(30)	0.0018	0.0014	满洲里市	56(56)	8.19E-07	1.43E-06

注：地区产业国际竞争力＝地区出口/全国出口×（贸易竞争力指数＋1）；2011 年由 1～5 月数据计算；括号中数字为 2010 年排序。

资料来源：中国海关总署，中国产业竞争力数据库。

3. 产业国际竞争力最强的十大园区，产业国际竞争力普遍出现下降

根据课题组对 44 家园区的 2011 年产业国际竞争力的评估，44 家园区中位列前十强的园区有 9 家都属于东部沿海地区，分别为上海浦东新区、苏州工业园、天津经济技术开发区、广州经济技术开发区、大连经济技术开发区、青岛经济技术开发区、北京经济技术开发区、烟台经济技术开发区、武汉东湖新技术开发区、广州天河高新技术产业开发区。前十强之中，产业国际竞争力仅武汉东湖新技术开发区出现了提高，其他都出现了下降（见表 5）。

表 5　部分园区的产业国际竞争力比较

园　区	产业国际竞争力排　序	2011 年产业国际竞争力指　数	2010 年产业国际竞争力指　数	园　区	产业国际竞争力排　序	2011 年产业国际竞争力指　数	2010 年产业国际竞争力指　数
上海浦东新区	1(1)	0.0171	0.0210	西安新技术产业开发区	23(21)	0.0003	0.0004
苏州工业园	2(2)	0.0166	0.0163	秦皇岛经济技术开发区	24(27)	0.0003	0.0002
天津经济技术开发区	3(3)	0.0085	0.0096	成都高新技术产业开发区	25(28)	0.0003	0.0002
广州经济技术开发区	4(6)	0.0030	0.0026	湛江经济技术开发区	26(23)	0.0002	0.0004
大连经济技术开发区	5(4)	0.0030	0.0033	天津新技术产业园区	27(26)	0.0002	0.0002
青岛经济技术开发区	6(7)	0.0025	0.0026	重庆高新技术产业开发区	28(25)	0.0001	0.0002

续表

园区	产业国际竞争力排序	2011 年产业国际竞争力指数	2010 年产业国际竞争力指数	园区	产业国际竞争力排序	2011 年产业国际竞争力指数	2010 年产业国际竞争力指数
北京经济技术开发区	7(5)	0.0024	0.0028	桂林新技术产业开发区	29(34)	0.0001	6.16E－05
烟台经济技术开发区	8(8)	0.0021	0.0024	合肥高新技术产业开发区	30(30)	0.0001	0.0001
武汉东湖新技术开发区	9(10)	0.0019	0.0014	温州经济技术开发区	31(31)	0.0010	0.0001
广州天河高新技术产业开发区	10(9)	0.0015	0.0018	长沙高新技术产业开发区	33(36)	4.7E－05	2.78E－05
威海火炬高技术产业开发区	11(13)	0.0011	0.0011	长春新技术开发区	34(35)	4.61E－05	4.73E－05
南京高新技术外向型开发区	12(16)	0.0011	0.0007	海南洋浦经济技术开发区	35(33)	4.58E－05	9.77E－05
上海漕河泾新兴技术开发区	13(12)	0.0011	0.0012	哈尔滨高技术开发区	36(37)	4.02E－05	2.34E－05
大连市高新技术产业园区	14(11)	0.0011	0.0013	乌鲁木齐经济技术开发区	37(32)	3.17E－05	0.000135
宁波经济技术开发区	15(14)	0.0011	0.0011	济南市高技术产业开发区	38(40)	2.69E－05	1.01E－05
福州经济技术开发区	16(15)	0.0009	0.0008	中山火炬高技术产业开发区	39(38)	2.1E－05	2.14E－05
杭州高新技术产业开发区	17(19)	0.0009	0.0006	石家庄高新技术产业开发区	40(43)	6.56E－06	4.31E－06
南通经济技术开发区	18(18)	0.0007	0.0007	兰州新技术产业开发区	41(42)	5.18E－06	7.86E－06
厦门火炬高技术产业开发区	19(20)	0.0006	0.0006	上海经济技术开发区	42(44)	4.87E－06	4.23E－06
连云港经济技术开发区	20(24)	0.0006	0.0002	深圳科技工业园	43(41)	4.4E－06	8.26E－06
北京新技术产业开发实验区	21(17)	0.0005	0.0007	昆明经济技术开发区	44	1.15E－08	—

注：园区产业国际竞争力＝园区出口/全国出口×（贸易竞争力指数＋1）；2011 年由 1～5 月数据计算；括号中数字为 2010 年位次。

资料来源：中国海关总署，中国产业竞争力数据库。

4. 外商投资企业的国际竞争力东强西弱的局面没有得到根本改变

外商投资企业的国际竞争力，东部沿海地区最高，中部次之，西部更次之。东部沿海地区外商投资企业的国际竞争力北京、海南最差，广东、江苏、深圳、上海、浙江最强；中部地区外商投资企业的国际竞争力，湖南、山西最弱；西部地区则以四川、重庆为最强，青海、西藏为最弱（见表6、表7）。

表6 2011年各省外商投资企业的国际竞争力比较（1~5月）

区　域	出口占比(%)	贸易竞争力指数	外商投资企业的国际竞争力	国际竞争力排序
广东省	32.7104	0.1663	0.3815	1
江苏省	22.0701	0.0967	0.2420	2
深圳经济特区	14.3476	0.1609	0.1665	3
上海市	14.4550	-0.0444	0.1381	4
浙江省	6.8017	0.2016	0.0817	5
山东省	6.7529	0.1761	0.0794	6
福建省	4.1022	0.1764	0.0482	7
天津市	3.0392	-0.1276	0.0265	8
辽宁省	2.3362	0.0187	0.0238	9
珠海经济特区	1.8651	0.1112	0.0207	10
北京市	2.0683	-0.4680	0.0110	11
河北省	1.0900	0.0041	0.0109	12
厦门经济特区	0.8629	0.0899	0.0094	13
湖北省	0.7045	0.0138	0.0071	14
四川省	0.7391	-0.2045	0.0058	15
江西省	0.5855	-0.1739	0.0048	16
河南省	0.3678	0.0952	0.0040	17
安徽省	0.4442	-0.1748	0.0036	18
重庆市	0.3789	-0.2112	0.0029	19
广西壮族自治区	0.2560	-0.1231	0.0022	20
陕西省	0.2364	-0.2519	0.0017	21
湖南省	0.1786	-0.1969	0.0014	22
黑龙江省	0.0789	0.2478	0.0009	23
山西省	0.0826	-0.3742	0.0005	24
吉林省	0.1572	-0.6813	0.0005	25
云南省	0.0385	-0.1072	0.0003	26
海南省	0.1206	-0.7599	0.0002	27
宁夏回族自治区	0.0222	-0.0093	0.0002	28
贵州省	0.0130	0.1946	0.0001	29
新疆维吾尔自治区	0.0158	-0.0237	0.0001	30
甘肃省	0.0077	0.3000	9.96E-05	31
青海省	0.0020	-0.4159	1.14E-05	32

注:外商投资企业国际竞争力=出口占全部外商投资企业比重/100×(贸易竞争力指数+1)。

资料来源:中国海关总署,中国产业竞争力数据库。

表7　2010年各省外商投资企业的国际竞争力比较

区　域	出口占比(%)	贸易竞争力指数	国际竞争力	国际竞争力排序
广东省	32.6859	0.1637	0.3803	1
江苏省	22.3028	0.1078	0.2470	2
深圳经济特区	14.0061	0.1423	0.1600	3
上海市	14.6048	0.0078	0.1471	4
浙江省	6.7424	0.2596	0.0849	5
山东省	6.5600	0.1750	0.0771	6
福建省	4.0535	0.1982	0.0485	7
天津市	3.0690	-0.1013	0.0275	8
辽宁省	2.3940	0.0592	0.0253	9
珠海经济特区	1.9254	0.1344	0.0218	10
北京市	2.5700	-0.3653	0.0163	11
河北省	1.0696	0.0540	0.0112	12
厦门经济特区	0.8829	0.1430	0.0100	13
湖北省	0.6604	0.0304	0.0068	14
江西省	0.5792	-0.1519	0.0049	15
四川省	0.5152	-0.3050	0.0035	16
河南省	0.2964	0.1314	0.0033	17
安徽省	0.3773	-0.1984	0.0030	18
陕西省	0.2501	-0.1478	0.0021	19
广西壮族自治区	0.2357	-0.1737	0.0019	20
汕头经济特区	0.1364	0.1388	0.0015	21
重庆市	0.1914	-0.3060	0.0013	22
内蒙古自治区	0.1113	0.19240	0.0013	23
湖南省	0.1498	-0.1664	0.0012	24
黑龙江省	0.0810	0.25623	0.0010	25
山西省	0.1020	-0.2000	0.0008	26
海南省	0.1480	-0.5897	0.0006	27
吉林省	0.1481	-0.6639	0.0004	28
云南省	0.0382	0.0233	0.0003	29
新疆维吾尔自治区	0.0207	0.0064	0.0002	30
宁夏回族自治区	0.0173	-0.0714	0.0001	31
甘肃省	0.0113	0.3517	0.0001	32
贵州省	0.0121	0.1965	0.0001	33
青海省	0.0011	-0.8538	1.66756E-06	34
西藏自治区	3.36307E-06	-0.9894	3.55362E-10	35

注：外商投资企业国际竞争力=出口占全部外商投资企业比重/100×（贸易竞争力指数+1）。

资料来源：中国海关总署，中国产业竞争力数据库。

三　2012 年中国产业竞争力走势展望

2012 年中国产业的国际竞争力如何，主要取决于两大因素，一是发达国家的经济增长情况，二是美国对人民币汇率升值的压力大小。这两大因素，都会从宏观上对中国的产业国际竞争力产生影响。

1. 发达国家 2012 年的经济增长情况不容乐观

2011 年 9 月，国际货币基金组织发布了关于全球经济形势的分析报告。分析报告的结论是，2011 年全球经济增长率约为 4%，2012 年全球经济增长率大致与此持平。其中，发达经济体 2011 年约为 1.6%，2012 年约为 1.9%；美国 2012 年为 1.8%，略高于 2011 年 1.5% 的水平；欧洲 2011 年为 1.5%，2012 年下降到 1.1%；中国 2012 年的经济增长率大致为 9% 左右，新兴经济体从 2011 年的 6.4% 下降到 2012 年的 6.1%。全球经济增长停滞，会对中国出口造成很大影响，特别是美国经济增长乏力、欧洲受债务问题困扰造成的经济增长率下降，会对中国的出口造成很大压力，针对中国产品的贸易保护主义会通过各种方式表现出来，全球贸易量将下降，从而对中国产业的国际竞争力造成不良影响（见图 3、图 4）。2012 年中国的产业竞争力相对于发达国家将继续走弱。

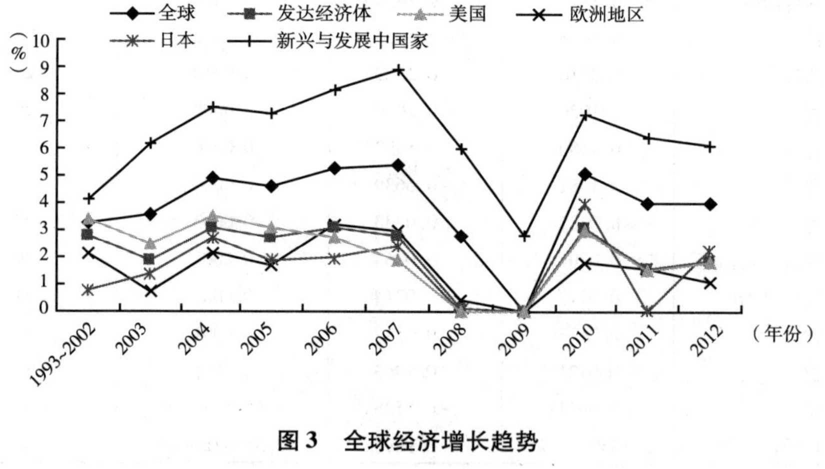

图 3　全球经济增长趋势

资料来源：IMF，*World Economic Outlook*：*Slowing Growth*，*Rising Risk*，2011。

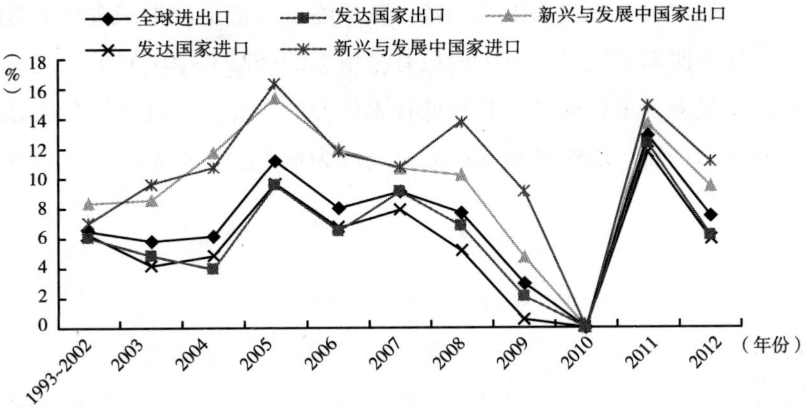

图4　全球进出口变化情况

资料来源：IMF，*World Economic Outlook：Slowing Growth，Rising Risk*，2011。

2. 美国的《2011年货币汇率监督改革法案》的影响

2011年10月11日，美国参议院以63票赞成、35票反对的投票结果，通过了《2011年货币汇率监督改革法案》（以下简称《法案》）。这个法案能否得以最终实施，还需要众议院投票和总统的同意。尽管美国国内对这个法案也不乏反对的声音，但这个法案最终通过的可能性还是比较大的，其原因在于，美国的经济因为结构性原因，短期内没有其他更好、更快的办法解决经济增长乏力、失业率居高不下的问题。

《2011年货币汇率监督改革法案》的实质就是认为，中美贸易逆差的根本原因，不在于美国的产业竞争力不强，而在于中国人为地压低了人民币币值，使中国产品在与美国的竞争中获得了不公平竞争优势。为此，美国参议院在为通过《2011年货币汇率监督改革法案》提供的背景材料中，援引了美国经济政策研究所（EPI）和一些经济学家的研究，作为所谓的“证据”。根据美国经济政策研究所的研究，自2001年以来，中美贸易逆差使美国失去约280万个工作岗位；让人民币升值28.5%，美国可新增160多万个就业岗位，两年内美国的GDP可新增2000多亿美元。《法案》提供的背景材料甚至还援引《华尔街日报》三位经济学家的谈话称，中美贸易所带来的好处中1/3～2/3为失业所带来的问题所抵消。①

---

① 参见*Currency Exchange Rate Oversight Reform Act-S. 1619*。

无论美国如何看待人民币汇率问题，其最终目的都是向中国有竞争力的产品征收关税。这个法案的通过，对中国最有竞争力的产品和中国对美国出口增加最快的产品影响最大，不仅涉及服装等低技术产业的产品，而且还涉及计算机与电子产品等高技术产品。战略性新兴产业也会成为重点关注对象。

B.3

产业结构变动对中国碳排放的影响

郭朝先*

当前，中国正处于快速工业化进程中，二氧化碳排放仍保持快速增加态势，控制和削减二氧化碳排放形势十分严峻。产业结构变动作为经济发展的必然结果和重要标志，对碳排放增加或减少有重要影响。在过去的10多年时间里，产业结构变动效应对碳排放增长的平均贡献率在10%～16%，高耗能产业上升或下降1个百分点所对应的二氧化碳排放量会增加或减少2.2亿～2.9亿吨。按照我们对高耗能产业结构变动值的预测，到2020年，产业结构变动效应约为-5亿吨，占其间碳排放增量的-15%。

一 研究方法

首先，介绍碳排放模型和LMDI分解方法；其次，介绍数据来源及其处理方法。

1. 碳排放模型及LMDI分解方法

有关二氧化碳排放的恒等式很多，为抓住所关注问题的重点，本文采用如下恒等式对碳排放轨迹进行分解分析，即将碳排放变动因素分解为经济总量效应、产业结构变动效应、能源利用效率因素和能源消费结构变动效应：

$$C = \sum_{ij} C_{ij} = \sum_{ij} Q \frac{Q_i}{Q} \frac{E_i}{Q_i} \frac{E_{ij}}{E_i} \frac{C_{ij}}{E_{ij}} = \sum_{ij} QS_i M_{ij} U_{ij}$$

其中，i表示产业部门，j表示能源消费种类；C表示二氧化碳排放总量，C_{ij}表示i产业消耗j类能源的二氧化碳排放量；Q和Q_i分别表示经济总量和i产业增加值；E、E_i、E_{ij}分别表示能源消耗总量、i产业的能源消费总量、i产业对j

* 郭朝先，中国社会科学院工业经济研究所副研究员，产业组织研究室副主任。

类能源的消费量；S_i 表示 i 产业增加值所占比重；I_i 表示 i 产业能源消费强度；M_{ij}表示 j 类能源在 i 产业中所占的比重；U_{ij}表示 i 产业中消费 j 类能源的二氧化碳排放系数。

在基期和报告期的碳排放量差异可分解为：

$$\Delta C_{tot} = C^t - C^0 = \Delta C_{act} + \Delta C_{str} + \Delta C_{\text{int}} + \Delta C_{mix} + \Delta C_{emf}$$

上述分项中分别代表经济活动（经济规模扩张）、产业结构、能源消耗强度、能源结构和碳排放系数的变动对总的排放水平的影响。

对于上述公式，我们采用 LMDI 方法。LMDI 由于具有全分解、无残差、易使用、结果的唯一性、易理解等优点而在众多分解技术中受到重视，目前在许多领域得到广泛应用。LMDI 的主要缺陷在于无法处理具有 0 值和负值的数据，但 B. W. Ang 等人使用“分析极限”（analytical limit）的技巧成功地解决了这一问题。在实际问题中，一般不会出现负值，而对于 0 值，则可以用一个任意小的数代替（比如 $10^{-20} \sim 10^{-10}$）而不会影响计算结果。

2. 数据来源及处理

鉴于数据的可获得性，本文计算的样本区间为 1996 ~ 2009 年。采用的产业部门依据《国民经济行业分类》（GB－T 4754－2002）的分类标准，共 44 个产业部门，其中，农业部门 1 个（门类），工业部门 39 个（大类），建筑业部门 1 个（门类），服务业部门 3 个（在第三产业门类基础上合并成交通运输、仓储和邮电业，批发、零售业和住宿、餐饮业，其他部门）。各产业能源消耗数据使用的是终端能源消耗数据，终端能源消费品种包括原煤、洗精煤、其他洗煤、型煤、焦炭、焦炉煤气、其他煤气、其他焦化产品、原油、汽油、煤油、柴油、燃料油、液化石油气、炼厂干气、其他石油制品、天然气、热力、电力，原始数据来自所消耗的“实物量”。

历年各产业部门的增加值原始数据来自《中国统计年鉴》。但是，以下几个问题需要处理，使之标准化：一是产业部门分类问题及其处理。我们知道，2003 年以后统计部门按照《国民经济行业分类》（GB－T 4754－2002）进行部门分类，而此前采用的标准是《国民经济行业分类与代码》（GB/T4754－94），两者不完全一致。为使部门分类统一，我们对 1996 ~ 2002 年的产业部门数据进行了调整，统一按照新标准［《国民经济行业分类》（GB－T 4754－2002）］进行处理。二是工业行业部门统计口径问题及其处理。注意到1996～1997年统计口径是独立核算工业企业，1998～2006年统计口径是全部国有及规模以上非国有工业企业，2007年之后统计口径是规模以上工业企业。其中，后两种仅是名称上的差异，并无实质上的差异，因为近年来国有企业全部在规模以上。考虑到独立核算工业企业与全部国有及规模以上非国有工业企业口径差异较小，而最终我们采用的是全口径的工业企业增加值数据，所以本研究在这里无差别使用，均用它们的增加值比例数据乘以当年工业增加值数据得到全口径的工业行业增加值数据。这里暗含的假设是全部工业企业增加值结构和规模以上工业企业增加值结构是一样的。三是部分年份工业增加值数据缺失问题及其处理。国家统计局没有公布2004年、2008年和2009年分行业工业增加值数据，但是，公布了分行业工业总产值数据。考虑到各工业行业增加值率相对稳定的特点，为此，对于2004年的分行业工业增加值，我们采用2003年和2005年增加值率的简单平均数乘以当年的工业总产值数据得到；对于2008年和2009年的分行业工业增加值，则采用前两年的增加值率简单平均数乘以当年的工业总产值数据得到。四是价格问题及其处理。为便于比较，增加值数据应该采用不变价，但是历年直接统计采用的是当年价，这里，我们采用国民经济核算序列数据中提供的不变价及其指数，根据以现价计算的比例，来推算各部门的不变价数据，最终统一为2005年的不变价。

各产业终端能源消耗原始数据来自历年《中国能源统计年鉴》。其中，1996～2008年的数据来自《中国能源统计年鉴2009》，2009年的数据来自《中国能源统计年鉴2010》。由于原始数据为“实物量”数据，因此，各产业分品种能源的比例数据通过《中国能源统计年鉴》附录中的“各种能源折标准煤参考系数”折算成标准煤后再进行计算而得到。

鉴于各种能源在不同年份碳排放系数变化率较小以及测度碳排放系数的技术困难，这里假定它们是不变的，统一使用IPCC提供的默认值（《2006年IPCC国家温室气体清单指南》）测算二氧化碳排放数据。① 因此，在接下来的碳排放因素分解中，碳排放系数变动效应被假定为0，而被忽略。

① 电力排放系数实际上是最有可能变化的，因为电力属于二次能源，由其他能源转换而成，但中国电力来源中火电所占比例一直保持在80%左右，基本稳定，因此，假定其碳排放系数保持不变具有合理性。

二　影响中国碳排放的因素分析

表1和表2是LMDI因素分解结果，表中除了有相邻年份碳排放增长的详细分解结果之外，还增加了两栏，列示1996～2008年和1996～2009年的分解结果。1996～2009年的分解结果实际上反映了一种汇总印象（1996～2009年各因素效应不等于分年度结果之和，这是由LMDI分解方法所内在决定的）。而1996～2008年的分解结果也具有很高的参考价值，这是因为：第一，2008年正好是1996年和2020年的中间点年份，1996～2008年的分解结果对理解2008～2020年的产业结构变动效应也许有帮助；第二，在国际金融危机的冲击下，2009年中国高耗能产业出现较大比重的下降，这与此前总体呈现比重上升的趋势相反，考察1996～2008年时间段的因素分解结果，有助于更全面地把握情况。

表1　碳排放增长的因素分解（数量）

单位：万吨

年　份	经济总量效应	产业结构效应	能源消费强度效应	能源消费结构效应	合计
1996～1997	23743	-5567	-14940	3586	6822
1997～1998	21160	-7245	-5371	2075	10619
1998～1999	21108	4338	-28536	3205	115
1999～2000	23968	6646	-21723	3818	12709
2000～2001	24871	141	-16040	4932	13904
2001～2002	28428	-3405	-9906	1895	17012
2002～2003	34186	20023	-6960	3128	50377
2003～2004	39498	18042	3735	2182	63457
2004～2005	51213	7888	-3647	6432	61886
2005～2006	64791	-5918	-9999	13888	62762
2006～2007	81528	9475	-31341	26039	85701
2007～2008	62467	13340	-49767	13900	39940
2008～2009	62751	-38157	8704	6074	39372
1996～2008	481203	67365	-221214	97951	425305
1996～2009	531337	49887	-223940	107395	464679

表 2　碳排放增长的因素分解（贡献率）

单位：%

年　份	经济总量效应	产业结构效应	能源消费强度效应	能源消费结构效应	合计
1996～1997	348.1	-81.6	-219.0	52.6	100
1997～1998	199.3	-68.2	-50.6	19.5	100
1998～1999	18376.0	3776.0	-24842.0	2790.0	100
1999～2000	188.6	52.3	-170.9	30.0	100
2000～2001	178.9	1.0	-115.4	35.5	100
2001～2002	167.1	-20.0	-58.2	11.1	100
2002～2003	67.9	39.7	-13.8	6.2	100
2003～2004	62.2	28.4	5.9	3.4	100
2004～2005	82.8	12.7	-5.9	10.4	100
2005～2006	103.2	-9.4	-15.9	22.1	100
2006～2007	95.1	11.1	-36.6	30.4	100
2007～2008	156.4	33.4	-124.6	34.8	100
2008～2009	159.4	-96.9	22.1	15.4	100
1996～2008	113.1	15.8	-52.0	23.0	100
1996～2009	114.3	10.7	-48.2	23.1	100

从总体情况看，1996～2009年中国碳排放增长464678万吨，其中，经济总量效应为531337万吨，产业结构效应为49887万吨，能源消费强度效应为-223940万吨，能源消费结构效应为107395万吨，诸因素对碳排放增长的贡献率分别为114.3%、10.7%、-48.2%和23.1%。另外，1996～2008年中国碳排放增加425305万吨，其中，经济总量效应为481203万吨，产业结构效应为67365万吨，能源消费强度效应为-221214万吨，能源消费结构效应为97951万吨，诸因素对碳排放增长的贡献率分别为113.1%、15.8%、-52.0%和23.0%。

分年份看，经济总量效应始终是中国碳排放增长的主导因素；个别年份除外，能源消费强度效应一般是减少碳排放的因素之一；能源消费结构效应始终是导致碳排放增加的因素之一，这一点似乎出乎意料，反映能源消费结构趋于“高碳化”；少数年份除外，产业结构效应一般也导致了碳排放增长，说明中国产业结构呈现“高碳化”趋势，而在2008～2009年产业结构效应有了一个较大的负值，在一定程度上阻止了这种趋势的继续发展。

产业结构效应较长时间内保持正数，从节能减排角度看，反映较长时间内中国产业结构出现“劣化”的趋势，突出地表现为高耗能产业比重“不降反升”。高耗能产业是指单位增加值能耗较高的行业，本文所指的高耗能产业包括采矿业，制造业中的造纸业，石油加工、化学工业，非金属矿物制品业，金属冶炼及压延加工业，金属制品业，电力、燃气及水的生产供应业，交通运输、仓储和邮政业。图1反映了这种发展趋势。在国家强力节能减排政策作用下和国际金融危机冲击下，2009年，中国高耗能产业比重出现明显回落，似乎预示着高耗能产业比重已达到峰值，今后高耗能产业比重有望继续下降。

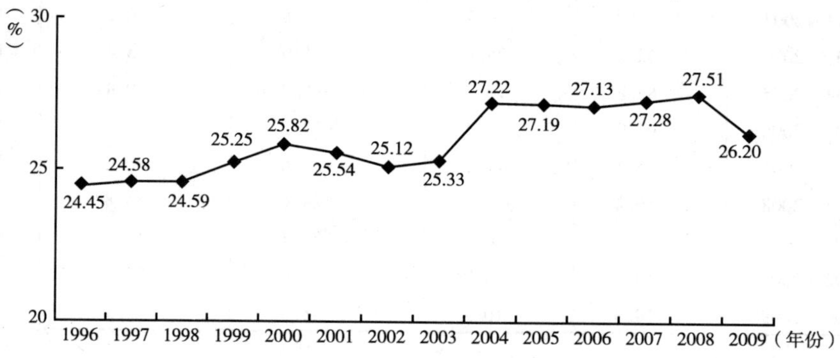

图1　中国高耗能产业比重的变化

进一步考察高耗能产业比重的变化与产业结构效应的对应关系，表3反映了这种情况。高耗能产业比重变化作为产业结构变动的一个重要方面，其比重的上升或下降会导致产业结构效应的增加或减弱，但并不是一一对应的关系。在大多数年份，高耗能产业比重增加，产业结构效应为正，高耗能产业下降，产业结构效应则为负，但也有例外的情形。这是因为产业结构变化并不仅仅是高耗能产业比重的变化，还包括其他产业比重的变化，并因此引起产业结构变动效应的上升或下降。表3显示，在13个连续的时间段中，高耗能产业比重上升或下降与产业结构效应正负方向一致的有9个，不一致的有4个。然而，高耗能产业比重的变化不失可以成为产业结构变动的一个表征指标，尤其是作为长时间段的表征指标更具有可靠性。

表3显示，高耗能产业比重上升一般导致产业结构效应为正，比重下降导致产业结构效应为负，分年份的高耗能产业比重变动1个百分点所对应的结构效应有大有小，最小的为6595万吨，最大的为95221万吨。1996～2008年的数据为

22058 万吨，1996～2009 年为 28505 万吨，这两个数据恰好可以充当年度系列数据中的中位数（剔除方向不一致即负数的情况）。

表 3 高耗能产业比重的变化与产业结构效应的对应关系

年份	产业结构效应（万吨）(1)	高耗能产业比重变化（%）(2)	高耗能产业比重变动 1 个百分点所对应的结构效应（万吨）(3) = (1)/(2)
1996～1997	-5566.86	0.1262	-44106
1997～1998	-7245.11	0.0104	-696588
1998～1999	4338.01	0.6578	6595
1999～2000	6645.88	0.5763	11533
2000～2001	141.45	-0.2859	-495
2001～2002	-3404.77	-0.4225	8058
2002～2003	20023.04	0.2114	94738
2003～2004	18042.31	1.8911	9541
2004～2005	7887.98	-0.0253	-312163
2005～2006	-5917.74	-0.0621	95221
2006～2007	9475.32	0.1466	64629
2007～2008	13339.97	0.2301	57967
2008～2009	-38156.91	-1.3038	29265
1996～2008	67364.72	3.0539	22058
1996～2009	49886.72	1.7501	28505

综合上述情形，若以 2008 年为界，则 1996～2008 年产业结构效应占碳排放增长的 15.8%，高耗能产业上升 1 个百分点所对应的二氧化碳排放量增加 22058 万吨；若以 2009 年为界，则 1996～2009 年产业结构效应占碳排放增长的 10.7%，高耗能产业上升 1 个百分点所对应的二氧化碳排放量增加 28505 万吨。另外，注意到 2008～2009 年高耗能产业下降 1 个百分点所对应的二氧化碳排放量减少 29265 万吨。因此，总体情况可以概括为：在过去的 10 多年时间里，产业结构效应对碳排放增长的平均贡献率在 10%～16%，高耗能产业上升或下降 1 个百分点所对应的二氧化碳排放量会增加或减少 2.2 亿～2.9 亿吨。

三 未来产业结构变动对中国碳排放的影响

根据相关分析，到 2020 年，在基准情形下，中国二氧化碳排放量约为 102

亿吨，这意味着与2008年相比还要增长32亿吨，与2009年相比还要增长28亿吨。与此同时，课题组还预测，到2020年高耗能产业增加值比重为25.3%，这意味着与2008年相比，高耗能产业比重将下降约2.2个百分点，与2009年相比将下降约0.9个百分点（在国际金融危机冲击下，高耗能比重在2009年下降了1.3个百分点，属于急剧下降，但在随后的一段时间内有可能反弹）。考虑到历史事实，即高耗能产业上升或下降1个百分点所对应的二氧化碳排放量增加或减少2.2亿~2.9亿吨（2008~2009年高耗能产业下降1.3个百分点，而产业结构效应已达-3.8亿吨）。可以预计，未来产业结构变动将减少二氧化碳排放5亿吨左右，对碳排放增长的贡献率约为-15%（最大可能），减排贡献率高值为20%，低值为10%。

参考文献

B. W. Ang, "The LMDI approach to decomposition analysis-a practical guide", *Energy Policy*, 2005.

B. W. Ang, F. L. Liu, E. P. Chew, " Perfect decomposition techniques in energy and environmental analysis", *Energy Policy*, 2003.

B. W. Ang, F. L. Liu, "A new energy decomposition method: perfect in decomposition and consistent in aggregation", *Energy Policy*, 2001.

郭朝先：《中国碳排放因素分解：基于LMDI分解技术》，《中国人口·资源与环境》2010年第12期。

B.4 地区产业低碳竞争力比较

原　磊*

按照地理区位和发展水平的差异，可以将中国分为环渤海、长三角、南部沿海、中部、泛东北、西北、西南七个不同地区。① 从产业竞争力来看，长三角、南部沿海、环渤海地区在机械制造、化工、纺织、电子信息、电气设备等产业具有优势；中部、泛东北、西北地区在采矿、金属冶炼、食品饮料等产业具有优势；西南地区在烟草、水电等产业具有优势。从低碳竞争力来看，南部沿海和长三角地区是低碳竞争力最高的地区；西北和泛东北地区是低碳竞争力最低的地区。

一　全国各地区产业竞争力比较

1. 三次产业增加值占全国比重

2010 年，环渤海、长三角和南部沿海地区（11 个省、市）占据了全国（31 个省、市、自治区）GDP 总量的比重为 60.05%，甚至高于 2005 年，反映了沿海地区在全国经济发展中仍然占据重要地位。相比之下，中部地区（6 个省）占据全国的比重仅为 16.83%，比 2005 年有所下降；泛东北地区（4 个省）占全国的比重为 10.34%，与 2005 年基本持平；西北和西南地区占全国的比重为 12.78%，低于 2005 年水平。具体从三次产业在不同区域的分布来看，全国不同地区也产生了一些新的变化趋势（见表 1）。

---

* 原磊，中国社会科学院工业经济研究所副研究员，工业运行室副主任。

① 环渤海地区包括北京、天津、河北、山东；长三角地区包括上海、江苏、浙江；南部沿海地区包括广东、广西、福建、海南；中部地区包括湖北、湖南、江西、安徽、河南、山西；泛东北地区包括黑龙江、吉林、辽宁、内蒙古；西北地区包括陕西、甘肃、青海、宁夏、新疆；西南地区包括重庆、四川、贵州、云南。

表1　不同地区三次产业增加值和国内生产总值占全国的比重

单位：%

产业＼区域	环渤海		长三角		南部沿海	
	2005 年	2010 年	2005 年	2010 年	2005 年	2010 年
第一产业	15.98	19.06	10.58	19.64	15.14	16.50
第二产业	20.57	15.84	22.67	9.90	16.79	14.45
第三产业	20.01	18.38	21.18	19.64	18.18	16.14
GDP	19.82	20.69	20.68	21.94	17.14	17.42

产业＼区域	中部		泛东北		西北		西南	
	2005 年	2010 年	2005 年	2010 年	2005 年	2010 年	2005 年	2010 年
第一产业	26.97	19.74	12.09	11.26	6.05	5.21	13.18	8.58
第二产业	17.97	27.73	10.61	12.53	4.54	7.30	6.86	12.26
第三产业	17.48	20.57	10.24	11.76	4.59	5.25	8.32	8.27
GDP	18.82	16.83	10.64	10.34	4.73	4.67	8.17	8.11

资料来源：中经数据库。

（1）环渤海、长三角和南部沿海等经济发达地区第一产业增长速度很快，中部、西南地区等传统农业强省（市、自治区）的地位明显下降。2010 年，环渤海、长三角和南部沿海地区第一产业占全国的比重分别增长了 3.08 个、9.06 个和 1.36 个百分点。相比之下，中部和西南地区第一产业占全国的比重分别下降了 7.23 个和 4.6 个百分点。

（2）环渤海、长三角和南部沿海等经济发达地区第二产业的规模优势有所减弱，中部和西南地区第二产业占全国的比重增长十分迅速。2005 年，环渤海、长三角和南部沿海三个地区第二产业占全国的比重为60.03%，而到了2010 年这一比重为40.19%，下滑了近20 个百分点；同期，相比之下，中部地区第二产业占全国的比重由 17.97% 增长到 27.73%，增长了近 10 个百分点，成为全国第二产业规模最大的地区；西南地区的比重也由 6.86% 增长到 12.26%，增长了近 1 倍。事实上，中、西部地区第二产业比重快速增长有一个重要的原因就是矿产资源价格的上涨带动了采矿产业的规模扩大和产值增长，而并非完全是制造业发展的结果。

（3）第三产业规模区域分布变化相对较小，但总体上是环渤海、长三角和南部沿海等经济发达地区比重有所降低，中部、泛东北、西北、西南地区比重有所增长。然而，如果从不同区域内部三次产业比重来看，仍然是环渤海、长三角和南部沿海等经济发达地区第三产业比重较高，而中部、泛东北、西北、西南等经济欠发达地区第三产业比重较低（见图1）。

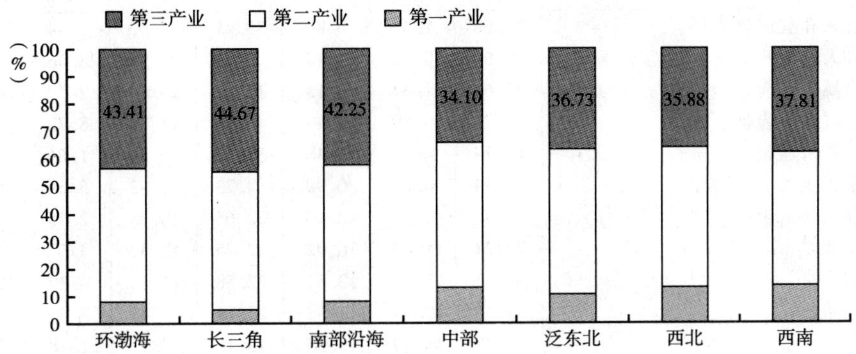

图1　不同地区三次产业构成比重

资料来源：中经数据库。

2. 主要工业品市场占有率

一般而言，一个地区的产业竞争力大小，首先直观地表现为该地区产业在全国市场上的份额大小。因此，我们可以用地区的产业市场占有率等指标来考查全国不同地区产业竞争力情况。事实上，市场占有率指标反映了一个地区产业发展的综合实力，既包括产业发展的规模情况，也包括产品受到市场认可的程度。考虑到数据的可获得性和可置信度，我们以全国不同地区第二产业中不同行业增加值占全国的比重来衡量其主要工业品的市场占有率（见表2）。

（1）在采矿业领域，中部、泛东北、环渤海地区具有综合产业竞争优势。其中，中部地区在有色金属、煤炭开采和采选业、非金属矿产领域具有竞争优势；泛东北地区在其他采矿业、黑色金属、石油和天然气领域具有竞争优势；环渤海地区在黑色金属、石油和天然气、煤炭领域具有竞争优势。西南和西北地区虽然总体上不具有产业竞争优势，但在其他采矿业、石油和天然气领域同样具有较高的市场占有率。

（2）在食品、饮料、烟草领域，中部、环渤海、西南地区具有综合产业竞争优势。其中，中部地区在农副食品加工、食品制造、饮料制造、烟草领域均具有竞争优势；环渤海地区在农副食品加工、食品制造具有竞争优势；西南地区在烟草领域均具有竞争优势。

表 2　不同地区第二产业中不同行业增加值占全国的比重（2010 年）

单位：%

行　　业	环渤海	长三角	南部沿海	中部	泛东北	西北	西南
煤炭开采和洗选业	21.68	1.32	0.80	38.41	17.90	9.44	10.44
石油和天然气开采业	28.62	0.80	6.19	6.17	23.93	28.36	5.93
黑色金属矿采选业	38.64	1.34	9.18	16.07	25.34	2.52	6.91
有色金属矿采选业	15.92	0.89	8.40	40.13	17.56	8.72	8.40
非金属矿采选业	14.79	8.64	14.46	30.54	16.80	1.64	13.13
其他采矿业	17.24	0.00	0.99	9.73	30.83	5.68	35.54
农副食品加工业	27.38	9.45	12.10	22.65	18.75	2.45	7.21
食品制造业	25.21	11.08	16.02	22.75	15.42	3.57	5.95
饮料制造业	16.31	13.14	13.54	22.58	11.14	4.39	18.90
烟草制品业	9.16	19.94	11.52	25.89	4.47	3.89	25.13
纺织业	24.29	41.99	13.33	13.11	3.13	1.28	2.86
纺织服装、鞋、帽制造业	14.22	38.73	28.19	11.82	5.46	0.28	1.31
皮革、毛皮、羽毛(绒)及其制品业	16.51	24.06	40.21	12.71	1.73	0.30	4.48
木材加工及木、竹、藤、棕、草制品业	17.69	22.23	17.81	21.69	16.67	0.40	3.50
家具制造业	17.46	22.94	30.50	12.64	9.50	0.47	6.48
造纸及纸制品业	23.20	23.39	23.28	18.17	5.01	1.29	5.65
印刷业和记录媒介的复制	17.93	23.37	27.76	16.92	4.52	1.87	7.62
文教体育用品制造业	14.33	36.64	39.60	7.40	1.75	0.10	0.18
石油加工、炼焦及核燃料加工业	25.37	14.40	14.15	14.30	16.71	12.53	2.53
化学原料及化学制品制造业	23.16	31.44	11.38	16.32	8.87	2.54	6.29
医药制造业	23.79	22.33	9.72	20.32	11.66	2.79	9.38
化学纤维制造业	4.46	72.73	10.27	5.51	2.43	2.23	2.38
橡胶制品业	37.52	24.62	12.54	13.36	6.48	1.14	4.34
塑料制品业	14.39	29.46	29.90	12.59	8.07	1.43	4.16
非金属矿物制品业	20.78	14.47	15.65	26.06	12.09	2.97	7.99
黑色金属冶炼及压延加工业	30.86	20.81	7.57	19.10	11.75	3.54	6.37
有色金属冶炼及压延加工业	13.26	18.51	12.05	32.72	8.39	7.28	7.79
金属制品业	19.88	31.98	23.05	11.74	8.28	1.10	3.97
通用设备制造业	23.86	35.24	7.71	13.21	12.79	1.34	5.84
专用设备制造业	22.40	26.84	10.57	21.79	11.10	2.23	5.06
交通运输设备制造业	19.56	26.19	13.78	16.12	13.97	2.33	8.04
电气机械及器材制造业	16.01	35.95	24.07	13.22	5.33	2.12	3.29
通信设备、计算机及其他电子设备制造业	13.39	38.27	39.51	3.74	1.86	0.47	2.76
仪器仪表及文化、办公用机械制造业	12.43	44.14	25.68	9.39	3.82	1.42	3.12
工艺品及其他制造业	18.40	25.21	36.36	12.41	3.58	1.03	3.00
废弃资源和废旧材料回收加工业	7.35	26.30	39.36	18.72	3.84	0.14	4.29
电力、热力的生产和供应业	19.75	19.60	16.54	19.40	10.57	5.39	8.75
燃气生产和供应业	15.72	19.83	21.09	12.82	17.11	3.10	10.33
水的生产和供应业	14.04	21.18	26.83	15.25	10.10	3.18	9.41

资料来源：中经数据库。

（3）在纺织、家具、造纸等领域，长三角、南部沿海地区具有综合产业竞争优势。在很多产品上，长三角和南部沿海地区的市场占有率达到了60%以上，甚至在某些产品上达到了75%以上。相比于南部沿海地区，长三角地区优势最为明显，在纺织、服装、皮革、木材加工、家具制造、造纸、印刷、文教体育用品领域均具有很高的市场占有率；南部沿海地区，在服装、皮革、家具制造、造纸、印刷、文教体育用品领域具有很高的市场占有率。

（4）在化工、医药、金属冶炼等领域，长三角、环渤海、中部地区具有综合产业竞争优势。环渤海地区在上游产业竞争优势更为明显，石油加工、炼焦及核燃料加工、橡胶制品、黑色金属冶炼等产品的市场占有率较高；环渤海地区在下游领域，尤其是化学原料及化学制品、化纤制品、塑料等产品的市场占有率较高；中部地区的有色金属和非金属制品等产品的市场占有率较高。

（5）在机械制造领域，长三角和环渤海地区具有综合产业竞争优势。在通用设备、专用设备和交通运输设备上，长三角和环渤海两个地区的市场占有率均达到了50%左右。而就长三角和环渤海地区的比较来看，长三角地区在机械设备制造领域的竞争优势更为明显。

（6）在电子信息、电气设备、仪器仪表领域，长三角和南部沿海地区具有综合产业竞争优势。在这些产品方面，长三角和南部沿海地区的市场占有率达到了70%～80%，在全国占有绝对的主导地位。

3. 显示比较优势指数（RCA）

（1）环渤海地区不具有显示比较优势产业。对环渤海地区不同产业的显性比较优势进行计算，可以发现没有一个产业的RCA超过2。RCA最大的两个产业分别为黑色金属矿采选业和橡胶制品业，分别为1.87和1.81。

（2）长三角地区的显示比较优势产业为化学纤维制造业（RCA＝3.31）和仪器仪表及文化、办公用机械制造业（RCA＝2.01）。另外，纺织业的RCA为1.91，也具有一定的显示比较优势。

（3）南部沿海地区的显示比较优势产业为皮革、毛皮、羽毛（绒）及其制品业（RCA＝2.31），文教体育用品制造业（RCA＝2.27），通信设备、计算机及其他电子设备制造业（RCA＝2.27），废弃资源和废旧材料回收加工业（RCA＝2.26），工艺品及其他制造业（RCA＝2.09）。

（4）中部地区显示比较优势产业为煤炭开采和洗选业（RCA＝2.28）和有

色金属矿采选业（RCA = 2.38）。另外，有色金属冶炼及压延加工业的 RCA 为 1.94，非金属矿采选业的 RCA 为 1.81，也具有一定的显示性比较优势。

（5）泛东北地区显示比较优势产业为其他采矿业（RCA = 2.98）、黑色金属矿采选业（RCA = 2.45）和石油和天然气开采业（RCA = 2.31）。另外，农副食品加工业的 RCA 为 1.81，也具有一定的显示比较优势。

（6）西北地区显示比较优势产业为石油和天然气开采业（RCA = 6.07）。另外，有色金属矿采选业的 RCA 为 1.87，也具有一定的显示比较优势。

（7）西南地区显示比较优势产业为其他采矿业（RCA = 4.38）、烟草制品业（RCA = 3.10）和饮料制造业（RCA = 2.33）。

表 3　不同地区第二产业中不同行业的显示比较优势（2010 年）

行　业	环渤海	长三角	南部沿海	中部	泛东北	西北	西南
煤炭开采和洗选业	1.05	0.06	0.05	2.28	1.73	2.02	1.29
石油和天然气开采业	1.38	0.04	0.36	0.37	2.31	6.07	0.73
黑色金属矿采选业	1.87	0.06	0.53	0.95	2.45	0.54	0.85
有色金属矿采选业	0.77	0.04	0.48	2.38	1.70	1.87	1.04
非金属矿采选业	0.71	0.39	0.83	1.81	1.62	0.35	1.62
其他采矿业	0.83	0.00	0.06	0.58	2.98	1.22	4.38
农副食品加工业	1.32	0.43	0.69	1.35	1.81	0.52	0.89
食品制造业	1.22	0.51	0.92	1.35	1.49	0.76	0.73
饮料制造业	0.79	0.60	0.78	1.34	1.08	0.94	2.33
烟草制品业	0.44	0.91	0.66	1.54	0.43	0.83	3.10
纺织业	1.17	1.91	0.77	0.78	0.30	0.27	0.35
纺织服装、鞋、帽制造业	0.69	1.77	1.62	0.70	0.53	0.06	0.16
皮革、毛皮、羽毛（绒）及其制品业	0.80	1.10	2.31	0.76	0.17	0.06	0.55
木材加工及木、竹、藤、棕、草制品业	0.86	1.01	1.02	1.29	1.61	0.09	0.43
家具制造业	0.84	1.05	1.75	0.75	0.92	0.10	0.80
造纸及纸制品业	1.12	1.07	1.34	1.08	0.48	0.28	0.70
印刷业和记录媒介的复制	0.87	1.07	1.59	1.01	0.44	0.40	0.94
文教体育用品制造业	0.69	1.67	2.27	0.44	0.17	0.02	0.02
石油加工、炼焦及核燃料加工业	1.23	0.66	0.81	0.85	1.62	2.68	0.31
化学原料及化学制品制造业	1.12	1.43	0.65	0.97	0.86	0.54	0.78
医药制造业	1.15	1.02	0.56	1.21	1.13	0.60	1.16
化学纤维制造业	0.22	3.31	0.59	0.33	0.24	0.48	0.29
橡胶制品业	1.81	1.12	0.72	0.79	0.63	0.24	0.54

续表

行　业	环渤海	长三角	南部沿海	中部	泛东北	西北	西南
塑料制品业	0.70	1.34	1.72	0.75	0.78	0.31	0.51
非金属矿物制品业	1.00	0.66	0.90	1.55	1.17	0.64	0.99
黑色金属冶炼及压延加工业	1.49	0.95	0.43	1.13	1.14	0.76	0.79
有色金属冶炼及压延加工业	0.64	0.84	0.69	1.94	0.81	1.56	0.96
金属制品业	0.96	1.46	1.32	0.70	0.80	0.24	0.49
通用设备制造业	1.15	1.61	0.44	0.78	1.24	0.29	0.72
专用设备制造业	1.08	1.22	0.61	1.29	1.07	0.48	0.62
交通运输设备制造业	0.95	1.19	0.79	0.96	1.35	0.50	0.99
电气机械及器材制造业	0.77	1.64	1.38	0.79	0.52	0.45	0.41
通信设备、计算机及其他电子设备制造业	0.65	1.74	2.27	0.22	0.18	0.10	0.34
仪器仪表及文化、办公用机械制造业	0.60	2.01	1.47	0.56	0.37	0.30	0.38
工艺品及其他制造业	0.89	1.15	2.09	0.74	0.35	0.22	0.37
废弃资源和废旧材料回收加工业	0.36	1.20	2.26	1.11	0.37	0.03	0.53
电力、热力的生产和供应业	0.95	0.89	0.95	1.15	1.02	1.15	1.08
燃气生产和供应业	0.76	0.90	1.21	0.76	1.65	0.66	1.27
水的生产和供应业	0.68	0.97	1.54	0.91	0.98	0.68	1.16

资料来源：中经数据库。

二　全国各地区低碳竞争力比较

1. 碳排放总量

2006～2009 年，中国碳排放总量仍处于不断上升的趋势，但增速处于下降的趋势。2007 年，中国二氧化碳排放总量增速为 10.61%，而到了 2008 年和 2009 年增速分别下降到 4.87% 和 6.93%。2008 年在国际金融危机的冲击下，大量的高能耗、高排放产业增速放缓，从而导致了二氧化碳排放总量增速迅速下滑；而到了 2009 年，在国家 4 万亿投资计划的拉动下，部分高能耗、高排放的产业死灰复燃，这也造成了二氧化碳排放总量增速有所提高。

（1）中部和环渤海地区是二氧化碳排放总量最高的地区，而西北和南部沿海地区是二氧化碳排放总量最低的地区。2009 年，中部和环渤海地区二氧化碳排放总量分别为 341839.47 万吨和 294520.05 万吨；相比之下，西北和南部沿海地区二氧化碳排放总量分别为 112598.84 万吨和 126822.02 万吨（见图 2）。

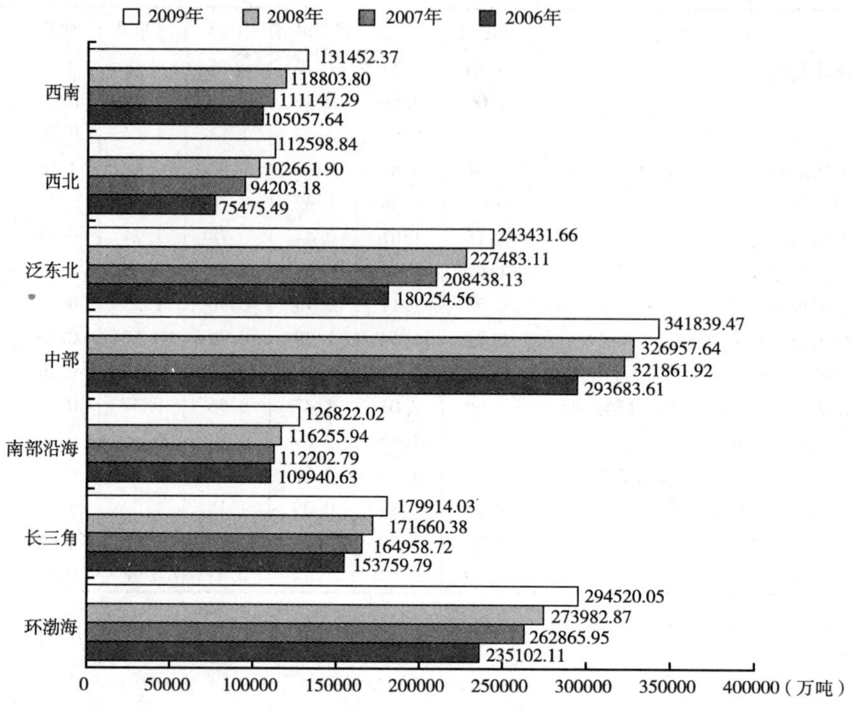

图2　2006～2009年各地区单位GDP的二氧化碳排放量

注：生产环节和生活环节二氧化碳排放数据通过各省能源平衡表中生产环节和生活环节耗能数据来计算，对于能源加工转化过程中的耗能以及损失部分采取了按照耗能比例进行分摊的方式来计算。对于无法按照耗能数据进行分摊的部分，采取了按现有数据比例进行分摊的方法。

资料来源：《中国能源统计年鉴》。

（2）西北和泛东北地区是二氧化碳排放总量增速最快的地区，南部沿海和中部地区是二氧化碳排放总量增速最慢的地区。2006～2009年，西北和泛东北地区二氧化碳排放总量分别增长了49.19%和35.05%；相比之下，南部沿海和中部地区二氧化碳排放总量分别增长了15.36%和16.40%（见表4）。

（3）山东、山西、河北是二氧化碳排放总量最高的省份，而海南和青海是二氧化碳排放总量最低的省份。2009年，山东、山西、河北的二氧化碳排放总量分别为144262.49万吨、111978.04万吨、108681.03万吨；相比之下，海南和青海二氧化碳排放总量分别为6399.47万吨和5772.42万吨（见图3）。

表 4　不同地区二氧化碳排放总量增速

单位：%

区　域	2007 年	2008 年	2009 年	2009 年较 2006 年增长
环渤海	11.81	4.23	7.50	25.27
长三角	7.28	4.06	4.81	17.01
南部沿海	2.06	3.61	9.09	15.36
中　部	9.59	1.58	4.55	16.40
泛东北	15.64	9.14	7.01	35.05
西　北	24.81	8.98	9.68	49.19
西　南	5.80	6.89	10.65	25.12
全国综合	10.61	4.87	6.93	24.04

资料来源：《中国能源统计年鉴》。

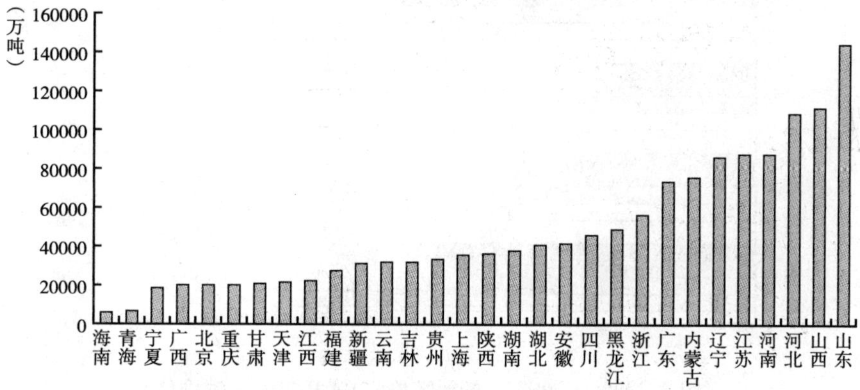

图 3　2009 年各省（市、自治区）二氧化碳排放总量

资料来源：《中国能源统计年鉴》。

2. 单位 GDP 二氧化碳排放

在哥本哈根世界气候大会上，中国向世界承诺，2020 年单位 GDP 二氧化碳排放比 2005 年下降 40% ~45%。从目前来看，要实现这一目标有一定的压力，但应该可以完成，而且很可能会提前完成。2006 ~2009 年，中国单位 GDP 二氧化碳排放量下降了 21.20%，其中，2007 年和 2008 年下降幅度较大，而到了 2009 年下降幅度明显缩小。

（1）西北和泛东北地区是中国单位 GDP 二氧化碳排放最高的区域，而南部沿海和长三角地区是单位 GDP 二氧化碳排放最低的区域。2009 年，西北和泛东北地区单位 GDP 二氧化碳排放量分别为 6.16 万吨/亿元和 5.96 万吨/亿元；相比之下，南部沿海和长三角地区单位 GDP 二氧化碳排放量分别为 2.07 万吨/亿元和 2.48 万吨/亿元（见图 4）。

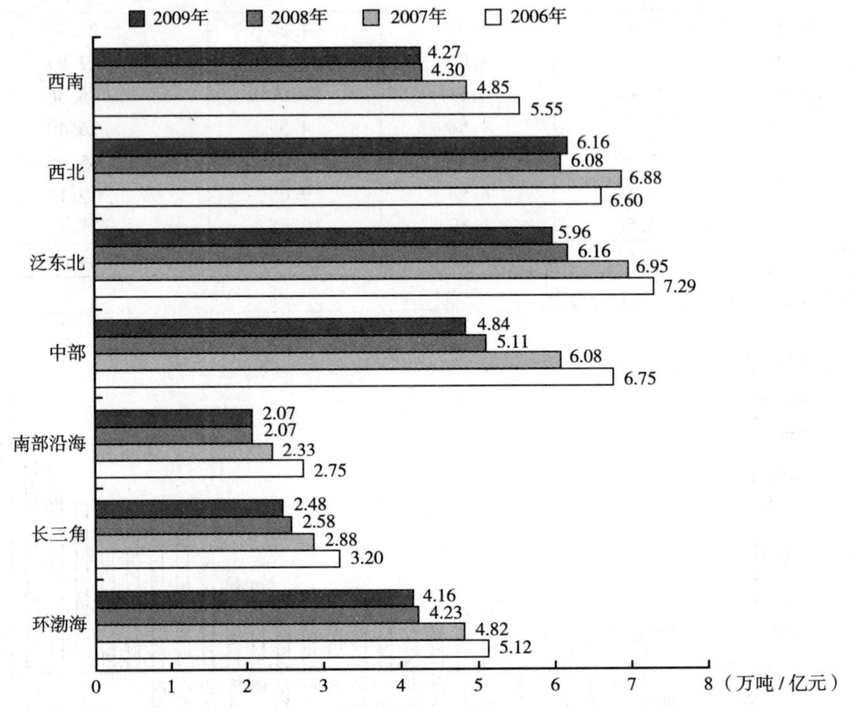

图 4　2006 ~ 2009 年各地区单位 GDP 二氧化碳排放

资料来源：《中国能源统计年鉴》。

（2）中部地区是单位 GDP 二氧化碳排放下降速度最快的区域，而西北地区是单位 GDP 二氧化碳排放下降速度最慢的区域。中部地区 2009 年单位 GDP 二氧化碳排放量比 2006 年下降了 28.29%，其中 2009 年比 2008 年下降了 5.13%；相比之下，西北地区 2009 年单位 GDP 二氧化碳排放量比 2006 年仅下降了 6.58%，其中 2009 年比 2008 年反而增长了 1.38%（见表 5）。

（3）山西、宁夏是单位 GDP 二氧化碳排放最高的省（自治区），而北京和广东是单位 GDP 二氧化碳排放最低的省（市）。2009 年，山西、宁夏单位 GDP 二氧化碳排放量分别为 15.22 万吨/亿元和 13.57 万吨/亿元；相比之下，北京、广东单位 GDP 二氧化碳排放量分别为 1.67 万吨/亿元和 1.86 万吨/亿元，山西和北京之间相差 8 倍多（见图 5）。

表5　不同地区单位 GDP 二氧化碳排放量下降速度

单位：%

区　域	2007年	2008年	2009年	2009年较2006年增长
环渤海	5.71	12.34	1.66	18.71
长三角	10.01	10.41	3.84	22.47
南部沿海	15.21	11.23	-0.19	24.59
中　部	10.04	15.98	5.13	28.29
泛东北	4.58	11.35	3.25	18.16
西　北	-4.23	11.59	-1.38	6.58
西　南	12.55	11.49	0.56	23.03
全国综合	9.98	11.24	1.38	21.20

资料来源：《中国能源统计年鉴》。

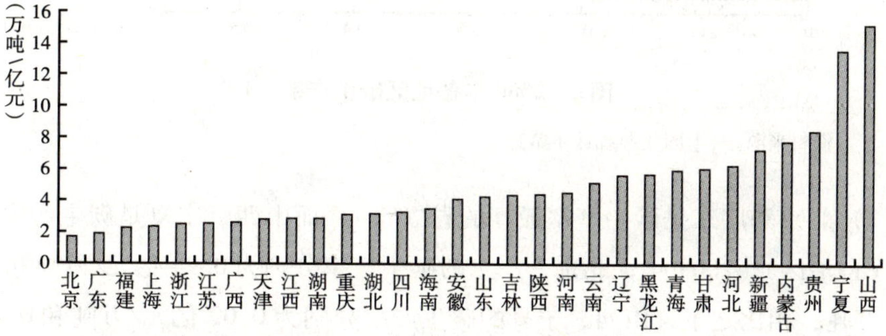

图5　2009年各省（市、自治区）单位 GDP 二氧化碳排放

资料来源：《中国能源统计年鉴》。

3. 产业的碳生产率

一个地区的产业碳生产率等于该地区 GDP 除以生产环节二氧化碳排放量①，表示该地区二氧化碳排放量所对应的增加值。碳生产率越高，表示该地区在应对气候变化方面就越具有竞争力。

---

① 地区碳生产率按照该地区国内生产总值除以该地区生产环节碳排放总额计算获得。生产环节和生活环节二氧化碳排放数据通过各省能源平衡表中生产环节和生活环节耗能数据来计算，对于能源加工转化过程中的耗能以及损失部分采取了按照耗能比例进行分摊的方式来计算。对于无法按照耗能数据进行分摊的部分，采取了按现有数据比例进行分摊的方法。

（1）南部沿海和长三角地区是碳生产率最高的地区，而西北和泛东北地区是碳生产率最低的地区。2009 年，南部沿海和长三角地区碳生产率分别为 0.59 亿元/万吨和 0.49 亿元/万吨；相比之下，西北和泛东北地区碳生产率分别为 0.23 亿元/万吨和 0.22 亿元/万吨（见图 6）。

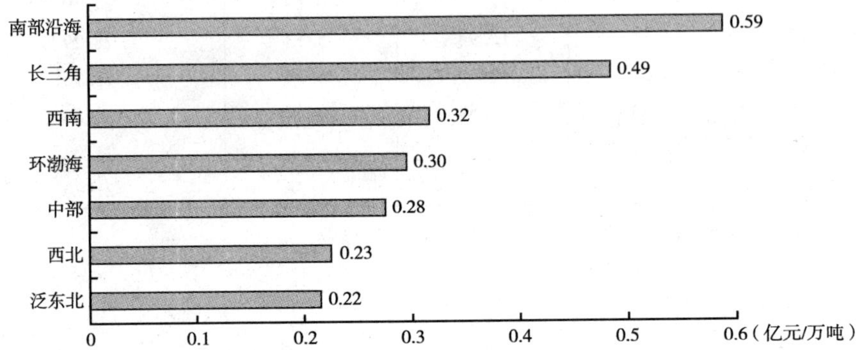

图 6　2009 年各地区碳生产率

资料来源：《中国能源统计年鉴》。

（2）北京和广东是碳生产率最高的省（市），而山西、宁夏是碳生产率最低的省（自治区）。2009 年，北京、广东的碳生产率分别为 0.94 亿元/万吨和 0.66 亿元/万吨；相比之下，山西、宁夏的碳生产率分别为 0.09 亿元/万吨和 0.10 亿元/万吨（见图 7）。

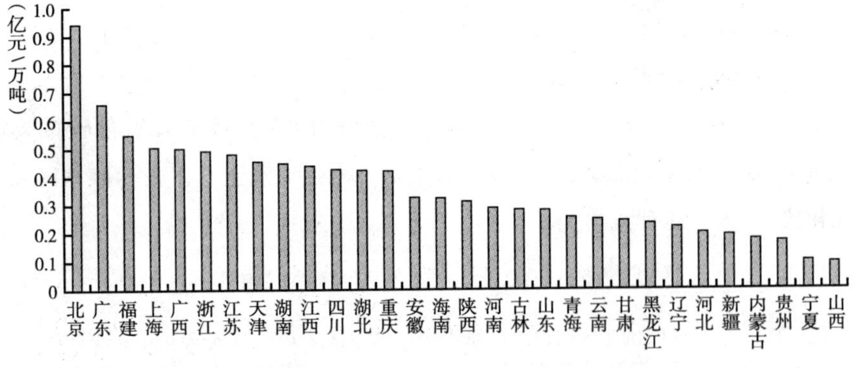

图 7　2009 年各省（市、自治区）碳生产率

资料来源：《中国能源统计年鉴》。

三 “十二五”期间全国各地区低碳竞争力展望

“十二五”将是中国产业结构调整和工业转型升级的关键时期。在国家产业政策的作用下，中国不同地区产业结构将出现不同程度的调整，从而低碳竞争力也将产生变化。根据课题组对 2015 年和 2020 年中国各地区产业结构的预测数据，我们作出如下判断。

1. 全国大部分地区的低碳竞争力都将得到一定幅度的提高

2015 年，中国大部分地区产业结构变化的特征都是第三产业比重明显提高，而且第二产业中高污染、高能耗产业实现了一定程度的产业升级，因此，全国大部分地区的碳生产率都将得到不同程度的提升。具体来讲，低碳竞争力提高的区域将主要包括环渤海、长三角、南部沿海、中部、泛东北等地区。当然，这一过程绝不是一帆风顺的，而是要经过多次反复，其中，不排除在某些时期里，某些地区碳生产率出现不升反降的情况。

2. 西北、西南地区低碳竞争力可能会不升反降

作为中国重要的矿产能源基地的西北、西南地区工业化程度较低，因此，随着工业化的进一步推进，这两个地区的碳生产率可能会不升反降。从产业结构预测的结果来看，在这两个地区内的很多省份中，第二产业的比重在“十二五”期间仍将继续增加，尤其是重工业增幅会更大，这将导致碳排放增加。

3. 长三角地区有可能会取代南部沿海地区成为中国低碳竞争力最强的区域

从产业结构变化来看，长三角地区的产业结构优化速度加快，而且集约化生产的程度将大大提高，从而带来碳生产率的提高。相比之下，目前中国碳生产率最高的南部沿海地区的产业结构优化速度相对较慢，而且从现有的产业来看，其进一步降低碳排放的空间相对较小，因此有可能被长三角地区所取代，在地区低碳竞争力排名中位居第二。

4. 环渤海地区有可能成为中国低碳竞争力提高最快的区域

环渤海地区是中国近年来活力最强的区域，经济增长十分迅速。“十二五”期间，环渤海地区的产业升级速度将会加快，生产型服务业的比重将会大大增加。山东、河北两个碳排放大省也会因为第二产业比重的迅速下降而带来碳生产率的大幅提高，从而带动环渤海地区成为中国低碳竞争力提高最快的区域。

行 业 篇

Industrial Competitiveness of China

B.5
新能源工业竞争力

白 玫*

一 产业竞争力的变化

新能源产业竞争力，主要指以电及其装备制造业、光伏发电及其装备制造、地热发电及生物质燃料为代表的新能源及装备制造业的国际竞争力。新能源产业中的子产业的特点不同，因此评估新能源产业竞争力的方法和手段也不同。对于质量轻、体积小、易于国际贸易的新能源产业，可用国际市场占有率、贸易竞争力指数（TCI）、显示比较优势指数（RCA）等指标评估；对于资源依赖性强、质量重、体积大、不易国际贸易的新能源产业，可用产业规模（全球市场份额，MSI）、跨国化指数来评估。目前条件下，分析新能源产业的特点，只有光伏电池和生物质液体燃料具有易于国际贸易的特征。

1. 新能源产业市场份额（MSI）

新能源产业市场份额是指一国新能源装总机容量（发电量、产量）占世界新

* 白玫，中国社会科学院工业经济研究所副研究员。

能源总装机容量（发电量、产量）的比重，其公式为：新能源产业市场份额＝一国新能源装机容量（发电量、产量）/世界新能源总装机容量（发电量、产量）。

不同的新能源，其市场份额存在较大差异。①中国风电装机占全球市场的份额增长迅速，从2000年的不到2%上升到2010年的22.4%，表现出较强的竞争力。中国是风电累计装机容量最多的国家，2010年中国（不包括台湾地区）新增安装风电机组12904台，装机容量1892.80万千瓦，同比增长37.1%；累计安装风电机组34485台，装机容量4478.1万千瓦，同比增长73.2%①，首次超过美国，跃居世界第一。②中国光伏发电装机近几年的增速较快，2009年和2010年分别以157.2%和139.4%的速度增长。2010年新增并网光伏发电装机53万千瓦，累计装机达到89万千瓦，其中地面大型并网光伏发电累计装机70万千瓦，建筑一体化并网光伏发电装机约13万千瓦。但中国的光伏装机量从全球角度看仍然相当小，2009年中国光伏安装量约占全球总安装量的1.6%，2010年为2.2%。③生物质液体燃料有了一定的发展，但占全球市场份额较低，不到3%。2010年，中国生物液体燃料约为220万吨。其中，4家陈化粮燃料乙醇生产项目和广西木薯乙醇项目合计生产约186万吨燃料乙醇（bioalcohol），补贴额接近30亿元。生物柴油（biodiesel）产能超过100万吨，但受资源供给限制，全年产量约为40万吨。④地热发电尚未得到重视，2000年以来一直处于停滞状态（见表1、表2）。

表1　2000～2010年中国新能源市场份额及增长速度

	项目	2000年	2005年	2008年	2009年	2010年
风　电	装机容量(兆瓦)	352.0	1264.0	12121.0	25853.0	44781.0
	世界份额(%)	1.9	2.1	9.9	16.2	22.4
	同比增长(%)	34.4	64.4	106.3	113.3	73.2
光伏发电	装机容量(兆瓦)	19.0	68.0	145.0	373.0	893.0
	世界份额(%)	1.3	1.3	0.9	1.6	2.2
	同比增长(%)	90.0	6.3	45.0	157.2	139.4
地热发电	装机容量(兆瓦)	27.8	27.8	24.0	24.0	24.0
	世界份额(%)	0.3	0.3	0.2	0.2	0.2
	同比增长(%)	0.0	0.0	-13.7	0.0	0.0

① 中国可再生能源协会风能专业委员会：《2010年中国风电装机容量统计》，2011。

续表

项目		2000 年	2005 年	2008 年	2009 年	2010 年
装机总计	装机容量(兆瓦)	398.8	1359.8	12290.0	26250.0	45698.0
	世界份额(%)	1.4	1.8	8.3	13.5	18.3
	同比增长(%)	33.0	58.0	104.7	113.6	74.1
发电量总计	发电量(太瓦时)	3.3	4.4	15.7	30.7	53.5
	世界份额(%)	1.4	1.2	2.9	5.1	7.6
	同比增长(%)	23.8	-2.3	96.7	95.7	74.5
装机出力指数		0.0	-0.6	-5.4	-8.4	-10.7

资料来源：根据 International Geothermal Association, Conference Papers Presented at Various IGA Workshops and Congresses；BTM Consult ApS；《BP 世界能源统计 2011》等数据整理计算。

表 2　2002～2010 年中国生物液体燃料的市场份额

项目	2002 年	2005 年	2008 年	2009 年	2010 年
产量(千吨油当量)	146.0	622.0	1323.0	1399.0	1399.0
世界份额(%)	1.2	3.1	2.9	2.7	2.4
同比增长(%)	3235.3	26.4	22.9	5.8	0.0

资料来源：根据 F. O. Lichts, US Energy Information Administration 相关数据整理计算。

2. 装机出力指数

新能源的装机出力指数，反映了一国新能源发电装机的发电效率，其公式为：装机出力指数＝发电量市场份额－装机容量市场份额。如果该指数小于 0，则表示该国新能源产业的效率低于世界平均水平，且绝对值越大，效率越低；如果该指数大于 0，则表示该国新能源产业的效率高于世界平均水平，且数值越大，效率越高。

从表 3 中不难发现，装机出力指数是不断下降的，即新能源发电装机的发电量低于世界平均水平。这是近几年新增装机发展过快的一个反映。2010 年，中国风电装机容量和并网运营容量分别突破 4000 万千瓦和 3000 万千瓦，主要集中在三北地区的千万千瓦风电基地。但由于风电和电网建设不协调、当地负荷水平较低、优良调节电源少、跨省跨区市场不成熟等原因，三北地区风电的并网瓶颈和市场消纳问题开始凸显。事实上，中国风电场投资运行效益不高，风电发电量低于预期。根据关于 47 个 2006 年底前建成的风电场数据在 2007 年的上网电量数据的统计分析，平均发电小时数约 1787 小时，比估测值 2000 小时约低 10%。

表 3　中国风电装机并网率

项目	2008 年	2009 年	2010 年
新增风电装机(万千瓦)	615.4	1380	1893
累计风电装机(万千瓦)	1202	2581	4473
新增风电并网(万千瓦)	466	897	1399
累计风电并网(万千瓦)	894	1613	3107
新增风电并网率(%)	75.72	65.00	73.90
累计风电并网率(%)	74.38	62.50	69.46

资料来源：中国可再生能源学会风能专业委员会编《2010 年中国风电装机容量统计》、《2009 年中国风电装机容量统计》。

3. 产业集中度

在新能源领域，风电整机设备制造业是行业集中度最高的行业。据中国风能协会数据，截至 2010 年底，国内前三家装机为 56.80%，前十家装机为 87.30%，其中，华锐风电为 23.20%，金风科技为 19.70%，东方电气为 13.90%（见表 4）。

表 4　2009～2010 年中国风电制造业集中度

2009 年新增装机			2010 年新增装机		
制造商	装机容量(兆瓦)	市场份额(%)	制造商	装机容量(兆瓦)	市场份额(%)
华锐	3495	25.32	华锐	4386.00	23.20
金风科技	2722	19.72	金风科技	3735.00	19.70
东方电气	2036	14.75	东方电气	2623.50	13.90
联合动力	768	5.56	联合动力	1643.00	8.70
明阳	749	5.42	明阳	1050.00	5.50
Vestas	609	4.41	Vestas	892.10	4.70
湘电风能	454	3.29	上海电气	597.85	3.20
GE Wind	323	2.34	Gamesa	595.55	3.10
Suzlon	293	2.12	湘电风能	507.00	2.70
Gamesa	276	2.00	华创风能	486.00	2.60
其他	2080	15.07	其他	2411.99	12.74
总计	13805	100.00	总计	18927.99	100.00
CR_3		59.79	CR_3		56.80
CR_{10}		84.93	CR_{10}		87.30

资料来源：中国可再生能源学会风能专业委员会编《2010 年中国风电装机容量统计》、《2009 年中国风电装机容量统计》。

4. 跨国化指数

中国风电装备业表现出较强竞争力，特别是在国内市场的竞争力。第一，中国 1.5 兆瓦风电机组形成充足供应能力，3 兆瓦风电机组已商业运行，5 兆瓦风电机组已于 2010 年下线。第二，2010 年，中国有两家全球排名前五的风机制造企业，有 4 家中国企业进入了世界风电装备制造业十强。而在 2009 年，中国只有 3 家企业进入世界风电装备制造业十强。第三，在国际市场上，中国风电装备制造业的竞争力还有待提升。美国通用电气公司 GE Wind、丹麦 Vestas、德国 Nodex、西班牙 Gamesa、印度 Suzlon 等风电企业都在中国设厂，这些跨国风电企业占领国际市场的主要方式是直接投资。

表 5　中国风电制造业跨国化指数

制造商	2009 年国内装机容量(兆瓦)	2009 年总装机容量(兆瓦)			跨国化指数
华锐	3495	3510			0.43
金风科技	2722	2727			0.18
东方电气	2036	2475			17.74
前三合计	8253	8712			5.27
制造商	所属国家	2009 年新增(兆瓦)	比重(%)	累计(兆瓦)	比重(%)
Vestas	丹麦	4766	12.9	39705	23.6
GE Wind	美国	4741	12.8	22931	13.6
华锐	中国	3510	9.5	5658	3.4
Enercon	德国	3221	8.7	19738	11.7
金风科技	中国	2727	7.4	5315	3.2
Gamesa	西班牙	2546	6.9	19225	11.4
东方电气	中国	2475	6.7	3765	2.2
Suzlon	印度	2421	6.5	9671	5.7
西门子	德国	2265	6.1	11213	6.7
Repower	德国	1297	3.5	4894	2.9
其他企业合计		37003	19.0	26331	15.6
总　计		66972	100.0	168446	100.0

资料来源：中国可再生能源学会风能专业委员会编《2010 年中国风电装机容量统计》、《2009 年中国风电装机容量统计》。

Vestas Wind System A/S 集团是一个跨国公司，创建于 1945 年，于 1979 年开始制造风力发电机，1987 年开始专门集中力量于风能的利用研究。已在全球六大洲 66 个国家或地区安装了 43000 多台风机，每年可提供约 9500 万兆瓦时的电力。

二 新能源产业国际比较

1. 主要国家新能源产业竞争优势比较

从新能源利用效果来看，美国新能源产业竞争力最强，其新能源发电量占全球新能源发电量的比重为24.7%，生物质液体燃料占全球生物质液体燃料的比重为42.8%，具有明显的市场竞争优势。其次是德国，其新能源发电量占全球新能源发电量的比重为11.7%，生物质液体燃料占全球生物质液体燃料的比重为4.9%。中国和西班牙处于一个层面上，新能源发电量占全球新能源发电量的比重分别为7.6%和7.8%，生物质液体燃料占全球生物质液体燃料的比重为2.4%和2%（见表6）。

表6　2000～2010年主要年份新能源发电量

单位：10亿千瓦时

国家或地区	2000年	2005年	2008年	2009年	2010年	同比增长（%）(2010年)	市场份额（%）(2010年)
中　国	3.3	4.4	15.7	30.7	53.5	74.3	7.6
美　国	78.2	91.1	130.3	148.7	172.9	16.3	24.7
日　本	18.7	27.7	29.0	23.7	22.6	-4.6	3.2
欧　洲	65.3	156.2	247.3	272.4	307.7	13.0	43.9
德　国	12.4	42.5	72.8	74.5	82.0	10.1	11.7
西班牙	6.7	24.8	40.0	48.2	54.8	13.7	7.8
意大利	7.2	13.9	18.1	20.2	24.7	22.3	3.5
英　国	5.3	12.6	17.1	20.8	21.8	4.8	3.1
瑞　典	4.7	9.3	13.2	14.9	18.9	26.8	2.7
法　国	3.1	4.9	10.3	12.4	15.0	21.0	2.1
世　界	226.3	367.1	540.6	607.1	701.0	15.5	100.0

资料来源：根据 International Geothermal Association，Conference Papers Presented at Various IGA Workshops and Congresses；BTM Consult ApS；《BP 世界能源统计 2011》等数据整理计算。

2. 风电产业竞争力

中国、美国和欧盟是世界风电装机规模最大的国家或地区。截至2010年底，全球装机总量为199.52吉瓦，新增装机容量为35.89吉瓦；中国装机总量为44.78吉瓦，新增装机容量为16.48吉瓦；美国装机总量为40.27吉瓦，新增装机容量为5.12吉瓦；欧盟27国装机总量为84.07吉瓦，新增装机容量为9.31

吉瓦。德国、西班牙等欧洲国家激励风电发展的政策核心是长期固定的较高收购风电电价，鼓励投资，培育稳定市场，促使这些国家成为风电装机发展最快的地区。欧洲风电装机从2000年的6.11吉瓦，增加到2010年的87.67吉瓦（见表7）。

表7　主要国家或地区风电装机容量及份额

单位：兆瓦,%

国家或地区	2000年	2005年	2008年	2009年	2010年	市场份额(2010年)
中　国	352	1264	12121	25853	44781	22.4
美　国	2610	9181	25237	35159	40274	20.2
日　本	142	1159	2033	2208	2429	1.2
欧　洲	13650	41067.7	65998	76583	87674	43.9
德　国	6107	18445	23933	25813	27364	13.7
西班牙	2836	10027	16543	18784	20300	10.2
法　国	63	775	3671	4775	5961	3.0
英　国	425	1336	3263	4340	5862	2.9
意大利	424	1713	3731	4845	5793	2.9
世　界	18450	59398	122158	160087	199523	100.0

资料来源：根据 BTM Consult ApS 数据整理计算。

3. 光伏发电产业

2010年底，全球光伏发电装机总量达39.78吉瓦，新增装机总量为16.74吉瓦，新增装机量同比增速为129.52%。同期，中国光伏发电装机总量达0.89吉瓦，新增装机总量为0.52吉瓦，新增装机量同比增速为128.07%。

表8　主要国家或地区光伏发电装机容量及份额

单位：兆瓦，%

国家或地区	2000年	2005年	2008年	2009年	2010年	市场份额(2010年)
中　国	19.0	68.0	145.0	373.0	893.0	2.2
日　本	330.2	1421.9	2144.2	2627.2	3617.2	9.1
美　国	138.8	479.0	1168.5	1641.6	2519.6	6.3
欧　洲	210.7	2415.7	10671.4	16288.9	29617.1	74.5
德　国	76.0	2056.0	6120.0	9914.0	17320.0	43.5
西班牙	2.0	49.0	3463.0	3523.0	3892.0	9.8
意大利	19.0	37.5	458.3	1181.3	3502.3	8.8
智　利	0.0	0.0	65.0	463.0	1953.0	4.9
世　界	1455.3	5426.0	15900.6	23042.5	39777.8	100.0

资料来源：根据《BP世界能源统计2011》数据整理计算。

中国的光伏发电装备制造具有竞争力优势。中国的多晶硅生产优势企业的技术工艺、环保水平和产量接近世界先进水平，太阳能电池板生产能力强，具有光伏电池较强的生产制造能力和成本优势，制造能力和成本优势明显。中国大陆晶体硅电池的制造产能已达21吉瓦，约占世界总产能66.6吉瓦的1/3；并在2011年进一步扩大至30吉瓦。晶体电池产量是8.5吉瓦，约是2010年全球光伏太阳电池产量27.2吉瓦的1/3。根据SEMI预测，未来10年内，中国光伏发电成本将会不断下降，光照条件好的地区在2012年左右能够实现“一元一度电”。

4. 地热发电产业

地热发电产业，美国、菲律宾、印尼、墨西哥、意大利、新西兰、冰岛有明显的优势。截至2010年底，全球地热能发电装机容量约为11.00吉瓦。相比之下，中国地热发电还没有形成产业，只有24兆瓦的示范项目（见表9）。在技术上，中国地热高温发电技术目前比较成熟，但在中低温的发电技术方面与美国相比还有非常大的距离。近十年来，中国地热发电没有新上项目。

表9 主要国家地热能发电装机容量及份额

单位：兆瓦，%

国家	2000年	2005年	2008年	2009年	2010年	市场份额
中国	27.8	27.8	24.0	24.0	24.0	0.2
美国	2228.0	2653.0	2910.6	3086.6	3101.6	28.4
菲律宾	1931.0	1978.0	1958.0	1953.0	1966.0	18.0
印度尼西亚	589.5	855.5	1060.0	1189.0	1189.0	10.9
墨西哥	943.0	953.0	958.0	958.0	958.0	8.8
意大利	785.0	790.5	810.5	843.0	863.0	7.9
新西兰	436.0	436.0	629.3	629.3	769.3	7.1
冰岛	172.1	202.1	575.1	575.1	575.1	5.3
日本	535.2	534.2	532.0	500.0	502.0	4.6
世界	8165.5	9127.9	10364.1	10716.2	10906.2	100.0

资料来源：International Geothermal Association, Conference Papers Presented at Various IGA Workshops and Congresses。

5. 生物质液体燃料产业

中国生物质液体燃料产业发展缓慢。2008～2010年，该产业规模没有扩大，其主要原因是中国尚未找到一条发展生物质液体燃料产业的技术路线与资源保障。生物质液体燃料产业已形成规模，并具有明显竞争优势的国家是美国、巴西，两国市场份额共计69.1%。同时，国外的生物质能技术和装置多已实现了规模化产业经营，以美国、巴西为代表的生物质转化为高品位能源利用方面已具有相当可观的规模。截至2010年，全球生物柴油产量达190亿升，比上年增长了20亿升；全球燃料乙醇产量达860亿升，比上年度增长了100亿升。

表10 主要国家或地区生物质液体燃料规模比较

单位：千吨油当量，%

国家或地区	2000年	2005年	2008年	2009年	2010年	同比增长(2010年)	市场份额(2010年)
中　国	—	622	1323	1399	1399	0	2.4
美　国	2991	7478	19096	21670	25351	17.0	42.8
巴　西	5212	7835	14132	13962	15573	11.5	26.3
阿根廷	4	9	632	1054	1687	60.0	2.8
欧　盟	744	3378	7944	9970	10447	4.8	17.6
法　国	315	439	2012	2312	2312	0	3.9
德　国	215	1788	2727	2728	2930	7.4	4.9
意大利	70	340	617	758	670	-11.5	1.1
西班牙	70	288	356	958	1179	23.1	2.0
世　界	9176	19944	46294	52098	59261	13.8	100.0

资料来源：根据F. O. Lichts, US Energy Information Administration相关数据整理计算。

6. 其他新能源产业

截至2010年，全球生物质发电装机总量达62.00吉瓦。比2009年装机总量增长了8.00吉瓦。其中，欧盟27国装机总量达20.00吉瓦，比2009年装机总量增长了4.00吉瓦；发展中国家装机总量达27.00吉瓦，比2009年装机总量增长了3.00吉瓦。中国装机总量达4.00吉瓦，比2009年装机总量增长了0.8吉瓦；美国装机总量达10.00吉瓦，比2009年装机总量增长了1.00吉瓦。同期，全球太阳能热发电装机容量为1.10吉瓦，较2009年增长了0.4吉瓦；欧盟27国装机容量为0.60吉瓦，较2009年增长了0.4吉瓦；美国装机容量为0.50吉瓦，与2009年持平。到2010年末，海洋能（潮汐）发电装机容量为0.30吉瓦，没有新增装机。

三 趋势与展望

1. 风电产业

目前，中国风电已进入大规模发展阶段，中国风电开发的“大规模发展、集中式建设、远距离输送”特点将进一步延续。按照中国“十二五”风电规划，装机总量为1亿千瓦，而远期2020年规划为1.8亿千瓦。而截至2010年底，装机总量已经达到4400万千瓦，也就是说在未出台新的规划之前，2011～2015年的时间内任务为5600万千瓦，2011～2020年新增装机任务为1.36亿千瓦。所以，按未来5年期来看，平均每年为1120万千瓦，10年期来看，每年为1360万千瓦。风电并网将成为“十二五”时期的重中之重，通过建设智能电网，预计到2015年中国风电消纳规模将超过9000万千瓦，到2020年将达到1.5亿千瓦以上。

同时，风机装备制造业将加速整合。一方面，新出台的《风电场接入电力系统技术规定》的核心是要求风机具备低电压穿越技术，目前只有部分大型风电设备商具备该技术。这一标准的出台无疑抬高了风电行业的门槛，并加速风电行业的整合。另一方面，风电整机产能过剩将下调电机组的价格预期，产业竞争进一步加剧，产业整合在所难免。

海外市场和海上风电将成为开发的重点。2010年以来，天威风电、常州新誉、株洲电机等企业纷纷出口了风电机组。进入2011年，华锐风电、金风科技、东方电气、三一电气、长星风电等企业将执行较大海外订单。其中，长星风电与意大利Energetica SPA公司签订了200台2兆瓦风电机组合同，2011年将执行143台；东方电气与印度KSK能源公司签订了166台1.5兆瓦风电机组的合同；金风科技中标了美国Shady Oaks 106.5兆瓦项目和埃塞俄比亚Adama风电场51兆瓦项目。中国海上风力资源丰富，中国近海10米水深以内的海域风能资源约1亿千瓦。东部沿海地区的滩涂及近海具备风电开发的优越条件，其中江苏、浙江两省成为发展海上风电的重点。此外，包括广东湛江、广东南澳、福建宁德、浙江岱山、浙江慈溪、浙江临海、山东长岛等地也在酝酿海上风电的发展规划。

2. 光伏发电产业

中国光伏发电市场将大规模启动。国家发改委确定全国性光伏上网标杆电价，2010 年为 1.15 元/千瓦时，以后为 1 元/千瓦时，它是中国光伏发电市场启动的信号。国内光伏市场的启动将从太阳能资源丰富且电网消纳能力强的地区开始。按照《"十二五"太阳能光伏产业发展规划》（意见稿），太阳能发电装机目标为到 2015 年达 1000 万千瓦，每年 200 万千瓦；2020 年，达到 5000 万千瓦。

中国光伏行业的市场集中度将大幅提升，行业整合将为光伏行业带来新的市场结构变革，打破现有无序、低毛利率竞争状况。在此过程中，龙头企业有望显著受益。多晶硅准入门槛将进一步提升，太阳能级多晶硅项目综合电耗均低于 120 千瓦时/公斤，意味着在现有条件下多晶硅规模上万吨才能够达到，万吨级厂商规模优势显现。

3. 生物质液体燃料产业

生物质液体燃料产业受原料、产业技术水平的制约，特别是在第二代生物液体燃料技术没有取得重大突破的前提下，产业难以有重大发展。①原料成本较高。种植类生物质资源相比于普通化石燃料能量密度低，收集、运输过程困难，高昂的物流和供应链成本也使得生物质能源项目的经济性明显降低。加上种植技术相对落后和土地租用等成本高昂，目前中国第一代生物燃料的单位成本相对较高。②原料资源基础仍然薄弱。其一，原料植物的选育栽培和规模经营技术有待完善。现有能源植物的原料资源总量有限、产量较低、分布分散、管理粗放。新型良种的选育、丰产栽培、收获处理技术仍不完善。其二，原料资源来源多样、品质不一。目前生物柴油原料包括各类各地废油、各种油料植物等，品质不一，严重威胁到生物柴油品质的稳定性。③产业技术水平不高。技术工艺水平较为落后，缺乏成套先进装备。中国一代生物液体燃料产业技术工艺较为落后，原料利用效率偏低，物耗、水耗和能耗较高，污染问题仍比较突出，也缺乏符合国内原料特点，即非粮植物（甜高粱、甘薯、小桐子）生产生物燃料的成套先进技术工艺和设备。第二代生物液体燃料技术还处于研究阶段，离工业化生产还有较大差距。

B.6

电力工业竞争力

吴利学*

一　电力行业发展状况

电力工业是国民经济的第一基础产业，为国民经济各个行业发展提供能源供给和动力支持。改革开放以来，中国电力工业高速发展，1978 年中国发电量仅为 2566 亿千瓦时，2010 年已达到 42280 亿千瓦时，年均增长率超过 9%。截至 2010 年底，全国发电设备容量达 96219 万千瓦，其中，水电 21340 万千瓦，火电 70663 万千瓦，核电 1082 万千瓦，风电并网总容量 3107 万千瓦。2010 年全国全口径发电量 42280 亿千瓦时，其中，水电发电量 6863 亿千瓦时，火电发电量 34145 亿千瓦时，核电发电量 768 亿千瓦时，风电发电量 501 亿千瓦时。从碳排放角度看，近年来中国电力行业发展主要表现出以下特点。

1. 电源结构长期以燃煤火电为主

受能源资源与技术发展水平的限制，中国电源结构长期以燃煤火电为主。近年来，风电、水电等可再生能源装机容量同比增长较快，但由于可再生能源发电增加规模远小于火电增加规模，中国电源结构整体变化不大。2010 年火电装机容量比重仍然高达 74.6%，火电出力比重远高于水电、风电等可再生能源，2010 年其发电量比重仍超过 80%，比较而言，中国燃煤火电规模远远超过世界平均水平，不仅在发电总量上世界第一，而且结构比重也是最高。从世界发电电源结构来看，主要以火电为主，其中，煤电占火电比重的 55% 左右，低于中国的 90% 以上。从发电量来看，世界燃煤发电量大约占到发电总量的 40%，而中国煤电发电量超过 80%（见表 1）。

---

* 吴利学，中国社会科学院工业经济研究所助理研究员。

表 1　2010 年中国电源与发电量结构

指　标	总装机（万千瓦）	比重（%）	同比增长（%）	发电量（亿千瓦时）	比重（%）	同比增长（%）
总装机	96219	100	10.08	42280	100	14.85
火　电	70663	73.44	8.53	34145	80.76	13.38
水　电	21340	22.18	8.72	6863	16.23	20.50
风　电	3107	3.23	76.53	501	1.18	81.41
核　电	1802	1.87	19.16	768	1.82	9.66

资料来源：国家电力监管委员会编《电力监管年度报告（2010）》。

从主要国家的情况来看，加拿大、巴西电源结构以水电为主，水电装机比重分别为59%、76%。法国电源结构以核电为主，核电装机比重大约为55%。中国、美国、印度、俄罗斯、日本、德国、意大利电源结构以火电为主，其中，火电中煤电比重只有中国超过90%，其余国家由于气电、油电比例较高，煤电比重远低于中国。发电量方面，中国燃煤发电量占总发电量的80%以上，是世界燃煤发电最多的国家。印度燃煤发电比重为60%左右，美国、德国、韩国大约为40%，日本不到30%。法国、加拿大、巴西、俄罗斯等国发电量主要由核电、水电、气电提供，法国核电发电比重为76.5%，加拿大、巴西水电发电比重分别为58.9%、84%（见表2）。

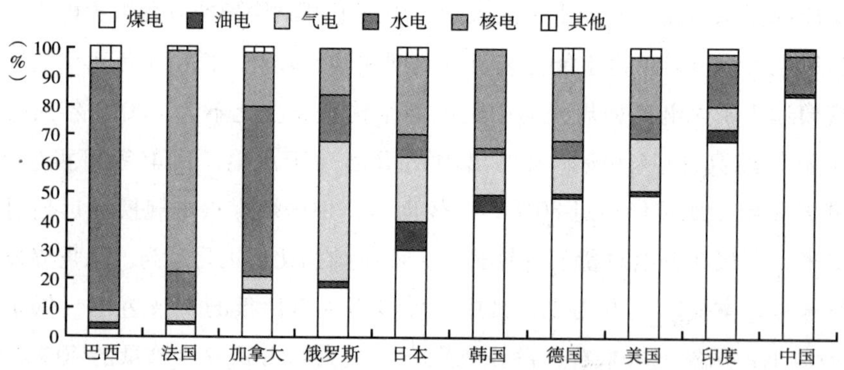

图 1　主要国家电源结构（2008 年）

资料来源：根据 BP 2010 年相关能源数据整理计算。

2. 发电效率略低于发达国家

中国发电能源效率高于世界平均水平，但是略低于发达国家。根据 IEA 统计，目前世界平均发电热效率是：煤电 34%，气电 40%，油电 37%，火电平均发电热效率为 36%。2006 年，意大利、韩国火电平均发电热效率均超过 40%。2009 年中国火电厂发电热效率达到 37%，总体上已经达到世界先进水平。近年来，中国通过技术引进和合作制造等方式在短时间内掌握了超临界和超超临界大机组设计制造技术并实现国产化。目前，国内火电机组结构已经得到优化，发电供电煤耗下降速度较快。2010 年供电煤耗降至 335 克标准煤/千瓦时，低于世界平均供电煤耗（361 克标准煤/千瓦时），但高于发达国家先进火电厂平均供电煤耗（320 克标准煤/千瓦时）。

2010 年，全国 6000 千瓦及以上电厂累计平均设备利用小时数为 4660 小时，火电设备利用小时数为 5031 小时。与火电比重较大的韩国、德国、印度等国的水平相当，但高于美国、日本、俄罗斯等国。俄罗斯、加拿大、日本、美国等国的火电结构中，气电、油电比重相对较高，火电机组均需要承担调峰功能，因此火电设备平均利用小时数相对较低，在 3500~4500 小时之间。法国电源结构以核电为主，核电承担基荷，火电主要用于调峰，因此火电设备利用最低，仅为 2312 小时。中国厂用电率逐步下降，2009 年，6000 千瓦及以上电厂厂用电率为 5.76%，高于含脱硫装置的国际先进水平火电厂的厂用电率（4.5%~5.5%）。在燃煤发电比重较大国家中，中国厂用电率处于较低水平。但是与日本、美国、加拿大、法国等发达国家相比，中国厂用电率过高，例如，2007 年，加拿大厂用电率为 3.31%，美国厂用电率为 3.66%，日本、韩国、意大利厂用电率大约为 4%。

3. 电力的输配需求不断提升

中国电网规模快速增长、电网技术不断进步、电压等级逐步提高、网架结构不断优化，逐步形成全国联网格局。但是中国一次能源资源分布不平衡，大区域电网联网还没有形成，导致中国出现“输煤不输电”，以及清洁能源发电消纳能力不够等问题。目前，中国尚未形成坚强的全国互联电网，使得电网系统对清洁能源消纳能力相对较弱。中国主要跨省跨区域输电重要线路以 500 千伏为主，特高压输电略显滞后。虽然输配电线损率呈下降趋势，但是与世界先进水平相比仍有差距。近年来，中国线损率随着输配电压等级不断升高，运营管理水平提高，呈现逐步下降趋势，从 2000 年的 7.81% 下降到 2010 年的 6.49%，但与韩国、日本、德国等世界先进水平相比还存在差距（见图 2）。

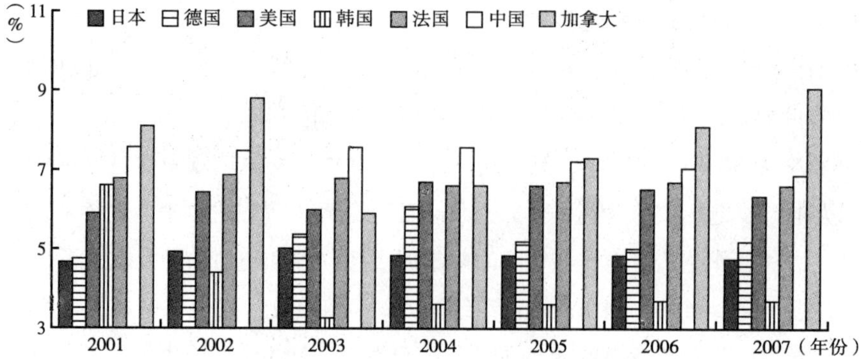

图2　部分国家线损变化情况

资料来源：根据 BP 2010 年相关能源数据整理计算。

二　电力行业的低碳发展

目前，中国已成为全球二氧化碳排放最多的国家。中国二氧化碳排放主要来自能源部门，其中电力系统是排放的主体，尤其是高比例火电中的燃煤发电部分。在全球气候变暖的背景下，电力行业势必成为二氧化碳减排的重点，低碳发展是电力行业的必由之路。

1. 电力行业碳排放状况

（1）电力系统总体碳排放增长迅速。改革开放以来，中国电力系统的碳排放增长迅速，2008 年排放量相比 1980 年增加了 6.19 倍，占能源系统碳排放比例也呈增长趋势。据初步测算，2008 年电力系统全生命周期碳排放占能源系统碳排放的 39.9%（见图 3）。因此，减缓电力系统的碳排放增长速度是减缓中国二氧化碳排放增长速度的有效措施。

（2）发电环节是电力系统碳排放的主要环节。在电力系统中，碳排放主要来自电力生产环节即发电环节。2009 年发电环节碳排放达到 94.8% 左右，电网线损所导致的碳排放比重大约为 2.3%，煤炭运输产生的碳排放比重大约为 2.9%。中国发电环节碳排放比重过高，一方面由于中国主要以火电为主，火电中 90% 以上是煤电；另一方面主要是由平均供电煤耗偏高引起，与世界发达国家平均水平相比中国燃煤电厂平均供电煤耗要高出 10 克。虽然中国发电效

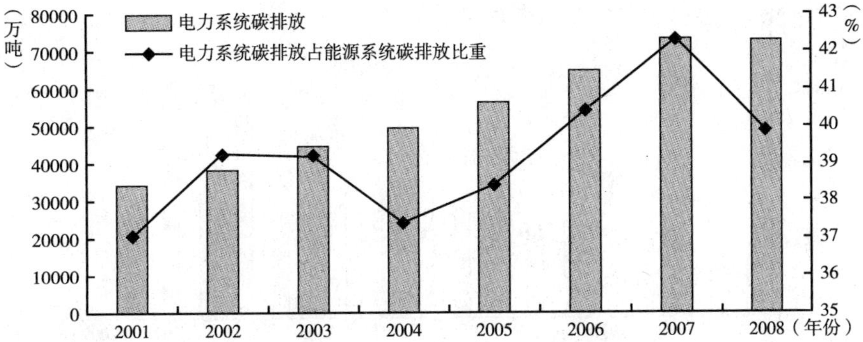

图 3　电力系统碳排放量及占能源系统碳排放比重

资料来源：根据《中国统计年鉴》和《中国能源统计年鉴》历年数据整理计算。

率较过去已有较大提高，并且拥有了世界上规模最大的超超临界技术燃煤电厂，但是众多小规模燃煤电厂的存在，使得在发电环节煤耗较高（见图 4、图 5）。

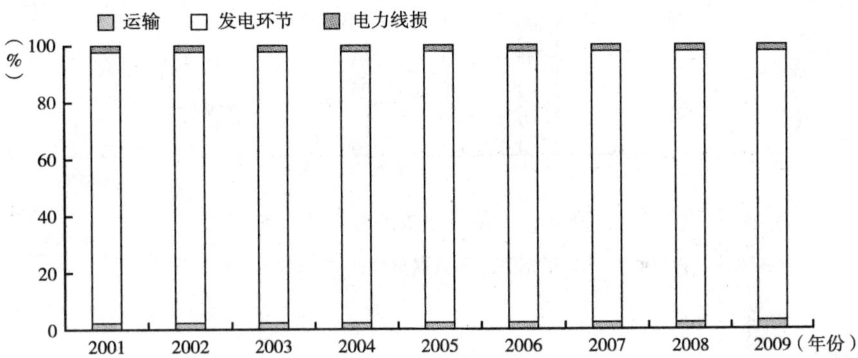

图 4　电力系统各环节碳排放比重

资料来源：根据《中国统计年鉴》、《中国能源统计年鉴》和《电力监管年度报告》历年数据整理计算。

与主要发达国家相比，中国在发电环节碳排放总量远远高于日本、德国、法国，2008 年接近美国碳排放总量（见图 6）。单位电量发电环节碳排放超过世界主要发达国家。2008 年在发电环节，中国每万千瓦时碳排放为 2.01 吨，是美国的 1.23 倍、德国的 1.51 倍、日本的 1.69 倍、法国的 12.56 倍（见图 7）。

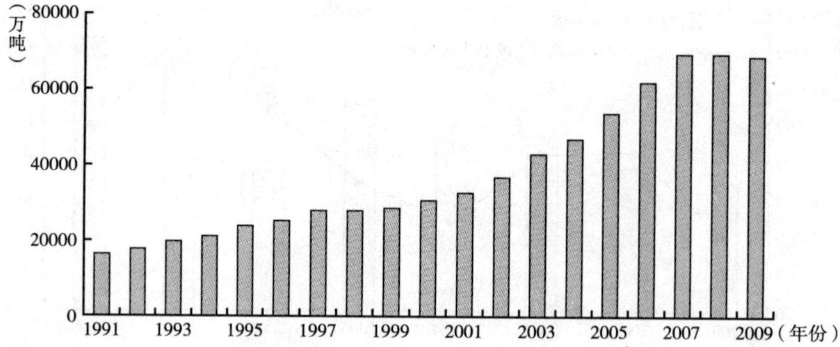

图5　发电环节碳排放

资料来源：根据《中国统计年鉴》、《中国能源统计年鉴》和《电力监管年度报告》历年数据整理计算。

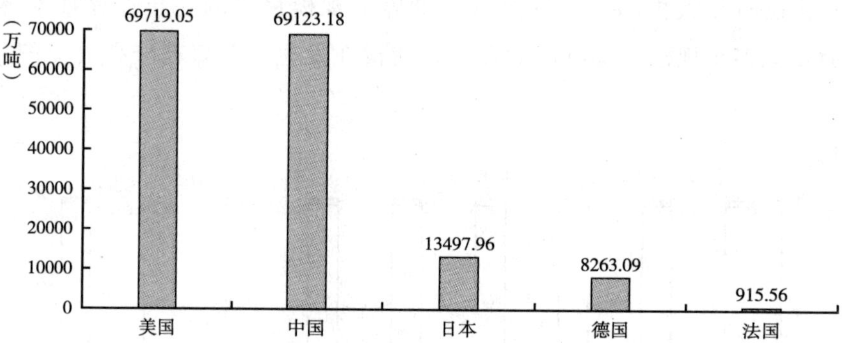

图6　2008年主要国家发电环节碳排放对比

资料来源：根据BP 2010年相关能源数据整理计算。

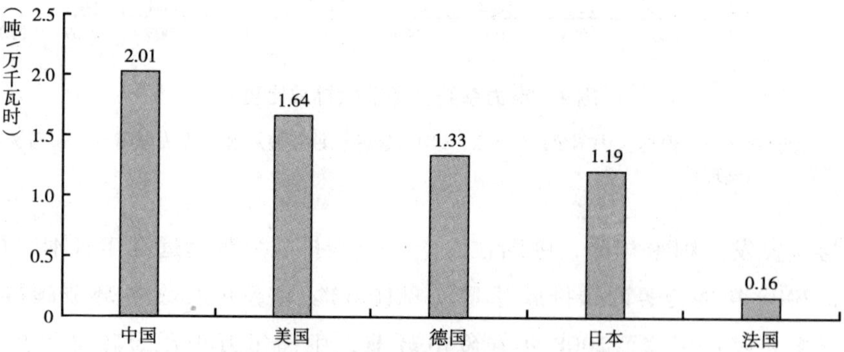

图7　2008年主要国家单位电量发电环节碳排放对比

资料来源：根据BP 2010年相关能源数据整理计算。

（3）能源运输环节碳排放比重较小。运输环节碳排放主要为运煤交通工具能耗排放。煤炭运输的主要方式是铁路、公路和水路运输。从20世纪90年代末开始铁路运煤分担率一直保持在50%左右，2001年左右甚至接近60%。总体来看，运输环节碳排放2009年只占电力系统碳排放的2.1%，比重较小（见图8）。但是，中国煤炭主要集中在西北的山西、陕西和内蒙古西部等内陆地区，电力输出中心在华中，而华东和华南等地处经济发达地区的沿海负荷中心却缺煤少电，能源分布极不协调，这导致中国大范围的煤炭调运，给交通运输造成了极大的压力。

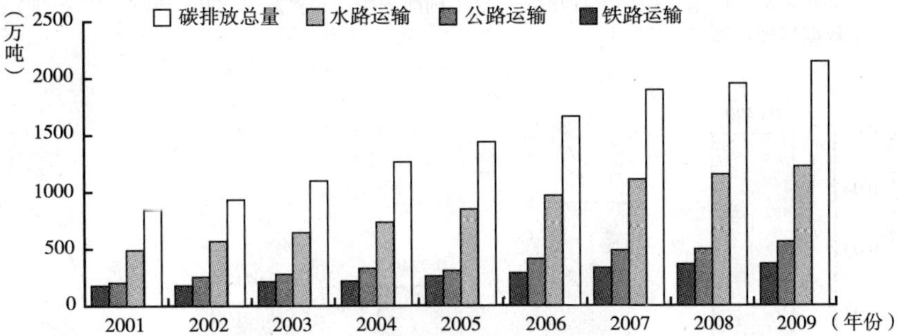

图8　煤炭运输环节碳排放

资料来源：根据《中国统计年鉴》、《中国能源统计年鉴》和《电力监管年度报告》历年数据整理计算。

（4）电力输送环节碳排放增速呈下降趋势。电力输送环节往往会产生一定量的电网线路损耗，这部分损耗的电力同样会引起碳排放（线损碳排放包括在生产环节产生的碳排放中）。2001年以来，中国电网输电线路线损率呈现不断下降趋势。2009年电网输电线路损失率比上年减少0.24个百分点，降为6.55%。根据测算，由于中国每年发电总量不断增加，电力输送环节碳排放总量亦呈现上升趋势，与世界主要发达国家相比，2007年在电力输送环节，中国碳排放要高于法国、德国、日本，略低于美国。但是单位电量输电环节碳排放水平超过世界主要发达国家（见图9），2007年电力输送环节，中国每万千瓦时碳排放为0.049吨，是美国的1.3倍、德国的2.05倍、日本的2.26倍、法国的11倍（见图10）。

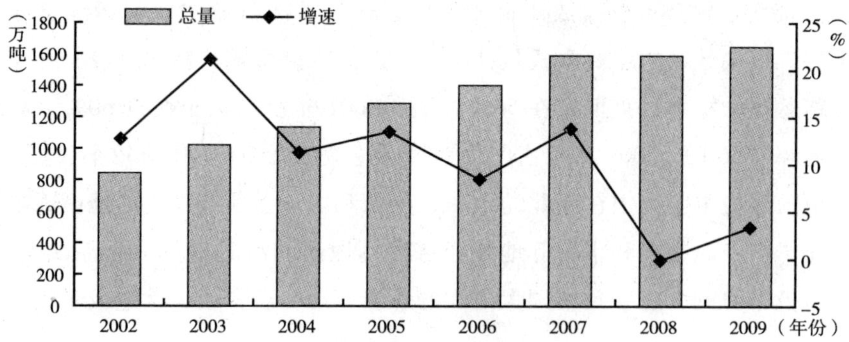

图9　电力输送环节碳排放情况

资料来源：根据《中国统计年鉴》、《中国能源统计年鉴》和《电力监管年度报告》历年数据整理计算。

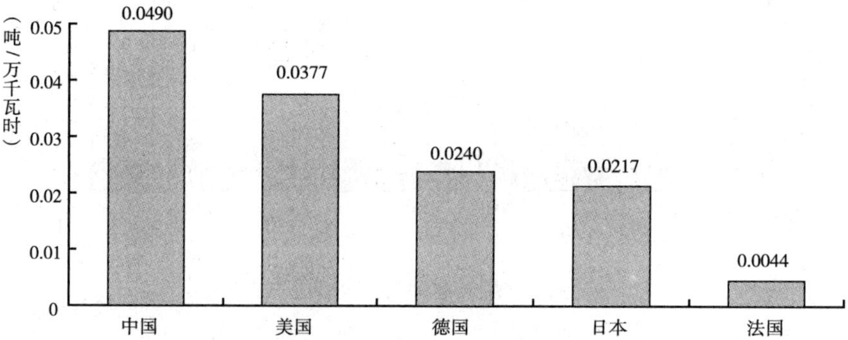

图10　2007年主要国家单位电量电力输送环节碳排放对比

资料来源：根据BP 2010年相关能源数据整理计算。

2. 近年来中国电力行业减排措施

（1）大力发展清洁能源，降低火电比重。火电尤其是煤电比例高，是中国电力工业能源消耗总量大、增速快的重要原因。在风电等清洁能源利用技术趋于成熟的条件下，近年来，中国大力发展风电等清洁、可再生能源发电，降低煤电比重。针对可再生能源发电存在“上网难”的问题，国家发改委、国家电监会发布了一系列政策文件，规范电网企业全额收购可再生能源电量行为，并产生了较好的效果。2006～2009年，中国并网风电装机和发电量连续四年翻倍增长，2010增长率分别为76%和81%。2010年，全国并网风电装机容量达3017万千瓦，风电发电量501亿千瓦时。生物质能、垃圾能、余热余压能等资源循环利用发电装机比重也在逐渐加大。在非化石能源发电装机容量占比不断提高的情况下，中国火电装机比重从 2008 年开始连续三年下降。

（2）实施“上大压小”政策，调整火电结构。从煤炭消耗看，大型高效火力发电机组每千瓦时供电煤耗为 290 ~ 340 克，中小机组则达到 380 ~ 500 克，高出 100 ~ 200 克。因此，在火电装机比重短期内无法大幅度降低的情况下，增加大型火电机组，减少小型火电机组，能较好地推进电力工业节能。“十一五”期间，国务院加大了小火电机组关停力度和步伐，关停小火电机组累计超过 7000 多万千瓦。“上大压小”政策实施后，新建火电机组单机容量基本上都达到 30 万千瓦以上，火电结构得到较好优化。火电平均单机容量已从 2001 年的 5.51 万千瓦/台提高至 2009 年的 10.31 万千瓦/台，8 年间提高了近 1 倍。

（3）积极开展能效对标，推广清洁生产。针对国有发电企业节能降耗的激励相对较弱的情况，国家发改委开展了能源对标行动，以促进企业采取综合措施，提高资源利用效率，从源头和生产过程削减污染，实现节能减排。大型发电机组供电标准煤耗大幅下降，使国有发电企业平均供电标准煤耗近两年来加速下降。华能集团的供电标准煤耗从 2006 年的 345 克/千瓦时，降低至 2009 年的 328.11 克/千瓦时，3 年间降幅达 16.89 克/千瓦时；大唐集团的供电标准煤耗从 2006 年的 350 克/千瓦时，降低至 2009 年的 328.41 克/千瓦时，3 年间下降 21.59 克/千瓦时；华电集团的供电标准煤耗从 2006 年的 356 克/千瓦时，降低至 2009 年的 331.68 克/千瓦时，3 年间减少了 24.32 克/千瓦时；国电集团的供电标准煤耗从 2006 年的 356 克/千瓦时，降低至 2009 年的 331.80 克/千瓦时，3 年间降低了 24.2 克/千瓦时，降幅居五大中央直属发电集团之首；中电投集团的供电标准煤耗从 2006 年的 363 克/千瓦时，降低至 2009 年的 343.23 克/千瓦时，3 年间降低了 19.77 克/千瓦时。

（4）增加电力技术投资，实现技术节能。为提高电力工业能源利用效率，加大节能减排工作力度，国家能源局近年来进一步提高火电项目的准入门槛，引导企业加快技术进步，并取得明显成效。目前，中国 60 万千瓦超临界、百万千瓦超超临界燃煤火电技术装备实现了国产化和批量发展。在成功突破 60 万千瓦空冷技术的基础上，2008 年，国产百万千瓦空冷项目在宁东煤电基地正式开工。目前中国已经掌握了30万千瓦循环流化床锅炉的设计、制造和运行技术，大幅提高了火电机组节能减排水平。国家加大对特高压智能电网的投入力度，国家电网公司从2008年开始全面推进“两型三新”线路和“两型一化”变电站建设，改善无功配置，提高电网功率因数和输送能力，减少电能损耗。南方电网公司积极优化配置电网结构，缩小供电半径，减少跨区域交叉供电，加大低压无功补偿设备投运，淘汰损耗大的变压器，加大高损耗配电变压器的改造力度。

（5）试行节能发电调度，鼓励节约能源。2007年开始，国务院要求电力行业试行节能发电调度，江苏、河南、广东、四川、贵州五省启动试点工作，为全面实现节能发电调度作准备。目前看来，节能发电调度在促进电力企业节能降耗方面发挥了积极作用。根据南方电网公司提供的数据，2008年南方电网范围内火电按煤耗排序发电节约了121.2万吨标准煤，减少碳排放86.6万吨；2009年节约了229.3万吨标准煤，减少碳排放163.8万吨。

3. 当前电力行业减排面临的困难

（1）短期内煤电比重难以大幅降低。尽管降低煤电装机比重是促进中国电力行业减少碳排放的“最佳”途径，但是电力装机结构的调整必须根据资源禀赋特征，以能源供给安全和电力安全为前提。中国能源资源特点是富煤、缺油、少气，从而形成了以煤为主的电力装机结构。中国火电（95%以上是煤电）装机比重20世纪90年代初为75%，2006年甚至达到过77.57%，近三年新能源发展加快后比重略有下降，但是火电发电量所占比重一直保持在80%左右，2006年达到历史最高值83.3%。过去的几十年中，我国一直致力于优化调整电源结构和煤电结构，降低煤电比例，提高高效机组比重，虽然使煤电的内涵发生了重大变化，但单从煤电比重来说，成效不明显。考虑到发展水电面临的资源制约和建设周期，以及风电等非水可再生能源发电的成本和电能质量等因素，短期内煤电仍将是保障中国电力需求的主力军。

（2）清洁能源发电发展受限。长期以来，中国电力投资存在重发轻供的现象，电网基础设施建设滞后于电源发展。进入21世纪后，电网投资力度不断加大，2001~2009年，电网累计投资1.8万亿元，电源累计投资2.2万亿元，电网投资占45%，其中，2009年电网投资3847亿元，电源投资3711亿元，电网投资占50.9%，电网投资首次超过电源投资，但与国际上电网与电源投资60%:40%

的水平相比仍有差距，电源电网不协调的矛盾短期内依然突出。加之2002年电力体制改革后，电力工业规划弱化，电力规划的权威性、科学性存在着一定欠缺。目前，全国各地风电等非水可再生能源发电快速增长，而“上网难”问题已成为制约其发展的重要因素，其中暴露出的主要问题是规划滞后和缺乏配套性政策。

4. 减排的行政依赖性过高

近年来，中国电力行业节能减排取得了突出成就，供电标准煤耗提前两年实现“十一五”末355克/千瓦时的目标，2010年进一步降低至335克/千瓦时；2010年线路损失率也已降至6.49%。但是，也要看到这些年电力工业节能减排成效显著，主要是因为国家发改委、国家能源局、国家电力监管委员会、国家环保部等电力工业主管部门采用了“上大压小”、提高准入门槛和限制审批等行政手段。发电权交易等市场化手段虽然也发挥了一定作用，但相比行政手段的效果而言其重要性要低不少。

三　促进电力行业低碳发展的政策取向

长期以来，中国电源以火电为主，电煤消耗占全国煤炭消费量的一半左右。尽管中国煤炭资源相对丰富，但作为不可再生能源，其开发利用受到资源、运输能力、环境等多方面的制约。而清洁能源，特别是可再生能源具有资源丰富、开发潜能大、环境负面影响小，甚至无污染等诸多优点。因此，优化电源结构，加快发展清洁能源发电，有序开发水力、风力、太阳能等可再生能源是实现节能减排的重要保证。

1. 加快技术进步，推进燃煤机组清洁高效节能发电

中国“富煤、缺气、少油”的能源资源禀赋，决定了中国电力工业必将长期以煤电为主，火电行业未来10年能否降低能耗将直接影响着全国节能目标的实现。因此，通过技术进步，不断提高火电机组参数和容量等级，减少电力生产过程中的自身能源消耗与污染物的排放，提高机组的可靠性和技术经济水平，有利于节能减排工作的顺利开展。当前得到广泛应用的煤炭直接燃烧发电技术主要有超临界、超超临界、亚临界、循环流化床燃烧发电等几种，对污染物采取安装脱硫、除尘及脱硝等设施实现达标排放。在提高发电效率方面，采用超临界和超超临界技术是煤炭直接燃烧发电的主要选择，今后的发展方向是研发新型的耐高温材料，逐步提高主蒸汽的压力和温度等级，进而提高发电效率，降低供电煤耗。因此，在发电环节通过火电厂设备热力系统设计优化和系统保温设计与改造，提高锅炉燃烧和传热效率，给水泵、循环水泵和凝结水泵等动力系统节能，以实现火力发电过程的节能降耗。

2. 加强电网建设与改造，降低输配电损耗

电力工业是大量消耗能源的产业，发电厂用电和供电线损率约占全社会用电量的14%，因此通过采用柔性交流输电技术和新型直流输电等新技术、应用节能电力变压器等手段，加强电网建设与改造，逐步构建合理的网架结构，提高电网的自动化水平，并以此为基础开展和推进节能调度，以降低电力传输中的电能损耗，并最大限度地利用清洁能源和可再生能源发电，无疑对电力工业节能减排具有重要的意义。发电厂生产的电力要经过很长的输配电线路才能到达终端用户，其间还要经过升压、降压和配电变压器，在这个过程中因线路和变压器的电阻会产生热损耗，一般称为线损。中国线损率与国际先进水平相比还有较大差距，因此，输电和配电过程中节能潜力巨大。应通过建立相应的激励机制，鼓励电网企业进行技术改造和科学调度以降低线损，同时建立严格的监管措施予以保障。

3. 推广节能调度，深化电力市场建设

目前，中国可再生能源等清洁能源发电比例比较低，因此在调度运行上，采用优化调度，使全系统的机组运行在综合能源转换效率最高的状态，保障和最大限度地利用清洁能源上网发电，对电力工业节能减排具有重要的意义。推广节能调度，一要充分利用电网平台，加强水火互济和省间互补，优先安排可再生能源、水电机组发电；二要优化水库调度及机组运行方式，最大限度地减少弃水，提高水能利用率；三要优先安排清洁、高效机组和资源综合利用效率较高的机组上网，限制能耗高、污染重的低效机组发电；四要完善发电权交易制度，逐年削减小火电机组发电上网小时数；五要研究有利于节能减排的市场定价机制。

4. 加强电力需求侧管理，引导用户科学合理有序用电

提高电能终端使用效率、节约用电是节能减排的根本，电力需求侧管理是用电环节节能减排的有效手段。从本质上说，电力需求侧管理就是引导电力用户优化用电方式，提高终端用电效率，优化资源配置，改善和保护环境，实现最小成本电力服务，其中一个典型应用就是通过实施峰谷分时电价、季节性电价、可中断电价等电价政策，引导用户尽可能在低谷时段用电，合理避开高峰时段用电。要引导电力企业和用户要继续提高对需求侧管理工作的认识，采用行政、经济、技术等手段引导和鼓励用户合理用电、节约用电，尤其要加强迎峰度夏期间空调负荷用电情况的调查和管理。

B.7 采掘工业竞争力

向奕霓　李 钢*

采掘业主要包括煤炭开采和洗选业、石油和天然气开采业、黑色金属矿采选业、有色金属矿采选业、非金属矿采选业和其他矿采选业五大部门。由于本书有专门章节分析钢铁、水泥、有色金属的产业竞争力，故本章的重点在于分析煤炭、原油和天然气开采的竞争力。

一　产业竞争力变化

1. 国际市场占有率

2008 年国际金融危机之后，中国采掘业各产品呈现不同的变化特征。煤炭的国际市场占有率在 2008 年之后发生大幅下降，由 2008 年的 5.8% 降为 2009 年的 2.3%；原油的国际市场占有率在经历了一个小幅上升之后，在 2010 年下降到 0.11%，比 2008 年下降了 0.08 个百分点；天然气的国际市场占有率没有发生明显变化，从 2008 年到 2010 年只上升了 0.01 个百分点（见表 1）。

中国煤炭、石油和天然气的国际市场占有率均低于美国和俄罗斯。虽然中国是一个产煤大国，但同时也是煤炭的消费大国，因此，其煤炭产业的国际市场占有率并不高，竞争优势不明显。2008 年，中国煤炭的国际市场占有率与美国和俄罗斯分别相差了 3 个和 2.8 个百分点，2009 年，这一差距扩大为 3.5 个和 4.9 个百分点，这说明，金融危机之后，中国煤炭的国际竞争力与美国和俄罗斯相比有所下降。从国际市场占有率来看，中国原油和天然气的国际竞争力变化不大。

---

* 向奕霓，中国社会科学院工业经济研究所硕士；李钢，中国社会科学院工业经济研究所副研究员，《中国经济学人》副主编。

表1　煤炭、原油、天然气国际市场占有率：中国、美国和俄罗斯

单位：%

年份	煤炭			原油		天然气		
	中国	美国	俄罗斯	中国	美国	中国	美国	俄罗斯
2008	5.8	8.8	8.6	0.19	0.35	0.38	3.78	53.90
2009	2.3	5.8	7.2	0.25	0.12	0.37	2.34	30.54
2010	—	—	—	0.11	0.08	0.39	6.85	22.20

资料来源：根据联合国贸易数据和《中国能源统计年鉴》历年数据计算。

2. 贸易竞争力指数

国际金融危机之后，中国采掘业的贸易竞争力有所恶化，尤其是煤炭产业。在金融危机之前，中国煤炭的贸易竞争力指数一直大于零。这表明2008年之前中国的煤炭产业是具有贸易竞争力的，但经历了此次危机之后，中国由原来的煤炭净出口国变成了煤炭净进口国，2009年煤炭的贸易竞争力指数降为-0.63，说明中国的煤炭行业已不再具有贸易竞争力。金融危机对原油的贸易竞争力没有产生明显影响，其仍然维持在-0.95的水平。天然气的贸易竞争力虽在2009年有小幅上升，但在2010年却大幅下降，其贸易竞争力水平低于2008年（见表2）。

中国煤炭产业贸易竞争力指数的变动趋势与美国和俄罗斯有所不同，中国呈下降趋势，而美国和俄罗斯却不断提升，美国2009年的煤炭贸易竞争力接近于1，这说明美国在煤炭行业几乎只出口不进口。中美两国的原油贸易竞争力指数在危机之后都没有发生太大变化。与美国和俄罗斯相比，中国天然气产业贸易竞争力指数的变动更为激烈。

表2　煤炭、原油、天然气贸易竞争力指数

年份	煤炭			原油		天然气		
	中国	美国	俄罗斯	中国	美国	中国	美国	俄罗斯
2008	0.20	0.55	0.79	-0.96	-0.97	-0.33	-0.73	0.99
2009	-0.63	1.00	0.88	-0.95	-0.99	-0.45	-0.66	0.99
2010	—	—	—	-0.98	-0.99	-0.66	-0.54	1.00

资料来源：根据联合国贸易数据库和中国统计数据应用支持系统的数据计算。

3. 显示比较优势指数（RCA）

中国的煤炭、原油以及天然气的显示比较优势指数均小于1，这说明中国的采掘业在国际市场上不具有比较优势，国际竞争力较弱。金融危机之后，各行业的显示比较优势指数呈现不同的变化特点。煤炭的显示比较优势指数从2008年的0.65下降为2009年的0.24，原油和天然气的显示比较优势指数均有所上升，尤其是2010年。2010年原油的显示比较优势指数由2009年的0.03上升为0.09，天然气的显示比较优势指数由0.04上升为0.31（见表3）。

金融危机之后，中美俄三国的煤炭显示比较优势指数均有所下降，中国和美国的变动较为明显；中美两国的原油产业均不具有比较优势，显示比较优势指数较小，危机之后这一状况也没有得到特别的改善；中美两国的天然气显示比较优势指数均呈上升趋势，中国的上升幅度更大，相反，俄罗斯天然气的比较优势正在不断丧失。

表3　煤炭、原油、天然气显示比较优势指数

年份	煤炭			原油		天然气		
	中国	美国	俄罗斯	中国	美国	中国	美国	俄罗斯
2008	0.65	1.10	1.75	0.02	0.04	0.02	0.46	11.00
2009	0.24	0.67	1.50	0.03	0.01	0.04	0.27	6.41
2010	—	—	—	0.09	0.01	0.31	0.67	3.59

资料来源：根据《BP世界能源统计》和联合国贸易数据库的数据计算。

4. 劳动生产率

国际金融危机并没有对采掘业各行业的劳动生产率产生明显的影响，2009年各行业的劳动生产率均有所提高（见表4）。劳动生产率提高意味着单位产品成本的降低，采掘业作为国民经济的基础产业，其成本的降低有利于国民经济的整体发展。

表4　采掘业各行业劳动生产率

单位：千元/人

年份	煤炭开采和洗选业	石油和天然气开采业	有色金属矿采选业	黑色金属矿采选业	非金属矿采选业
2008	131.29	743.77	197.45	241.38	123.69
2009	169.00	999.00	278.83	343.62	157.99

资料来源：根据《中国工业经济统计年鉴》历年数据计算。

通过上述四方面的分析，可以得出以下结论。

首先，国际金融危机之后，虽然中国煤炭产业的劳动生产率提高了38千元/人，但是从国际市场占有率、贸易竞争力指数和显示比较优势指数三方面来看，中国煤炭产业的国际竞争力却大幅下降。究其原因，关键在于中国煤炭对外出口的政策。自2003年以来，中国一直对煤炭行业采取促“进”抑“出”的政策。2004年，国家发改委、商务部和海关总署联合制定了《煤炭出口配额管理办法》，对煤炭出口实行配额管理；2006年9月15日，取消煤炭出口退税；2008年8月20日，对所有煤种征收10%的出口暂定关税。在配额和关税的双重作用下，中国煤炭出口量不断下降。另外，中国对煤炭进口不断放松。2008年1月1日，中国取消了所有煤炭的进口关税。正是在这种促“进”抑“出”政策的调节下，中国煤炭产业的国际竞争力才会不断下降。

其次，国际金融危机之后，从上述几个指标来看，中国原油和天然气的国际竞争力略有提高，但是同时我们也应该结合中国的实际情况，综合看待中国原油和天然气的国际竞争力。第一，中国石油的需求量非常大，石油资源相对匮乏，对进口有很强的依赖性；第二，中国目前对天然气的开采和利用都还不充分，之前所列数据并不能完全反映中国天然气的国际竞争力。

二　低碳竞争力

1. 碳生产率

煤炭开采和洗选业、有色金属矿采选业、黑色金属矿采选业以及非金属矿采选业的碳生产率在2009年均有所上升。这表明这些行业的碳生产率并没有过多地受到国际金融危机的影响，中国采掘业在应对气候变化方面的竞争力不断提高。在采掘业的各行业中，石油和天然气开采业的碳生产率最低，在应对气候变化方面的竞争力最弱，金融危机之后这种情形进一步恶化，其碳生产率（不变价）从0.20万元/吨下降至0.14万元/吨（见表5）。

2. 碳生产率的国际比较

与美国相比，中国采掘业缺乏低碳竞争力，两国存在很大差距，且这种差距有进一步扩大的趋势。2007年，美国采掘业的碳生产率是中国的57.73倍，2008

表 5　采掘业各行业碳生产率

单位：万元/吨

年份	煤炭开采和洗选业		石油和天然气开采业		有色金属矿采选业		黑色金属矿采选业		非金属矿采选业	
	(不变价)	(当年价)	(不变价)	(当年价)	(不变价)	(当年价)	(不变价)	(当年价)	(不变价)	(当年价)
2008	0.40	0.48	0.20	0.23	0.51	0.60	0.67	0.79	0.30	0.36
2009	0.45	0.51	0.14	0.16	0.59	0.67	0.71	0.81	0.35	0.40

注：表中不变价是指按 2005 年不变价格统计的各行业增加值计算所得碳产率；当年价指按当年价格统计的各行业增加值计算所得碳生产率。

资料来源：根据《中国能源统计年鉴》数据计算而得。

年达到 60.88 倍。下面从增加值和碳排放量两方面对中美两国采掘业碳生产率产生差异的原因进行简单分析。

一方面，从能源消费结构看。根据 IEA 公布的数据，美国采掘业对于能源的消费几乎全部为电力，其余能源种类少有涉及，故美国采掘业的碳排放量很少；中国采掘业消费的能源几乎涉及了目前所有的能源品种，以 2008 年为例，对其碳排放量贡献最大的三种能源分别是天然气、原煤和柴油，三者的碳排放量分别为 25723.05 万吨、9906.47 万吨和 2405.35 万吨，这三者的任意一个都已超过美国采掘业的碳排放总量。另一方面，从行业技术看。仍以 2008 年为例，美国采掘业创造 22030 亿元的增加值只消费了 254.94 亿千瓦小时的电力，而中国采掘业创造 16882 亿元的增加值不仅消费了 1701.27 亿千瓦小时的电力，而且还耗费了大量其他能源。

可见，能源消费结构和技术水平的差异会不断扩大中美采掘业低碳竞争力的差距。从表 6 可以看到，2008 年，美国采掘业的增加值比上年增加了 2695 亿元，增长了 13.94%，但是，其碳排放量的变化却很小，只增加了 20 万吨，增长了 1.79%，碳排放量与增加值增长率的比例为 0.128；而同期，中国采掘业的增加值增加了 4067 亿元，增长了 31.74%，碳排放量增加了 8400 万吨，增长了 19.80%，碳排放量与增加值增长率的比例为 0.624。换言之，美国采掘业增加值每增长 1%，碳排放量只增加 0.128%，而中国采掘增加值每增长 1%，碳排放量会增加 0.624%，远高于美国。这就意味着，如果中美两国采掘业增加值保持相同的增长速度，那么中国碳排放量的增速仍会高于美国。

表6　中美两国采掘业碳生产率的比较

年份	碳生产率(万元/吨)		增加值(亿元)		碳排放量(万吨)	
	中国	美国	中国	美国	中国	美国
2007	0.30	17.32	12815	19335	42422	1117
2008	0.33	20.09	16882	22030	50822	1137

注：碳生产率 = 增加值/碳排放量。

资料来源：美国采掘业增加值的原始数据来自美国经济分析局，换算为人民币所使用的数据来自中国人民银行，碳排放的数据由 IEA 的数据计算而得，中国部分的数据来自《中国能源统计年鉴》和《中国统计年鉴》。

3. 影响碳生产率的原因

（1）行业特点。行业特点是决定碳生产率的先天因素。采掘业本身属于“高碳行业”，这就从根本上决定了其碳生产率较低。对中国各行业 2009 年的碳生产率（不变价）进行排序，煤炭开采和洗选业、石油和天然气开采业、有色金属采矿选业、黑色金属采矿选业以及非金属采矿选业的排名分别为第 29、第 39、第 23、第 26 以及第 32 位，其碳生产率（不变价）分别为 0.45 万元/吨、0.14 万元/吨、0.59 万元/吨、0.71 万元/吨及 0.35 万元/吨，而 2009 年中国所有行业的平均碳生产率为 0.38 万元/吨（见图 1）。

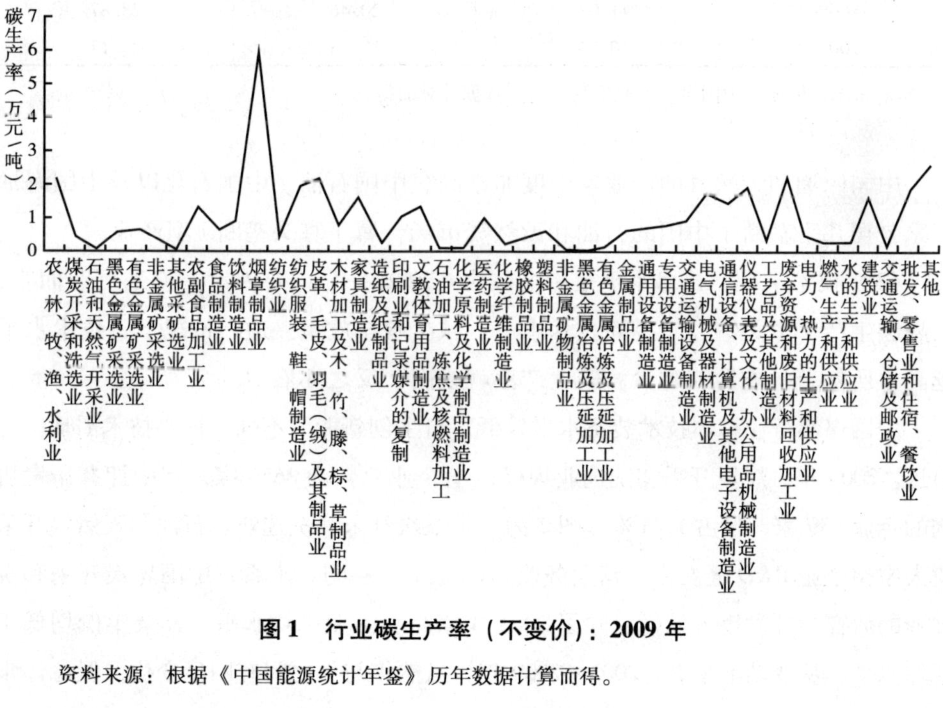

图 1　行业碳生产率（不变价）：2009 年

资料来源：根据《中国能源统计年鉴》历年数据计算而得。

（2）产业集中度。中国煤炭产业集中度不高，2008 年的 CR_1、CR_4 和 CR_8 分别只有 11.03%、20.46% 和 28.87%，根据贝恩的产业结构划分法，CR_4 和 CR_8 分别小于 30% 和 40%，属于竞争型产业。从表 7 可以看出，中国煤炭工业产业集中度不断上升，2006～2009 年，CR_1、CR_4 与 CR_8 分别上升了 4.12%、6.02% 与 7.65%。同时我们注意到，国际金融危机之后，中国煤炭产业集中的趋势有所放缓，与 2008 年相比，2009 年中国煤炭工业的 CR_1、CR_4 与 CR_8 分别下降了 0.99 个、1.03 个与 1.7 个百分点（见表 7）。与煤炭产业竞争力较强的国家相比，中国煤炭产业集中度较低。例如，俄罗斯煤炭产业的产业集中度为 95% 左右，属于极度寡占型市场竞争结构；美国的煤炭产业属于中度寡占型市场竞争结构；德国、澳大利亚等国的煤炭产业集中度也极高。

表 7　中国煤炭工业产业集中度

单位：%

年份	CR_1	CR_4	CR_8
2006	5.92	13.41	19.52
2007	7.54	15.80	21.95
2008	11.03	20.46	28.87
2009	10.04	19.43	27.17

资料来源：根据《中国煤炭工业年鉴》历年数据计算而得。

中国原油和天然气的产业集中度非常高，中国石油、中国石化以及中国海油三家公司几乎垄断了中国的石油和天然气市场，属于寡头垄断 I 型产业。

（3）技术水平。技术水平是影响碳生产率的一个重要因素。就采掘业而言，提高碳生产率的关键在于提高技术水平、减少碳排放量。通常情况下，技术水平越高，所耗费的能源就越少，碳生产率就越高，反之亦然。

中国煤炭行业整体技术装备水平较低，自主创新能力不强，核心技术需从国外引进。2009 年，煤炭开采和洗选业规模以上企业总数为 8656 家，其中拥有研发机构的企业 139 家，仅占 1.61%。图 2 为中国煤炭开采和洗选业、石油和天然气开采业大中型企业 R&D 经费占主营业务收入的比重，从图 2 来看，中国煤炭开采和洗选业的研究与开发投入偏低，除了 2004 年略高于工业平均水平，其余年份均低于平均水平。从变动上来看，2003～2009 年，虽然年与年之间有明显变化，但总体来看，2009 年与 2003 年相比只增长了 7.14%，而工业整体上却增长了 50.67%。

与中国煤炭行业相比，中国石油和天然气行业整体技术装备水平较高，但是其先进技术主要是学习国外，缺乏自主创新，在技术层面不具有竞争力，与发达国家差距较大。2009 年，石油和天然气开采业规模以上企业总数为 323 家，其中拥有研发机构的企业 45 家，占 13.93%。从图 2 来看，石油和天然气开采业的研究与开发投入较低，长年低于工业平均水平，尤其是 2006～2008 年，甚至不足平均水平的一半，但总体来看，2009 年与 2003 年相比增长了 75.51%，高于工业整体水平。其中，2009 年 R&D 经费占主营业务收入的比重与 2008 年相比增长了 177.42%。这主要是因为，2009 年石油和天然气开采业的 R&D 经费增长了 72.72%，而主营业务收入却下降了 35.62%。

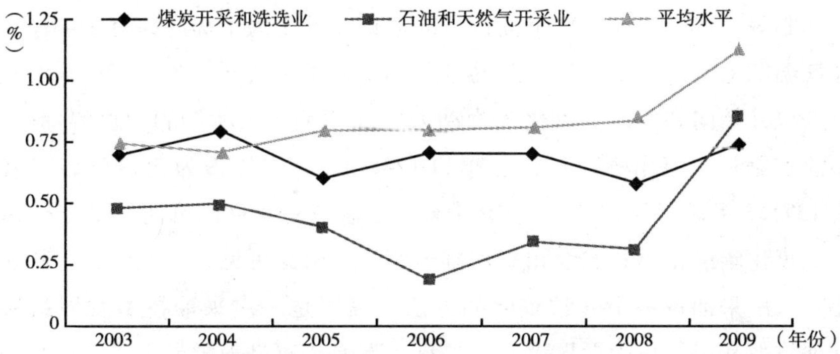

图 2　中国煤炭开采和洗选业、石油和天然气开采业大中型企业 R&D 经费占主营业务收入比重

注：2009 年数据为 R&D 经费内部支出与主营业务收入比率。
资料来源：根据《中国科技统计年鉴》历年数据计算而得。

（4）政策制度。政策制度是推动碳生产率提高的外部因素，从一定程度上来说，政策制度具有强制作用，一旦被制定，就必须坚定不移地执行。目前中国有关限制碳排放的政策尚处于探索阶段，相关政策并不多，大多是一些文字性的说明，并没有一些硬性的指标规定。具体到采掘业，目前还没有明确的针对采掘业减少碳排放的政策。唯一能够对采掘业的碳排放起到约束作用的只有一些国际协议，如《京都议定书》、《哥本哈根协议》等，以及中国政府制定的《中国应对气候变化国家方案》等。但是我们应该清楚地意识到，对于采掘业，这些文件的约束性较小，实质性约束在一定程度上可以说没有，实现减排的目的我们不能只依靠企业的自觉性。因为，企业自身没有减排的动力，如果政府不从外界施加压力的话，减排只会成为一纸空话。因此，预计随着未来中国采掘业减排政策的制定和完善，中国采掘业的碳生产率将会大幅提高。

4. “减少”碳排放技术的分析

对于大多数行业来说，为了迎合发展低碳经济的要求，其研究重点主要集中于如何提高生产效率、减少能源消耗最终达到减少碳排放的目的，但是煤炭开采业、石油和天然气开采业的研究重点却主要在如何利用二氧化碳，从而达到“减少”二氧化碳排放的目的，下面主要以三次采油技术为例进行说明。

三次采油技术是一项通过利用物理、化学和生物等新技术提高原油采收率的油田开发技术。三次采油技术包括四大技术分支——化学驱、气驱、热力驱和微生物驱，其中气驱包括二氧化碳混相驱、二氧化碳非混相驱、氮气驱、烃类气驱和烟道气驱等。各国研究三次采油技术的最初目的是为了提高原有采油率，但随着全球气温的上升，减少二氧化碳的排放成了人类的共同任务，三次采油技术的研究重点也开始向如何以二氧化碳为动力提高原油采收率倾斜。世界2007年二氧化碳混相驱和非混相驱项目数总额为124个，所占比重为35.4%，二者的年产量为1371.3万吨，所占比重为15.1%，无论是从项目比例还是从年产量比例来看，二氧化碳混相驱和非混相驱均排名第二。由此可见，二氧化碳混相驱和非混相驱是三次采油技术中非常重要的方法。美国是三次采油技术发展最快的国家，其项目数和产量均为世界第一，二氧化碳混相驱是美国最重要的三次采油方法。自1986年以来，美国二氧化碳混相驱项目不断增加，而其余方法的项目却在不断减少。据美国《油气杂志》统计，2007年，美国二氧化碳混相驱项目有100个，占世界二氧化碳混相驱项目的54%。

中国对于三次采油技术也进行了大量研究，部分技术已经达到世界先进水平，但是中国在研究过程中主要发展的是化学驱和热力驱两种方法，气驱和微生物驱尚不成熟。由于国外的二氧化碳注气混相驱发展较快并且已较成熟，同时受到减排这一大环境的影响，未来二氧化碳混相/非混相技术将会成为中国三次采油技术的研究重点。

三　趋势与展望

根据中国社会科学院工业经济研究所的预测，未来十年采掘业总体在国民经济中所占比重会不断下降，但各行业的具体表现却各有不同，结果如表 8 所示。

表 8　中国采掘业各行业占 GDP 比重预测

单位：%

年份	煤炭开采和洗选业	石油和天然气开采业	有色金属矿采选业	黑色金属矿采选业	非金属矿采选业	其他采矿业	合计
2007	1.72	2.37	0.36	0.34	0.19	0.00	4.98
2015	1.23	2.55	0.23	0.27	0.16	0.05	4.50
2020	1.07	2.67	0.19	0.25	0.15	0.04	4.38

注：以上预测是以 2007 年为基础进行的，其中 2007 年的数据是当年的实际值。

资料来源：2007 年数据来自《中国统计年鉴 2008》，2015 年和 2020 年的数据来自中国社会科学院工业经济研究所的预测。

未来十年，中国煤炭在国民经济中所占比重会不断下降。煤炭在消费过程中会产生大量的二氧化碳，这与目前所提倡的低碳经济不相符。随着未来风能、太阳能、水能、化石能、核能等替代能源的开发和利用，中国煤炭的消费量会相对减少。根据美国能源信息署发布的《国际能源展望 2009》，2010～2030 年，中国煤炭消费的年增长率为 2.7%，而中国一次能源消费的年增长率为 3.2%，核能为 8.9%，水电及其他可再生能源为 5.2%。煤炭消费的相对减少意味着煤炭需求的相对减少，这会直接导致煤炭产业在国民经济中的收缩。

天然气燃烧后无废渣、废水产生，符合目前所倡导的低碳经济，所以未来中国对天然气的消费会相对增加，根据美国能源信息署发布的《国际能源展望 2009》，2010～2030 年，中国天然气消费的年增长率为 5.2%，高于一次能源消费的年增长率（2.3%）。天然气产业在国民经济中表现为扩张态势。

B.8
钢铁工业竞争力

江飞涛*

一　产业竞争力变化

“十一五”期间，中国钢铁工业的国际竞争力迅速提高，由钢铁产品净进口国转变为钢铁产品的净出口大国，但要成为钢铁工业强国则需要进一步提高高端产品的国际竞争力。

1. 国际市场占有率

2010 年，中国累计出口钢材 4256 万吨，与上年同期相比增长了 73%（见图 1）。其中，板材累计出口 2481 万吨，同比增长 109.5%，占钢材出口总量的 58.3%；棒材累计出口 519 万吨，同比增长 110.1%；管材累计出口 121 万吨，同比增长 27.3%；线材累计出口 152 万吨，同比增长 24.1%；角型钢累计出口 208 万吨，同比增长 57.4%。从结构上看，2010 年，无缝钢管出口额占钢材出口总额的比重为 12.6%，特厚板、冷轧薄板（卷）、镀层板、彩涂板和电工钢等中高端板材合计出口额占钢材出口总额的比重为 27.0%，整个“十一五”期间中国钢材出口产品结构优化升级趋势十分明显。

从市场占有率的情况来看，2007 年、2008 年，中国钢铁产品在国际市场上的占有率分别为 10.75% 和 12.09%，并成为第一大钢铁产品出口国；2009 年，国际市场占有率下降至 7.25%，低于德国和日本（见图 2）。高端产品市场竞争力的缺乏，使得中国的钢铁产品在国际市场上更容易受到市场波动的影响。

2. 贸易竞争力指数

2009 年，受国际金融危机影响，世界经济低迷，国际钢铁产品市场急剧萎缩，而中国经济率先复苏，国内钢材需求强劲，出口急剧下降，进口有所增加，

---

* 江飞涛，中国社会科学院投资与市场研究室副主任。

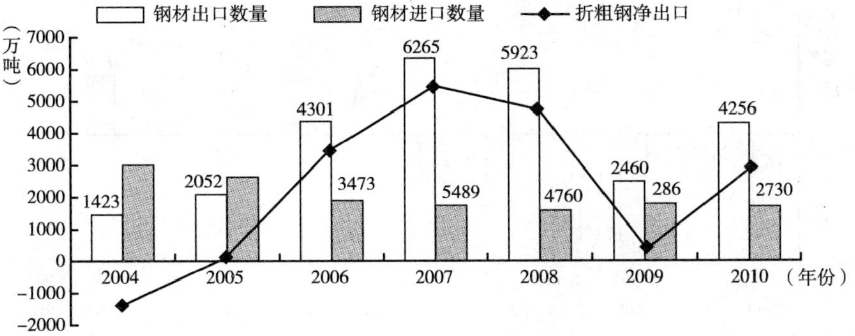

图1　“十一五”期间钢材进出口情况

资料来源：中国海关总署，中国钢铁行业协会。

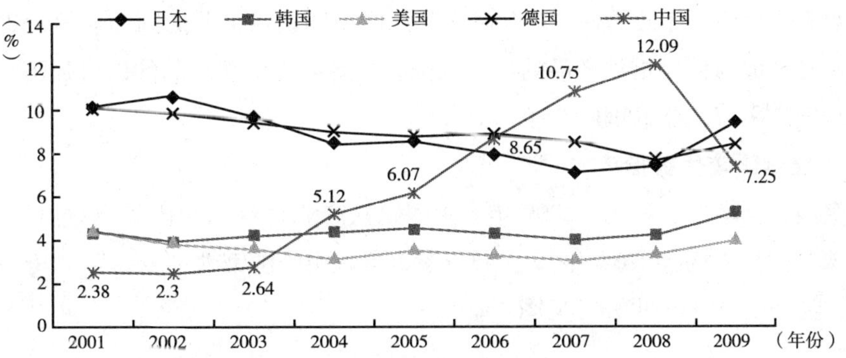

图2　主要钢铁出口国国际市场占有率

资料来源：根据联合国贸易数据库（http：//comtrade. un. org）中数据计算而得。

净出口快速下跌至286万吨。2010年，钢铁产品折合成粗钢净出口2919万吨，尚未恢复到危机前的水平。

贸易竞争力指数为净出口总额与进出口总额的比值，钢铁工业贸易竞争力指数于2006年转为正值，表明中国由钢铁产品的净进口国转变成净出口国；2007年、2008年贸易竞争力指数分别快速攀升至0.36和0.45，表明这两年中国钢铁工业贸易竞争力持续加强；2009年，金融危机后国际钢材市场需求疲软且贸易摩擦加剧，中国经济快速复苏，国内钢材市场迅速恢复，国内市场价格高于国际市场价格，出口显著减少，进口增加，贸易竞争力指数快速跌至0.02；2010年，中国钢材出口迅速恢复，贸易竞争力指数快速回升至0.28，但仍未恢复到危机

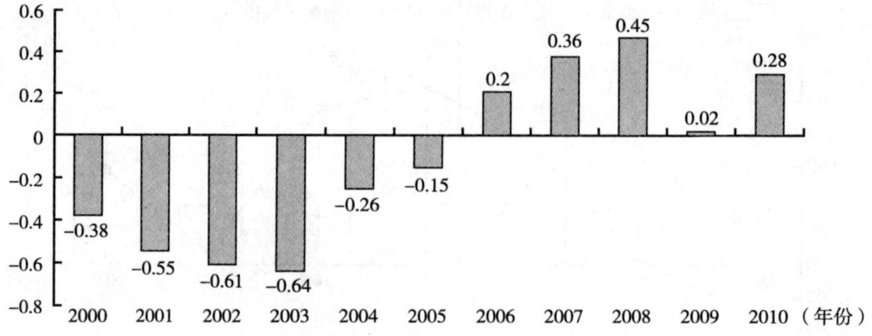

图 3　中国钢铁工业贸易竞争力指数

资料来源：根据中国海关总署相关数据计算而得。

前的水平。由图 3 不难看出，“十一五”期间中国钢铁工业的国际竞争力迅速提高，并已经成为世界钢铁产品的出口大国，但要成为钢铁产品的出口强国则需要进一步提高高端产品的国际竞争力。

3. 显示比较优势指数

受国际金融危机影响，2009 年，中国钢铁产业显示比较优势指数由 2008 年的 1.35 急剧下降至 0.76，下降了 43.7%，这表明中国钢铁产业国际竞争力并不稳定，易于受到外部冲击（见图 4）。

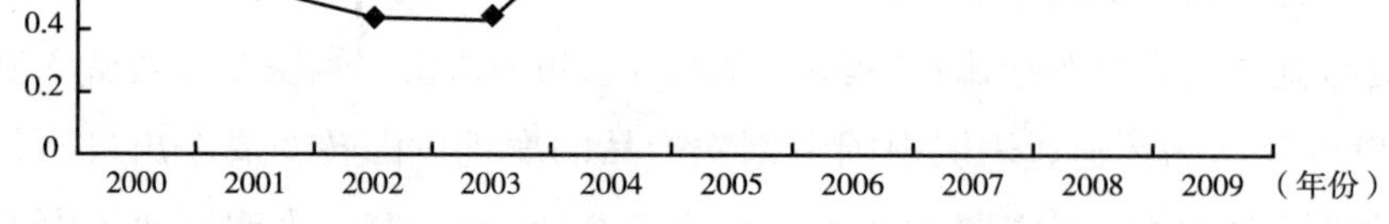

图 4　中国钢铁工业显示比较优势指数

资料来源：根据联合国贸易数据库（http：//comtrade. un. org）中数据计算而得。

4. 劳动生产率

“十一五”期间，钢铁行业就业人数增长缓慢，2009 年黑色金属冶炼及压延加工业全部就业平均人数为323万人，比2005年增长了35.5万人，年均增长3.0%，而同期工业增加值年均增长13.9%。“十一五”期间，钢铁行业劳动生产率显著提高。2005年，钢铁行业劳动生产率为20.1万元/人；2009年，该值上升至30.8万元/人，为2005年的1.53倍；2010年，钢铁行业劳动生产率进一步上升至32.1万元/人（见表1）。

表1　“十一五”期间黑色金属冶炼及延压加工业就业人数与劳动生产率

年份	黑色金属冶炼及压延加工业全部就业平均人数（万人）	黑色金属冶炼及压延加工业增加值（2005年不变价）（亿元）	黑色金属冶炼及压延加工业劳动生产率（2005年不变价）（万元/人）
2005	287.5	5776.9	20.1
2006	296.1	6891.8	23.3
2007	304.4	8366.7	27.5
2008	313.5	9052.8	28.9
2009	323.0	9949.0	30.8
2010	345.4	11103.1	32.1

资料来源：国家统计局。

二　低碳竞争力

1. 碳生产率

2010年，重点统计钢铁企业的平均吨钢综合能耗为604.6千克标准煤，较2005年下降12.88%；钢铁生产主要工序能耗稳步下降，实现节能总量约4611万吨标准煤；万元工业增加值能耗为5.21吨标准煤，较2005年下降23.16%（见表2）。从钢铁行业的整体情况来看，2009年吨钢能源消耗为0.993吨标准煤，比2005年的1.119吨标准煤/吨钢下降了11.3%；2009年的5.67吨标准煤/万元增加值（2005年不变价），比2005年的6.85吨标准煤/万元增加值（2005年价格）下降了17.2%；吨钢二氧化碳排放量由2005年的4.084吨下降至2009年的3.763吨；吨钢烟尘排放量、吨钢粉尘排放量和吨钢工业废水排放量分别由2005年的1.64公斤、2.97公斤和4.81吨，大幅度下降至2009年的0.91公斤、1.48公斤和2.22吨（见表3）。

从碳生产率指标来看，2005年中国钢铁工业碳生产率指标为400.3元/吨；

2008 年该值上升为 469.5 元/吨，比 2005 年提高了 17.3%；2009 年该值略有下降至 465.4 元/吨，主要因为加大基础设施建设等刺激性政策使得建筑用钢等低附加值产品比重增加。

表 2　重点钢铁企业各主要生产工序能耗情况

单位：千克标准煤/吨钢

年份	吨钢综合能耗	吨钢可比能耗	烧结	球团	焦化	炼铁	转炉	电炉	轧钢
2005	694.0	714.1	64.8	39.96	142.2	456.8	36.3	96.9	76.2
2006	645.0	623.0	55.6	33.08	123.1	433.1	9.1	81.3	65.0
2007	628.0	614.6	55.2	30.12	121.7	426.8	6.0	81.3	63.1
2008	629.9	609.6	55.5	30.49	120.0	427.7	5.7	80.8	59.6
2009	619.4	595.4	55.0	29.96	112.3	410.7	3.2	73.4	57.7
2010	604.6	—	52.7	29.97	105.9	407.7	-0.2	74.0	61.1

资料来源：中国钢铁行业协会。

表 3　钢铁行业万元增加值碳排放、吨钢能源消耗与主要污染物排放量

年份	万元增加值二氧化碳排放(吨)	吨钢能源消耗(吨标准煤)	吨钢二氧化碳排放量(吨)	吨钢二氧化硫排放量(公斤)	吨钢烟尘排放量(公斤)	吨钢粉尘排放量(公斤)	吨钢工业废水排放总量(吨)
2005	24.98	1.119	4.084	3.36	1.64	2.97	4.81
2006	24.08	1.067	3.895	3.05	1.49	2.32	3.74
2007	21.92	1.024	3.738	3.17	1.33	1.99	3.20
2008	21.30	1.037	3.847	2.88	1.02	1.59	2.88
2009	21.48	0.993	3.763	3.00	0.91	1.48	2.22

注：工业增加值为 2005 年不变价格。

资料来源：国家统计局。

2. 低碳竞争力的国际比较

2009 年，美国和德国吨钢二氧化碳排放量约为 1.3 吨，日本吨钢二氧化碳排放量约为 1.6 吨，韩国吨钢二氧化碳排放量约为 2.2 吨，而中国吨钢二氧化碳排放量则高达 3.8 吨。从这一数据不难看出，中国钢铁工业的低碳竞争力与国际先进水平相比存在很大差距。

3. 近年来中国钢铁工业碳生产率提高的主要原因

（1）中国钢铁工艺技术和装备水平不断提升。由于炼钢、炼铁设备的大型

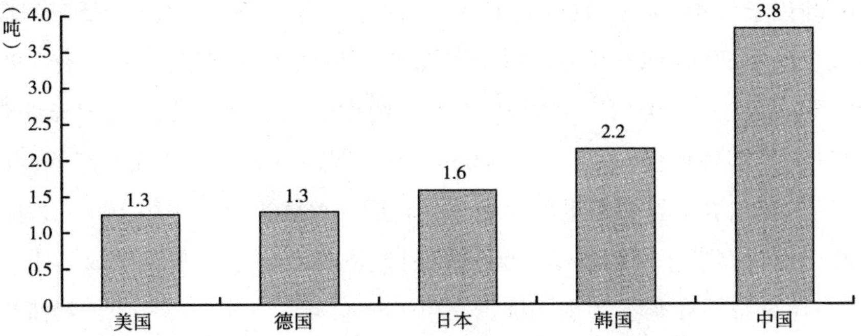

图 5　2009 年吨钢二氧化碳排放量的国际比较

资料来源：中国钢铁行业协会。

化、现代化，以及相应先进技术运用，钢铁工业能耗不断降低，2010 年重点钢铁企业炼铁工序能耗比 2009 年降低 2. 79 千克标煤/吨，燃料比下降 1 千克标煤/吨，同时炼钢能耗也大幅降低。①

从炼铁设备来看，中国炼铁设备发生显著变化，各种类型的炼铁高炉数量逐渐增加，其中，中国重点大中型钢铁企业中，1000 立方米以上的炼铁高炉由 2005 年的 90 座增加到 2009 年的 191 座，增长 112. 2%，其生产能力由 13732 万吨增加到 30782 万吨，增长 124. 2%；其中，3000 立方米以上的炼高炉由 2005 年的 9 座增加到 28 座，增长 211. 1%，其生产能力由 2563 万吨增长到 8719 万吨，增长 240. 2%。截至 2010 年底，中国有 1000 立方米以上大型高炉 260 座，约占全国炼铁总产能的 52%。1000 立方米以上高炉的利用系数、燃料比、高炉风温等技术指标与国外相当，部分指标还处于领先水平，高炉自动化操作水平普遍提升。与此同时，宝钢 4966 立方米高炉、首钢京唐 5500 立方米高炉和沙钢 5800 立方米高炉的投产使得中国特大型高炉在世界范围占有一席之地。

从炼钢设备来看，重点大中型工业企业中 100 吨以上的转炉由 2005 年的 92 座增加到 2009 年的 187 座，增长 103. 3%，其生产能力由 2005 年的 12756 万吨增加到 2009 年的 30021 万吨，增长 135. 3%。炼钢电炉方面，重点大中型钢铁企

① 朱继民：《中国钢铁工业发展的回顾、展望和思考》，《冶金信息导刊》2011 年第 2 期。

业中50吨以上炼钢电炉座数由2005年44座上升至77座，增长了75%，其产能从2703万吨增加到4623万吨，增长了71%。截至2010年底，中国有100吨以上转炉200多座，50吨以上电炉80多座，约占全国炼钢总产能的51%。"十一五"期间，中国建成投产了首钢京唐300吨、鞍钢鲅鱼圈260吨、邯钢西区300吨和马钢300吨等世界最先进的大型炼钢转炉。总体来看，中国100吨以上转炉和50吨以上超高功率电炉基本达到国外同类装备的先进水平，已成为中国炼钢生产的主体设备，并基本实现了炼钢—精炼—连铸—热轧一对一最佳经济规模的工艺装备配置。

（2）二次能源利用。钢铁工业生产所用能源约有70%已经转换为二次能源。目前，中国投产和在建的CDQ有158套，处理焦炭能力为1.58亿吨/年，占中国焦炭产能的35.2%。重点钢铁企业焦化厂的干熄焦率达到80%。中国现有TRT装备的高炉有655座，其中63.70%为煤气干法除尘，15.05%为湿法除尘，平均吨铁发电量低于30千瓦时/吨铁。① 目前，重点企业生产和在建的烧结余热回收装置约有80套，占烧结机总数的15%。据统计，2010年重点钢铁企业中，有21家高炉煤气利用率在下降，14家转炉煤气利用率在下降，9家焦炉煤气利用率在下降。② 由此可见，中国钢铁工业二次能源的利用效率在逐步提升，并促进了钢铁工业的节能减排。

（3）循环经济模式的采用。许多钢铁企业通过发展循环经济，提升了钢铁工业的节能减排效果。比如，包头钢铁以零排放为目标，通过可燃气体回收利用循环链、工业用水循环链、固体废物循环链，实现高炉、转炉、焦炉三种煤气全面回收；首钢京唐曹妃甸钢铁基地建成投产，成为中国首个发展循环经济的临海大型钢铁联合企业；日照钢铁公司建成综合污水处理厂、废气利用发电工程、钢渣超细粉项目、矿渣水泥项目、固废回收综合利用项目。

4. 中国低碳竞争力较低的主要原因

（1）中国钢铁工业铁钢比高是造成单位钢产量二氧化碳排放强度高的最主要原因。高炉流程的单位排放强度是电炉流程的4倍之多。中国钢铁累积量小、废钢资源紧缺、大宗废钢质量差、电价高，导致了电炉钢比例低，使得钢铁工业

① 朱继民：《中国钢铁工业发展的回顾、展望和思考》，《冶金信息导刊》2011年第2期。

② 王维兴：《2008年中国钢铁工业能耗分析》，《炼铁》2009年第9期。

铁钢比一直居高不下。2009年，中国铁钢比为0.96，而同期，日本为0.77，德国为0.62，美国为0.33，世界平均水平为0.74。中国钢铁工业生产仍以长流程为主，在节能减排约束以及“十二五”时期可能征收碳税和环境税的背景下，需要对降低铁钢比、实现工艺流程变革引起足够的重视。

（2）能源利用效率依然较低。尽管近年来，通过结构调整与采用新技术，中国钢铁工业在节能降耗、减少污染物排放方面成效显著。但是，与国际先进水平相比，差距依然很明显，中国重点大中型钢铁企业的吨钢能耗比日本高约10%；吨废水排放量高约56%；吨钢工业粉尘排放量高约50%。中国钢铁工业企业技术装备水平不平衡，处于多层次、不同装备水平，各种技术经济指标共同发展阶段。各企业的能耗水平与污染物排放指标相差很大，约有1/4的企业技术装备和技术指标相对落后，不少装备属于高能耗、高污染的淘汰设备。

（3）中间产品综合利用技术水平依然偏低。目前，虽然重点钢铁企业的冶金废渣、粉煤灰和炉渣利用率分别为94.93%、79.47%，但固体废物高附加值利用技术和水平亟待提高；尾矿综合利用率仅5.02%。除了固体废物外，煤气也是钢铁工业中重要的二次能源，钢铁工业所用煤炭的能量有39.8%以煤气形式存在，其能耗约占钢铁工业总能耗的34%。① 目前，多数企业仍然采用锅炉—蒸汽轮机发电机组来利用煤气，其利用效率较低。重点钢铁企业高炉、转炉煤气放散率分别为6%和10%，余热资源回收利用率低于40%。因此，如何提高中间产品的利用率依然是钢铁企业节能减排和提高低碳竞争力重点需要解决的问题。

（4）先进节能减排的技术推广与应用不足。目前，重点钢铁企业的高炉干式炉顶压差发电、干熄焦和转炉干法除尘配备率仅占30%、52%和20%。同时，依靠先进技术推进节能减排的激励机制尚未完全建立，仍然缺乏完善的与节能减排工作有关的技术规范。比如，干熄焦技术、厚料层烧结、小球烧结、球团生产技术、烧结尾气脱硫及综合利用技术、烧结环冷机余热回收技术等并未普遍应用到钢铁企业中，这制约着钢铁工业的节能减排。

① 王维兴：《2008年中国钢铁工业能耗分析》，《炼铁》2009年第9期。

三　趋势和展望

1. 中国钢铁产业发展面临更为复杂的国际环境

中国钢铁产业将面临更为复杂、多变的外部环境。世界经济整体上走向复苏，但复苏并不均衡，美国和欧洲的经济复苏依然脆弱，不确定性因素仍然很多，全球经济增长面临减速，钢铁需求增长亦将有所放缓。铁矿石定价机制的改变使得中国面临更为复杂、更具风险性的国际铁矿石市场。中国在铁矿石资源上对外依存度很高，国际市场上铁矿石价格的细微变动都会对国内钢铁企业的生产成本变动产生影响。2010 年，国际三大铁矿石生产企业凭借垄断地位单方面改变了运行近三十年的年度长协定价机制，改为季度指数定价机制，这使得中国钢铁企业面临高昂的铁矿石进口价格和更为剧烈的价格波动。需要进一步指出的是，季度定价可能或只是铁矿石定价机制变革开始。定价模式的短期化和指数化趋势，会使得铁矿石价格的金融属性日益增强，增大价格的不确定性，放大外部市场风险。

2. 低碳竞争力将成为制约中国钢铁产业竞争力提高的关键因素

随着能源价格的日益高涨以及未来碳排放税的开征，低碳竞争力水平将决定未来钢铁产业的竞争力水平。目前，中国钢铁工业的低碳竞争力与发达国家相比仍有很大差距。在碳减排等新技术的发展方面，欧洲和日本企业又走在了前面，而中国钢铁企业甚至还没有充分意识到问题的严重性。未来中国钢铁产业低碳竞争力的缺乏，将成为制约中国产业竞争力的关键因素。从技术上看，非高炉炼铁工艺、新一代钢铁流程、碳减排和固定工艺技术与半凝固加工产业化技术，是未来技术创新的首要突破方向。谁率先在这些方面实现突破，谁就抢占了今后相当长时期内竞争的制高点。

3. 需从多方面着手提高低碳竞争力

加大对钢铁企业在非高炉炼铁工艺、新一代钢铁流程、碳减排等技术研发方面的支持力度，并为这些技术的产业化提供良好的外部环境。发展完善的废钢收集系统，降低废钢收集的成本，提高废钢的收购质量，提高电炉炼钢比例。重点推广二次能源回收利用技术装备，包括高炉炉顶压差发电（TRT）、干熄焦（CDQ）、烧结余热回收、焦炉煤气上升管余热回收等。此外，鼓励和推动钢铁企业建立能源管控中心优化用能结构，提高资源与能源利用效率，实现清洁生产。焦炉能源高效转换技术、烧结生产节能减排技术、高炉和焦炉煤气干法除尘技术、低品质余热资源回收利用技术、水处理及循环利用技术等循环经济技术的推广应用都将成为企业实现资源环保系统降成本的保障。完善钢铁工业节能减排的监督机制，建立"政府—协会—企业"三位一体的互动机制。政府对钢铁企业设立一定的能耗限额，定期对钢铁企业进行监督、检查，并对达到标准并能耗降低较大的企业给予一定的奖励，对尚未达到规定标准的企业给予惩罚。

4. 面临转变经济增长方式带来的挑战

2011 年是"十二五"开局之年，"十二五"期间经济结构战略性调整和转变经济发展方式的步伐将加快，这将对中国未来的经济格局产生决定性的影响，也必然对钢铁产品的需求结构与规模产生根本性影响。"十二五"期间经济增长将向消费、投资和出口协调拉动转变，投资对于钢铁产业的拉动作用将会下降，消费对于钢铁产业的拉动作用将会上升。随着各用钢行业结构调整步伐的进一步加快，其对钢铁材料的要求也会越来越高。其中，发展绿色、低碳、节能环保型钢材已成为大多数行业的共同要求，这必然引发钢铁产业的调整。"十二五"期间提出的七大战略性新兴产业发展规划，涉及节能环保产业、新能源产业、新一代信息技术产业、生物产业、高端装备制造业、新材料产业和新能源汽车产业，这些新兴产业必然对钢铁业产生新的要求。国家大力支持的新能源、核电、环保、军工科技等将会成为钢铁业新的增长点。但同时，这也要求钢铁企业必须投入充足的开发和维护费用，加大科研投入，来满足新的、更高的下游需求。

B.9

水泥工业竞争力

白 玫*

一 产业竞争力评估

1. 国际市场占有率

中国水泥的国际市场占有率，从数量角度看，2010年为12.16%；从金额上看，2010年为9.59%。随着中国限制高耗能产品出口政策的实施，中国水泥产业的出口竞争力有所下降，国际市场占有率从2007年的15.75%，下降到2010年的9.59%（见表1）。

表1 中国水泥国际市场占有率

单位：%

年份	中国水泥出口额/世界水泥出口额	中国水泥出口数量/世界水泥出口数量	国际水泥工程市场占有率
2007	15.75	25.15	>30
2008	11.50	18.58	>34
2009	7.88	11.64	>38
2010	9.59	12.16	>40

资料来源：根据UN Comtrade数据和《中材国际财务报告》等整理计算。

国际水泥工程市场占有率高。中国占国际水泥工程市场份额40%以上，截至2010年底，采用中国水泥技术和装备在国外累计建成投产的生产线120多条，建设规模主要是日产2000～10000吨新型干法水泥生产线。国际水泥技术装备的供应商有十几家，而多年来前三位供应商一直是丹麦的史密斯（F. L. Smidth A/S）、德国的伯利休斯（Polysius）和洪堡（KHD Humboldt Wedag International AG），这三家公司曾一度垄断了超过80%的国际市场份额。

* 白玫，中国社会科学院工业经济所研究所副研究员。

表 2　2009 年全球（除中国外）新签水泥窑订单市场份额

单位：%

水泥工程公司	份额	水泥工程公司	份额
史密斯公司(丹麦)	38	洪堡(德国)	4
中材国际(中国)	27	其他	15
伯利休斯(德国)	16		

资料来源：水泥网，丹麦的史密斯（F. L. Smidth A/S）公司 2009 年业绩报告。

2. 贸易竞争力指数

中国水泥产业贸易竞争力指数不断上升，从 2000 年的 0.83，上升为 2010 年的 0.97，接近于 1。贸易竞争力指数值为 1 时，表示水泥产业只出口不进口，值越接近于 1，则表示竞争力越强；其值为 -1 时，表示水泥产业只进口不出口，值越接近于 -1，则表示竞争力越弱；其值越接近于 0，则表示竞争力越接近于平均水平。

3. 显示比较优势指数

尽管中国是世界最大的水泥出口国，但是水泥产业的出口政策严重削弱了水泥产业的国际竞争力。2007 年、2008 年，中国水泥产业显示比较优势指数大于 1，说明水泥产业在中国出口中的比重大于世界水泥产业在世界出口中的比重，中国水泥产业在国际市场上具有显示比较优势；2009 年、2010 年，中国水泥产业显示比较优势指数小于 1，说明水泥产业在中国出口中的比重小于世界水泥产业在世界出口中的比重，中国水泥产业在国际市场上不具有显示比较优势，国际竞争力相对较弱。

表 3　中国水泥产业贸易竞争力指数和显示比较优势指数

年份	贸易竞争力指数(TCI)		显示比较优势指数(RCA)
	基于进出口额	基于进出口数量	
2000	0.69	0.62	—
2007	0.96	0.96	1.81
2008	0.95	0.95	1.30
2009	0.90	0.90	0.82
2010	0.81	0.80	0.93

资料来源：根据中国海关总署相关数据计算。

4. 劳动生产率

劳动生产率是反映水泥产业生产效率的重要指标。1995 年以来，中国水泥产业的劳动生产率大幅提高，从“九五”末2000 年的25. 39 元/人，提高到“十五”末 2005 年的 68. 79 元/人，再到“十一五”末 2010 年的 208. 03 元/人。总体来看，水泥制品制造的劳动生产率高于水泥制造的劳动生产率（见表4）。

表 4　中国水泥产业劳动产率

单位：元/人

年份	水泥产业	其中：水泥制造	其中：水泥制品制造
2000	25. 39	23. 55	37. 90
2005	68. 79	61. 41	98. 82
2008	140. 06	136. 00	154. 22
2009	168. 43	166. 88	173. 92
2010	208. 03	211. 02	200. 54

注：劳动生产率 = 水泥产业增加值/就业人数，劳动生产率可以用同一劳动在单位时间内生产某种产品的数量来表示，单位时间内生产的产品数量越多，劳动生产率就越高，反之，则越低；也可以用生产单位产品所耗费的劳动时间来表示，生产单位产品所需要的劳动时间越少，劳动生产率就越高，反之，则越低。

资料来源：《中国统计年鉴 2011》，华通数据库，2008 ~ 2010 年工业增加值是根据相应年份工业总产值估算而来。

5. 跨国化指数

由于水泥产品的无差异化和产品运输半径短所导致的区域性特征，水泥产业的空间布局能力也是其竞争力的表现。可以借用跨国化指数来衡量一国水泥产业的空间布局能力。其评价方法是，水泥产业的跨国化指数 = 水泥产业的（国外资产/总资产 + 国外销售额/总销售额 + 国外雇员数/总雇员数）/3 × 100%，但由于数据获取的原因，本章主要比较空间布局的国家数。

中国水泥产业的国际生产布局竞争力远远低于法国、瑞士、墨西哥等国家。尽管中国水泥产量已占全球水泥产量的一半，并且一些水泥企业也正在或探索走出国门到海外投资建厂，但进入世界前十强的中国水泥企业寥寥无几，进入中国水泥市场的国际大水泥集团却已达 7 家。中国最大的水泥企业海螺水泥公司，国际化的方式主要是出口贸易，尚未在海外设厂。相比之下，法国、瑞士、墨西哥等国家的水泥企业的跨国化水平非常高，表现出极强的竞争力。法国拉法基水泥公司是全球最有竞争力的水泥企业，2010年，其在78个国家拥有7.6万名员工，1963个生产基地，产能超过1亿吨，销售收入162亿欧元；瑞士霍尔希姆公司在全球70多个国家拥有110多家水泥厂，245家集料生产厂和639座混凝土搅拌站，雇佣员工6万多人；墨西哥西麦斯水泥公司，是世界第三大水泥企业，2010年，在50多个国家有60多家水泥厂，出口到100多个国家，产能9700万吨，销售收入140.69亿美元；德国海德堡水泥公司，2008年销售额142亿欧元，公司在约50个国家拥有6.5万名员工（见表5）。

表5　主要水泥生产国典型水泥企业的生产布局

典型公司	国　家	成立时间（年）	年龄（岁）	布局国家数（个）	雇员数（万人）	国际化方式
拉法基	法　国	1833	178	78	7.6	直接投资
霍尔希姆	瑞　士	1912	99	70	6.0	直接投资
西麦斯	墨西哥	1906	105	50	4.7	直接投资、国际贸易
海德堡	德　国	1873	133	50	6.5	直接投资
海　螺	中　国	1997	14	1	3.2	国际贸易

资料来源：根据相关公司官网的年度报告及其公司概况整理而得。

二　低碳竞争力

1. 碳生产率

根据碳生产率的计算方法，水泥产业碳生产率 = 水泥产业增加值（或工业总产值）/水泥产业碳排放量，可得，中国水泥产业的碳生产率不断提高，从2000年的5.26元/吨，提高到2010年的14.46元/吨（见表6）。

表6　中国水泥产业的碳排放相关情况

年份	水泥工业总产值（亿元）	水泥工业增加值（亿元）	水泥产量（亿吨）	水泥 CO_2 排放量（亿吨）	碳生产率（元/吨）
2000	75.45	23.55	5.97	4.48	5.26
2005	202.42	61.41	10.69	8.02	7.66
2008	430.40	130.58	14.30	10.73	12.17
2009	528.10	160.22	16.50	12.38	12.94
2010	667.81	202.60	18.68	14.01	14.46

资料来源：根据水泥行业协会数据计算。

2. 碳生产率的国际比较

由于难以获取水泥产业工业增加值数据，我们用相应国家水泥出口价格代替其国内水泥价格，计算出相应的水泥产业产值。利用公式：碳生产率 = 水泥产业产值/水泥产业二氧化碳排放量，计算所得数据来比较中国、美国和欧盟的水泥产业碳生产率。从表 7 中不难看出，美国的水泥产业碳生产率是最高的，其次是欧盟，而中国的碳生产率最低。2010 年，美国、欧盟和中国的水泥产业碳生产率分别是每吨 188 美元、84 美元和 60 美元（见表 7）。

表 7　中国、美国及欧盟水泥产业的碳排放情况

年份	中国		美国		欧盟	
	产量（百万吨）	碳生产率（美元/吨）	产量（百万吨）	碳生产率（美元/吨）	产量（百万吨）	碳生产率（美元/吨）
2007	1361.2	46.5	95.5	172.0	271.0	100.6
2008	1388.4	54.6	86.3	98.0	251.7	118.8
2009	1650.0	58.7	63.9	160.0	201.5	100.7
2010	1868.0	59.7	65.5	188.0	190.4	84.3

资料来源：根据联合国贸易数据、欧盟水泥联合会 Activity Report 2010 整理计算。

3. 影响碳生产率的原因

水泥产业碳生产率主要受 CO_2 排放量和产业增加值两个因素的影响，具体影响因素主要有水泥产量、产业集中度和技术水平等。

（1）产业规模大、二氧化碳排放总量多。在技术水平没有发生巨大变化的前提下，影响水泥产业 CO_2 排放的关键因素是水泥产量。中国水泥产业规模大，生产过程的 CO_2 排放量多。中国是世界最大的水泥生产国，水泥总产量连续 20 多年一直位居世界第一。2010 年，中国水泥产量达 18.68 亿吨，占世界水泥产量的 56.1%，同比增长 13.2%；同期，世界水泥产量约 33 亿吨，同比增长 9.2%，除中国外，世界水泥产量同比增长 5.9%（见图 1）。

（2）产业集中度。中国水泥产业集中度非常低，远低于印度、美国。2009 年，中国年生产规模在 1000 万吨以上的水泥企业（集团）16 家，水泥熟料产量合计 3.98 亿吨，占到全国水泥熟料产量的 38.5%；排名前 10 位的大集团水泥产量 3.69 亿吨，产业集中度为 22.6%；水泥企业平均规模 32 万吨。与日本相比，2010 年，日本有 18 家水泥企业、32 家工厂、57 条水泥生产线，共计水

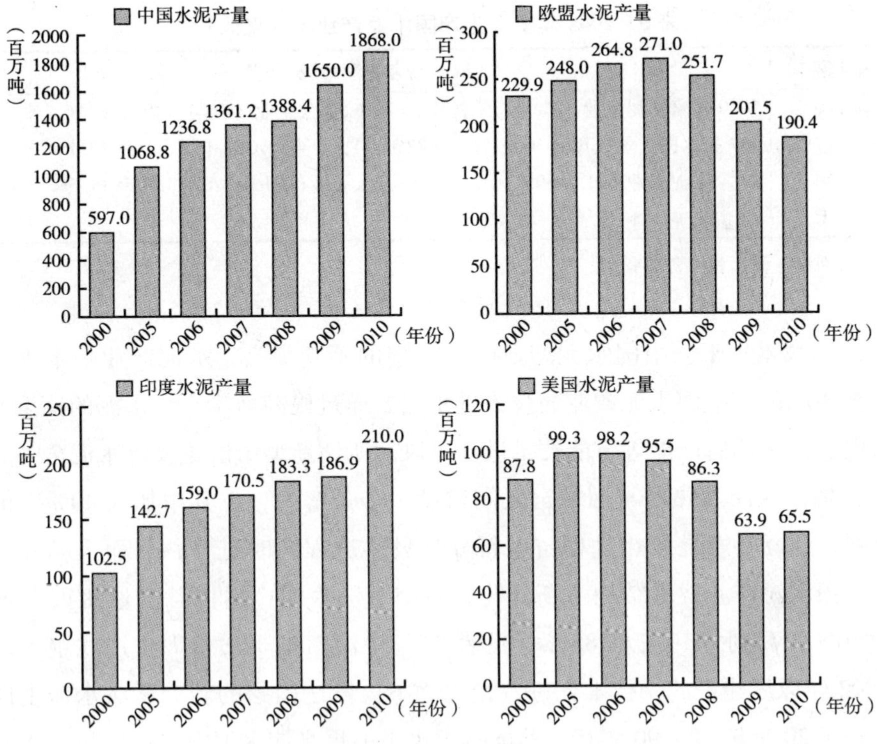

图1　2000～2010年主要国家水泥产量

资料来源：根据相关资料整理。

泥产能6147.7万吨，水泥企业平均规模341.5万吨，是中国的10倍（见图2、表8）。

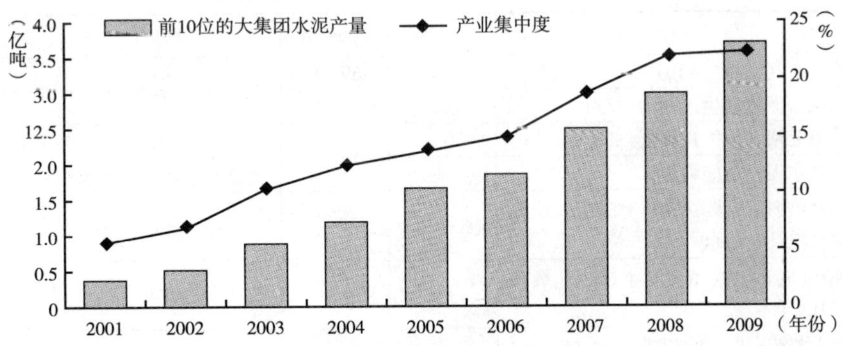

图2　中国水泥产业集中度 CR_{10}

资料来源：根据相关资料整理。

表8 2008年主要生产国水泥产业集中度比较

国家	行业竞争格局
中国	5000多家水泥企业，CR_5 =16%，CR_{10} =23%，最大企业（海螺）市场占有率6.2%
印度	417家水泥企业，CR_5 =56%，CR_{10} =82%，最大企业（ACC）市场占有率12.1%
美国	23家水泥企业，CR_5 =60%，CR_{10} =83%最大企业（Holcim）市场占有率14.6%
日本	18家水泥企业

资料来源：根据相关资料整理。

（3）技术水平。中国水泥产业碳生产率的不断提高，水泥产业技术进步是一个重要原因。中国水泥产业的技术进步主要通过提高新型干法水泥的比重、余热发电、淘汰落后产能等节能技术进步手段。所谓新型干法主要指水泥窑外分解技术，是在悬浮预热器与回转窑之间增设一个分解炉，在其中加入40%～60%的燃料，让燃料燃烧放热过程与生料分解吸热过程同时进行，从而大幅降低能耗。中国水泥产业技术结构不断优化，新型干法水泥产量占总产量比重由2000年的10%提高到2010年的85%（见表9）。中国新型干法水泥生产线绝大部分是2002年以后建设的，技术先进，相比之下，发达国家的新型干法水泥生产线大多建于20世纪70～90年代。节能技术水平的提高使水泥熟料烧成煤耗大幅下降，全国水泥熟料平均标准煤耗由2001年的150千克标准煤/吨下降到2010年的115千克标准煤/吨，一些大型水泥企业的熟料标准煤耗已达到或超过104千克标准煤/吨的国际先进水平。

表9 中国水泥产业节能技术的进步情况

指标	2005年	2009年	2010年	2012年[e]
新型干法水泥比重（%）	40	69.28	85	90
累计淘汰水泥落后生产能力（亿吨）	0.5	2.54	3.3	5.8
全行业万元增加值能耗降低（%）	—	—	20	—
新型干法水泥企业能耗指标	—	—	达到中等发达国家水平	—
日产4000吨以上大型新型干法生产线吨水泥综合电耗（千瓦时）	—	—	<95	<90
日产4000吨以上大型新型干法生产线吨熟料热耗（千卡/千克）	—	—	<740	<700
新型干法水泥采用余热发电生产线比例（%）	—	—	40	50

注：e为预测值。

资料来源：根据中国建材联合会数据整理计算。

（4）净资产收益率。碳生产率与水泥企业赢利能力有关，它可以用净资产收益率（ROE）描述，是净利润与股东权益的百分比，用以衡量公司运用自有资本的效率。该指标值越高，说明投资带来的收益越高。比较2009年中国、美国和印度排名前三的水泥企业的ROE，可得，中国水泥企业RDE低于印度，但高于美国，超过10%。

表10　中国、美国、印度主要水泥企业的赢利能力（ROE）

单位：%

国家	企业名称	2002年	2005年	2008年	2009年
中国	海螺水泥	10.3	7.2	14.8	12.3
	冀东水泥	6.8	5.9	10.4	14.7
	华新水泥	4.1	7.2	16.0	11.0
印度	ACC	11.2	—	24.7	29.2
	Grasim	12.0	26.1	21.1	25.7
	Ambuja	—	23.0	26.4	20.1
美国	Holcim	7.1	15.4	10.4	8.6
	Larfarge	6.1	12.5	13.4	5.3
	Cemex	9.0	23.1	1.3	0.7

资料来源：根据相关公司资料整理。

4. 减少碳排放的成本效益分析

减少碳排放的手段主要是淘汰落后产能、余热发电和建立新型干法水泥生产线等。

（1）淘汰落后产能的成本分析。“十一五”期间，水泥产业淘汰落后产能3.3亿吨，其中，2009年淘汰落后产能7400万吨，2010年为10728万吨左右。目前中国还有约3.2亿吨的落后产能没有淘汰，根据《关于抑制部分行业产能过剩和重复建设引导产业健康发展的若干意见》，需要在今后几年逐步淘汰，其中，2011年需要淘汰15327万吨。水泥产业落后产能的淘汰成本按近些年并购平均成本322元/吨计算、等量置换成本按349元/吨计算，水泥产业淘汰落后产能的投资成本是4324亿元（见表11）。

（2）水泥余热发电的成本收益分析。中国水泥产业低温余热发电的装机容量、节煤量和CO_2减排量世界第一。2009年，有498条日产2000吨以上新型

表 11　中国淘汰落后产能的成本

阶　段	淘汰落后产能（万吨）	等量置换产能（万吨）	淘汰成本（元/吨）	新建成本（元/吨）	淘汰成本（亿元）	新建产能投资（亿元）	水泥产业减排成本（亿元）
“十一五”期间	33000	33000	325	350	1073	1155	2228
2011～2013 年	32000	32000	315	340	1008	1088	2096
总　计							4324

资料来源：根据工信部、水泥行业协会公布的相关数据整理计算。

干法水泥生产线安装了余热发电，水泥企业低温余热发电总装机容量为 3316 兆瓦，发电 222 亿千瓦时，节能 800 多万吨标煤，减排 2000 万吨 CO_2；2010 年，有 692 条新型干法生产线上建设低温余热发电装置，水泥企业低温余热发电总装机容量为 4210 兆瓦，发电 295 亿千瓦时，节约 991 万吨标煤，减排 2378 万吨 CO_2。从中国的实际运行情况看，长期余热发电收益大于成本。余热利用的成本按照每吨投资 30.63 元计算，总投资约为 800 亿元。

综合来看，水泥产业通过淘汰落后产能、余热发电和新型干法技术应用这三种途径的碳减排总投资成本是 11739.26 亿元，其中，新型干法约 6620 亿元、淘汰落后产能投资成本约 4300 亿元、余热发电成本约 800 亿元。每减排一吨 CO_2 的投资成本约为 204 元。大型干法水泥的余热发电收益较好，约每吨节约成本 0.20 元，如果产量达到峰值，且全部应用余热发电技术，则每年可节约能源成本约 5 亿元。总之，在现有碳减排技术条件下，中国水泥产业碳减排总投资成本高达 1 万亿元，每吨 CO_2 投资成本为 204 元。如果采用尚未商业化的碳捕获技术，碳减排成本将有可能大幅上升（表 12）。

表 12　CO_2 减排的投资成本分析

CO_2 减排总投资（亿元）			CO_2 减排总量（亿吨）			单位 CO_2 减排成本（元/吨）		
11739.26			57.50			204.16		
新型干法水泥			淘汰落后产能			余热利用		
净新增产能（亿吨）	单价（元/吨）	投资（亿元）	规模（亿吨）	单价（元/吨）	投资（亿元）	规模（亿吨）	单价（元/吨）	投资（亿元）
19.47	340.00	6619.80	6.50	665.23	4324.00	25.97	30.63	795.46

三　趋势与展望

未来几年仍是水泥产业发展的黄金时期，是中国水泥产业竞争力进一步提升的关键时期，包括水泥产业基本完成技术结构调整，到 2015 年新型干法水泥比例有望达到 95%；国内产能增速放缓，企业以并购重组为主要手段实现市场竞争能力的提高；国际市场的产能布局能力，将是中国水泥产业竞争提升的关键。

1. 碳排放总量将可能影响中国水泥产业可持续发展的因素

中国水泥产业可持续发展的压力主要来自两个方面：一是，水泥产业被国家列为产能过剩产业，政策对产业发展影响较大；二是，水泥产业总量规模大，二氧化碳排放规模大。在技术没有取得大的突破的前提下，影响 CO_2 减排的最主要因素是产量。

未来几年内，中国市场对水泥的需求依然保持在较高水平。2010 年投产 203 条新型干法生产线，新增水泥熟料产能 2.43 亿吨，还有约 200 条生产线处在建设之中。水泥产量将有可能在 2012 年达到 22 亿吨，在“十二五”末突破 25 亿吨，水泥产业排放的 CO_2 届时将可能达到 16 亿吨左右。如果这样，那么水泥产量达峰时的产量将有可能突破 30 亿吨，水泥产业的 CO_2 排放将有可能超过 20 亿吨。

世界水泥生产主要分布在中国、印度、欧盟、美国、土耳其、巴西、日本、俄罗斯和韩国等国家或地区。近十年来，世界水泥产量增长较快的国家是中国、印度、俄罗斯等新兴经济体，而高收入国家的水泥产量均有不同程度的下降。在这种发展趋势下，中国水泥产业的可持续发展压力将进一步加大。

表 13　2000～2012 年水泥生产世界前 20 国家或地区的产量

单位：百万吨

国家或地区	2000 年	2008 年	2009 年	2010 年[p]	2012 年[e]
中　国	597.0	1388.4	1650.0	1868.0	2200.0
印　度	102.5	183.3	186.9	210.0[e]	230.9
欧　盟	229.9	251.7	201.5	190.4	160.7
美　国	87.8	86.3	63.9	65.5	55.4

续表

国家或地区	2000 年	2008 年	2009 年	2010 年^{p}	2012 年^{e}
土耳其	36.0	51.4	54.0	62.7	72.2
巴　西	39.8	51.6	51.4p	58.9^{e}	64.6
日　本	83.3	63.0	54.9	51.7	45.7
俄罗斯	32.4	53.5	44.3	50.4	48.5
韩　国	51.3	51.7	50.1	47.2	44.5
沙特阿拉伯	18.2	37.4	37.8	41.0^{e}	43.7
墨西哥	32.3	38.3	37.1	38.9	39.3
印度尼西亚	27.8	38.5	36.9	37.8	37.3
意大利	38.9	43.0	36.3	—	34.1
德　国	35.4	32.5	30.0	—	30.1
法　国	19.2	21.2	18.3	—	17.8
加拿大	12.8	13.7	11.0	12.4	11.6
南　非	8.2	13.4	12.0	12.0	11.2
阿根廷	6.1	9.7	9.4	10.4	10.9
澳大利亚	7.5	9.7	8.7	9.3^{e}	9.0
英　国	12.5	10.5	7.8	—	7.0

注：p 为初步值，e 为预测值

资料来源：欧盟水泥联合会 Activity Report 2010。

2. 并购日益激烈，产业集中度将进一步提高

兼并收购、规模扩张成为水泥企业竞争力提升的主要驱动力。水泥产业具有寡头垄断的特征：产品同质化使规模扩张带来的经济效应明显；运输半径短所致的区域性使企业只需在区域市场中做整合就可以有效控制价格；水泥产品成熟，新产品研发和品质提升不是主要方向。中国的水泥市场是比较典型的垄断竞争市场，随着产业环境的改变，特别是新增产能的限制①，并购将成为在存量中做大的主要方式。同时，国际市场将以直接投资方式逐渐替代国际贸易方式，培养企业“走出去”建厂的能力将是中国水泥产业国际竞争力提升的关键。

① 工信部《水泥行业准入条件》规定，新型干法水泥熟料年产能超过人均900公斤的省份，原则上应停止核准新建扩大水泥（熟料）产能生产线项目，新建水泥熟料生产线项目必须严格按照“等量或减量淘汰”的原则执行。

表 14　2012 年中国主要水泥制造商产能预测

单位：百万吨，%

水泥制造商	年产能	市场份额
中国建筑材料总公司	300	13.6
安徽海螺水泥股份有限公司	200	9.0
中材水泥	100	4.5
总　　计	600	27.1

资料来源：根据中国水泥协会数据整理计算。

表 15　中国水泥产业集中度将进一步提高

单位：百万吨，%

指　　标	2005 年	2009 年	2010 年	2012 年[e]
水泥企业平均生产规模	20	32	40	50
前 10 家水泥企业平均生产规模	1600	3567	>3000	>4000
前 10 家水泥企业生产集中度	15	22.6	30	45
前 50 家水泥企业生产集中度	24.1	—	>50	>70

注：e 为预测值。

资料来源：根据中国水泥协会数据整理计算。

3. 综合竞争力将进一步增强

水泥产业将在转变发展方式上实现新的跨越，通过管理创新、技术创新，实现节约资源、保护环境和可持续发展，中国水泥产业整体水平将接近或达到世界先进水平。第一，产业竞争环境将进一步得到改善，企业赢利能力将提高。“38 号文件”的政策效应进一步显现，水泥投资继续受到抑制，淘汰水泥落后产能会持之以恒，从而逐渐减轻产能过剩的压力，供需关系会得到进一步改善。第二，综合利用和熟料替代技术的进一步应用，如水泥窑纯低温余热发电技术、水泥窑协同处置城市生活垃圾技术、污泥生产技术和建筑废弃物综合利用技术等技术将迅速得到推广应用，这有助于提高水泥产业的可持续发展竞争力。第三，技术水平将不断提高，到 2015 年，新型干法水泥比例将达到 95%。国际上水泥生产技术指标最高的国家是日本，2000 年日本水泥生产已全部采用干法生产工艺，其中新型干法水泥比例达到 89%；在能耗方面，1998～2003 年，日本吨水泥综合电耗一直在 98～100 千瓦时，2004～2006 年，在 100～103 千瓦时；自 20 世纪

80 年代中后期以来，日本水泥熟料烧成热耗一直低于 770 千卡/公斤，1998 年之后进一步降至 735 千卡/公斤以下。

参考文献

白玫：《中国水泥行业 CO_2 排放峰值及减排路径（研究报告）》，2011。

罗忠涛等：《水泥工业节能减排资源化综合利用研究》，《材料导报》2011 年第 6 期。

Wind 数据库：《中材国际财务报告》，2011。

中国统计局：《中国统计年鉴 2011》，中国统计出版社，2011。

张其仔等：《中国产业竞争力报告（2010）》，社会科学文献出版社，2010。

王燕谋：《中国水泥工业的强大——纪念中国共产党成立九十周年》，数字水泥网，2011 年 6 月 8 日。

B.10

石油化学工业竞争力

梁泳梅*

一　产业竞争力评估

1. 国际市场占有率

从国际市场占有率来看，中国的石油化学工业已具备了一定的竞争力，但与世界主要生产国相比仍然较弱。从增长态势来看，中国的石油化学工业国际市场占有率在2010年迅速提升。

在化学原料及化学制品制造业方面，中国显示出了一定的竞争力，但是与世界主要的出口国相比，还有较大差距。从图1中可见，一方面，中国的化学制品在国际市场上的占有率不断提升，从2008年的7.0%提高到2010年的10.0%；并且，中国与世界第二大出口国德国的差距在不断缩小，从2008年相差12.0个百分点减少到2010年的11.4个百分点。另一方面，中国与全球最大出口国美国的差距却在不断扩大，从2008年相差9.0个百分点扩大到2010年的11.7个百分点（见图1）。

在石油加工及炼焦业方面，2008年，中国的国际市场占有率仅为2.7%，远低于美国（7.2%）、比利时（3.7%）及德国（3.2%）等主要出口国。2010年，中国的石油加工及炼焦产品出口量大大提高，超过了德国，与比利时的差距也进一步缩小。但显然，中国的国际市场占有率提升幅度还远远小于美国。2008~2010年，中国的占有率只提升了1.5个百分点，而美国则大幅提高了5.6个百分点（见图2）。

对比以上两大行业，中国的化学原料及化学制品制造业的国际竞争力更强。因为化学原料及化学制品制造业的国际市场占有率均高于同期石油加工及炼焦产品的

---

* 梁泳梅，中国社会科学院工业经济研究所博士后。

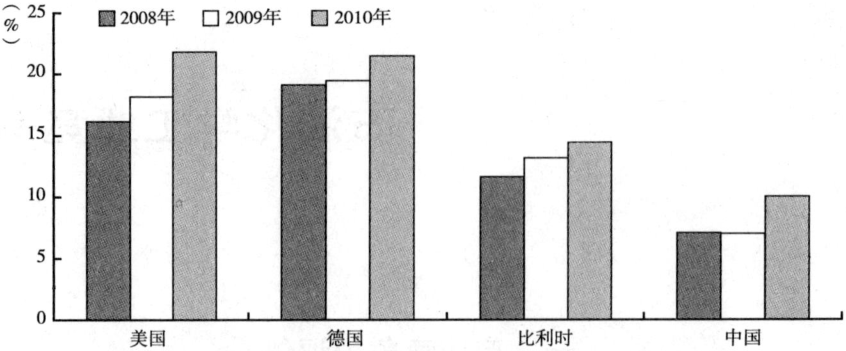

图1　主要经济体化学原料及化学制品制造业的国际市场占有率

资料来源：根据 UN Comtrade 提供的各国化学原料及化学制品出口额计算而得。

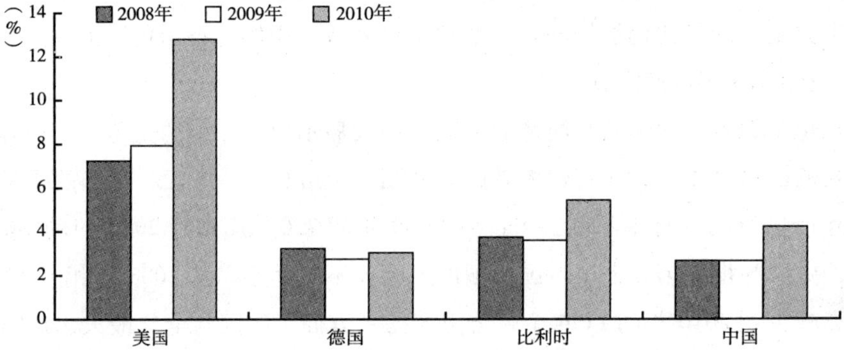

图2　主要经济体石油加工及炼焦业的国际市场占有率

资料来源：根据 UN Comtrade 提供的石油加工及炼焦贸易数据计算而得。

市场占有率。

综合石油加工及炼焦业与化学原料及化学制品（以下简称石油化工业）来看，中国仍具有一定的国际竞争力。从静态的国际市场占有率来看，2010 年，中国的石油化工业出口额在全球总出口额中所占的比例为 12.7%，高于比利时的 3.3% 和德国的 10.2%，虽然仍然低于美国，但差距仅为 3.1 个百分点，小于 2008 年 4.6 个百分点的差距（见图 3）。

2. 贸易竞争力指数

在石油加工及炼焦业方面，中国的国际贸易竞争力比较弱，2010 年的贸易竞争力指数仅为 -0.18。不过，综合进口情况来看，该年许多主要出口国的国际

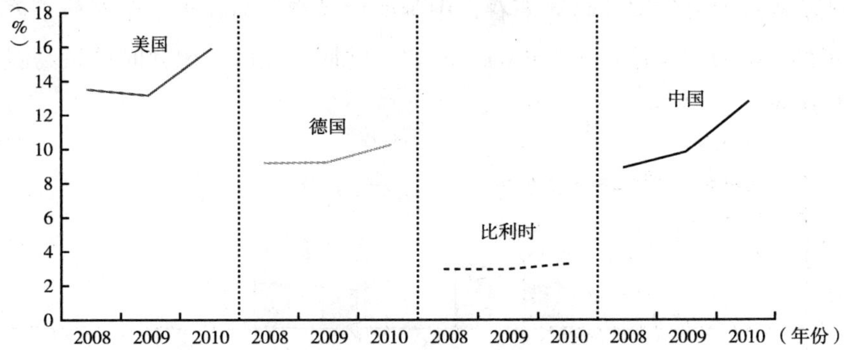

图 3　主要经济体石油化工业的国际市场占有率

资料来源：根据 UN Comtrade 提供的各国石油化工业出口额计算而得。

贸易竞争力都出现了大幅下降，如美国、德国等，因为美国和德国同时也是石油加工及炼焦产品的主要进口国。但比利时的国际贸易竞争力依然很强。

从竞争力提升的程度来看，2008~2010 年，中国的贸易竞争力指数上升幅度很小，仅提高了 0.03 个百分点，远远低于同期美国和比利时的提升幅度，但要稍好于德国（见图 4）。

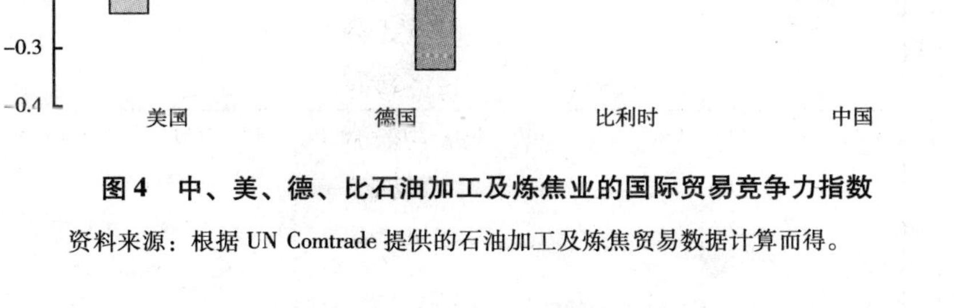

图 4　中、美、德、比石油加工及炼焦业的国际贸易竞争力指数

资料来源：根据 UN Comtrade 提供的石油加工及炼焦贸易数据计算而得。

在化学原料及化学制品制造业方面，中国的国际贸易竞争力更弱。从图 5 中可见，2008~2010 年，在全球最大的四个出口国中，中国的贸易竞争力指数最低，三年均为负数，远远低于其他三大出口国，2010 年仅有 -0.27。而其他三个主要出口国的贸易竞争力指数均为正，德国的最高，2010 年为 0.16。

而从国际贸易指数的增长趋势来看，中国的贸易竞争力在近年来有所下降，从2008年的-0.21下降到2010年的-0.27。同期，美国、比利时的贸易竞争力则是上升的。

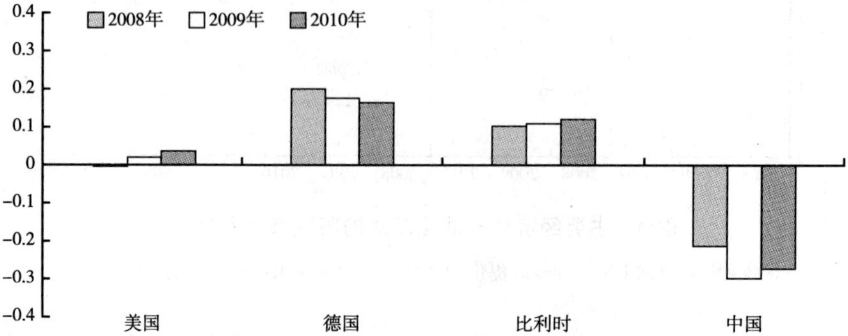

图5　中、美、德、比化学原料及化学制品制造业的国际贸易竞争力指数

资料来源：根据UN Comtrade提供的化学原料及化学制品贸易数据计算而得。

综合石油化工业的情况来看，中国的竞争力优势非常弱。从静态的贸易竞争力指数来看，2010年，中国的石油化工产品的竞争力指数为-0.21，远远低于同期的德国、比利时和美国。德国与比利时的竞争力较强。从动态的贸易竞争力指数来看，中国的增长态势并不明显，2008～2010年贸易竞争力指数反而出现了下降（见图6）。因此，中国的石油化工业竞争力还有待进一步加强。

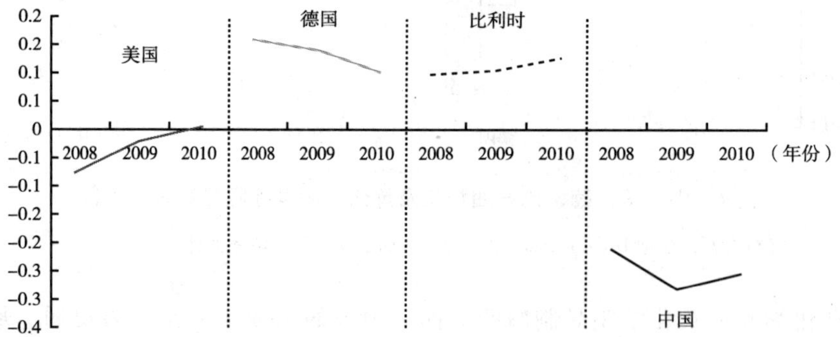

图6　中、美、德、比石油化工业的贸易竞争力指数

资料来源：根据Un Comtrade提供的各国石油化工品贸易数据计算而得。

3. 显示比较优势指数

从显示比较优势指数来看，中国石油化工业的竞争力并不明显；但从显示比较优势指数的动态化来看，中国的竞争力却有所上升。

在石油加工及炼焦业方面，静态地看，中国具有一定的竞争力但不够明显。2010 年，中国石油加工及炼焦产品的显示比较优势指数为0. 33，远低于比利时的1. 64，也低于同期的美国（0. 81），但略高于德国（0. 30）。动态地看，2008 ~2010 年，中国的竞争优势有所上升，显示比较优势指数从 0. 30 上升至 0. 33。同期，比利时与美国都呈现出明显的大幅上升态势，但德国则呈下降趋势（见图 7）。

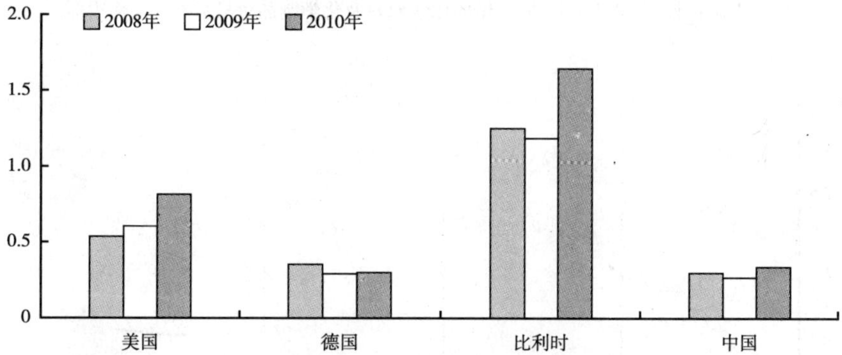

图 7　中、美、德、比石油加工及炼焦业的显示比较优势指数

资料来源：根据 UN Comtrade 提供的各国石油加工及炼焦贸易数据计算而得。

在化学原料及化学制品制造业方面，静态来看，中国的竞争优势也很不明显，以 2010 年为例，中国化学制品的显示比较优势指数为 0. 79，远低于比利时的 4. 35、德国的 2. 09 和美国的 1. 37。动态来看，2009 年，中国的化学制品竞争力受到了金融危机的影响，但总体来看，竞争力的变化不大，既没有大幅下降，也未见大幅提高（见图 8）。

从显示比较优势指数的角度来对比中国的石油加工及炼焦业和化学原料及化学制品制造业，虽然两者的竞争优势都不明显，静态地看是后者略好于前者，化学制品的显示比较优势指数更高。但动态来看，石油加工及炼焦产品的竞争力增长情况稍好于化学制品。综合来看，中国石油化工业的竞争力较弱，但是却在缓慢上升（见图 9）。

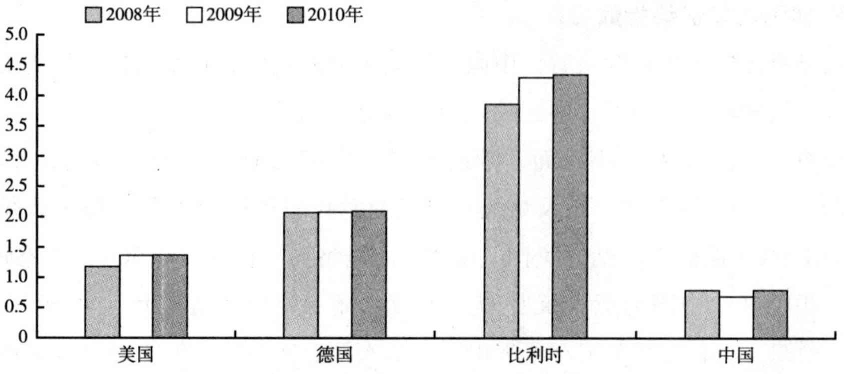

图8　中、美、德、比化学原料及化学制品制造业的显示比较优势指数

资料来源：根据 UN Comtrade 提供的化学原料及化学制品贸易数据计算而得。

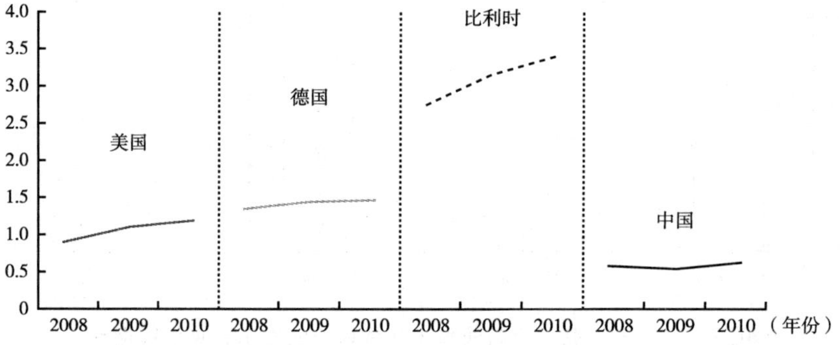

图9　中、美、德、比石油化工业的显示比较优势指数

资料来源：根据 UN Comtrade 提供的各国石油化工品贸易数据计算而得。

4. 劳动生产率

这里用各国石化行业的增加值与其就业人数之比来衡量劳动生产率。通过计算后发现，中国的石油加工及炼焦业和化学原料及化学制品制造业的劳动生产率非常低，远远落后于美国与德国。我们将各国的石化行业的增加值以 2005 年人民币不变价格来衡量，以 2008 年为例，中国的劳动生产率为人均 186175 元，仅仅是当年美国的 7.6%，德国的 3.1%（见图 10）。分行业来看，在石油加工、炼焦及核燃料加工业方面，2008 年中国的劳动生产率为 321251 元，是同期美国的 3.9%，德国的 0.5%（见表 1）；在化学原料及化学制品制造业方面，2008 年中国的劳动生产率为 159130 元，是同期美国的 9.6%，德国的 4.2%。

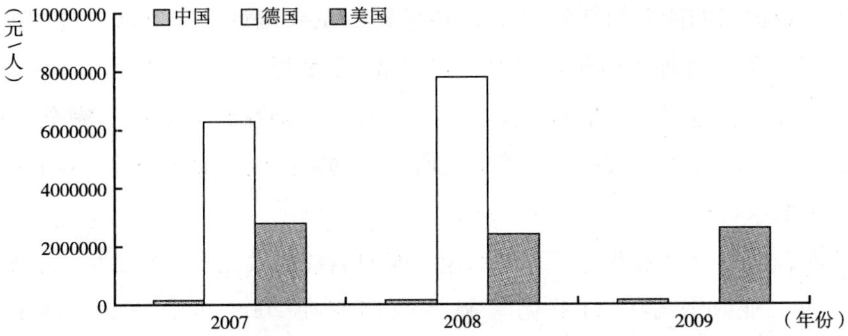

图 10　主要国家的石油化行业的劳动生产率比较

注：由于行业分类的差异，中国与德国统计的是石油加工、炼焦及核燃料加工业，以及化学原料及化学制品制造业，美国的统计则不包括核燃料加工（以 2005 年人民币不变价格衡量）。此外因数据缺失故无法市场计算 2009 年德国相关情况。

资料来源：计算美国生产率的原始数据来自美国经济分析局；计算德国生产率的原始数据来自德国统计年鉴（2009、2010）；计算中国生产率的原始数据来自《中国工业统计年鉴》（2008 ~2010）。

表 1　石油加工、炼焦及核燃料加工业的劳动生产率比较

单位：元/人

国家	2007 年	2008 年	2009 年
美国	8353214	8243557	9293230
中国	328685	321251	322038
德国	53413491	63890282	—

注：以 2005 年人民币不变价格来衡量。

资料来源：计算美国生产率的原始数据来自美国经济分析局；计算德国生产率的原始数据来自德国统计年鉴（2009、2010）；计算中国生产率的原始数据来自《中国工业统计年鉴》（2008 ~2010）。

可见，中国在石化行业的技术水平仍然较落后，还处于产业价值链的低端环节，这也是中国在石化行业竞争力较弱的根本原因之一。

二　低碳竞争力

1. 碳生产率

对于石油化工业而言，CO_2 的排放来自两个部分：能源消耗所产生的碳排放和工业制造过程中所产生的碳排放。根据 IPCC 和 IEA 的相关报告来看，总体来看，大多数国家的能源消耗所产生的 CO_2 排放量要远远高于制造过程中所产生的 CO_2 排放量。另外，由于石油化工业产品的种类多、工艺生产技术差别大，每种产品在制造过程中产生的碳排放都不一样，又兼统计数据的不完全可得性，因此，本报告的分析，只涉及能源消耗所产生的碳排放，而不计算工业制造过程中所产生的碳排放。

从能源消费总量来看，石油化工业是能源消耗的最大户。石油加工、炼焦及核燃料加工业和化学原料及化学制品制造业在 2009 年消费的能源总量为 44274.36 万吨标准煤。无论是从其占全部行业的能源消费总量的比重来看，还是从占工业消费总量的比重，或者是占制造业消费总量的比重来看，石化行业的能源消耗都是位居前列，仅次于黑色金属冶炼及压延加工业。例如，2009 年，化学原料及化学制品制造业的能源消费总量占制造业能源消费总量的 16.0%，仅次于黑色金属冶炼及压延加工业，位居第 2。相对来说，石油加工、炼焦及核燃料加工业的能源消费少一些，2009 年其消费的能源总量仅为 15328.29 万吨标准煤，占制造业能源消费总量的 8.5%，位居第 3。

从能源消费总量的变化趋势来看，石油加工、炼焦及核燃料加工业和化学原料及化学制品制造业的能耗总量依然在上升，未见明显的达到峰值的迹象。

表 2　石油加工、炼焦及核燃料加工业，以及化学原料及化学制品制造业的能源消费概况

单位：万吨标准煤，%

能源消费总量	2007 年	2008 年	2009 年
石油加工、炼焦及核燃料加工业	13445.30	13747.01	15328.29
化学原料及化学制品制造业	28621.16	28961.13	28946.07
占全部行业能源消费总量的比重	2007 年	2008 年	2009 年
石油加工、炼焦及核燃料加工业	4.8	4.7	5.0
化学原料及化学制品制造业	10.2	9.9	9.4
占工业能源消费总量的比重	2007 年	2008 年	2009 年
石油加工、炼焦及核燃料加工业	6.7	6.6	7.0
化学原料及化学制品制造业	14.3	13.8	13.2
占制造业能源消费总量的比重	2007 年	2008 年	2009 年
石油加工、炼焦及核燃料加工业	8.2	8.0	8.5
化学原料及化学制品制造业	17.4	16.8	16.0

资料来源：根据《中国能源统计年鉴》中的分行业能源消费总量数据计算而得。

根据石油加工、炼焦及核燃料加工业和化学原料及化学制品制造业的能源消耗总量，以及这些行业的增加值，可以分别计算出其碳生产率（见表3）。

静态来看，石油化工业的碳生产率是比较低的。2009 年，在石油加工、炼焦及核燃料加工业，每吨 CO_2 排放仅生产了 0.068 万元的增加值；化学原料及化学制品制造业的碳生产率稍高一点，每吨 CO_2 排放生产的增加值为 0.077 万元。

动态来看，化学原料及化学制品制造业的碳生产率提高得比较快，2008 年和 2009 年分别比上年提高了 10.2% 和 18.5%；而石油加工、炼焦及核燃料加工业的碳生产率虽然在 2008 年有所提高，但在 2009 年却出现较大幅度的下降，比上年下降了 11.7%。

表 3　碳生产率（仅考虑终端能源消费的部分）

单位：万元/吨

行　业	2007 年	2008 年	2009 年
石油加工、炼焦及核燃料加工业	0.075	0.077	0.068
化学原料及化学制品制造业	0.059	0.065	0.077
石油化工业	0.063	0.068	0.075

注：以 2005 年人民币不变价格衡量。

资料来源：根据《中国工业统计年鉴》和《中国能源统计年鉴》数据计算而得。

2. 碳生产率的国际比较

为了更好地衡量和评价中国石化行业的低碳竞争力，我们还计算了德国与美国的石化行业的碳生产率，并与中国进行对比。计算结果如表 4 所示。

从计算的结果可见，加入了对碳排放因素的考虑后，中国的竞争力进一步下降。与德国和美国相比，中国的碳生产率非常低。将各国的石化行业的增加值以 2005 年人民币不变价格来衡量，以 2008 年为例，中国由于能源消耗而排放的每吨 CO_2，仅能产生 0.068 万元增加值，仅仅约是美国的 4.17%、德国的 0.37%。可见，中国与主要石化产品生产国的碳生产率的差距是非常巨大的，中国在生产的节能减排方面还远远落后于世界其他的主要生产国，在应对气候变化方面的竞争力非常弱。

表4　中、美、德国石化行业的碳生产率（仅考虑终端能源消费的部分）

单位：万元/吨

国家	2007 年	2008 年	2009 年
美国	1.906	1.632	1.899
中国	0.063	0.068	0.075
德国	20.195	18.194	—

注：采用以2005年不变价格衡量。

资料来源：计算碳生产率所使用到的美国、德国、中国增加值数据分别来自美国经济分析局、德国统计年鉴（2009、2010）、《中国统计年鉴》；所使用到的美国、德国、中国的能源消费数据分别来自IEA，“*Energy Statistics of OECD Countries*”（2009、2010）及《中国能源统计年鉴》（2008～2010）。

3. 影响碳生产率的因素

中国在石化产业的碳生产率非常落后的原因，主要有以下几个方面。

第一，研发强度过弱。石油化工行业是对技术依赖非常强的行业，较先进的技术对于提高生产率、节约能源消耗和减少 CO_2 排放至关重要。显然，中国与世界主要的石化产品生产国相比，在生产技术上还存在着很大的差距。其中一个重要原因就在于，中国目前的研发投入相对较小，研发强度较弱，因此无法为技术进步提供足够的支持。2006年，虽然在石油加工、炼焦及核燃料加工业方面，中国的研发经费为16.05亿元，德国为0.666亿欧元，中德两国相差并不大，但是在化学原料及化学制品制造业方面，中国的研发经费为97.86亿元，德国为68.972亿欧元，中国的研发投入远远低于德国。从投入强度来看，用R&D经费支出占行业增加值的比重来衡量，在石油加工、炼焦及核燃料加工业方面，中德两国差距并不明显，中国约为6%，略低于德国；而在化学原料及化学制品制造

表5　中、德石化行业R&D投入占行业增加值的比重

单位：%

行　业	国家	2003 年	2004 年	2005 年	2006 年
石油加工、炼焦及核燃料加工业	中国	0.49	0.60	0.53	0.69
	德国	0.8	0.7	1.4	1.4
化学原料及化学制品制造业	中国	1.89	1.89	1.93	1.81
	德国	14.4	13.8	13.3	14.3

资料来源：OECD数据库，《中国统计年鉴》。

业方面，中德差距则非常巨大，中国还不到2%，而德国则高达14%左右。较高研发投入，促进了德国石化行业的技术创新，提高了德国生产石化产品的清洁度，极大地降低了其能源消耗。较高的研发强度，是德国的化学制造碳生产率位列前茅的主要原因之一。

第二，与该产业的集中度有关。较高的产业集中度是实现规模经济、有效提高能源使用效率、减少 CO_2 排放的重要条件。而中国石化行业的集中度并不算高。以2010年为例，在化学原料及化学制品制造业中，规模以上的工业企业有29504家，其中大中型企业仅2436家，占全部规模以上企业的8.3%，其余近91.7%的企业都属于小型企业；在石油加工、炼焦及核燃料加工业中，由于其生产特性，产业集中度则相对较高，大中型企业占规模以上企业的23.4%。由于化学原料及化学制品制造业的小型企业众多，而小型企业不仅在生产上没有规模效应，而且也没有充裕的资金来采取更多的节能措施，因此，往往消耗能源较大，从而导致整个石化产业的碳生产率较低。

4. 减少碳排放的成本效益分析

在石化行业中，存在着很多节能减排的技术路径。由于石化行业产品众多，所使用的生产技术差异较大，本文将只对合成氨、纯碱等典型的高耗能产品进行减排成本分析。

合成氨生产企业的技术水平差异很大，具有较大的节能减排空间。例如，若企业采用双甲工艺（甲醇化反应串甲烷化反应），即以甲醇化反应来脱除脱碳工段后的工艺气中的 $CO + CO_2$，达到0.03%～0.3%，再以甲烷化反应将气体再精制到 15×10^{-6} 以下，完成对合成氨原料气的净化精制工作，便能大幅减少 CO_2 的排放量。按照12万吨合成氨年产的规模来计算，单厂投资为260万元，吨氨节能102千克标准煤，单厂节能总额1.224万吨标准煤，减少 CO_2 排放2.956万吨。由此计算得到的单位减排成本为87.96元/吨 CO_2。

在纯碱的生产中，存在着氨碱法与联氨法两个不同的技术路线。在氨碱法与联氨法的生产过程中，煤炭所占比重相差不大。但相比于联碱法，氨碱法在生产过程中更多地投入了石灰石（$CaCO_3$），而石灰石是产生碳排放的重要来源之一。因此，若在纯碱的生产过程中，更多地使用联氨法，并以此替代氨碱法，显然，将会大量减少因石灰石而产生的碳排放。根据测算，使用联氨法后，每吨产品可减少 CO_2 排放1.4吨；联氨法与氨碱法的平均生产成本分别为1867.8元与1537.4元，由此计算得到的单位减排成本为236元/吨CO_2。①

表6　石化行业典型耗能产品的减排成本

单位：元/吨CO_2

技术路径	单位减排成本
合成氨(双甲工艺)	87.96
纯碱(使用联氨法代替氨碱法)	236.00

三　趋势与展望

目前中国石化产品的竞争力并不强，但是，预计在未来一段时期内，这种情况将得到改善。根据统计数据，2011年上半年，化工行业的出口增长率要远快于进口增长率，这将有利于该行业贸易竞争力的提升。2011年1～6月，中国化工行业进口总额891.2亿元，同比增长20.9%，增速比上年同期下降27.7个百分点，比2011年1～3月下降1.4个百分点；出口总额657.8亿元，同比增长36.3%，增速比上年同期加快0.2个百分点，比2011年1～3月加快0.3个百分点。预计到2015年，石化产业的集中度将进一步提高。因为国家将继续加强对化工、石化等高耗能行业的落后产能淘汰力度，在此背景下，产能落后、规模较小的化工企业将遭到淘汰，行业结构得以调整和优化。这也有利于进一步提升石化产业的竞争力。

另外，中国的石化行业面临的环境污染管制政策和节能减排力度正在不断加大，《石油和化学工业“十二五”发展指南》指出，要大力促进节能减排。2015年，万元工业增加值能源消耗和二氧化碳排放量均比“十一五”末下降15%。因此，可以预见，在近期内石化行业的能耗将会出现较大幅度的下降，碳生产率会有所提高，中国应对气候变化的竞争力会得以加强。

① 计算成本所使用的数据参见张啸伟、高为《基础化学原料复苏趋势确立，纯碱机会凸显》，湘财证券，2009年12月21日。

𝔹.11

纺织服装工业竞争力

梁泳梅 *

一 产业竞争力评估

1. 国际市场占有率

从国际市场占有率来看，中国的纺织业和服装制造业早已具备了绝对竞争力，而且这种竞争力仍在不断提升。

在服装制造业中，从图 1 中可见，在全球最大的四个出口国中，中国的国际市场占有率最高，2008 ~2010 年均在 30% 以上，远远高于第二大出口国意大利（约为 6%）、第三大出口国德国（约为 5%），以及第四大出口国美国（约为 1.3%）。而且，近年来中国的市场占有率仍在持续大幅提升，从 2008 年的 32.8% 提高到 2010 年的 42.1%。这种增长速度，在前四大出口国中是罕见的。而且，从增长态势来看，中国的服装制造业并未受到国际金融危机的影响。

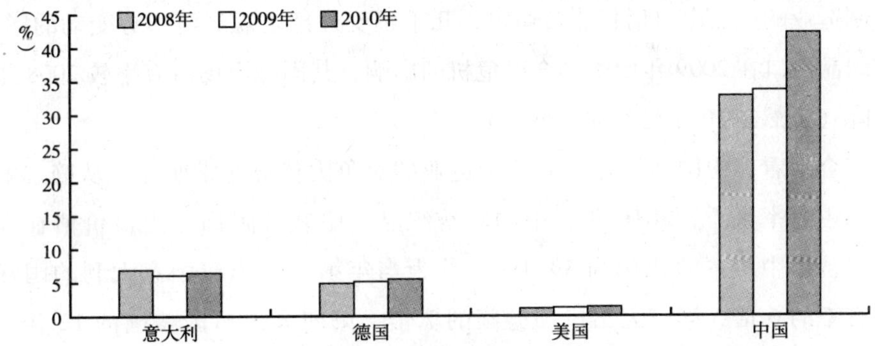

图 1　中、美、德、意服装及附饰品出口在全球市场的占有率

资料来源：根据 UN Comtrade 提供的各国服装及附饰品出口额计算而得。

---

* 梁泳梅，中国社会科学院工业经济研究所博士后。

在纺织业中，从图 2 中可见，在全球最大的四个出口国中，中国的国际市场占有率最高，2008～2010 年均在 20% 以上，远远高于第二大出口国德国（约为 6.5%）、第三大出口国意大利（约为 6%），以及第四大出口国美国（约为 5%）。并且，近年来中国的市场占有率仍在持续大幅提升，从 2008 年的 26.3% 提高到2010 年的 35.5%。

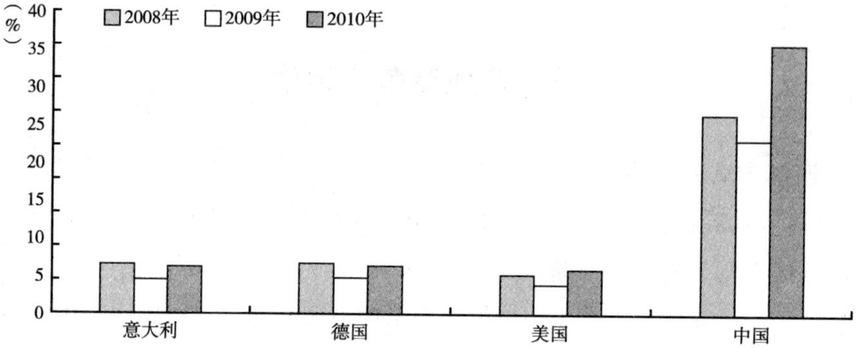

图 2　中、美、德、意纺织品出口在全球市场的占有率

资料来源：根据 UN Comtrade 提供的各国纺织品出口额计算而得。

对比以上两大子行业，中国的服装制造业比纺织业的国际竞争力更强。一方面，是由于服装的国际市场占有率均高于同期纺织品的市场占有率；另一方面，服装制造业的产品出口增长非常稳定，几乎不受外部宏观经济形势变动的影响，而纺织品出口在 2009 年因受到金融危机的影响，其国际市场占有率较 2008 年有所下降（虽然 2010 年已经完全恢复）。

综合来看，中国纺织业与服装制造业的竞争力优势非常明显。从静态的国际市场占有率来看，2010 年，中国的纺织品、服装及附饰品出口价值在全球总出口价值中所占的比例为 39.4%，约为当年第二大出口国意大利的国际市场占有率的 6 倍、第三大出口国德国的 7 倍、第四大出口国美国的 12 倍。从动态的国际市场占有率变化来看，中国的增长态势是最明显的。2008～2010 年，增长了 9.2 个百分点（虽然 2009 年受金融危机影响有所下降，但 2010 年又恢复了良好的增长势头），同期其他三大出口国则没有出现明显的增长态势（见图 3）。

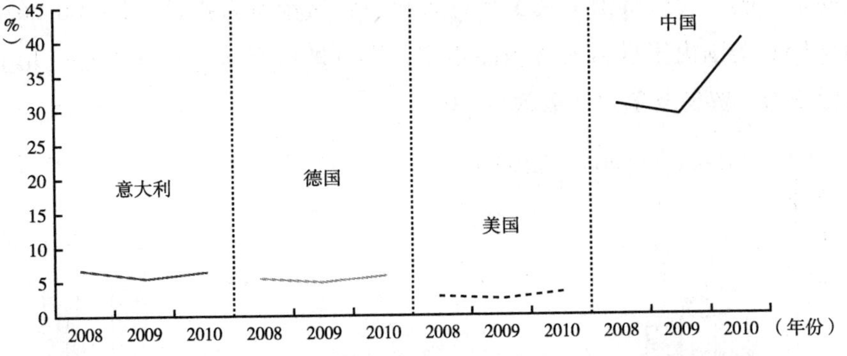

图 3　中、美、德、意纺织品、服装及附饰品出口在全球市场的占有率

资料来源：根据 UN Comtrade 提供的各国纺织品、服装及附饰品出口额计算而得。

2. 贸易竞争力指数

在服装制造业中，中国的国际贸易竞争力凸显。从图 4 中可见，在全球最大的四个出口国中，中国的贸易竞争力指数最高，几乎接近 1，并且多年来均保持在 0.96 以上，远远高于其他三大出口国；意大利的贸易竞争力指数，只有 0.12 左右；而德国和美国，由于进口的服装较出口的更多，因此，综合进口因素，其竞争力明显变弱。2010 年，德国的贸易竞争力指数仅为 -0.32，美国仅有 -0.89。

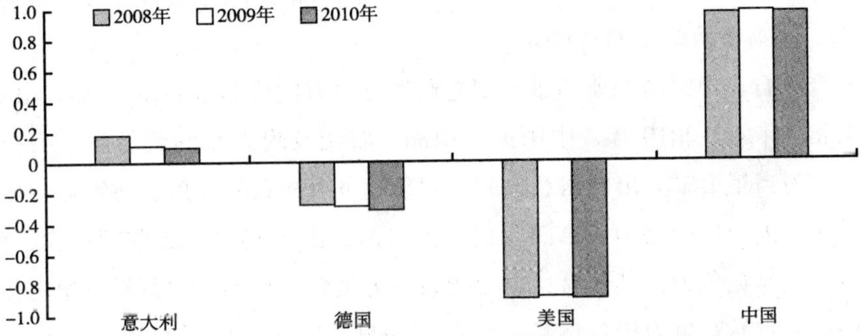

图 4　中、美、德、意服装及附饰品的国际贸易竞争力指数

资料来源：根据 UN Comtrade 提供的各国服装及附饰品进出口额计算而得。

由于中国服装的贸易竞争力指数已经非常高，因此提升的空间也非常小。2008 ~ 2010 年分别为 0.96、0.97 和 0.96，一直保持在较高水平。

在纺织业中，中国的国际贸易竞争力也比较明显。从图 5 中可见，在全球最大的四个出口国中，中国的贸易竞争力指数也最高，多年来均保持在 0.6 以上，远远高于其他三大出口国；其次是意大利的贸易竞争力指数，约为0.26；德国约为0.05；美国由于进口的纺织品很多，综合进口因素，其纺织行业几乎没有什么竞争力，贸易竞争力指数约为－0.3。

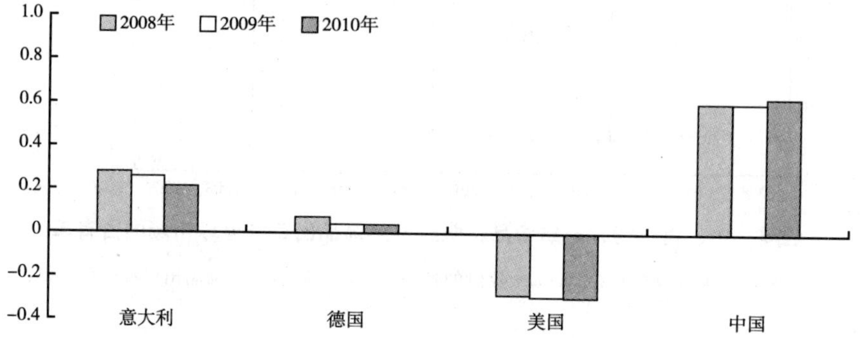

图5　中、美、德、意纺织品的国际贸易竞争力指数

资料来源：根据UN Comtrade提供的各国纺织品进出口额计算而得。

相对于服装制造业而言，中国在纺织业的贸易竞争力的上升态势相对更强，2008～2010年，其贸易竞争力指数从0.60上升到0.63。

从贸易竞争力指数的角度来对比服装制造业和纺织业，可以明显看出服装制造业的竞争力要远远强于纺织业。2010年，中国服装制造业的贸易竞争力指数为0.96，远高于纺织业的0.63。

综合来看，中国纺织业与服装制造业的竞争力优势非常明显。从静态的贸易竞争力指数来看，2010年，中国的纺织品、服装及附饰品的贸易竞争力指数为0.82，约为当年第二大出口国意大利的贸易竞争力指数的6倍。纺织业与服装制品业的第三大出口国德国和第四大出口国美国，由于其进口的数额更大，因此，并不具备贸易竞争力，其贸易竞争力指数均为负数。从动态的贸易竞争力指数来看，中国的贸易竞争力指数增长态势并不明显，2008～2010年均为0.82。但同期，意大利、德国的贸易竞争力指数却出现了下降（见图6）。因此，相比而言，中国的情况还是十分喜人的。

3. 显示比较优势指数

从显示比较优势指数来看，中国纺织业与服装制造业的强竞争力也仍然是明显而确定的。然而，从显示比较优势指数的动态化来看，中国的竞争力却略有下降。当然，这与中国的纺织业和服装制造业越来越重视国内市场有关。

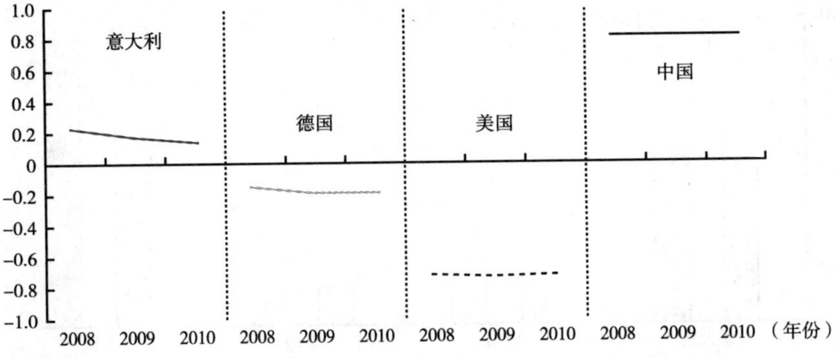

图6　中、美、德、意纺织品、服装及附饰品的贸易竞争力指数

资料来源：根据 UN Comtrade 提供的各国纺织品、服装及附饰品进出口额计算而得。

静态来看，中国服装制造业的竞争优势非常明显，以2010年为例，中国服装的显示比较优势指数为3.33，远高于意大利的1.80、德国的0.54和美国的0.10。动态地来看，2008～2010年，中国的贸易竞争优势有所下降，显示比较优势指数从3.66下降至3.33。意大利的下降态势与中国相似；同期，美国的显示比较优势指数，虽然值低（2010年仅为0.10），但却略有上升（见图7）。

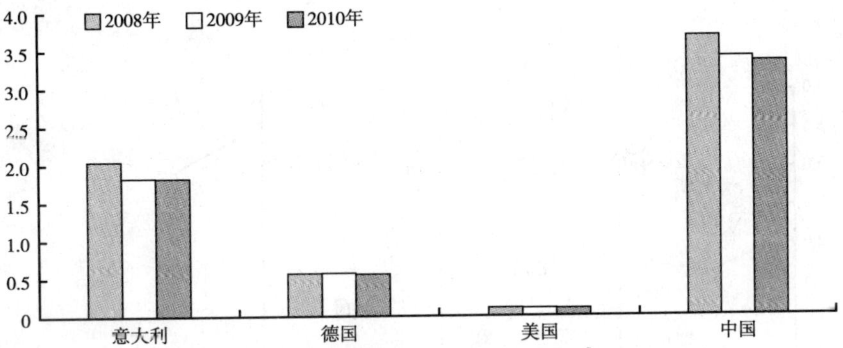

图7　中、美、德、意服装及附饰品的显示比较优势指数

资料来源：根据 UN Comtrade 提供的各国及全球服装及附饰品出口额计算而得。

静态来看，中国纺织业的竞争优势也依然明显，以2010年为例，中国纺织品的显示比较优势指数为2.80，高于意大利的1.68、德国的0.62和美国的0.37。动态地来看，2009年，纺织业由于受金融危机等因素的影响，竞争优势有所下降，但在2010年有所回升。

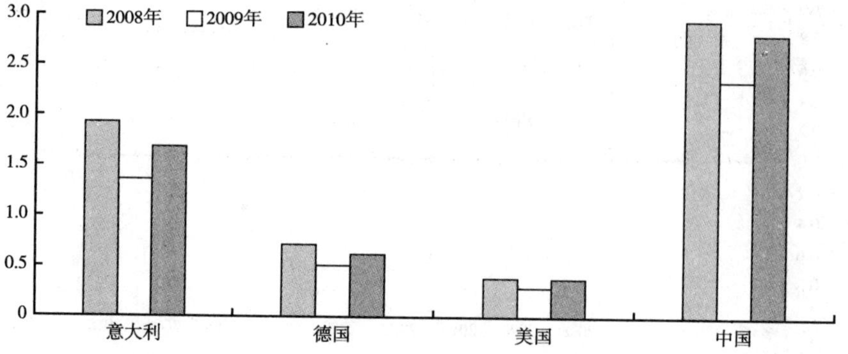

图8　中、美、德、意纺织品的显示比较优势指数

资料来源：根据 UN Comtrade 提供的各国及全球纺织品出口额计算而得。

从显示比较优势指数的角度来对比中国的服装制造业和纺织业，仍然是前者更具竞争力。综合起来看，中国这两大产业仍然是最具竞争力的。但是，中国与其他竞争对手国拉开的差距则相对没有贸易竞争力指数和国际市场占有率所表现出来的那么大。2010 年，中国的纺织品、服装及附饰品显示比较优势指数仅是意大利的 2 倍。从动态来看，两大产业都经历了竞争力受挫后再恢复的过程。

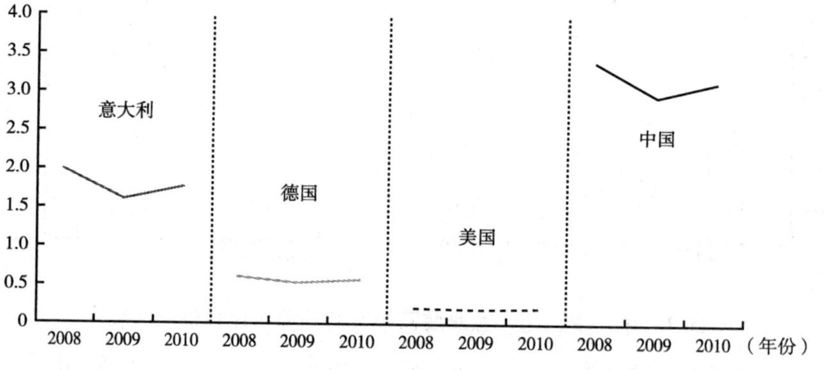

图9　中、美、德、意纺织品、服装及附饰品的显示比较优势指数

资料来源：根据 UN Comtrade 提供的各国和全球纺织品、服装及附饰品出口额计算而得。

4. 劳动生产率

中国纺织业和纺织服装、鞋、帽制造业的劳动生产率非常高，与意大利、美国等世界主要纺织、服装生产国相比具有绝对优势。我们将各国的纺织业及服装制造业增加值以2005年人民币不变价格来衡量，以2008年为例，中国的劳动生产率为人均56506元，约是美国的9倍、意大利的14倍。

可见，中国强大的贸易竞争力并不是无源之水，而是有极高效的生产作为基础的。

表1　主要纺织、服装生产国的劳动生产率比较

单位：元/人

国　家	2007年	2008年	2009年
美　国	5991	6237	5851
意大利	3956	3945	—
中　国	59050	56506	64659

注：以2005年人民币不变价格衡量。

资料来源：根据美国经济分析局提供的纺织业，服装、皮革及其相关品制造的增加值及其就业人数；意大利统计局提供的纺织业，服装、皮革及其相关品制造增加值及其就业人数；《中国工业统计年鉴》提供的纺织业，服装、皮革及其相关品制造增加值及其就业人数计算而得。

二　低碳竞争力

1. 碳生产率

对于纺织业和纺织服装、鞋、帽制造业而言，CO_2的排放主要来自能源消耗的过程，而在工业生产过程中排放的CO_2非常少。纺织业和纺织服装、鞋、帽制造业这两个行业在生产过程中的排污主要是污水问题，而不是碳排放。因此，笔者只考查纺织业和纺织服装、鞋、帽制造业的能源消费，以及由于能源消耗而产生的碳排放。

从能源消费总量来看，纺织业是能源消耗的大户，2009年其消费的能源总量为6251.01万吨标准煤。无论是从该行业占全部行业的能源消费总量的比重，还是从占工业消费总量的比重，或者是占制造业消费总量的比重来看，纺织业都位居前列。例如，2009年，纺织业的能源消费总量占制造业能源消费总量的3.5%，仅次于黑色金属冶炼及压延加工业，化学原料及化学制品制造业，非金属矿物制品业，石油加工、炼焦及核燃料加工业，有色金属冶炼及压延加工业，位居第6。相对来说，纺织服装、鞋、帽制造业的能源消费则要少很多，2009年其消费的能源总量仅为713.08万吨标准煤（见表2）。

不过，从能源消费总量的变化趋势来看，纺织业的能耗有所下降，而纺织服装、鞋、帽制造业的能耗则未见明显减少。

表2　纺织业和纺织服装、鞋、帽制造业的能源消费概况

单位：万吨标准煤，%

能源消费总量	2007年	2008年	2009年
纺织业	6528.30	6396.38	6251.01
纺织服装、鞋、帽制造业	711.44	725.34	713.08
占全部行业能源消费总量的比重	2007年	2008年	2009年
纺织业	2.3	2.2	2.0
纺织服装、鞋、帽制造业	0.3	0.2	0.2
占工业能源消费总量的比重	2007年	2008年	2009年
纺织业	3.3	3.1	2.9
纺织服装、鞋、帽制造业	0.4	0.3	0.3
占制造业能源消费总量的比重	2007年	2008年	2009年
纺织业	4.0	3.7	3.5
纺织服装、鞋、帽制造业	0.4	0.4	0.4

资料来源：根据《中国能源统计年鉴》中的分行业能源消费总量数据计算而得。

根据纺织业和纺织服装、鞋、帽制造业的能源消耗总量，以及这些行业的增加值，可以分别计算出其碳生产率（见表3）。

静态来看，纺织业的碳生产率比较低，2009年每吨CO_2排放仅生产了0.529万元的增加值；纺织服装、鞋、帽制造业的碳生产率比较高，2009年每吨CO_2排放能够生产1.935万元的增加值；后者的碳生产率约为前者的4倍。综合来看，纺织业和纺织服装、鞋、帽制造业的碳生产率，2009年为0.704万元/吨。

动态来看，无论是纺织业，还是纺织服装、鞋、帽制造业，其碳生产率都在不断提高。2008年和2009年，纺织业的碳生产率分别比上年提高了0.4%和10.4%；纺织服装、鞋、帽制造业的碳生产率提高得更快，分别比上年提高了2.3%和12.1%；同期，纺织业和纺织服装、鞋、帽制造业的碳生产率分别比上年提高了2.4%和11.4%。

表 3　碳生产率（仅考虑终端能源消费的部分）

单位：万元/吨

行　业	2007 年	2008 年	2009 年
纺织业	0.477	0.479	0.529
纺织服装、鞋、帽制造业	1.688	1.726	1.935
纺织业及纺织服装、鞋、帽制造业	0.617	0.632	0.704

注：采用以 2005 年不变价格衡量。

资料来源：根据《中国工业统计年鉴》和《中国能源统计年鉴》数据计算而得。

2. 碳生产率的国际比较

为了更好地衡量和评价中国纺织服装行业的低碳竞争力，我们还计算了意大利与美国的纺织服装业的碳生产率，并与中国进行对比。计算结果如表 4、表 5、图 10 所示。

表 4　意大利碳生产率（仅考虑终端能源消费的部分）

单位：万元/吨

行　业	2007 年	2008 年
纺织业	1.69	1.65
服装制造、毛皮衣服制造及染色	11.20	11.56
纺织业、服装制造、毛皮衣服制造及染色	2.78	2.81

注：以 2005 年不变价格衡量。

资料来源：根据意大利统计局提供的纺织业，服装及其饰品制造、毛皮衣服制造及染色的增加值及碳排放数据计算而得。其中，意大利物价平减指数来自欧盟统计局。欧元及人民币兑换汇率来自《中国统计年鉴》。

从计算的结果可见，加入了对碳排放因素的考虑后，中国的竞争力出现较大下降。与意大利和美国相比，中国的碳生产率仍然很低。将各国的纺织业及服装制造业增加值以 2005 年人民币不变价格来衡量，以 2008 年为例，中国的碳生产率仅为 0.632 万元/吨，仅为美国的 19.9%、意大利的 22.5%。在三大纺织服装生产国中，美国的碳生产率最高。

这种情况说明，中国在生产的节能减排方面还落后于主要的纺织服装生产国，在应对气候变化方面的竞争力较弱。

表 5　美国碳生产率（仅考虑终端能源消费的部分）

单位：万元/吨

行　业	2007 年	2008 年	2009 年
纺织业、服装、皮革及其相关品制造	2. 82	3. 18	2. 81

注：在 IEA 的统计中，美国的纺织服装与皮革制造的能源消耗是合并统计的。我们可以把纺织服装与皮革制造的能源消耗近似地看成是纺织服装的能源消耗。因为，根据美国 2006 年的能源消耗普查（MECS）数据计算发现，皮革制造的能源消耗，仅占纺织服装与皮革制造的能源总消耗的 1. 12%。以 2005 年不变价格计算。

资料来源：根据美国经济分析局提供的纺织业，服装、皮革及其相关品制造的增加值，IEA 提供的纺织业，服装、皮革及其相关品制造的能源消耗数据计算而得。美元及人民币兑换汇率来自《中国统计年鉴》。

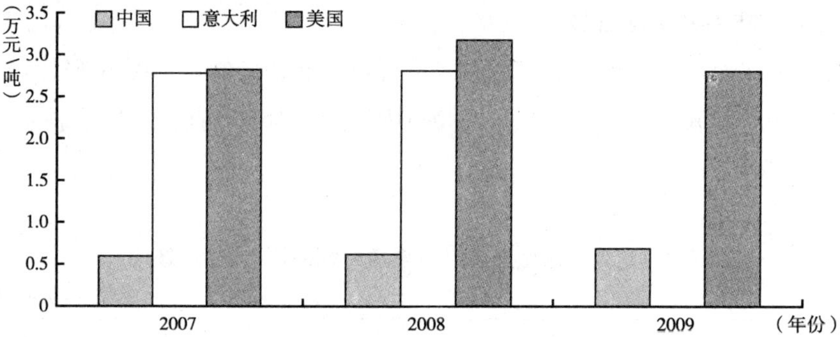

图 10　各国纺织、服装制造业的碳生产率比较

3. 影响碳生产率的因素

中国在纺织与服装制造产业的碳生产率较落后的原因，主要有以下几个方面。

第一，与本行业使用的能源结构有关。由于在纺织与服装制造业中，碳排放主要来自燃料燃烧环节，因此，燃料的能源结构对于碳生产率有重要影响。通过对比中国与碳生产率最高的美国，可以发现，中美两国的纺织、服装制造业，在使用的能源结构上有很大差异。

美国所使用的最主要的能源是天然气，占其全部能源消费的 53. 5%，而天然气燃料排放的二氧化碳相对较少。其次为电力，占其全部能源消费的 39. 8%。美国电力生产的能源结构，从碳排放的角度看，也优于中国，其电力生产有 45% 来自煤炭，23% 来自天然气，20% 来自核电，7% 来自水力发电。[①] 美国使

① 该比例为 2009 年数据，数据来源：U. S. Energy Information Administration，*Annual Energy Review 2009*。

用柴油等化石能源的比例较小。

中国所使用的最主要的能源是电力，占其全部能源消费的60.4%。而在中国电力生产的能源结构中，约有77%来自燃煤，因此，即便是使用电力，其碳排放也依然较高。① 中国使用天然气作为燃料的比例非常小，而使用柴油、燃料油等化石能源作为燃料的比例相对较高，而这些化石能源在燃料过程中排放的 CO_2 相对也比较多。

表6　中、美在纺织、服装制造业上使用的终端能源消费结构（实物量）

国家	煤（千吨）	天然气（太焦耳）	液化石油气及其他（千吨）	柴油（千吨）	燃料油（千吨）	电力（吉瓦时）	热力（太焦耳）
美国	291	137724	26	140	72	28442	6735
中国	21484	6597	79	1239	426	125645	213629

资料来源：IEA，《中国能源统计年鉴》。

表7　中、美在纺织、服装制造业上使用的终端能源消费结构（热当量）

单位：吉焦耳，%

项目	国家	煤	天然气	液化石油气及其他	柴油	燃料油	电力	热力
热当量	美国	8424	137724000	1199900	6073200	3036960	102391200	6735000
	中国	621948	6596858	3647826	53749338	17986024	452322000	213629424
占比	美国	0.003	53.554	0.467	2.362	1.181	39.815	2.619
	中国	0.083	0.881	0.487	7.180	2.403	60.426	28.539

资料来源：根据表6计算而得。

第二，与行业内企业结构有关。纺织、服装制造业中，企业数量众多，而且以中小型企业为主。例如，2009年，纺织业中规模以上企业有32412家，其中，大中型企业仅3056家，占规模以上企业的9.4%，其余近90%均为小型企业。纺织服装、鞋、帽制造业也一样，大中型企业仅占规模以上企业的9.1%。若再加上规模以下的企业，则小型企业占比则更大。一般来说，大中型企业往往由于规模效应而能够更好地节约能源消耗，而小型企业不仅在生产上没有规模效应，而且也没有充裕的资金来采取更多的节能措施，因此，往往消耗能源

① 该比例为2009年数据，根据《全国电力工业统计快报（2010年）》中的数据计算而得。

也比较大。

4. 减少碳排放的成本效益分析

纺织、服装行业中存在着很多提高能效的机会。这里仅选择其中一些可行的，并已获得了节能和投资成本数据的技术路径来进行初步的减排成本效益分析。

例如，在使用湿法工艺的纺织业中，在染色和印花工艺流程里面，可以对处于高温或高压的染色机进行热绝缘，以减少对蒸汽的消耗，由此节省下来的用能量是在高温高压下总能源的9%，根据一些工厂的实践，强化了染色机和蒸汽系统的热绝缘后，每吨布可节约能耗4吉焦耳和节省用电6.3千瓦时，相关的投资为每吨布5.2美元。① 假设，这4吉焦耳能耗如果是由柴油提供的（柴油是中国纺织业使用得较多的能源类型），将排放0.2964吨CO_2；而节省的用电量6.3千瓦时也相当于减少CO_2排放0.002205吨；两者合计相当于每吨布可减少CO_2排放0.2986吨，相关的投资按1美元兑6.7695元人民币来计算，约为每吨布35.2014元，即减少每吨CO_2所需投资为117.89元。

又如，另一项可选择的技术是用低压微波干燥机来代替干蒸汽加热器，以烘干纺织梭蕊。低压微波干燥机的烘干效率高，可以节能能源，同时又可以避免产品过度干燥。使用该设备，每吨纱线可以节省用电107千瓦时，相当于减少CO_2排放0.03745吨/吨纱线。工厂投资采用该设备的成本约为50万美元②。按纺织业固定资产折旧平均年限10年计算，每年的设备投资约为5万美元。根据相关统计数据，中国的纺纱企业年产量约为6863吨③，则低压微波干燥机的平均成本约为7.29美元/吨纱线。按1美元兑6.7695元人民币计，折合人民币约为49.35元/吨纱线。由此计算，该种技术的减排成本为减少每吨CO_2需投资1317.75元。

---

① 资料来源：Ernest Orlando Lawrence Berkeley National Laboratory，*Energy-Efficiency Improvement Opportunities for the Textile Industry*，*2010*。

② 资料来源：Ernest Orlando Lawrence Berkeley National Laboratory，*Energy-Efficiency Improvement Opportunities for the Textile Industry*，*2010*。

③ 根据中国第一纺织网的统计数据，2011年上半年，规模以上纺纱企业有3909家，产量为13412941吨纱线。则折合计算，平均每家企业的年产量约为6863吨纱线。

表 8　纺织业中的减排成本

单位：元/吨 CO_2

技术路径	单位减排成本
对处于高温或高压的染色机进行热绝缘	117.89
用低压微波干燥机来代替干蒸汽加热器烘干纺织梭蕊	1317.75

可见，不同的技术路径的减排的成本是不一样的。不同的企业将根据自身的具体情况进行选择，整体行业最终的最优减排路径，将取决于企业的选择。

三　趋势与展望

从目前的发展趋势来看，中国的纺织、服装行业在近期内仍然保持快速增长的态势，其产业竞争力也将进一步提升。根据中国海关总署的统计数据，2011年1~8月，中国的纺织品和服装出口同比增长了25.7%，达到1631.6亿美元。其中，纺织品的出口额达到629.6亿美元，同比上升了27.2%；服装的出口额达到1002.0亿美元，同比上升了25.7%。这将有力地提升中国纺织品的国际市场占有率。而纺织业中的核心企业，其各项能力都在不断提高，这为产业竞争力的提升奠定了良好的基础。根据中国纺织工业协会发布2010~2011年度中国纺织企业竞争力测评结果，2010年纺织、服装行业综合竞争力500强企业的主营业务收入、利润总额、工业总产值比2009年提高了27.58%、45.48%和28.58%；其创新能力明显提高，研发投入力度较2009年有所加大，创新绩效也更高。[①] 这些企业的效益增长，将通过竞争作用和示范效应，进一步促进整个行业的竞争力提升。

另外，随着环境污染管制政策和节能减排力度的进一步加大，可以预见，在近期内纺织、服装行业的能耗将会出现较大幅度的下降，碳生产率将会进一步提高。

① 中国纺织工业协会：《中国纺企竞争力测评结果出炉》，2011年9月26日《中国纺织报》。

B.12

家电工业竞争力

原 磊*

家电产业是中国自改革开放以来发展最成功的产业之一，家电产业仅用了发达国家家电产业化进程的一半时间，就完成了产业初级阶段向成熟阶段的过渡。目前，中国主要家电产品的国际市场占有率已经达到世界第一，然而在低碳竞争力方面却有待进一步提高。

一 产业竞争力的变化

1. 国际市场占有率

20 世纪 90 年代以来，中国家电产业的国际市场占有率一直保持不断上升的趋势。目前中国已经成为世界第一的家电产品产销大国。2010 年，中国家电产品国际市场占有率达到 30.43%，与 1995 年相比增长了 26.02%，如图 1 所示。

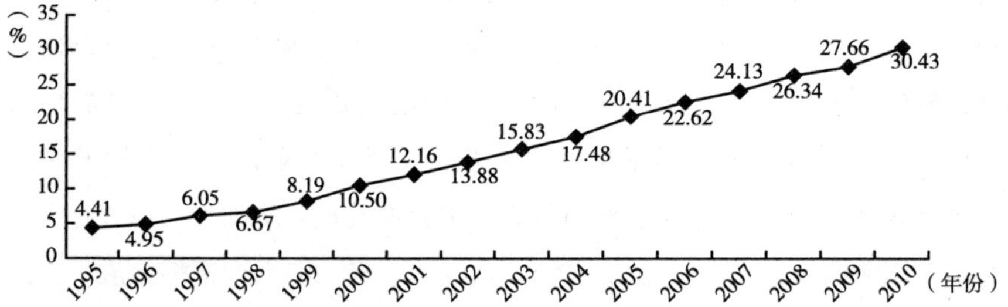

图 1 1995 ~ 2010 年家电产品国际市场占有率

注：计算方法为用中国家电产品出口总额除以当年世界所有国家家电产品出口总额。由于没有考虑本国企业在本国市场的占有率情况，而仅仅是对出口额进行衡量，因此与其他学者的计算口径可能有所不同。

资料来源：联合国贸发会议数据库（UNCTADstat）。

---

* 原磊，中国社会科学院工业经济研究所副研究员，工业运行研究室副主任。

中国家电产品出口受到了国际金融危机的较大冲击，空调、冰箱、洗衣机等产品的出口均出现了负增长，如图2所示。然而，在出口负增长的同时，家电产品国际市场占有率不降反升，而且在从国际金融危机恢复的进程中增长较快，这也说明了中国家电产业国际竞争力的不断提升。

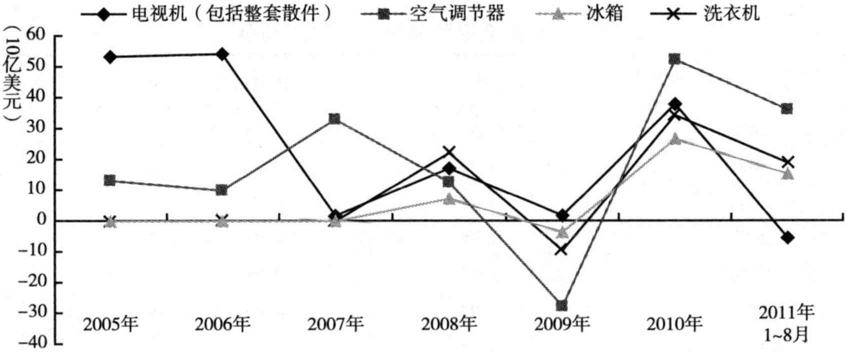

图2　2005～2011年主要家电产品出口额

资料来源：中经数据库。

从中国家电产品出口的平均价格来看，2000年以来，总体上中国家电产品出口价格处于上升之中，这也反映了中国家电出口产品附加值的提高，如表1所示。

表1　2000～2011年主要家电产品平均出口价格

单位：美元/台

年份＼主要家电产品	电视机(包括整套散件)	空气调节器	冰箱	洗衣机
2000	66.74	—	—	—
2001	75.68	—	—	—
2002	75.72	—	—	—
2003	72.90	—	—	—
2004	86.93	—	—	—
2005	97.91	143.09	—	—
2006	111.98	141.49	—	—
2007	177.25	159.11	—	—
2008	205.88	183.79	125.38	130.20
2009	193.33	182.97	126.99	125.05
2010	220.83	183.00	124.06	130.11
2011	210.16	210.19	127.48	130.51

注：2011年数据仅为1～8月。

资料来源：中经数据库。

2. 贸易竞争力指数

2000 年以来，彩色电视机、电视机、空调等产品的贸易竞争力均处于 0.9 以上，到了 2009 年以后，彩色电视机、电视机等产品的贸易竞争力指数更是接近于 1，如表 2 所示。

表 2　主要家电产品贸易竞争力指数

年份＼主要家电产品	彩色电视机	电视机	空调
2000	0.90	0.91	—
2001	0.95	0.95	—
2002	0.97	0.97	—
2003	0.95	0.95	—
2004	0.95	0.95	—
2005	0.97	0.97	0.93
2006	0.97	0.97	0.91
2007	0.97	0.97	0.95
2008	0.98	0.98	0.95
2009	1.00	1.00	0.94
2010	1.00	1.00	0.94
2011	1.00	1.00	0.96

注：2011 年数据为 1 ~ 8 月。

资料来源：中经数据库。

3. 显示比较优势指数

中国家电产业有着很高的显示比较优势指数，从 20 世纪 90 年代中期开始就高于德国、美国、日本，以及其他金砖四国。到了 2000 年以后，中国的显示比较优势指数更是达到了 2.69 以上，表明了中国家电产业竞争力的大幅提升，如图 3 所示。然而，显示比较优势指数同样有其局限性，即当一个产业的产业内贸易盛行时，以显示比较优势指数所衡量的该经济体和产业的比较优势就不具有客观性。中国家电产业内贸易量非常高，因此在一定程度上可能会夸大了中国家电产业的产业竞争力。

4. 劳动生产率

目前中国家电产业的劳动生产率处于较低水平，整个电气机械和器材制造业的劳动生产率水平低于工业整体水平，如图 4 所示。这是因为很多家电企业都属

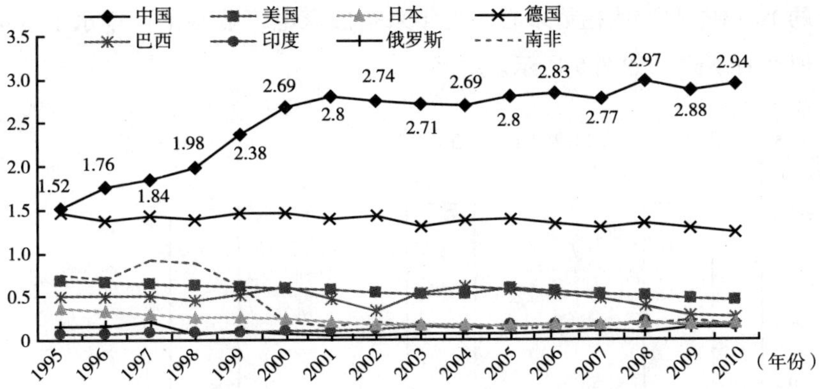

图 3　中国家电产品显示比较优势指数

资料来源：联合国贸发会议数据库（UNCTADstat）。

于劳动密集型企业，主要以手工劳动为主，劳动资本在生产投入中的比重较大。随着中国家电产业由劳动密集型向资本密集型转变，劳动生产率将逐步提高。

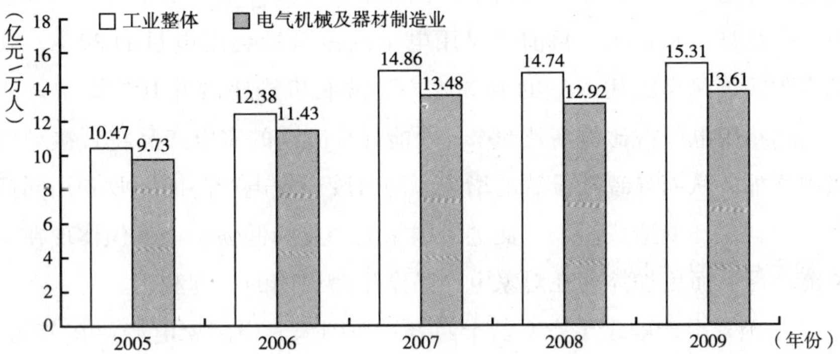

图 4　中国电力机械及器材制造业劳动生产率

资料来源：中经数据库。

二　低碳竞争力

1. 碳生产率

从生产环节来看，家电产业属于二氧化碳排放量较低的产业，家电产业的碳生产率远高于工业平均水平。2007 ~ 2009 年家电产业碳生产率水平均为工业整体水平的10倍左右。从趋势来看，近年来中国家电产业碳生产率水平基本维持稳定，但略有下降，如图5所示。

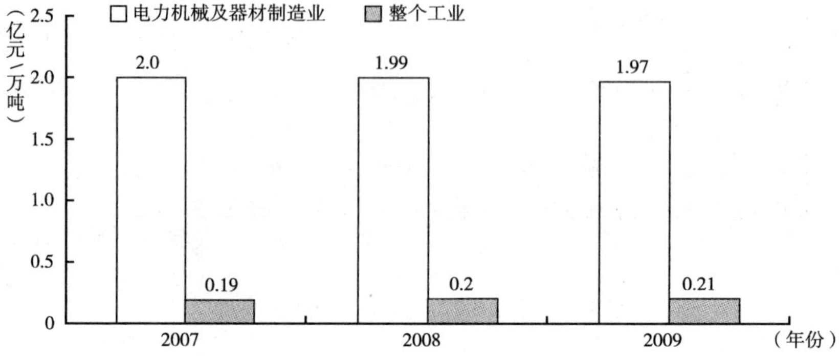

图5　中国电力机械及器材制造业碳生产率

2. 碳生产率的国际比较

家电产业造成的二氧化碳排放不仅仅体现在生产环节，更重要的是体现在消费环节。有统计资料显示，目前居民用电量约占全社会用电量的20%，其中彩电能耗占中国居民全部用电量的10%左右，洗衣机能耗占近10%，空调能耗占20%，而冰箱用电所占比例高达50%。[①] 能耗标准高的家电产品将直接导致居民用电量的增加，从而导致碳排放的增长。同时废旧家电产品的回收利用同样会排放二氧化碳，对环境造成污染。促进中国家电产业的低碳转型不仅体现在生产环节的节能环保，而更加体现在对家电产品全生命周期的合理利用。

（1）中国家电产业碳生产率低于西方发达国家。中国家电产业在节能环保、绿色制造、低碳经济、提倡绿色消费等方面走在了轻工制造业的前列，碳生产率大概是工业总体水平的10倍。然而，与德国、美国、日本等西方发达国家相比，中国家电产业在发展低碳经济方面仍有较大的差距。

（2）中国家电产品节能环保标准低于西方发达国家的水平。目前，中国空调能效比的合格标准是2.6，远低于发达国家的水平。全国每年仅是空调待机的能耗就达到30亿千瓦时以上。1990年，美国通过了《清洁空气法》修正案，规定了对危害大气臭氧层物质的限制和禁用，并公布了受控化学物质的名单。1992

① 刘强：《低碳经济下的中国家电业》，《家电电气》2010年第3期。

年，美国通过了《噪声控制法》，将电子和电子设备认定为主要的噪声源产品之一，规定在产品噪声标准颁布后，产品的制造商出售商品时必须向购买人保证产品的设计和制造符合标准，如果产品本身有故障，那么维修这一故障的任何费用均由制造商承担。西方国家对于家电企业采取了企业社会责任的全生命周期延伸制度，企业不仅要降低生产环节的能源消耗和污染排放，而且要对产品的使用、废弃、回收等所有环节负责。

（3）中国家电产品的节能标准处于逐步提高的过程中。自 2005 年 3 月 1 日起，中国对节能潜力大、使用面广的耗能产品实行统一的能源效率标识制度。中国发布能效标识的产品目录共五批，涉及 19 种产品，范围涵盖冰箱、空调、洗衣机、热水器等 15 大类家电产品。目前，中国的废旧家电产品已进入报废高峰期，为了降低废旧家电对环境的污染及节约自然资源，2011 年 1 月 1 日起中国正式施行《废弃电器电子产品回收处理管理条例》，引入了生产者延伸责任制，但对于其该如何展开和实施没有具体说明。

3. 影响碳生产率的因素

家电产业的低碳发展不仅体现在生产环节，而且更重要的是消费环节。家电产品消费环节的耗电高、回收难，已经成为难以解决的重要问题。

（1）中国家电产业处于全球价值链分工的低端环节。受技术水平、专利控制等因素的影响，目前中国家电企业主要处于加工制造和产品组装环节，而研发、销售等环节更多是由发达国家控制。相比于研发和销售，加工制造和产品组装是能源消耗较多的环节，这也就造成了中国家电产业的碳排放增加。

（2）中国家电企业主要采取了劳动密集型的生产方式。长期以来，中国劳动力价格相对低廉，因此为降低成本，很多企业都选择了用“劳动力”代替“机器”。这样的结果就是中国家电产业在有着很高的国际市场占有率的同时，却主要采用的是较为落后的生产方式，这也造成了碳排放的增加。

（3）中国家电产业的制度建设和监管水平有待进一步提高。近年来，中国家电产业的制度建设速度大大加快，各种行业标准正在逐步出台。这些文件的出台对于促进中国家电产业低碳发展，改善生态环境都能够起到积极的作用。然而，这些制度的执行却存在一定的问题。在《能源效率标识管理办法》执行过程中，能效标识是由企业到国家标准委备案，由企业自己把样品送到第三方检测，然后再由相关部门抽检，由企业自己公布自己的产品到底是几级，这种执行方式容易导致监管不力和腐败滋生。同时，在旧家电的回收方面，虽然有着《废旧家电及电子产品回收处理管理条例》、《旧货品质鉴定通则》、《旧货品质鉴定旧家用电器行业标准》等一系列文件，但是因为缺乏有效的监管方式，大量超期服役的家电仍在销售，导致了能耗的居高不下和环境污染严重。中国已进入了电子产品报废的高峰期，每年报废大约500万台电视机、400万台冰箱、600万台洗衣机，每年废弃的电脑超过500万台，淘汰的手机超过7000万部，同时世界上80%的电子垃圾被运到亚洲，其中有90%进入中国。

（4）国家对节能环保产品的补贴力度太小。一些节能环保产品，由于技术标准和成本结构的不同，因此价格水平要高于传统产品。如果国家缺乏足够的补贴，可能这部分产品在市场上就缺乏足够的竞争力。很多消费者在选购新家电时都有购买节能、环保型产品的意愿，但最后真正购买的却并不多，主要原因是难以承受其较高的价格。例如，普通洗衣机与Ⅰ级能效产品的价差大约在1000元，前来选购洗衣机的消费者，约有70%对节能产品感兴趣，但最终购买的不超过30%。

4. 减少碳排放的成本效益分析

减少家电产业的碳排放应主要从两个方面着手：一是降低家电产品的能耗，在全社会普及节能产品；二是完善旧家电产品的厂家回收制度，使旧家电产品能够及时的报废、再利用，避免高耗能、高污染的产品流入市场。

（1）降低家电产品能耗的成本效益分析。虽然节能产品会造成企业生产成本增加，从而导致产品价格上升，但节能家电产品的普及，对于节能减排、降低能耗，有着不可估量的推动力，从而带动全社会资源利用效益和生活质量的提高。据统计分析，普通冰箱的平均日耗电为1.2千瓦时，而节能冰箱只有0.5千瓦时；同等情况下，节能空调与普通空调相比每小时能节电0.15千瓦时，每天使用8小时可节电1.2千瓦时；节水洗衣机在不影响洗净度的同时，比传统洗衣机节水30%以上；相比于普通彩电，LED液晶电视能省电30%～50%，而且使用寿命更长。①

（2）完善家电回收制度的成本效益分析。废旧家电的回收和利用能够为全社会带来巨大的收益，具体包括三个方面：一是环境收益，废旧家电的回收和处

① 刘强：《低碳经济下的中国家电业》，《家电电气》2010年第3期。

理能够避免因废旧家电的随意丢弃而造成的环境污染问题；二是拆解的废旧零件收益，国家发改委课题组在参考与调查了欧美日等国家在应对废旧电子电器产品回收再利用领域的方案，并对电冰箱、洗衣机、电视、空调、电脑的40多个样品进行拆解试验后，公布了5种电子产品可回收利用率的建议值，其中电冰箱为73%，空调为78%，洗衣机为81%，电视为77%，电脑为80%；三是节约能源带来的收益，废旧家电流入市场的一个直接后果就是对电能的消耗增加，对废旧家电的回收有利于节约资源。废旧家电回收和处理能够带来效益的同时，企业责任主体同样也需要承担相应的成本，这一成本主要可以分为三个部分：一是建立废旧家电回收和处理的生产线费用，生产者对废旧电器回收设施的投入费用较大，回收的周期较长，一条电冰箱的回收生产线在欧洲报价一般为200万欧元以上；二是废旧家电购买费用，在中国回收一台废旧冰箱的价格大概为100元，而在国外是免费回收，甚至在日本是负价格回收（消费者需要付钱给企业作为废旧家电处理费用）；三是废旧家电处理费用，据国家发改委发布的《废弃电器电子产品处理基金征收原则和水平》预测，其回收处理费用标准将以电脑最高，为13～15元/台；电冰箱、电视机紧随其后，为10～12元/台；空调、洗衣机则为5～7元/台。综合考虑废旧家电回收和处理的效益和成本，我们认为，废旧家电的回收和处理能够带来巨大的社会效益，然而如果所有成本都由企业来承担，那么可能加大企业的成本压力，造成企业从事废旧家电回收和处理的动力不足，从而导致大量废旧家电被回收以后，经过简单的维修处理，又重新流向二手家电交易市场，而不是被分解加工成二次原材料。

三　趋势与展望

中国家电产业有着很强的国际竞争力，无论是国际市场占有率，还是贸易竞争力指数和显示比较优势指数均处于世界领先的水平。然而，如果从低碳竞争力来看，那么中国家电产业的低碳竞争力无论是生产环节，还是消费环节，与西方发达国家相比均有较大差距。国际金融危机以后，西方国家面临着新一轮的战略调整，低碳经济和绿色转型成了经济发展的主旋律。在这种情况下，中国家电产业必须要对自身的发展方式进行调整，实现生产环节和消费环节的低碳转型，强化自身的低碳竞争力。也只有如此，才可能在未来全球产业竞争中占据有利位置，维持自身的竞争优势。具体来看，“十二五”期间中国家电产业的发展将呈现一些新的趋势。

1. 家电产业的国际市场占有率将维持稳定或稳步提高

改革开放以来，中国经济持续快速增长，但是这种增长很大程度是建立在高污染、高能耗基础上的粗放式发展。随着中国经济已经发展到新的历史阶段，中国必须要重新选择自己的发展道路。或者说，环境和资源约束已经导致过去的那种粗放式发展模式无法继续，各种生产要素价格、节能环保标准、人民币汇率等都不可避免地出现了一定幅度的上升，而这一切都导致了中国许多企业面临着综合成本上升的压力。在这种情况下，中国家电产业也将面临着竞争优势转型的压力，过去那种依靠低价格供应全球市场的战略也将得到适当的调整。同时，国际金融危机以后，西方国家掀起了“再工业化”的浪潮，中国制造在世界贸易中遭遇的反倾销压力也明显增大。因此，“十二五”期间中国家电产品的市场占有率可能难以再维持年均2%左右的高速增长，而是逐渐进入稳定期。

2. 家电产业的低碳竞争力将逐步增强

虽然家电产业不是一个高耗能、高污染的产业，但由于中国家电产业主要处于价值链低端环节，而且主要是采取了劳动密集型的生产方式，因此也对环境造成了一定的压力。“十二五”期间，随着中国劳动力成本的提高，家电企业必然面临着由劳动密集型向资本密集型转变，能源的利用效率和原材料的循环利用水平都会得到提高。同时，随着人们节能环保意识的增强，越来越多的消费者将会选择绿色低能耗产品，而这也会推动企业用绿色技术对自身进行改造。然而，中国是一个各区域发展十分不平衡的大国，产业将在东部、中部、西部不同地区发生转移，而这种产业转移并不一定会伴随生产技术和集约化程度的提高，同时，不同收入水平的消费者对产品的要求也各不相同，因此中国家电产业的绿色转型也必将经历一个长期的过程，家电产业低碳竞争力的提高也将是一个长期反复的过程。

3. 降低消费环节的碳排放将是近期家电产业低碳转型的重点

近年来，国家加大了对家电产品标准的制定，同时推动废旧家电回收体系的建设。近期已经出台和正在出台的行业标准主要包括《能源效率标识管理办法》、《房间空调器安装质量检验规范》、《家用空调清洗服务认证》、《家用和类似用途电器的杀菌消毒通则》、《家用和类似用途电器噪声限值》、《家用燃气快速热水器能效限定值及能效等级》。此外，2004 年 11 月中国出台《中国 Halon/CFCs/CTC 生产加速淘汰计划》，规定从 2007 年开始全面履行《蒙特利尔议定书》。这些标准的制定和实施将有利于推动中国家电产品向节能环保型转变，大幅度降低家电产品在消费环节的碳排放。

B.13 汽车工业竞争力

江飞涛*

一　产业竞争力的变化

2010 年，中国汽车工业延续2009 年的高速增长态势，在购置税优惠、以旧换新、汽车下乡、节能惠民产品补贴等多种鼓励消费政策叠加效应的作用下，汽车产销量再创历史新高。继 2003 年汽车市场规模超过德国跃居世界第三位、2006 年超越日本跃居世界第二位之后，2009 年中国汽车产销量分别达到 1379. 10 万辆和1364. 48 万辆，超过美国成为（按照产品数量计算的）全球第一大汽车生产和消费国。然而，从国际市场占有率、贸易竞争力指数、显示比较优势指数来看，中国离“汽车强国”的距离还很远。

1. 国际市场占有率

金融危机以来，中国汽车产品出口经受了较大的冲击，并呈现迅速恢复的态势。2009 年，中国汽车产品出口额由 2008 年的 476 亿美元下降至 384 亿美元，但国际市场占有率并未受到影响，而是小幅上升至 2. 34%；2010 年，汽车产品出口迅速恢复，出口总额上升至518 亿美元，同比增长 34. 9%。但是，中国汽车产品出口过度依赖零部件。2010 年，在七大类汽车商品中，汽车零部件出口额为 405. 84 亿美元，占汽车产品出口总额的比重高达 78%。而零部件出口中仍以车轮、制动器、灯具等低附加值的机械类零部件产品为主。从出口产品结构上看，中国汽车工业仍处于全球价值链的低端（见表 1）。

2009 年，德国仍是汽车产品出口第一大国，其国际市场占有率为 18. 66%；其次是日本和美国，国际市场占有率分别为 12. 25% 和 8. 58%；法国和韩国的国际市场占有率分别为 5. 39% 和 4. 37%。从国际市场占有率来看，中国不但与

---

* 江飞涛，中国社会科学院工业经济研究所，投资与市场研究室副主任。

德国、日本、美国相差甚远，与法国、韩国相比，也存在不小的差距（见表2）。

表1 “十一五”期间中国汽车工业进出口情况

年份	汽车产品出口总额（亿美元）	汽车产品进口总额（亿美元）	净出口（亿美元）	贸易竞争力指数	国际市场占有率（%）
2005	167.7	154.3	13.4	0.04	1.08
2006	289.1	212.7	76.4	0.15	1.41
2007	412.6	267.7	144.9	0.21	1.92
2008	476.3	322.3	154.0	0.19	2.30
2009	383.5	342.0	41.5	0.06	2.34
2010	518.4	566.9	-48.5	-0.04	—

资料来源：中国海关总署。

表2 主要汽车产品生产国市场占有率比较

单位：%

年份	中国	法国	德国	日本	韩国	美国
2005	1.08	6.86	18.57	13.30	4.08	9.30
2006	1.41	6.13	18.19	13.61	4.21	9.32
2007	1.91	5.68	18.76	13.20	4.11	9.07
2008	2.30	5.28	18.58	13.86	3.96	9.04
2009	2.34	5.39	18.66	12.25	4.37	8.58

资料来源：根据联合国贸易数据库（http://comtrade.un.org）中数据计算而得。

2. 贸易竞争力指数

虽然汽车进口快速增长，但中国汽车工业的国际贸易竞争力指数却从2006年的0.15下降到2010年的-0.04（见表3）。汽车净出口自2006年以来于2010年首次出现-48.5亿美元的贸易逆差。2010年，国际贸易竞争力指数由负转正主要是受以下三个方面的影响：一是人民币升值对汽车产业的影响正在逐渐显现。2010年，人民币汇率（兑美元）累计升值超过3%，这使得中国汽车在国际市场的价格优势受到影响。二是汽车商品，特别是电子类汽车零部件产品进口的大幅增长。随着国内排放标准法规的日趋严格，对于核心零部件的质量、技术要求也日益严苛，由于国内同类产品竞争力较弱，这导致包括发动机的喷油系统等在内的电子类汽车零部件产品大量进口。三是国内企业的汽车商品，特别是零部件产品出口仍以车轮、制动器、灯具等低附加值的机械类零部件产品为主，需求萎缩时的价格调整的弹性小，也是导致进出口产生逆差的原因之一。

表 3　主要汽车产品生产国贸易竞争力指数比较

年　份	日本	韩国	德国	法国	美国	中国
2005	0. 81	0. 80	0. 39	0. 11	-0. 41	0. 04
2006	0. 82	0. 78	0. 38	0. 07	-0. 30	0. 15
2007	0. 82	0. 76	0. 39	0. 03	-0. 34	0. 21
2008	0. 83	0. 74	0. 39	-0. 02	-0. 28	0. 19
2009	0. 82	0. 75	0. 33	-0. 06	-0. 29	0. 06
2010	—	—	—	—	—	-0. 04

资料来源：根据联合国贸易数据库（http：//comtrade. un. org）中数据计算而得。

3. 显示比较优势指数

2009 年，中国汽车工业显示比较优势指数为 0. 24，比 2008 年下降了 0. 02，这主要是因为金融危机使得国际汽车消费市场急剧萎缩，中国汽车产品出口受到重创（见图 1）。“十一五”期间，中国自主品牌慢慢崛起，对显示比较优势指数的增长起到了积极的推动作用。随着自主品牌企业产品开发能力的提升，自主品牌的国际市场竞争力不断提升，自主品牌汽车参与全球竞争的广度和深度不断提升。一方面，本土品牌企业通过出口市场，特别是东欧、东南亚、非洲等新兴市场的开拓渗透全球汽车市场，成为中国汽车出口的主要力量，奇瑞、长城、中国重汽和一汽等自主品牌企业的产品成为出口的主要车型品种。2010 年中国出口量最大的汽车企业是奇瑞，出口量达到 9. 2 万辆，占其全年 68. 2 万辆销量的 13. 5%。另一方面，本土企业开始通过海外并购和绿地投资等直接投资方式整合和利用全球资源。2010 年 3 月，吉利正式与福特签约，以 18 亿美元成功收购沃尔沃轿车公司 100% 的股权以及相关资产（包括知识产权），成为中国汽车企业购得全球性知名汽车品牌的首个成功案例，标志着中国本土汽车企业的国际化发展迈出了重要一步。

4. 劳动生产率

技术进步和管理水平的不断提高，使得“十一五”期间中国汽车工业的劳动生产效率也大幅提升。2009 年，中国汽车工业全员劳动生产率为 25. 6 万元/人，比 2008 年上升了 22. 5%；与 2005 年的 13. 4 万元/人相比，提升幅度高达

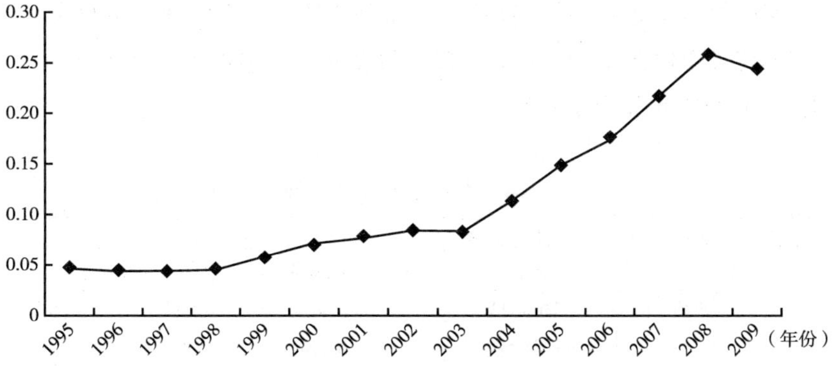

图1　中国汽车工业显示比较优势指数（RCA）

资料来源：根据联合国贸易数据库（http：//comtrade. un. org）中数据计算而得。

91. 0%（见图2）。但仍需看到，中国汽车工业的劳动生产率依然很低。2009年，中国汽车工业平均职工人数为210. 1万，生产汽车1379. 1万辆，人均生产汽车6. 56辆，不到日本的一半。

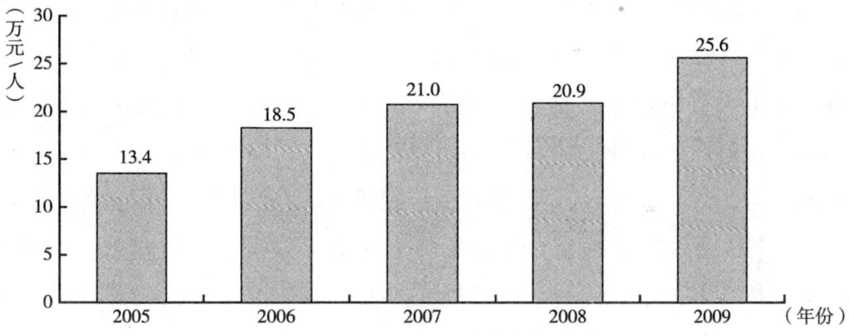

图2　中国汽车工业全员劳动生产率

资料来源：历年《中国汽车工业年鉴》。

二　低碳竞争力

1. 碳生产率（增加值/碳排放）

“十一五”期间，随着技术水平的不断提高，中国汽车工业节能减排效果比较显著，碳生产率显著提升。2005年，中国汽车工业每万元工业增加值能耗为

0.443 吨标准煤，每万元工业增加值二氧化碳排放为 1.104 吨；2009 年，每万元工业增加值能耗下降至 0.231 吨标准煤，每万元工业增加值二氧化碳排放下降至 0.576 吨，与 2005 年相比下降了近 47.8%。

表 4　汽车工业能源消耗

年　份	汽车工业增加值（亿元）	能源消耗总量（吨标准煤）	每万元工业增加值能耗（吨标准煤/万元）	每万元工业增加值二氧化碳排放（吨/万元）
2005	2209.9	9809623	0.443	1.104
2006	3362.7	11228901	0.334	0.833
2007	4141.4	11981369	0.289	0.720
2008	4104.1	11358545	0.277	0.691
2009	5378.7	12411680	0.231	0.576

资料来源：根据国家统计局数据计算。

2. 中国新能源（低碳）汽车的发展情况

汽车使用排放是全球碳排放的第二大来源，随着全球环保意识的增加，针对汽车排放的标准将越来越严格，针对汽车能源效率和二氧化碳排放的标准也将逐渐建立和趋于严格，低碳竞争力将成为一个国家汽车工业国际竞争力的核心要素。2008 年金融危机以来，面对油价高涨和日益严峻的节能减排压力，大力发展新能源（低碳）汽车成为世界汽车工业竞争的一个新焦点。

新能源（低碳）汽车的发展是低碳经济重要组成部分，新能源汽车是最能反映一个国家科技发展水平、自主创新能力和国际竞争力的产业之一。新能源汽车可以推进中国交通能源转型，通过能源多元化、动力电气化、排放洁净化实现中国从汽车生产大国到汽车技术强国的跨越。发展新能源汽车既代表了世界汽车产业发展方向，同时也符合中国国情。它不仅是解决能源环境问题、应对国际金融危机、保持经济平稳较快发展的重要结合点，也是催生新技术革命、带动产业升级、建立新型战略产业的重要突破口。①

近年来，中国已经出台了一系列旨在促进新能源汽车发展的政策，这些政策对中国新能源汽车产业的快速发展起到了重要促进作用。2010 年 6 月，中国正式选择在深圳、杭州、上海、长春、合肥 5 个城市（后又增加北京，实为 6 个试

① 陈柳钦：《我国新能源汽车产业发展及其困境摆脱》，2011 年 5 月 2 日《中国能源报》。

点城市）开始对私人购买新能源汽车给予补贴试点。根据这些城市的实施方案，各地对于私人购买新能源汽车都将在中央补贴的基础上再给予数万元不等的地方补贴，在获得中央和地方双重补贴后，新能源汽车与同档次燃油汽车的价格已相差无几；同时，各地都加大了充电站等基础设施的建设力度，基础设施的完善将为新能源汽车提供良好的使用环境；杭州等城市还将对电池租赁、整车租赁等商业模式进行重点扶持，合肥等城市对新能源汽车的维修服务等也有具体要求。总体上看，中国新能源汽车的生产和消费环境在政策推动下正在快速改善。

目前，中国已初步建立起以混合动力汽车、纯电动汽车、燃料电池汽车为“三纵”，以动力蓄电池/燃料电池、电机驱动系统、新材料/新部件等共有技术为“三横”的技术创新布局；已基本掌握了新能源汽车的整车开发技术，建立了节能与新能源汽车的动力技术平台，部分产品实现了小批量生产和示范运营，正逐步向产业化推进。此外，动力电池和电机也取得了重要进展，并已接近国际先进水平，初步形成了节能与新能源汽车技术标准体系和测试评价能力。可见，“三纵三横”的技术创新布局为中国新能源汽车的发展打下了坚实的技术基础。

3. 中国新能源（低碳）汽车在国际竞争中所面临的挑战

近年来，在相关政策的支持下，中国低碳（新能源）汽车产业发展较快，尤其是在电动汽车领域已有一定的技术积累。但是，距离市场推广和商业化运作还有很大差距，与国际先进水平相比还存在比较大的差距。

整体而言，中国新能源汽车产业高端技术和产业化方面与国际先进水平相比还存在较大差距，关键部件与技术等方面相当匮乏。国内相对比较成熟的混合动力车，与欧美日车型相比仍有较大差距。目前，本田汽车的弱混合动力汽车可以节能 38%，而中国的产品只能达到节能 20% 的水平。尽管近年来中国在纯电动车领域取得了长足的进展，但是与国际先进水平相比仍有很大差距，如日产纯电动车 Leaf 续驶里程可达 160 千米，最高时速可以达到 140 千米/时，加速性能良好，在充电站内 10 分钟可充电完毕。在德国，目前已有依靠风能发电并制造出氢能的技术，这种完全“绿色”的制造氢气的方法对于宝马汽车一直研究的氢动力汽车具有积极作用。

目前，中国新能源汽车在电池系统集成技术、大规模生产工艺设计、生产过程质量和成本控制等方面，与国外先进水平相比仍有较大差距，特别是电池、电机、电控等核心技术的缺失，致使国产关键零部件与进口产品的性能差距较大，电力驱动系统效率低，电池充电时间长，使用寿命较低。新能源核心零部件，如整车控制技术、电机驱动系统技术、电池系统技术、动力耦合技术、发动机及变速器控制技术等仍未取得产业化的实质性突破，部分国产零部件与进口产品的性能差距较大。

4. 影响低碳竞争力的重要因素

首先，研究投入不足。2009 年中国工程技术人员占职工总数的比重为 12.1%，较 2005 年提高了 0.5 个百分点；研发强度 2009 年达到 1.93%，较“十五”末期 1.66% 的水平也有较大幅度提升。但是与欧美日等汽车强国的研发投入资源相比，中国汽车工业的研发资金和人员投入，无论是绝对规模还是相对规模都还很不足。新能源汽车的开发研究方面，研发经费总量与比例均较低，研究与开发类型也主要集中在试验性发展领域，而在基础研究和应用研究方面落后于发达国家，尚处于研究与开发活动的改进型研究阶段，缺乏原创性的基础研究和应用研究。在科技人才和管理人才方面都存在较大的缺口。

其次，创新主体培育和创新能力转换面临困难。虽然近年来中国本土品牌企业获得了快速发展。但同时也应当看到，在经历了长期技术优势和市场优势的快速积累后，随着本土品牌企业市场竞争环境形成，本土品牌的自主创新面临新的压力。本土品牌企业的技术创新正处于由“中低端产品的架构技术能力”向“技术集成能力”和“核心技术能力”转变的阶段。企业在加强技术吸收的同时，必须快速提升独立创新能力。在技术差距不断缩小、技术引进难度加大的条件下，如何在多种学习方式中保持技术创新的主动权，形成创新发展的竞争能力，与过去的模仿学习和成本控制相比，对企业在资源素质和组织方式等方面都提出了新的更高的要求。如果不能克服这些困难，中国的新能源汽车产业将无法实现质的飞跃。

最后，产业体系建设尚不够完善。目前，中国新能源汽车产业能力建设比较薄弱，没有建立起从科研、设计到设备制造的比较完备的产业体系，产业链建设有待进一步加强，特别是消费者所必需的充电站等配套基础设施建设严重滞后，新能源汽车有关测试和试验的技术规范不健全，产品认证体系亟待加强，标准化工作进展缓慢，严重阻碍新能源汽车产业的健康发展。①

① 刘文林：《关于中国新能源汽车产业发展战略的思考》，《电子工程世界》2011 年第 8 期。

三 趋势和展望

1. 未来中国汽车产业将呈现平稳较快增长的态势

“十一五”期间，中国汽车产量年均增长26.2%，呈现高速增长态势，其中2009年和2010年在鼓励汽车消费政策刺激下分别增长47.6%和32.4%。未来十年，中国汽车产销量将呈平稳较快增长，年均增长率将下降至7%~9%，到2020年，中国汽车的产销量将达到3000万~3500万辆的水平。汽车保有数量迅速增加，将给中国的环境保护带来巨大的压力，但同时，中国已向世界承诺，单位GDP的CO_2排放强度至2020年将在2005年的基础上减少40%~45%。为此，大力发展低碳汽车及其技术，减少使用过程中的碳排放，将是中国汽车工业未来十年面临的最大挑战。

2. 中国汽车工业将面临严峻的国际竞争环境

总体上看，未来几年中国汽车产品的出口环境与“十一五”时期相比会更加严峻。首先，人民币汇率仍然存在升值预期。中国汽车产品出口以资源和劳动密集型产品为主，出口市场仍主要面向世界低端市场。由于产品技术含量低、同质化严重、产能过剩，所以企业在国际市场的竞争主要依靠价格手段，因而产品价格和出口效益对汇率波动敏感。未来如果人民币汇率继续升值可能将进一步损害企业的出口积极性。其次，国际市场需求的完全恢复还需要一段时间，通过国际市场容量的扩张来拉动汽车出口的操作空间不大。不仅如此，在市场需求没有完全恢复的情况下，出口企业面临的各种关税和非关税贸易壁垒反而会变得更加苛刻。一方面，在金融危机的冲击下，出于保护本国汽车市场的考虑，欧美等发达国家不断提高车辆排放限值、车辆安全性等法规标准要求，提高汽车整车和零部件的技术标准；另一方面，新兴市场国家也相继通过提高进口关税、进口许可证等措施来限制汽车进口，保护本国汽车市场。从内因看，中国整车出口企业近千家，在产能过剩的前提下，出口主体过多、过杂，造成了产品同质化严重、价格相互倾轧，这不仅损害了自身利益，而且一定程度上扰乱了国际市场竞争秩序，导致反倾销调查频频发生，也成为中国汽车产品出口稳定增长的制约。

在外部环境不利的情况下，进一步促进中国汽车产品出口的关键是提高产业自身的竞争力，在优化贸易结构、提高出口质量、形成可持续出口机制的基础上做大总量。近两年中国汽车出口增速大幅下滑的直接原因是国际金融危机的影响、国际市场需求的萎缩，但更与中国粗放的出口增长方式、结构性失衡等长期积累的诸多深层次问题直接相关。中国汽车企业普遍存在研发能力弱、制造技术相对落后、产品缺乏竞争力等问题。企业在出口产品时缺乏经营自主权，海外营销大多依靠当地企业做总代理。这些因素都制约了中国汽车产品出口的可持续增长。多数出口企业尚未建立营销网络和售后服务体系，国际业务局限于单纯的进出口贸易，以完成经销商订单为目的，缺乏对后续服务的保障和销售渠道的开拓。

3. 核心零部件发展滞后仍是产业竞争力提升的短板

从产业配套看，外资或合资企业几乎垄断了为整车厂，特别是合资整车企业提供配套零部件的市场。尽管国家产业政策对外资品牌整车的国产化率设定了标准，但由于外资在国内的整车零部件和高端产品等核心部件领域占据垄断地位，因此，外资在争取为国内主机厂配套方面具有明显优势。由于中国汽车零部件企业规模小、效益差、科研投入少、技术人才缺乏等原因，加上轿车生产的大部分车型都是从国外引进的，这就造成了零部件配套企业依赖性强、产品和技术方面依赖整车企业和跨国公司、自主创新意识差、自主开发能力薄弱等问题。从产品领域看，内资零部件企业生产主要集中在低附加值、低技术含量和高能耗的劳动密集型产品上，赢利能力明显不足。

中国零部件产业发展滞后的更深层次的原因是缺乏合理的产业组织基础。中国汽车产业的产业组织结构具有“开放式垂直分裂”的典型特征，即整车厂的零部件向多家零部件企业采购，一个零部件厂商的产品也同时向多个整车厂供货，而且上下游企业之间缺乏长期合作关系，采供关系完全是开放式的。特别是在关键零部件方面，整车厂倾向于国际采购。这种产业组织关系虽然短期内有利于汽车产品的成本控制，但却严重压缩了零部件企业的利润空间，使企业丧失了长期发展的能力。更严重的是，由于缺乏稳定的预期，这种产业组织结构将不利于整车厂和零部件企业之间，以及零部件企业之间建立长期合作关系，使得企业缺乏对客户或供应商进行长期研发投资的动力，这必然造成产品的同质化。

4. 采用先进节能减排技术改造传统汽车仍然是中国汽车工业低碳发展的重要路径

在未来很长一段时间里，传统汽车仍然将占据市场主体地位。传统汽车节能减排的潜力巨大，加快传统汽车技术的升级和提高，大幅度减少汽车能耗和排放，仍然是中国汽车工业低碳发展的重要途径。发动机高效化和汽车轻量化，是传统汽车节能减排的主要途径。目前，传统内燃机动力系统和传动系统的能量损耗约占整车能耗的38%，提高发动机效能，减少传动系统的能耗对降低油耗和减少 CO_2 排放非常重要。目前，提高发动机效能的先进技术有喷雾引导式汽油直喷技术、涡轮增压汽油直喷、清洁柴油技术。汽车轻量化对于提高燃油经济性和降低 CO_2 排放具有重要意义。研究显示，汽车整车重量减少10%，燃油效率可提高6%~8%。目前，汽车轻量化技术发展迅速，其主要措施是轻量化的设计，以及轻质材料的应用。①

5. 中国新能源汽车步入产业化的关键时期

未来十年，是中国新能源汽车产业化的关键时期。技术与产业化瓶颈的突破、市场需求的扩大、基础设施网络的完善等都是关键要素，政府在这三个方面都应起到重要的引导作用。节能与新能源汽车技术和产业化瓶颈的突破依赖于自主创新。随着实力的不断增强，中国企业正通过各种途径来提升自身的技术水平和创新能力，因此，国家对企业自主创新的引导和支持也非常重要。在产业化的初期，政府和企业需要紧密合作，共同培育市场。政府可以考虑的策略包括继续通过政府采购和消费者补贴来培育市场、通过汽车税收制度改革来引导消费、通过引导和支持商业模式的创新来提高消费者使用电动汽车的经济性和便利度等。在发展节能与新能源汽车的同时，业界也积极投资于充电站等配套基础设施的建设，在这个过程中政府的支持和统筹不可或缺。② 目前中国支持新能源汽车产业发展的政策力度远高于其他国家。因此，可以预见，中国节能与新能源汽车的产业化进程在未来十年将快速地取得突破。

① 周宏湖：《汽车节能减排四大路径》，《汽车情报》2010年第10期。

② 气候组织：《节能与新能源汽车“十二五”展望》，《气候组织研究报告》，2010。

B.14

机械工业竞争力

张航燕*

一 产业竞争力的变化

经过多年的发展，中国机械工业的产业规模已超过美、日、德，居世界各国之首；一批重要产品，如发电设备、输变电设备、汽车、摩托车、大中型拖拉机、内燃机等的产量已稳居世界首位。但是，我们也存在着自主创新能力不足，大型、精密设备依赖进口；关键性核心基础零部件发展滞后，大型高端装备存在“空心化”；自主品牌培育滞后，产品附加值难以提升等问题。

1. 国际市场占有率

从表1可以看出，2008年金融危机对中国机械工业的影响并不显著。2008年中国机械工业的国际市场占有率低于德国（13.11%）位居第二，为12.56%，而2009年则达到14.04%，同比提高1.48个百分点，成为世界第一出口大国。受金融危机的影响，2009年日本和德国的国际市场占有率分别较上年降低0.98个、0.6个百分点，美国则提升了0.3个百分点。事实上，机械工业成为中国各个工业门类中率先摆脱国际金融危机影响的行业之一，对中国经济的整体回升起到了拉动作用。国家政策的导向和扶持成为机械工业大幅回升的有力推动因素。2009年，国家出台的《装备制造业调整和振兴规划》，以及财政部关于对国内企业为生产国家支持发展的重大技术装备和产品而确有必要进口的关键零部件及原材料免征进口关税和进口环节增值税的决定等相关政策，对装备行业的生产和需求具有很强的拉动作用。

---

* 张航燕，中国社会科学院工业经济研究所博士后。

表 1 中国与主要机械工业出口国家的市场占有率

单位：%

国家	2008 年	2009 年	国家	2008 年	2009 年
日本	9.04	8.02	德国	13.11	12.51
美国	10.19	10.49	中国	12.56	14.04

资料来源：根据 http://www.wto.org 数据计算。

2. 贸易竞争力指数

从贸易竞争力指数的变化可以看出，金融危机对日本、美国、德国和中国这四个机械大国都产生了不利影响。2009 年，中国贸易竞争力指数下降了 0.03；日本和德国分别下降了 0.06 和 0.03；美国的贸易竞争力指数为负值，并且由 2008 年 -0.15 升至 -0.14，表明美国的机械工业国际贸易存在逆差，美国机械工业的国际竞争力相对较弱，金融危机从某种程度上改善了美国机械工业的国际竞争力。从贸易竞争力指数的现有水平来看，中国机械工业的国际竞争力低于日本和德国，但高于美国（见表 2）。

表 2 中国与主要机械工业出口国家贸易竞争力指数

国家	2008 年	2009 年	国家	2008 年	2009 年
日本	0.51	0.45	德国	0.26	0.23
美国	-0.15	-0.14	中国	0.21	0.18

资料来源：根据 http://www.wto.org 数据计算。

2006 年，中国机械工业对外贸易结束了新中国成立以来持续数十年的逆差局面，实现历史性的转折，首次实现对外贸易顺差。2008 年，中国机械工业实现对外贸易顺差 477 亿美元，达到历史最好水平。随着金融危机的爆发，国际市场的萎缩，2009 年顺差明显缩小。2010 年实现了顺差 31 亿美元（见表 3）。2011 年上半年，中国机械工业共实现进出口总值 3004.08 亿美元。其中进口总值为 1505.98 亿美元，出口总值为 1498.11 亿美元，贸易逆差为 7.87 亿美元。机械工业再度出现逆差，一方面，是由于我国在高端装备制造方面的需求仍然很旺盛，国产高端装备制造还不能完全满足国内市场需求；另一方面，是由于我国为平衡贸易顺差采取了各种措施鼓励进口先进装备。在机械工业领域，造成中国逆差的主要来源国家是日本、德国和韩国，也说明其机械产品的竞争力远远超过我国。

表 3　2001～2010 年进出口贸易差统计

单位：亿美元

年份	金额	年份	金额
2001	191	2006	7.47
2002	-255	2007	241
2003	-314	2008	477
2004	-366	2009	149
2005	-139	2010	31

资料来源：机械工业联合会网站。

3. 显示比较优势指数

从 2008 年以来显示比较优势指数的变化可以看出，金融危机对日本、美国和德国的影响比较大，对中国的影响相对较小。2009 年，日本、美国和德国的显示比较指数较上年分别下降了 0.13、0.04 和 0.06，中国则上升了 0.05。从显示比较优势指数的现有水平来看，中国机械工业的国际竞争力低于日本和德国，但高于美国（见表 4）。

表 4　中国与主要机械工业出口国家显示比较优势指数比较

国家	2008 年	2009 年	国家	2008 年	2009 年
日本	1.86	1.73	德国	1.46	1.40
美国	1.28	1.24	中国	1.41	1.46

资料来源：根据 http：//www. wto. org 数据计算。

4. 劳动生产率

从表 5 可以看出，中国机械工业全员劳动生产率呈现大幅提升的态势。2009 年，机械工业劳动生产率为 13.91 万元/人，较上年提高近 1 万元/人。从各个子行业劳动生产率来看，交通运输设备制造业的劳动生产率最高，2009 年已经达到 18.11 万元/人，较上年提高 2.52 万元/人；工艺品及其他制造业的劳动生产率相对较低，仅为 7.60 万元/人。相对于通信设备、计算机及其电子设备制造业，通用设备制造业，交通运输设备制造业等这些科技含量高、技术先进的资本密集型和知识密集型的工业，工艺品及其他制造业大多属于科技含量低、制造工艺简单的劳动密集型行业，因此，产业性质决定了其劳动生产率较低。但是与发达国家相比，中国机械工业劳动生产率还是偏低的，大体上讲，中国机械工业劳动生产率约相当于美国的1/12、日本的1/11。①

表5　机械工业全员劳动生产率

单位：万元/人

行　业	2008年	2009年
金属制品业	10.66	11.29
通用设备制造业	12.28	13.32
专用设备制造业	12.06	13.42
交通运输设备制造业	15.59	18.11
电气机械及器材制造业	12.92	13.61
通信设备、计算机及其他电子设备制造业	11.95	11.76
仪器仪表及文化、办公用机械制造业	10.30	10.45
工艺品及其他制造业	6.94	7.60
全行业	12.96	13.91

资料来源：依据《中国统计年鉴》相关数据计算而得。

二　低碳竞争力

1. 碳生产率

从表6可以看出，对比整个工业而言，中国机械工业碳生产率还是相当高的。2009年，机械全行业的碳生产率为0.96万元/吨，是工业总水平的4.6倍。2007~2009年，中国机械工业碳生产率分别为0.95万元/吨、0.91万元/吨、0.96万元/吨，而与同期全部工业的碳生产率呈现不断提高的态势相比，机械工业碳生产率存在波动。

从子行业看，各行业碳生产率呈现分化状态。交通运输设备制造业，电气机械及器材制造业，通信设备、计算机及其他电子设备制造业，仪器仪表及文化、

① 是松伟、郭奎涛：《中国产业工人升值技》，http://www.allpku.com，2011年7月26日。

办公用机械制造业等行业的碳生产率较高，而金属制品业，通用设备制造业，专用设备制造业，工艺品及其他制造业等行业的碳生产率较低。其中，仪器仪表及文化、办公用机械制造业的碳生产率最高，但是呈现不断下降的态势，碳生产率由2007年的2.40万元/吨降至2009年的1.88万元/吨；工艺品及其他制造业碳生产率最低，并且呈现波动态势。

表6　2007～2009年中国机械工业碳生产率

单位：万元/吨

行　　业	2007年	2008年	2009年
金属制品业	0.57	0.57	0.60
通用设备制造业	0.73	0.74	0.73
专用设备制造业	0.52	0.65	0.75
交通运输设备制造业	1.03	0.83	0.97
电气机械及器材制造业	1.81	1.69	1.74
通信设备、计算机及其他电子设备制造业	1.51	1.39	1.50
仪器仪表及文化、办公用机械制造业	2.40	2.02	1.88
工艺品及其他制造业	0.41	0.39	0.44
全行业	0.95	0.91	0.96
工业总水平	0.19	0.20	0.21

与发达国家相比，中国机械工业能效明显偏高。油耗比国际先进水平高出5%～15%，总体排放水平比国际先进水平低1～2个档次；锻造工艺能耗大体为0.55～0.7吨标准煤/吨铸件，国际先进水平为0.3～0.4吨标准煤/吨铸件，中国每吨铸件铸造工艺能耗比国际先进水平高约80%；中国落后企业轴承套圈的材料利用率为30%～40%，一般企业为50%，先进企业为70%，国际先进水平为75%。这些数据表明，要提高中国机械工业碳生产率还有很长的路要走。

2. 影响碳生产率的因素

（1）产业特点。机械工业是制造机械产品的工业部门。机械制造业的门类多，现在已成为拥有几十个独立生产部门的最庞大的工业体系。机械制造子行业众多，企业量大面广。从生产过程来看，具有集成性和组装性的特点；从产品来看，具有多品种、小批量甚至按订单生产的特点。这种单件、小批量生产，同样也表现出工艺路线灵活、制造资源协调困难、自动化程度相对较低的生产特征。

（2）产业集中度。机械工业的技术经济特点，决定了机械工业产业组织结构既要有技术集成能力和产业链领导能力强的大型企业，又要有大量从事基础件、零部件生产的“小而精”的中小型企业。从表7可以看出，近年来，机械工业 CR_4 维持在2%的水平、CR_8 在3%的水平，而前100家企业集中度也没有达到8%。从机械工业百强来看，2010年前四家企业生产集中度接近30%，前八家企业生产集中度达到42.38%。从子行业来看，产业集中度较好的有发电设备行业和风电设备行业，在发电设备行业中，哈尔滨电站设备集团、东方电气集团、上海电气（集团）总公司等三大集团产量占比达到68.7%；在风电设备行业中，华锐风电、金风科技、东汽集团三大企业产量占比也已达70%左右；而在工程机械行业中，徐工集团、中联重科、三一重工3家企业销售额均超过500亿元，前十家企业的销售额已占全国的50%以上。

表7　近年来机械工业产业集中度情况

单位：%

年份	机械4强占行业比重	机械8强占行业比重	机械100强占行业比重	机械4强占100强比重	机械8强占100强比重
2008	2.11	3.05	7.78	27.14	39.27
2009	2.03	2.99	7.67	26.51	38.98
2010	—	—	—	29.40	42.38

资料来源：机械工业联合会。

尽管中国机械工业集中度较高，但我们必须清醒地看到，中国机械工业中的大型企业还没有一家入选世界500强。与世界500强比较，中国机械工业在规模、赢利水平和劳动生产率、品牌、自主知识产权、核心技术、国际化经营、产业结构等领域，都还存在明显差距。

（3）技术水平。目前，中国机械工业的产业规模虽已居世界首位，但高端产品设计制造能力薄弱。中国机械工业处于全球机械产业链的低端，产品的技术含量低，核心产品（包括零部件）的研发、设计和制造被跨国公司垄断。多数出口机械产品是贴牌生产，拥有自主品牌的出口机械产品不足20%。从国内需求来看，80%的集成电路芯片制造装备、40%的大型石化装备、70%的汽车制造关键设备、先进的集约化农业装备等都依靠进口，对机器人的研发和制造还处于起步阶段。同类机械产品的出口平均价格水平远低于进口平均价格水平，出口机械产品的附加价值和经济效益不高。出口机床产品主要以价格低廉的中低端的金属切削机床为主，技术含量相对较高的数控机床、加工中心及组合机床出口量较小。

基础零部件制造能力滞后。虽然经过多年发展，机械基础零部件制造业已经形成门类较齐全、规模较大，并具有一定竞争力的产业体系，但基础零部件仍然无法完全满足主机配套要求，严重制约了重大装备的发展和产业配套能力的提升。高参数、高精密和高可靠性的轴承、液压/气动/密封元件、齿轮传动装置及核心传动部件，大型、精密、复杂、长寿命模具及其他关键基础零部件、元器件、电器部件的质量和寿命还不能完全满足机械工业发展的需求。工程机械的液压零部件国产化程度低，多数厂家采用日本、韩国或德国的品牌。为重大装备配套的高端轴承，如大型风力发电机轴承、深井钻机转台轴承、海上钻井平台系列轴承等能源装备高端轴承大多需要进口；欧美国家产高铁轴承能满足时速 350～400 公里动车组技术需求，而国产高速轴承只能满足 150～180 公里动车组的技术要求。现代刀具材料和涂层技术的吸收和再创新能力没有明显提升，高效先进刀具大部分从国外或外资企业采购，汽车工业从国外引进的高效生产线所采用的刀具有 80%～90% 采购自国外或外资企业。

（4）政策。中国已成为世界最大的能源消耗国，目前中国能源结构和利用效率问题都很严重，能源资源约束要求发展和使用先进、节能的机械装备。为此，国家出台了一系列政策措施，推动节能机电设备（产品）、清洁生产技术应用（见表 8）。《高耗能落后机电设备（产品）淘汰目录（第一批）》共有 9 大类 272 项设备（产品），包括电动机 27 项、电焊机和电阻炉 13 项、变压器和调压器 4 项、锅炉 50 项、风机 15 项、泵 123 项、压缩机 33 项、柴油机 5 项、其他设备 2 项。《节能机电设备（产品）推荐目录（第二批）》包括工业锅炉、压缩机、泵、风机、变压器、内燃机、热处理等 7 大类 59 项设备（产品）。《节能机电设备（产品）推荐目录（第一批）》共涉及 4 大类 35 项设备（产品）。同时还将继续发布《高耗能落后机电设备（产品）淘汰目录（第二批）》，涵盖在国民经济建设中广泛使用的工业锅炉、中小电机、配电变压器、电焊机、泵、阀、风机、压缩机、制冷空调设备、内燃机、热处理设备、塑料机械、农业机械等机电设备。

表 8　2009 年以来机械领域主要节能政策

时　间	政　　策
2009 年	《国家重点节能技术推广目录(第二批)》
2009 年 6 月	《节能机电设备(产品)推荐目录(第一批)》
2009 年 11 月	《工业领域节能减排电子信息应用技术导向目录(第一批)》
2009 年 12 月	《高耗能落后机电设备(产品)淘汰目录(第一批)》
2010 年 3 月	《聚氯乙烯等 17 个重点行业清洁生产技术推行方案》
2010 年 5 月	《关于推进再制造产业发展的意见》
2010 年 7 月	《节能机电设备(产品)推荐目录(第二批)》
2011 年 1 月	《工业领域节能减排电子信息应用技术导向目录(第二批)》
2011 年 2 月	《国家鼓励发展的重大环保技术装备目录(2011 年版)》

资料来源：根据工信部网站相关内容整理。

三　趋势与展望

1. 政策环境有利于提升机械工业竞争力

《“十二五”机械工业发展总体规划》还提出机械工业万元工业增加值综合能耗由2009 年的0.425 吨标准煤下降到2015 年的0.31 吨标准煤左右，年均下降4.9%。其中，铸造万元增加值能耗减少 0.496 吨标准煤；每吨合格铸件能耗减少0.1044 吨标准煤；二氧化碳等废气排放减少 120 亿立方米。热处理单位产品能耗减少 150 千瓦时/吨；万元产值能耗减少 200 千瓦时/万元。内燃机争取降低油耗 10%，排放达到与国际水平同步。燃煤工业锅炉的运行效率提高到 85% 以上；工业炉窑运行效率在现有基础上提高 5%；中小电动机的设计能效指标达到95%。风机的设计能效指标达到 92% ~95%。

党的十七届五中全会明确提出要培育和发展的七大战略性新兴产业中，机械工业占了两个——高端装备制造业和新能源汽车，并且其他五个战略性新兴产业也都离不开机械工业的支撑。在新形势下，中国大力发展战略性新兴产业，无论在满足先进装备需求方面，还是在加快机械行业自身转型升级方面，均对机械工业节能减排工作提出了新的、更高的要求。加快发展新能源产业，对核能、太阳能、风电、生物质能等新循环利用装备、煤炭清洁利用及海水综合利用装备等提出了更高的要求；加快发展新能源汽车产业，对动力电池、驱动电机等产品的需求将不断增加；传统产业如钢铁、有色、建材、船舶等行业的产业结构调整和发展方式转变，对机械工业高效节能产品的依赖程度也越来越强。

2. 内外部环境总体向好，机械工业面临机遇

从机械产品外需市场看，国际金融危机的负面影响犹存，全球经济的全面复苏还需要较长时间；此外，主要工业化国家进行了“再工业化”的战略调整，机械制造业的贸易摩擦将进一步加剧，产品出口将面临越来越高的贸易和非贸易壁垒。从内需市场看，发端于金融危机后的以“保增长”为主要取向的政策导向已转变为“十二五”时期以“转型升级”为主要取向的政策导向，与此紧密相关的是前两年扩张政策所带来的需求高速增长已经在降温，但是中国经济保持平稳较快发展的基本条件和长期向好的基本趋势不会改变，机械产品市场需求总量仍将保持增长。此外，中国机械工业同时也要面对原材料价格上涨、固定资产投资增长速度减缓、人民币汇率总体呈上行趋势等不利因素。

基于2011年前8个月机械工业已实现的增长业绩，特别是6～8月数据显示，机械行业增速呈缓慢回落态势，重点企业新订单增速下滑明显。我们预计，2012年机械工业工业增加值增速将达到15%左右；出口增速在20%左右。由于近两年国内机械产品需求向大型化和高档次转移，国内市场国际化趋势加强，导致机械产品进口增速快于出口，对机械产品内需市场造成一定的冲击，预计进出口贸易可能再现逆差。

中国机械工业与子行业产业结构大致相当于日本20世纪70年代初的水平，而日本机械产业升级正是起始于70年代，其产业升级经验表明，高端产品和核心部件是关键。在中国机械工业面临转型升级的背景下，高端产品和核心部件将是未来重点突破方向。拥有技术储备，能生产高附加值装备和核心零部件的企业将握有行业话语权，并为升级完成后的再发展打下坚实基础。从机械工业子行业发展的经验来看，工程机械的突破方向是发展高附加值挖掘机及掌握液压件等核心零部件技术、机床重点发展数控化与标准化技术。

B.15

航天航空工业竞争力

王 磊*

一 产业竞争力评估

1. 国际市场占有率

2006 年以来，中国航天航空产品在国际市场上占有率始终比较低，不超过 1%，与其他航天航空制造业出口国家相比，差距十分明显。表 1 列出了 2006 ~ 2010 年根据出口额计算的中国航天航空制造业主要出口国的国际市场占有率。国际金融危机爆发前，美国、法国和德国作为航天航空器的主要生产和出口大国长期占据世界出口市场的前三位，三者国际市场占有率一直处于 71% ~75%。2008 年以后，美国国际市场占有率急剧下降，而法国、德国与加拿大的市场占有率迅速上升，分居国际航天航空市场的前三位，2010 年，这四国的国际市场占有率分别为 5.78%、36.43%、23.79% 和 7.56%。同期，日本与巴西国际市场占有率稳步提升。中国航天航空器的国际市场占有率呈波动上升的态势，然而总体来看，所占份额仍然较低，2010 年接近 1%。

表 1 2006 ~2010 年中国与世界航天航空制造业主要出口国的国际市场占有率

单位：%

年份	美国	法国	德国	加拿大	日本	中国	巴西
2006	41.42	17.98	15.60	5.47	1.26	0.80	2.14
2007	41.64	17.18	14.25	5.55	1.48	0.77	2.78
2008	36.83	19.52	15.23	4.87	1.35	0.84	3.03
2009	6.47	27.33	25.35	7.55	2.01	0.74	3.32
2010	5.78	36.43	23.79	7.56	2.02	0.99	3.42

资料来源：根据联合国商品贸易数据库 SITC Rev3 数据计算。

---

* 王磊，中国社会科学院数量经济与技术经济研究所博士。

2. 贸易竞争力指数

与中国航天航空产品国际占有率相对应，2006 年以来中国航天航空产品贸易竞争力指数一直处于 -0.72 ~ -0.84 之间，是航天航空产品的净进口国。横向来看，中国航天航空产品贸易竞争力指数比同期的美国、法国、德国、加拿大、日本以及巴西都低，贸易竞争力处于绝对劣势地位。纵向来看，中国的贸易竞争力指数由 2006 年的 -0.79 降低到 2010 年的 -0.82，呈波动递减的趋势，贸易竞争力呈下降趋势。法国、加拿大和巴西的贸易竞争力指数始终保持在较高的水平，是航天航空产品的贸易顺差国，产品国际竞争力较强。美国的贸易竞争力指数呈持续下降趋势，2008 年以后，美国由航天航空产品贸易顺差国变为贸易逆差国，这意味着国际金融危机对美国航天航空产品的国际竞争力冲击较大。日本的贸易竞争力指数较中国略高，并整体呈上升趋势，但贸易竞争力依然较弱，是航天航空的净进口国。德国的贸易竞争力指数处于 -0.01 ~0.13 之间，2007 年以后，德国由净进口国变为净出口国，贸易竞争力有所提升（见表 2）。

表 2　2006 ~2010 年中国与世界航空航天制造业主要出口国的贸易竞争力指数

年份	美国	法国	德国	加拿大	日本	中国	巴西
2006	0.58	0.38	-0.01	0.26	-0.43	-0.79	0.47
2007	0.55	0.35	0.13	0.18	-0.38	-0.76	0.45
2008	0.54	0.41	0.12	0.15	-0.04	-0.72	0.02
2009	-0.39	0.36	0.12	0.28	-0.31	-0.84	0.31
2010	-0.44	0.31	0.08	0.28	-0.25	-0.82	0.31

资料来源：根据联合国商品贸易数据库 SITC Rev3 数据计算。

3. 显示比较优势指数

表 3 列出了 2006 ~2010 年根据出口额计算的中国与世界航天航空制造业主要国家的显示比较优势指数。中国航天航空产品的显示比较优势指数一直处于 0.08 ~0.10 之间，一直小于 1 并呈微幅下降趋势，这意味着中国航天航空产品在国际市场上不具有比较优势，国际竞争力相对较弱，并且竞争力有所下降。法国、德国、加拿大以及巴西的显示比较优势指数一直大于 1，并且均呈上升趋势，表明这些国家的航天航空产品在国际市场上具有较强的比较优势，产品国际竞争力不断增强，尤其是 2008 年国际金融危机以来，这些国家的比较优

势得以继续增强，竞争力也随之提升。美国的显示比较优势指数由 2006 年的 4.89 降至 2010 年的 0.65，受国际金融危机的冲击，在航天航空产品方面，美国由相对较强的比较优势转变为比较劣势，产品国际竞争力明显削弱。日本的显示比较优势指数一直处于 0.24～0.45 之间，呈稳步上升趋势，但却一直低于 1，这意味着尽管日本航天航空产品的国际竞争力有所提升，但仍处于比较劣势地位。

表 3　2006～2010 年中国与世界航天航空制造业主要国家的显示比较优势指数

年份	美国	法国	德国	加拿大	日本	中国	巴西
2006	4.89	4.39	1.71	1.71	0.24	0.10	1.88
2007	5.07	4.36	1.51	1.84	0.29	0.09	2.42
2008	4.61	5.22	1.70	1.72	0.28	0.09	2.47
2009	0.76	7.17	2.82	2.98	0.43	0.08	2.70
2010	0.65	8.57	3.05	3.11	0.45	0.08	2.89

资料来源：笔者根据联合国商品贸易数据库 SITC Rev3 数据计算。

4. 劳动生产率

从全球范围来看，航天航空制造业的劳动生产率要高于交通运输设备制造业的整体水平。表 4 列出了中国与世界航天航空制造业主要国家的劳动生产率。中国航天航空制造业的劳动生产率远低于欧美等发达国家。2007 年，中国航天航空制造业劳动生产率为 9.70 万元/人，低于交通运输设备制造业的平均劳动生产率水平，也远低于欧美先进国家的平均水平。同期，美国、法国、德国、加拿大和日本的劳动生产率分别为 77.56 万元/人、77.57 万元/人、89.70 万元/人、56.90 万元/人和 72.46 万元/人，中国与这些国家劳动生产率差距明显，生产率还处于较低的水平。

表 4　中国与世界航天航空制造业主要国家的劳动生产率

单位：万元/人

行业	美国（2006 年）	法国（2007 年）	德国（2007 年）	加拿大（2005 年）	日本（2006 年）	中国（2007 年）
交通运输设备制造业	67.81	74.39	72.17	63.90	49.59	17.07
航天航空制造业	77.56	77.57	89.70	56.90	72.46	9.70

资料来源：根据 OECD 数据库、《中国统计年鉴 2008》及《中国高新技术产业统计年鉴 2009》整理。

二　低碳竞争力

1. 碳生产率

表5列出了1995年以来中国航天航空制造业碳排放量与碳生产率。1995年以来，交通运输设备制造业的碳排放总量持续上升，由1995年的2636.91万吨增加到2009年的8449.39万吨，年均增长率为8.67%，同期，交通运输设备制造业的碳生产率呈持续下降趋势，由1995年的3.28万元/吨降至2009年的0.81万元/吨，年均下降9.46%，表明1995年以来，交通运输设备制造业碳排放强度持续增强，能源消耗强度也逐步提高，这导致碳生产率越来越低。可见，由粗放型增长方式向清洁集约型增长方式转变依然任重道远。

表5　中国航天航空制造业碳生产率相关情况

年份	交通运输设备制造业碳排放量（万吨）	交通运输设备制造业增加值（亿元）	交通运输设备制造业增加值/碳排放量（万元/吨）	航天航空制造业碳排放量（万吨）	航天航空制造业增加值（亿元）	航天航空制造业增加值/碳排放量（万元/吨）
1995	2636.91	3303.28	3.28	214.71	80.04	0.37
2000	2774.19	5364.83	2.10	200.42	105.64	0.53
2003	3297.88	11214.05	1.14	161.98	140.90	0.87
2004	4486.70	14636.43	1.14	153.76	149.20	0.97
2005	4772.40	15714.86	1.25	242.11	209.02	0.86
2006	5223.93	20382.92	1.06	212.21	241.24	1.14
2007	5898.19	27147.40	0.85	222.58	292.34	1.31
2008	7891.40	33395.28	0.95	283.36	334.97	1.18
2009	8449.39	41730.32	0.81	273.95	386.03	1.41

注：2007年以后，《中国高新技术产业统计年鉴》不再公布航天航空制造业增加值数据，《中国统计年鉴》也未公布交通运输设备制造业增加值数据，作者根据时间序列预测得到2008～2009年的增加值。

资料来源：根据中经网数据库数据、《中国高新技术产业统计年鉴》（2008～2010）计算。

作为交通运输设备制造业的子行业，航天航空制造业尽管碳排放总量呈波动上升趋势，年均增速为1.75%，但航天航空制造业的增加值却以更快的速度增长，年均增速为11.89%，导致航天航空制造业的碳生产率呈稳步提升的态势。

1995～2009 年，航天航空制造业碳排放量由 214. 71 万吨增加至 273. 95 万吨，占同期交通运输业碳排放总量的比例处于 3% ～8% 之间；航天航空制造业增加值由 80. 04 亿元提高到 386. 03 亿元，占同期交通运输业增加值的比重处于 1% ～2. 5%之间；航天航空制造业的碳生产率由 0. 37 万元/吨提升到 1. 41 万元/吨，与同期的交通运输设备制造业的碳生产率的变化趋势正好呈反向变化，这意味着航天航空制造业是阻止整个交通运输设备制造业碳生产效率下降的重要力量之一。作为中国六大高技术产业之一的航天航空制造业是典型的研发密集、能源消耗低、生产效率和附加值高的先进制造业，它清洁高效、环境友好，生产方式集约，伴随产业规模的扩张，其碳生产率也在不断提高，低碳竞争力也随之不断提高。

2. 碳生产率的国际比较

2008 年，中国温室气体排放总量超过美国，成为全球最大的温室气体排放国。在全球变暖和国际社会致力于温室气体减排的背景下，碳生产率逐渐成为一国或地区产业/产品国际竞争力最重要的构成要素之一，碳生产率的高低直接关系着一国的产品在激烈的国际市场上的竞争位势，在当前各国谈判征收碳关税的情形下，作为航空运输业的关联产业的航天航空设备制造业的碳生产率的高低也引起了各国的关注，提高航天航空制造业的碳生产率对提高一国航天航空工业乃至整个高技术产业的国际竞争力起着至关重要的作用。在可持续发展的战略框架下，提高航天航空制造业的国际竞争力，关键在于提高其碳生产率。表 6 列出了 2005～2009 年中国与部分国家航天航空制造业的碳生产率。

2005 年以来，中国航天航空制造业的碳生产率缓慢曲折上升，与欧美和日本等发达国家以及巴西等发展中国家相比，总体仍处于十分低下的水平，增长速度也落后于欧盟国家、日本和巴西。中国航天航空制造业的碳生产率由 2005 年的 0. 86 万元/吨提高到 2009 年的 1. 41 万元/吨，年均增速为 10. 29%。同期，法国、德国、加拿大、巴西和日本的碳生产率均呈上升趋势，美国的碳生产率呈现快速下降的态势。其中，法国的碳生产率由 19. 40 万元/吨提高至 51. 86 万元/吨，增长了 2. 67 倍，年均增长 21. 73%；德国的碳生产率由 16. 83 万元/吨提高至 33. 87 万元/吨，增长了 2. 01 倍，年均增长 15. 00%；加拿大的碳生产率由 5. 90 万元/吨提高至 10. 76 万元/吨，增长了 1. 82 倍，年均增长 12. 76%；日本的碳生产率由1.36万元/吨提高至2.88万元/吨，增长了2.11倍，年均增长16.18%；巴西的碳生产率由2.31万元/吨提高至4.88万元/吨，增长了2.11倍，年均增长16.14%；美国的碳生产率呈先上升后迅速下降的趋势，尤其是受到国际金融危机冲击，美国航天航空制造业竞争力急剧下降，所占国际市场份额大幅萎缩，导致碳生产率大幅下滑。2009年美国碳生产率下降为8.23万元/吨，但其碳生产率仍高于巴西、日本和中国（见表6）。

表6　中国与部分国家航天航空制造业碳生产率

单位：万元/吨

年份	美国	法国	德国	加拿大	日本	中国	巴西
2005	44.70	19.40	16.83	5.90	1.36	0.86	2.31
2006	61.24	25.26	20.96	8.16	2.18	1.14	4.09
2007	57.77	30.61	23.88	7.64	2.12	1.31	4.76
2008	10.30	43.52	40.35	12.03	3.19	1.18	5.28
2009	8.23	51.86	33.87	10.76	2.88	1.41	4.88

资料来源：根据OECD数据库数据与各国2011年的国家GHG清单数据整理计算。

3. 影响碳生产率的主要因素

（1）研发强度。表7与表8分别给出了2003年以来中国与部分国家航天航空制造业研发支出占其总产值以及增加值的比例的计算结果。无论是基于航天航空制造业总产值计算的研发强度，还是基于增加值计算的研发强度，与欧美航天航空制造业强国相比，中国航天航空制造业的研发投入差距明显，研发强度仍相对比较低。

2003年以来，中国航天航空制造业研发强度稳步提升，2009年，研发支出占总产值和增加值的比重分别为4.86%和17.04%。中国的研发支出占总产值的比重虽仍落后美国、德国和加拿大，但却逐渐接近法国和日本2006年的水平，与法国和日本的差距逐渐缩小。2006年，与中国研发支出占总产值的比重相比，美国、德国和加拿大分别是中国的2.81、2.58和1.56倍，法国与日本则只是略高于中国。同期，中国的研发支出占增加值的比重为13.82%，远低于美国的26.45%、法国的36.39%，以及德国的32.24%，略低于加拿大的15.70%，但略高于日本的10.10%。从各国碳生产率和研发强度的变动趋势来看，近年来各国研发强度影响着各国碳生产率的变动，研发创新提高了各国航天航空制造业的清洁度，降低了能源消耗，因此，研发创新是推动各国航天航空制造业碳生产率提高的最重要因素之一。

表7　中国与部分国家航天航空制造业研发支出占其总产值的比重

单位：%

年份	美国	法国	德国	加拿大	日本	中国
2003	11.03	6.98	12.06	7.37	4.73	3.22
2004	10.95	7.58	13.04	6.40	6.43	3.77
2005	10.77	6.68	10.34	6.26	4.94	3.49
2006	11.32	5.20	10.38	6.27	4.17	4.03
2007	9.90	—	8.65	—	—	4.16
2008	15.35	—	—	—	—	4.60
2009	—	—	—	—	—	4.86

资料来源：根据OECD数据库数据与《中国高新技术产业统计年鉴》（2008～2010）整理计算。

表8　中国与部分国家航空航天制造业研发支出占其增加值的比重

单位：%

年份	美国	法国	德国	加拿大	日本	中国
2003	26.87	38.79	33.92	16.95	13.34	12.57
2004	26.07	68.10	38.98	16.70	15.14	12.66
2005	25.83	47.14	27.80	16.30	12.02	13.30
2006	26.45	36.39	32.24	15.70	10.10	13.82
2007	25.92	—	27.88	—	—	15.39
2008	38.41	—	—	—	—	15.52
2009	—	—	—	—	—	17.04

资料来源：根据OECD数据库数据与《中国高新技术产业统计年鉴》（2008～2010）整理计算。

（2）政府政策扶持。航天航空制造业具有高投入、高风险、回报周期长等特点，重大的基础创新型科技研发不可能单纯依靠企业，政府政策扶持对航天航空制造业的发展和竞争力的提升能发挥积极作用，因此，各国均明确制定航天长远发展规划，持续加大在航天领域的投入，以重大工程的实施带动空间技术和相关高技术领域快速发展（见表9）。

表9　中国与部分国家/地区航天航空制造业发展规划

国家/地区	美国	欧盟	日本	中国
航天航空发展规划	《中长期确保优势地位计划》	《欧洲研究框架计划（2006～2013）》	《中长期航天发展规划（2006～2025）》	《航空工业中长期发展规划》（制定中），《国家中长期科学和技术发展规划纲要（2006～2020）》
预算	—	732亿欧元	570亿美元	—

资料来源：笔者根据相关资料整理。

欧美发达国家政府历来对航天航空制造业极其重视，这不仅因为航天航空工业是欧美各国国防工业的重要支柱产业，还因为它是欧美经济命脉及社会稳定的重要因素。以欧盟为例，欧洲航天航空工业拥有700多家公司，涉及7万多家供应商，直接从业人员达几十万人，加上间接从业人员数目将超过几百万人。欧美各国政府和产业界领导对航天航空的集中和一体化一直持积极态度，并认为一个强大的、有竞争力的航天航空工业对各国未来的竞争能力和经济前途有十分重要的意义。尤其是在美国政府推动下，1993～1997年美国基本完成合并与重组后形成的洛克希德·马丁公司、波音公司、诺斯罗普·格鲁门公司以及雷神公司四家规模巨大的航天航空公司，其航天航空工业销售额是欧洲最大航天航空企业的几倍之多。欧盟各国为与美国航天航空工业巨头抗衡，抛开存在的贸易壁垒和保护机制，联合起来探索新的航天航空技术和解决方案，制定了欧盟航天航空工业发展战略和目标，提出欧盟航空科技发展规划和重大计划，推动欧盟各国在航天航空工业领域的合作。

在各国政府政策支持下，世界航天航空制造业的集中度进一步强化，特别是在大型民用飞机和支线飞机等民用航空中高端产品领域，全球逐渐形成美国波音和欧洲空中客车、美国和欧盟双寡头的市场结构，全球干线飞机市场几乎被波音公司与空中客车两大航天航空制造业巨头瓜分。而在支线运输机领域，巴西航空工业公司与庞巴迪公司也成为两大寡头，其产品在技术与市场方面也都具有明显竞争优势，垄断格局正在形成。中国在成为“世界工厂”的同时，政府也在大力扶持航天航空制造业发展，2005年，中国自主研发的“新舟60”飞机开始出口。中国航空工业研发的70座级喷气式支线客机ARJ21已经正式商用，并获得了超过数百架的订单。然而，与世界航天航空制造业大国相比，中国航天航空制造业不仅产业规模依然偏小，产业集中度偏低，而且技术创新能力偏低，自主创新能力仍显薄弱，这些都严重制约了产业竞争力的提升，影响产业碳生产率的增长。

随着各国航天航空制造业企业兼并重组进程的加快，企业规模经济、范围经济以及学习曲线效应也随之增强。企业规模扩大后首先能够将有限的可利用资源集中投资于重大项目上，其次更易于把自筹资金用于有潜力的研发项目上，便于研发经费的集约使用和提高资源利用效率，这不仅有利于提高行业的产值规模，拓展国际国内市场，提升产业国际竞争力，而且还有利于降低能源消耗，提高产业的劳动生产率与碳生产率。

4. 中国航天航空制造业碳生产率的变化趋势与减少碳排放的成本效益分析

根据IPCC第四次评估报告提出的减排目标，即到2050年力争使全球二氧化碳排放比1990年减少50%来推算，从现在起的41年里，全球碳生产率必须每10.4年翻一番，到2050年达到目前的15倍。根据航天航空制造业的发展趋势，假定到2020年，航天航空工业碳生产率保持2000年以来的年均增速稳步增长，预计到2020年中国碳生产率为4.16万元/吨。同理，假定到2020年，航天航空制造业工业增加值维持2000年以来的年均增速稳步增长，预计到2020年将达到1605.77亿元。同期，若航天航空制造业的碳排放量增速也维持在2000年以来的水平上，预计2020年碳排放总量达到386.35万吨。

表10　中国航空航天制造业碳生产率预测值

年份	航空航天制造业碳排放量（万吨）	航空航天制造业工业增加值（亿元）	碳生产率（万元/吨）
2000	200.42	105.64	0.53
2005	242.11	209.02	0.86
2009	273.95	386.03	1.41
2010	282.65	439.44	1.55
2011	291.62	500.23	1.72
2012	300.88	569.45	1.89
2015	330.46	840.02	2.54
2020	386.35	1605.77	4.16

资料来源：按照趋势外推法预测。

对于超出限额的碳排放的处罚标准，目前应用最广泛的欧盟排放贸易体系规定，欧盟企业的CO_2排放超过限额将受到一定处罚，2008年的处罚标准为100

欧元/吨 CO_2。即如果达到预期目标，就不会受到处罚，假定这一处罚标准即为碳减排的单位投资成本，并且至2020年保持不变。根据中国航天航空制造业的碳生产率的变化趋势以及中国承诺的温室气体减排目标，假定航天航空制造业 CO_2 年减排的潜力为20%，充分挖掘减排潜力，那么，到2020年，预计航天航空制造业 CO_2 减排总量为77.27万吨，减排投资总额为7727万欧元。

三　2012年中国航天航空制造业产业竞争力的变化趋势

根据2006~2010年中国与部分航天航空制造业出口大国产业竞争力与碳生产率的变化趋势来看，2012年中国在国际市场上的占有率将突破1%的水平，但仍远远低于欧美等主要OECD国家以及巴西。与这些国家相比，2012年中国的贸易竞争指数仍然可能会继续下降，并越来越接近-1，这意味着中国依然是航天航空制造业领域的净进口国。与中国贸易竞争力指数变化趋势类似，2012年中国的显示比较优势指数也可能降低，处于比较劣势地位，而届时法国、德国、加拿大以及巴西将更具比较优势，产业竞争力进一步增强。随着美国波音公司生产的世界上最环保、最低耗油的波音787梦想飞机终于开始交付使用以及全球55家航空公司的800余架波音787客机订单的陆续交付，2012年美国航天航空制造业的竞争力将略有所提升。鉴于2003年以来，中国与部分航天航空制造业的研发投入强度均有所增强，预计2012年中国与这些国家的碳生产率也将会稳步提升。

B.16

交通运输业竞争力

张新民*

一　交通运输业的发展情况

中国交通基础设施经过60年，特别是改革开放以来30年的建设，目前规模已经名列世界前茅。“十一五”以来，铁路客运专线建设全面铺开并快速推进；公路“五纵七横”国道主干线顺利建成，初步形成了覆盖全国、连通区域的高速公路骨干网络；农村公路加快建设，使农村运输服务环境得到较大改善；建成了一批现代化国际港口，货物吞吐量（特别是集装箱吞吐量）排名进入世界前列，建成一批枢纽及支线机场；实施公交优先政策的城市轨道交通服务水平提升，许多城市开始拥有或正在建设轨道交通系统。①“十二五”时期，面对工业化、城市化、低碳经济、资源约束以及经济全球化等来自国际、国内的多种挑战，中国交通运输发展进入了战略挑战期和建设关键期。从交通运输发展形势来看，随着中国经济形势企稳向好，客货运输需求将会稳步增长。从中国交通运输业现状来看，各种交通运输方式发展不均衡，其中，公路发展势头迅猛，占有绝对的优势地位，而铁路运输和水路运输所占份额较小，还有较大发展空间。

1. 主要运输工具数量

1980～2009年，中国铁路机车、铁路客车、铁路货车、民用汽车、民用飞机、民用运输机动船和民用运输驳船的数量变化情况如图1所示，铁路机车、铁路客车、铁路货车、民用汽车、民用飞机②等的数量均呈增加态势，2008年国际

---

* 张新民，中国环境科学研究院副研究员。

① 徐宪平：《认清形势统一思想，“十二五”交通发展规划编制的新思路》，《中国交通年鉴2010》，中国交通出版社，2011，第424页。

② 此处民用飞机不包括教学校验飞机。

金融危机后，数量仍显著增加；民用运输机动船和民用运输驳船的数量从1990年前后呈下降态势，2008～2009年下降趋势没有明显加剧。2010年，中国铁路机车、铁路客车、铁路货车分别达到19431台、52130辆和622284辆。总体而言，近几年民用汽车和民用飞机数量增幅较大。

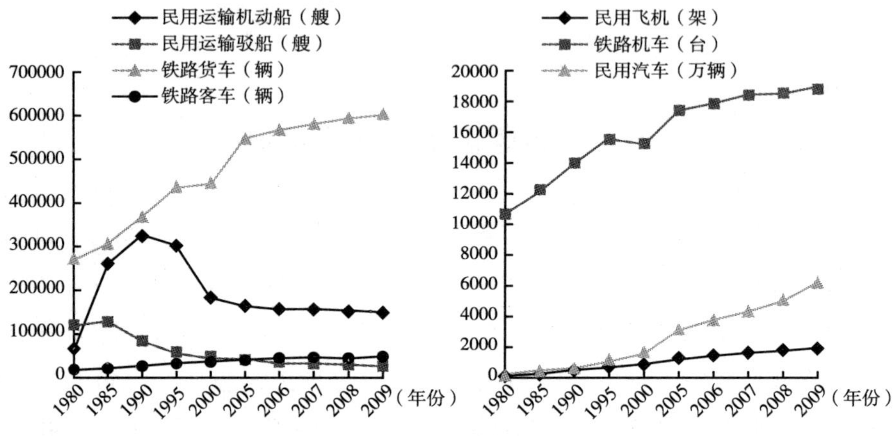

图1　1980～2009年中国主要运输工具数量变化情况

资料来源：《中国交通年鉴2010》。

2. 运输线路年末里程

1980～2010年，中国运输线路年末里程变化情况如图2所示。可以看

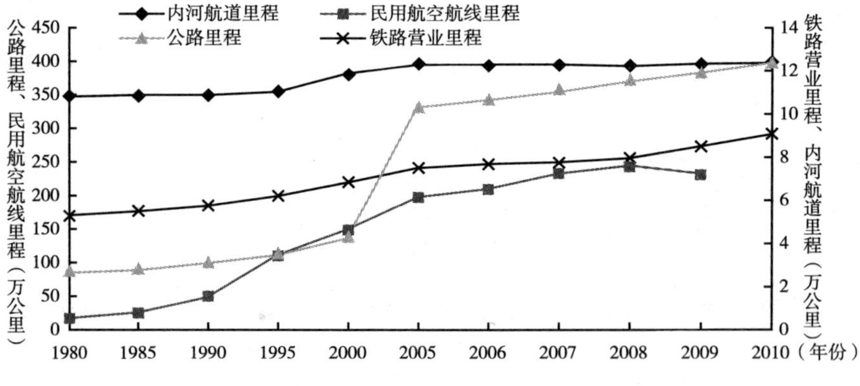

图2　1980～2010年中国运输线路年末里程变化情况

资料来源：《中国交通年鉴2010》，《中华人民共和国铁道部2010年铁道统计公报》，《2010年公路水路交通运输行业发展统计公报》。

出，公路里程、铁路营业里程、民用航空航线里程和内河航道里程均呈增加态势，其中公路里程增加幅度最大。2009 年公路里程为 400.82 万公里，其次是民用空航线里程，而铁路营业里程和内河航道里程增加趋势缓慢，到 2009 年，中国内河航道里程仅为 12.37 万公里。2010 年，全国铁路营业里程达到 9.1 万公里，比上年增加 5660.7 公里，增长 6.6%，里程长度居世界第二位；[①] 全国公路总里程为 400.82 万公里，全国内河航道通航里程为 12.42 万公里[②]。

3. 客运量变化情况

（1）全社会客运量及构成。1980～2010 年，中国全社会客运量及构成情况详见图 3、图 4。可以看出，中国公路客运量增势迅猛，其次是民航客运量，但由于民航基数小，所以公路客运量仍然具有绝对优势。铁路和水路客运量也呈增加趋势，但是在客运量构成中铁路和水运所占份额均呈显著降低态势。

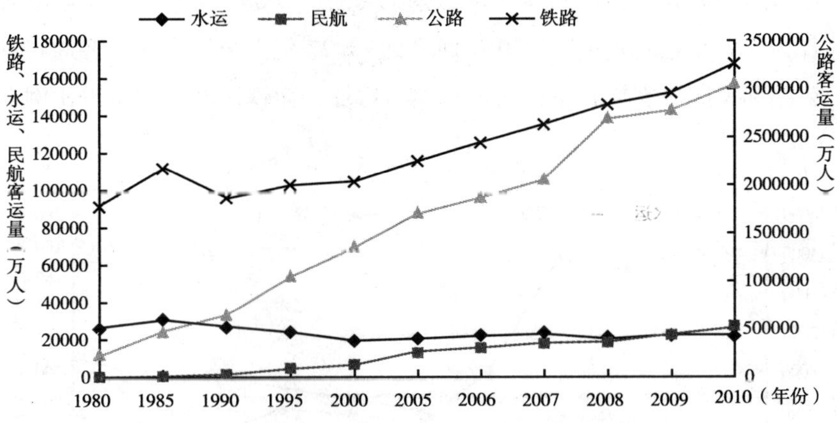

图 3　1980～2010 年中国客运量变化情况

资料来源：《中国交通年鉴 2010》，《中华人民共和国铁道部 2010 年铁道统计公报》，《2010 年公路水路交通运输行业发展统计公报》，《2010 年民航行业发展统计公报》。

---

① 铁道部统计中心：《中华人民共和国铁道部 2010 年铁道统计公报》，2011。

② 交通运输部综合规划司：《2010 年公路水路交通运输行业发展统计公报》，2011。

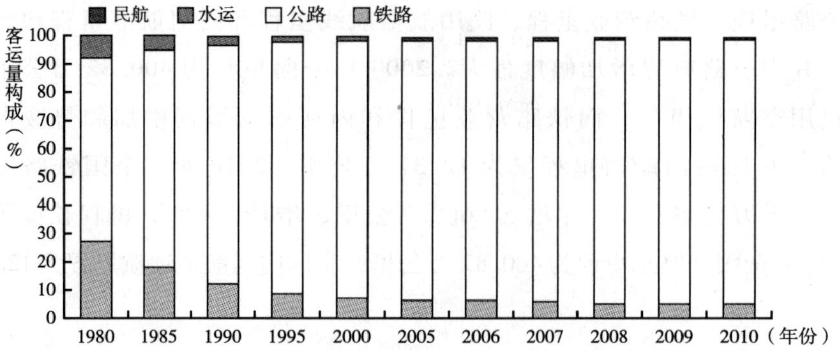

图4　1980～2010年中国客运量构成变化情况

资料来源：《中国交通年鉴2010》，《中华人民共和国铁道部2010年铁道统计公报》，《2010年公路水路交通运输行业发展统计公报》，《2010年民航行业发展统计公报》。

（2）全社会旅客周转量及构成。1980～2010年，中国全社会旅客周转量及构成情况如图5、图6所示。可以看出，铁路、公路、民航旅客周转量增加态势明显，而水运的旅客周转量则呈下降趋势，特别是2008年降到1980年以来的最低点，仅为59.18亿人公里，2010年回升到72.27亿人公里。从旅客周转量构成来看，公路和民航旅客周转量所占比例逐年增加，而铁路和水运所占比例在逐年减少。

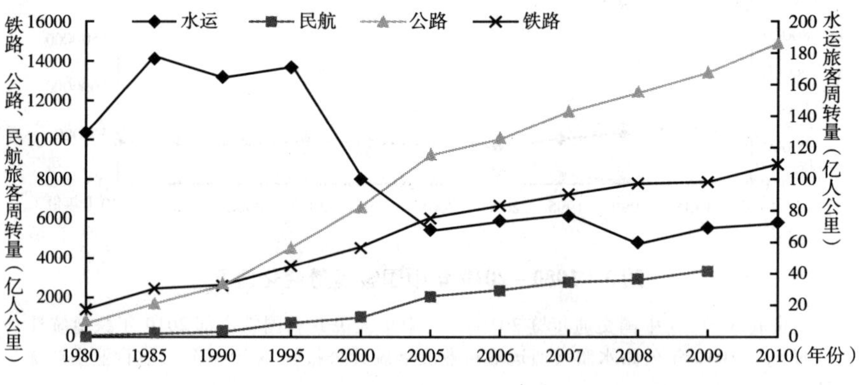

图5　1980～2010年中国旅客周转量变化情况

资料来源：《中国交通年鉴2010》，《中华人民共和国铁道部2010年铁道统计公报》，《2010年公路水路交通运输行业发展统计公报》，《2010年民航行业发展统计公报》。

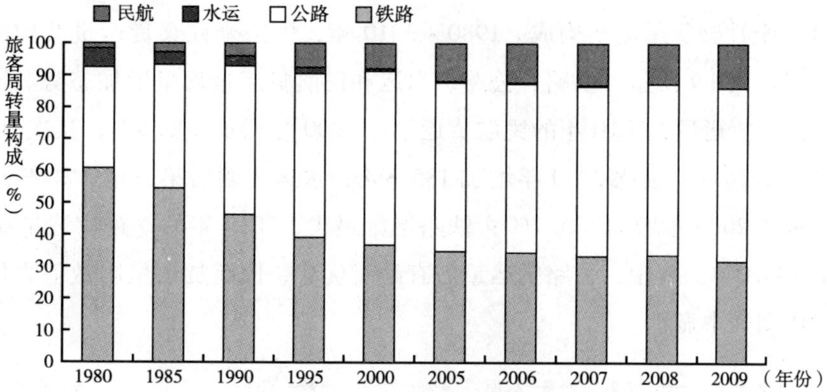

图6　1980～2009年中国旅客周转量构成变化情况

资料来源：《中国交通年鉴2010》。

（3）全社会旅客平均运程。1980～2009年，中国全社会旅客平均运程如图7所示。民航旅客平均运程最大，均在1100公里以上，2000～2009年基本在1460～1500公里之间浮动；其次是铁路旅客平均运程较大，2005～2009年基本在510～540公里间波动；公路和水运的旅客平均运程接近，都在50公里左右，而且均在2008年出现低谷，2009年略有回升。总体来看，公路、铁路、民航旅客平均运程呈增加趋势，水运平均运程呈下降态势。

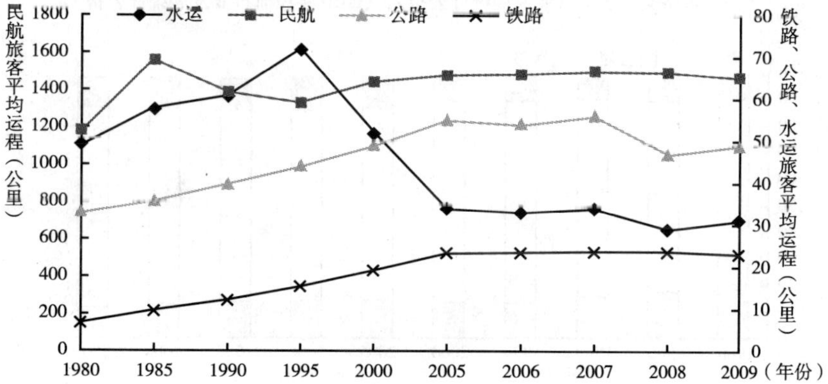

图7　1980～2009年中国旅客平均运程情况

资料来源：《中国交通年鉴2010》。

4. 货运量变化情况

（1）全社会货运量及构成。1980～2010 年，中国全社会货运量及构成变化情况如图 8、图 9 所示。铁路、公路、水运和民航货运量均呈增加态势。增幅最大的是民航货运量，2010 年的民航货运量比 2000 年增加 209.6%；其次是公路，2010 年的公路货运量比 2000 年增加 185.8%；水运增幅居第三位，2009 年的水运货运量比 2000 年增加 135.7%；铁路增幅最少，2010 年的铁路货运量比 2000 年增加 104.0%。其中，公路货运量占有绝对优势，民航货运量因数值太低而无法在构成图 9 中显示。

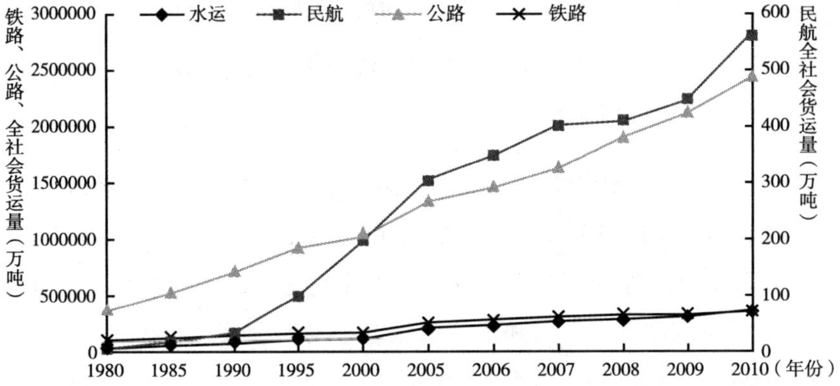

图 8　1980～2010 年中国货运量情况

资料来源：《中国交通年鉴 2010》，《中华人民共和国铁道部 2010 年铁道统计公报》，《2010 年公路水路交通运输行业发展统计公报》，《2010 年民航行业发展统计公报》。

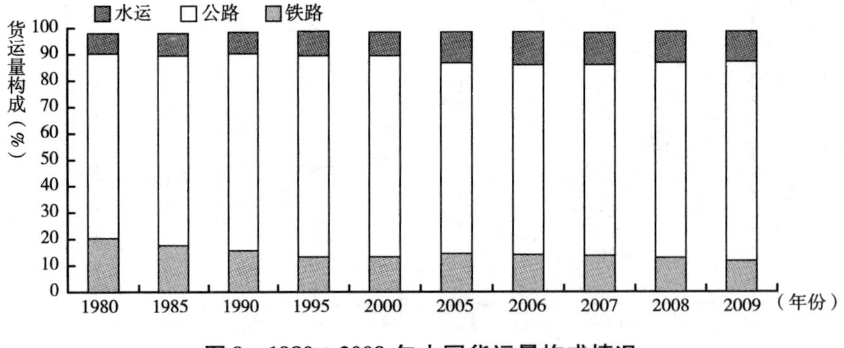

图 9　1980～2009 年中国货运量构成情况

注：民航货运量因数值太低而无法在构成图中显示。

资料来源：《中国交通年鉴 2010》，《2010 年铁道统计公报》，《2010 年公路水路交通运输行业发展统计公报》，《2010 年民航行业发展统计公报》。

（2）全社会货物周转量及构成。1980～2010年，中国铁路、公路、水运和民航全社会货物周转量及构成分别如图10、图11所示。中国铁路、公路、水运和民航全社会货物周转量均呈增加态势，其中以民航增加幅度最大，其次是公路、水运和铁路。从货物周转量构成来看，公路和民航所占份额加大，而铁路和水运2008年起所占份额在减少。

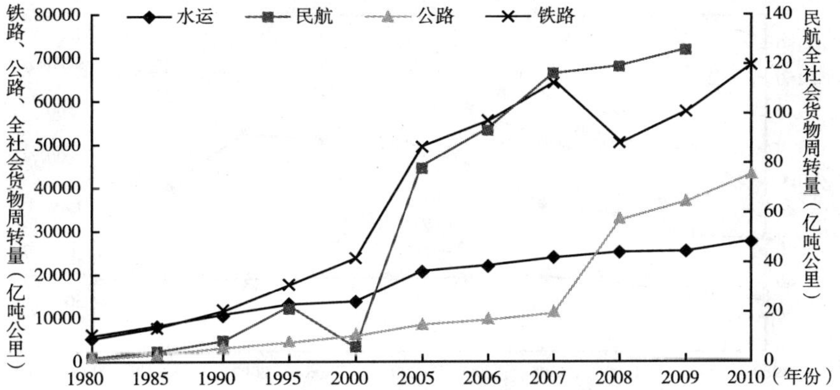

图10　1980～2010年中国货物周转量情况

资料来源：《中国交通年鉴2010》，《中华人民共和国铁道部2010年铁道统计公报》，《2010年公路水路交通运输行业发展统计公报》，《2010年民航行业发展统计公报》。

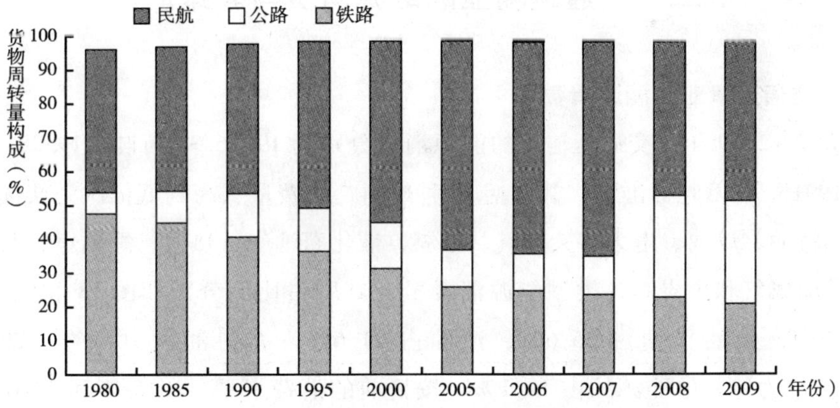

图11　1980～2009年中国货物周转量构成情况

注：民航货物周转量因数值太低而无法在构成图中显示。
资料来源：《中国交通年鉴2010》。

（3）全社会货物平均运程。1980～2009年，中国铁路、公路、水运和民航全社会货物平均运程如图12所示。铁路、公路、水运和民航货物平均运程均呈增加态势。其中，民航全社会货物平均运程最大，其次是水运，然后依次是铁路和公路。公路货物平均运程从2008年开始增幅较大，2008年公路货物平均运程是2007年的近3倍。

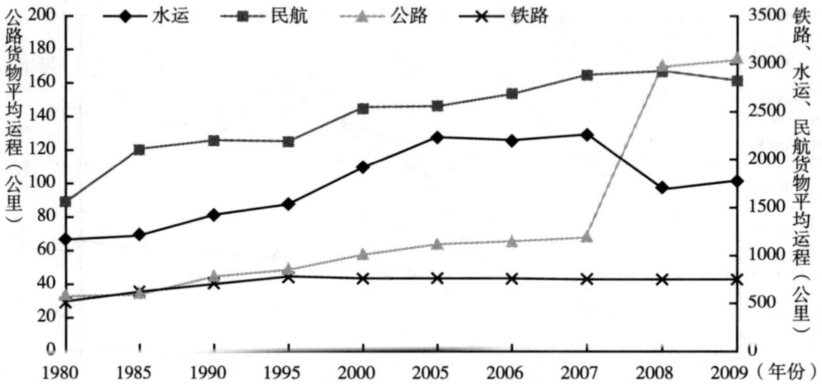

图12　1980～2009年全社会货物平均运程情况

资料来源：《中国交通年鉴2010》。

二　交通运输业的能源消费与碳排放

1. 交通运输业的能源消费

2007～2009年，交通运输业的能源消费分别为19016.35万吨、19528.37万吨和19915.70万吨标准煤，共包括13种燃料，消费量从高到低依次为柴油、汽油、燃料油、煤油、电力、天然气、原煤、液化石油气、热力、洗精煤、其他洗煤、其他煤气和焦炭。各类型能源消费量及其所占比例分别如图13和图14所示，其中，柴油平均占56.6%，汽油占21.6%，燃料油占10.2%，煤油占9.1%，电力等其他能源约占11.1%。按目前的消费水平，2015年和2020年中国交通运输业的能源消费量将分别达到23864.11万吨、25046.35万吨标准煤，其中，柴油消费量最大，达到12000多万吨标准煤，其次是汽油为4500多万吨标准煤，焦炭消费量最少，不足0.7万吨标准煤。各种类型能源消费量详见图15。

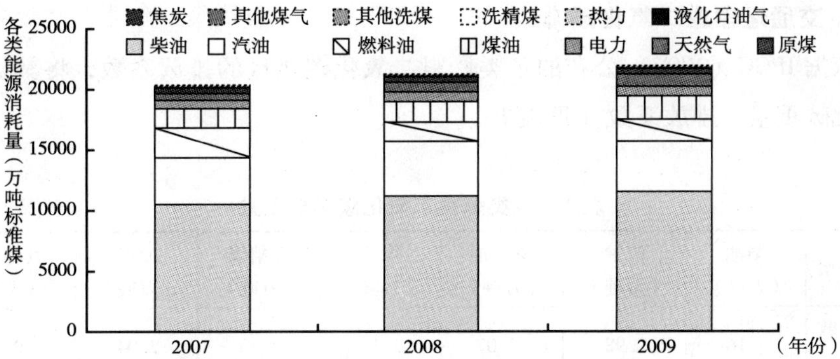

图 13　2007～2009 年交通运输业的能源消费量

资料来源：《中国能源统计年鉴》（2007～2009）。

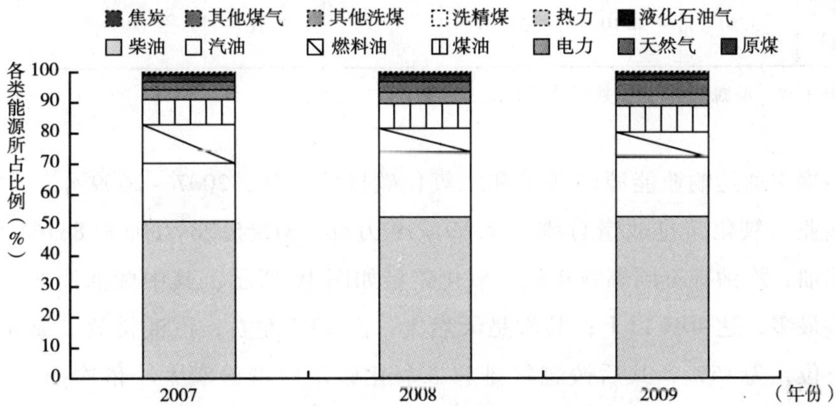

图 14　2007～2009 年交通运输业各类型能源比例

资料来源：《中国能源统计年鉴》（2007～2009）。

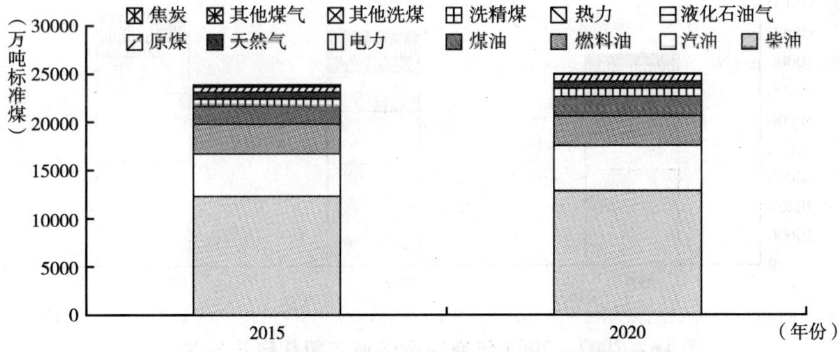

图 15　2015 年和 2020 年交通运输业能源消费量

资料来源：根据相关资料整理。

2. 交通运输业二氧化碳排放

依据IPCC（2006）公布的各类燃料二氧化碳热量的排放系数，将其折算成二氧化碳重量的排放系数（见表1）。

表1　各类燃料二氧化碳排放系数

燃料类型	柴油（万吨）	汽油（万吨）	燃料油（万吨）	煤油（万吨）	洗精煤（万吨）	原煤（万吨）	其他洗煤（万吨）
排放系数（万吨）	3.16	2.98	3.07	3.17	2.59	2.04	0.96
燃料类型	电力（亿千瓦时）	热力（百万千焦）	天然气（亿立方米）	液化石油气（万吨）	其他煤气（亿立方米）	焦炭（万吨）	
排放系数（万吨）	3.50	0.10	21.84	3.17	7.10	3.04	

资料来源：根据IPCC相关数据计算而得。

根据交通运输业能源消费量和二氧化碳排放系数，2007～2009年，中国交通运输业二氧化碳排放量分别为72591.19万吨、81365.78万吨和88164.63万吨。柴油、汽油等不同燃料排放二氧化碳量如图16所示。其中柴油消费排放二氧化碳最多，达40%以上；其次是天然气，占20%左右；汽油排放二氧化碳量居第三位，为15%；其后按燃料排放二氧化碳量所占份额大小依次为燃料油、煤油、电力、原煤、液化石油气等，具体情况详见图17。

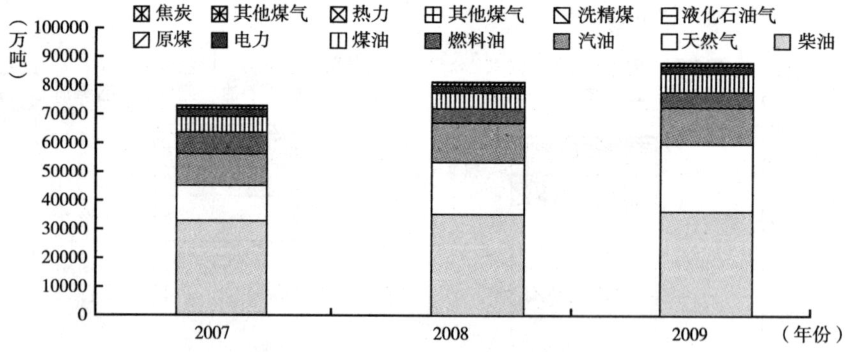

图16　2007～2009年交通运输业二氧化碳排放情况

资料来源：《中国能源统计年鉴》（2007～2009）。

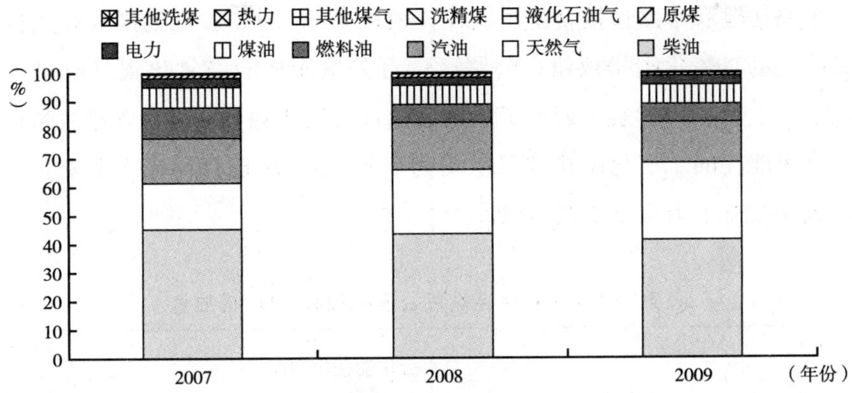

图 17　2007～2009 年交通运输业不同燃料排放二氧化碳量所占比例

资料来源：《中国能源统计年鉴》（2007～2009）。

依据2007～2009 年交通运输业能源消费的二氧化碳排放量，并结合能源消费预测，到 2015 年和 2020 年中国交通运输业二氧化碳排放总量将分别达到 85523.49 万吨、89760.38 万吨。如果按现有能源结构推断，柴油的二氧化碳排放量仍将居于第一位，其后依次为天然气、汽油、燃料油、煤油、电力、原煤、液化石油气、洗精煤、其他煤气、热力、其他洗煤、焦炭等，具体情况详见图 18。

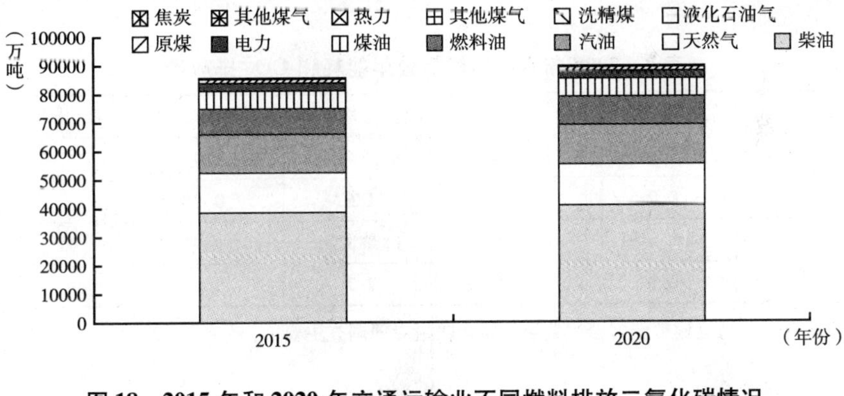

图 18　2015 年和 2020 年交通运输业不同燃料排放二氧化碳情况

资料来源：根据相关资料整理。

3. 交通运输业碳排放竞争力

根据交通运输部 2009 年全国公路水路运输量专项调查主要数据公报分别获

得中国公路运输和水路运输百公里能耗，根据 IPCC 的二氧化碳排放系数折算成百公里能耗的二氧化碳排放量。公路运输百公里能耗的二氧化碳排放量平均为 30.29 公斤（见表2）；表3 列出了水路运输百公里能耗和二氧化碳排放量，水路运输百公里能耗的二氧化碳排放量平均为 3.79 吨。从现有科技水平来看，公路运输的碳排放竞争力大于水路运输。

表2　2008 年公路运输百公里能耗和 CO_2 排放量

类型		百公里能耗(公斤)						CO_2 排放量(公斤)
载客车辆	汽油车(升)	<7 座	7~15 座	>15 座	—	—	平均	30.23
		8.6	11.3	21.9	—	—	13.9	
	柴油车(升)	<7 座	7~15 座	15~30 座	>30 座	—	平均	43.70
		8.1	14.4	18.4	25.5	—	16.6	
	液化天然气车(立方米)	0.0239	—	—	—	—	0.0239	0.05
	液化石油气车(立方米)	0.0225	—	—	—	—	0.0225	0.01
货运车辆	汽油车(升)	<2 吨	>2 吨	—	—	—	平均	41.34
		13.0	25.1	—	—	19.1	—	
	柴油车(升)	<2 吨	2~4 吨	4~8 吨	8~20 吨	>20 吨	平均	66.40
		15.1	20.2	25.1	30.7	35.0	25.2	

资料来源：交通运输部编《全国公路水路运输量专项调查主要数据公报》，2009。

表3　2008 年水路运输百公里能耗和 CO_2 排放量

类型	百公里能耗(吨标准煤)				CO_2 排放量(吨)
客运船舶	内河客船	沿海客船	远洋客船	平均	2.38
	0.2	0.7	1.6	0.8	
货运船舶	内河货船	沿海货船	远洋货船	平均	5.19
	0.6	2.4	7.7	3.6	

资料来源：交通运输部编《全国公路水路运输量专项调查主要数据公报》，2009。

铁路运输百万换算吨公里能耗和二氧化碳排放量列于表4，平均百万换算吨公里二氧化碳排放量为 12.76 吨；民航运输百万换算吨公里燃油消耗和二氧化碳排放量列于表5，平均百万换算吨公里二氧化碳排放量为 0.91 公斤。因此，目前民航运输的碳排放竞争力大于铁路运输。

表 4　2010 年铁路运输百万换算吨公里能耗和 CO_2 排放量

类型	单位运输工作量综合能耗	单位运输工作量主营综合能耗	平均	CO_2 排放量（吨）
铁路能耗（吨标准煤/百万换算吨公里）	4.94	4.00	4.47	12.76

资料来源：铁道部统计中心编《中华人民共和国铁道部 2010 年铁道统计公报》，2011。

表 5　2010 年民航运输百万换算吨公里能耗和 CO_2 排放量

类　型	民航吨公里燃油消耗（公斤）	CO_2 排放量（公斤）
民航能耗	0.298	0.91

资料来源：中国民航局编《2010 年民航行业发展统计公报》，2011。

三　交通运输业未来的碳减排路径

交通运输业是中国国民经济的基础产业之一，它是社会经济活动中人流和物流的纽带。改革开放以来，各种交通方式承担的客货运输量迅猛增长，为中国经济和社会的发展提供了强有力的支持。同时，交通运输业也是中国能源消耗的大户。随着中国经济的持续增长及人民生活水平的提高，交通运输业的能源需求还将以较高的速度增长。交通行业的二氧化碳减排取决于机动车能源消耗的有效控制和新类型燃料的应用，这一方面依赖于国家加大政策支持的力度，另一方面也必须依托于成熟的机动车节能和燃料技术的推广应用。在中国面临气候变化谈判压力的情况下，研究未来的二氧化碳减排路径至关重要。

1. 继续推进“两型”行业建设，建立以低碳为特征的绿色交通运输体系

交通运输体系主要包括三部分内容，即完善的综合运输网络、现代化的交通运输装备和高效的运输管理系统。经过改革开放 30 年，特别是近 10 年的发展，各种运输方式都发展到了一个比较好的水平，中国铁路、公路、内河、民航等基础设施总规模和运输能力在世界排名均名列前茅。今后一段时期内，各种运输方式只有通过构建绿色交通运输体系，提高运输效率，才能实现各种方式统筹协调发展，逐步实现各种运输方式“无缝衔接”，减少碳排放。交通运输业是耗能大户，也是全国节能减排的重点行业，必须把建设资源节约型、环境友好型行业放在十分重要的位置。

（1）大力发展绿色交通运输，加强高效环保、气候友好的交通运输技术研究和推广，推动新能源和清洁车辆的开发应用；鼓励发展技术先进、经济安全、环保节能的运输装备，加快淘汰技术落后、污染严重、效能低下的运输装备；落实环境保护措施，发展可再生能源，积极推动沥青、钢材等资源的再生和循环利用。

柴油发动机具有油耗低、动力强等特点，在能源日益短缺、油价不断攀升的背景下具有较大的发展潜力。以先进柴油机为技术基础的清洁柴油车、船、航空飞行器以其节能环保优势已成为欧美国家重点发展方向，中国也需加快清洁柴油发动机技术的开发，才能促进柴油车、船、航空飞行器排放控制技术的进步。对于技术先进的柴油发动机产品，政府应在政策上对企业进行大力扶持，如通过政府采购等手段带头消费先进柴油车；在购置和使用上给予用户购置差价补贴和减免购置税等优惠政策。

（2）要加快建立交通运输行业节能减排指标和相关法规标准体系，落实节能减排目标责任制。交通运输工具，如轮船、火车、飞机在部分地区造成了严重的空气污染。因此，应尽快将上述交通工具的污染控制提上日程，逐步完善其产品排放标准和监督管理体系。

以机动车为例，严化新车排放标准是世界各国提高车辆整体排放水平的根本措施。从20世纪90年代初实施欧Ⅰ或相当于欧Ⅰ的相关标准开始，发达国家每4～5年将标准提高一级，欧洲已分别于2000年和2005年实施了欧Ⅲ和欧Ⅳ标准。中国于2000年开始执行等同于欧洲标准体系的国家第Ⅰ阶段（即国Ⅰ）排放标准，并相继于2004年和2007年开始执行国Ⅱ和国Ⅲ排放标准，北京、上海、广州等城市出于大气污染控制的实际需求，分别提前国家1～2年执行新标准，北京市已于2008年开始执行国Ⅳ排放标准。但是总体上，中国的新车排放标准实施进度与欧美发达国家相比仍存在7年左右的差距。①

（3）在城市坚持公交优先战略。从规划层面上，大力发展清洁、高效、快

① 中国环境宏观战略研究：《大气环境保护战略专题研究报告》，中国环境科学出版社出版，2010，第70页。

捷的公共交通体系。各城市应根据城市规模和发展阶段，确立以公共交通为导向的城市发展模式，构建以轨道交通和快速公交系统（BRT）为主，道路公共交通为辅，私人机动交通为补充，合理发展自行车交通的城市绿色交通模式；并通过实行公交补贴、公交体制改革、合理制定换乘优惠政策等方式，促进交通系统提高服务水平和运行效率，加强公共交通出行吸引力，减少居民出行对小汽车的过度依赖，减少能源消耗和碳排放。

2. 优化交通运输结构，转变发展方式

优化交通运输结构，转变运输发展方式，不仅是提高运输效率，满足经济社会发展对运输需求的重要措施，也是适应低碳经济发展，节约能源，促进交通运输可持续发展的关键。优化交通运输结构包括两个层面，一是方式间结构优化，即铁路、公路、水运、民航等多种运输方式；二是单一运输方式中运输网络的结构优化。

首先，从多种运输方式来看，目前中国交通运输体系结构不尽合理。公路交通运输作用发挥比较充分，以其机动性、灵活性的优势在运输市场具有绝对优势地位，占有较大份额；铁路运输能力则严重不足，主要干线能力饱和已不能适应经济社会发展的需要；内河发展相对滞后，其优势没有充分发挥；民航发展迅猛，但是由于起步较晚，在运输市场所占份额仍然较小。从碳减排角度看，内河航运具有成本低、效益高、能耗低、污染轻等优势，应大力发展内河运输，提升其地位和作用，同时适度发展铁路和民航运输。

其次，单一运输方式中运输网络的结构也有待优化。公路网中高速公路所占比例较高，而普通国省干线公路、农村公路比例较低；铁路网干线或支线能力不足，影响了网络效益的发挥；内河航运则是较薄弱环节，主要表现为内河高等级航道少，干、支航道没有高标准贯通；民航方面，中国是仅次于美国的世界第二大民航国，然而民航发展现状不仅与中国社会经济发展不能适应，也与其在交通运输中的重要地位不符。截至 2009 年底，中国民航拥有 1972 架运输飞机①，2010 年底共有颁证民用运输机场（含军民合用机场）175 个②，安全运输飞行时

① 《中国交通年鉴 2010》，中国交通出版社，2011，第 527 页。

② 《2010 年民航行业发展统计公报》，2010。

间达6个月，1825小时①。而美国仅通用航空飞机就多达22万多架，机场近2万个，飞行时间约2700万小时②。

3. 提高油品质量，鼓励替代能源多渠道发展

2007~2009年，中国交通运输业能源消费中，柴油平均占52.1%，汽油占19.9%，燃料油占9.4%，煤油占8.4%，合计占89.8%，所以提高油品质量，对交通运输业的碳减排至关重要。保障油品质量将是中国交通运输业碳减排的基础和关键。1999年以来，中国陆续发布了《车用无铅汽油（GB17930－1999）》、《轻柴油（GB252－2000）》及《车用汽油（GB17930－2006）》和《车用柴油（GB/T19147－2003）》（推荐性标准）等几项国家标准，为新车排放标准的实施提供了保障。但是，自国Ⅲ标准以来，中国大部分地区的车用汽、柴油质量已普遍落后于新车标准的要求。近年来，许多先进的机动车排放控制技术在不断更新的排放法规推动下正得到越来越普遍的应用，这些技术对车用燃油质量提出了更高的要求，高质量油品供应困难使得各地推进新车排放标准遇到不小的阻力。

近期中国交通运输油品管理的重点应在于以新车、船、航空飞行器排放标准的实施进度为指导，综合考虑中国炼化企业实际情况，通过制定国家清洁车用燃料发展计划。根据油品质量的发展规划，制定并实施国家各阶段交通燃料质量标准规范，实现中国油品质量的中长期管理。同时采用价格倾斜政策和财税激励政策，调动炼化企业积极性。大力发展清洁能源交通运输工具是国际社会为应对能源短缺、环境污染和气候变化问题在交通领域采取的共同措施。中国也应根据自身资源条件和产业技术状况，通过制定国家交通能源发展战略、组织国家重大科技开发计划、采取鼓励性政策等措施，鼓励替代能源多渠道发展。

参考文献

徐宪平：《认清形势统一思想，“十二五”交通发展规划编制的新思路》，《中国交通年鉴2010》，中国交通出版社，2011。

① 王立新：《新中国民航60年》，《中国交通年鉴2010》，中国交通出版社，2011，第13页。

② 黄民：《对中国交通发展中若干问题的思考》，《中国交通年鉴2010》，中国交通出版社，2011，第432页。

铁道部统计中心：《中华人民共和国铁道部2010年铁道统计公报》，2011。

交通运输部综合规划司：《2010年公路水路交通运输行业发展统计公报》，2011。

交通运输部：《全国公路水路运输量专项调查主要数据公报》，2009。

中国民航局：《2010年民航行业发展统计公报》，2011。

中国环境宏观战略研究：《大气环境保护战略专题研究报告》，中国环境科学出版社，2010。

王立新：《新中国民航60年》，《中国交通年鉴2010》，中国交通出版社，2011。

黄民：《对中国交通发展中若干问题的思考》，《中国交通年鉴2010》，中国交通出版社，2011。

地 区 篇

The Low Carbon Competitiveness of Industry Among Regions

B.17 上海产业低碳竞争力

伍业君*

一 产业竞争力变化

2010年，上海市GDP总额为16872亿元，按照GDP总额大小排名，上海位于全国第9位，按可比价格计算，比上年增长9.9%①。其中，第一产业占比0.68%，工业总产值占比42.32%，服务业占比57%。上海市已经形成了以服务业为主导的产业结构，上海2010年的产业结构与日本1990年的产业结构相似，而2005年，日本三次产业占比分别为1%、26.2%、72.8%；美国三次产业占比分别为1.3%、22%、76.7%，参考发达国家的产业结构，上海地区的产业结构还有很大的优化升级空间。对工业部门各行业的竞争力分析主要采用以下两个指标。

---

* 伍业君，中国社会科学院工业经济研究所博士。

① 资料来源：http：//finance. eastday. com/economic/m1/node520851/u1a5692635. html。

1. 市场占有率

从市场占有率看，本文将市场占有率分为以下四个区间：8%以上，5%～8%，3%～5%，3%以下。市场占有率在8%以上的行业称为占有率极高的行业，上海市2008年有2个，其中，通信设备、计算机及其他电子设备制造业市场占有率超过10%，2010年增加至3个，交通运输设备制造业跻身占有率极高的行列。市场占有率在5%～8%的行业称为市场占有率较高的行业，这一区间的行业呈减少的趋势，2008年，39个工业行业中，有14个，2009年减少到10个，到2010年，进一步减少到9个。市场占有率在3%～5%的行业称为市场占有率一般的行业，这一区间的行业有所增加，2008年，该区间的行业共有8个，2009年增加到13个，2010年进一步增加到14个。总体上看，2008～2010年，市场占有率超过3%的行业总数基本保持不变，市场占有率极高的行业有少许增加，而市场占有率较高的行业有所降低，这些行业的减少由市场占有率一般的行业的增加所弥补。

2008～2010年，通信设备、计算机及其他电子设备制造业的市场占有率每年都超过10%，但是该行业的市场占有率有下降的趋势，从2008年的12.02%降到2010年的11%。2008年，通信设备、计算机及其他电子设备制造业，通信设备制造业，交通运输设备制造业，燃气生产和供应业，烟草制品业，印刷业和技能媒介的复制，仪器仪表及文化、办公用机械制造业，金属制品业，文教体育用品制造业，家具制造业，专用设备制造业，电器机械及器材制造业，塑料制品业，化学原料及化学制品制造业，石油加工、炼焦及核燃料加工业，纺织服装、鞋、帽制造业16个行业的市场占有率超过5%。然而，到2010年，金属制品业，文教体育用品制造业，电器机械及器材制造业，塑料制品业，化学原料及化学制品制造业，石油加工、炼焦及核燃料加工业，纺织服装、鞋、帽制造业7个行业的市场占有率都下降到低于5%的行列，竞争力有所下降。而市场占有率仍在5%以上的9个行业中，占有率下降的行业有7个。其中，通用设备制造业降幅最大，从2008年的9.10%下降到2010年的6.87%，降幅为24.51%；其次是燃气生产和供应业，从2008年的7.65%下降到2010年的5.85%，降幅为23.53%。只有交通运输设备制造业和烟草制品业的市场占有率是上升的，其中，交通运输设备制造业2010年（8.15%）相比2008年（7.77%），增幅为4.89%，烟草制品业2010年（9.23%）相比2008年（7.38%），增幅为25.07%。

与2008年相比，在2010年上海市39个工业行业中，市场占有率只有3个行业是上升的，其他31个行业都有不同程度的下降。其中，下降幅度最大的是废弃资源和废旧材料回收加工业（降幅45.79%），从占有率一般的行业降为占有率很低的行业；其次是石油和天然气开采业（降幅42.86%）；下降幅度超过30%的行业有3个：金属制品业（降幅31.00%）从占有率较高的行业变成占有率一般的行业，木材加工及木、竹、藤、棕、草制品业（降幅33.89%），以及农副食品加工业（降幅37.70%）。

2. 显示比较优势指数（RCA）

显示比较优势指数可以反映地区行业在全国的竞争地位，如果RCA > 2.5，表明该地区此行业具有极强的竞争力，如果1.25 ≤ RCA ≤ 2.5，表明该行业具有较强的竞争力；如果0.8 ≤ RCA ≤ 1.25，表明该行业有中度的竞争力；如果RCA < 0.8，则表明该行业竞争力弱。

2008年，上海市39个工业行业中没有RCA大于2.5的行业，即没有竞争优势极强的行业。RCA在［1.25，2.5］之间的行业有10个，占行业总数的25.6%，其中，RCA最大的是通信设备、计算机及其他电子设备制造业，为2.42，而其他9个行业的RCA都低于2。RCA在［0.8，1.25］之间的行业也有10个。

2009年，RCA在［1.25，2.5］之间的行业减少至8个，与2008年相比，文教体育用品制造业与金属制品业竞争力均有所下降，从竞争力较强的行列降为中度竞争力行业。而交通运输设备制造业，通信设备、计算机及其他电子设备制造业，印刷业和记录媒介的复制，烟草制品业4个行业的RCA上升，显示出这些行业竞争力有所提高。RCA在［0.8，1.25］之间的行业增加到13个，食品制造业，医药制造业，纺织服装、鞋、帽制造业，工艺品及其他制造业4个行业的竞争力增强。

2010年，RCA超过2.5的行业突破零纪录，通信设备、计算机及其他电子设备制造业的RCA从2008年开始保持上升并于2010年突破2.5，进入竞争力极强之列。RCA在［1.25，2.5］之间的行业有7个。RCA在［0.8，1.25］之间的行业仍为13个，其中纺织服装、鞋、帽制造业的RCA有大幅度下降；工艺品及其他制造业，水的生产和供应业的竞争力有所提升；其他行业的竞争力变化不明显。

综合市场占有率与显示比较优势指数来看，如果将市场占有率超过8%，

RCA 超过 2.5 的行业称为竞争力极强的行业，那么，上海市 2010 年符合条件的行业只有 1 个，即通信设备、计算机及其他电子设备制造业。将市场占有率在 5% ~8%，RCA 在［1.25，2.5］之间的行业称为竞争力较强的行业，那么，上海市 2010 年共有 7 个。总体来说，上海市综合竞争力较强的行业主要有通信设备、计算机及其他电子设备制造业，烟草制品业，家具制造业，印刷业和记录媒介的复制，通用设备制造业，交通运输设备制造业，仪器仪表及文化、办公用机械制造业，燃气生产和供应业。

表 1　上海市各行业市场占有率及显示比较优势指数

行业代码	行业名称	市场占有率(%)			RCA		
		2008 年	2009 年	2010 年	2008 年	2009 年	2010 年
06	煤炭开采和洗选业	0.00	0.00	0.00	0.00	0.00	0.00
07	石油和天然气开采业	0.21	0.15	0.12	0.04	0.03	0.02
08	黑色金属矿采选业	0.00	0.00	0.00	0.00	0.00	0.00
09	有色金属矿采选业	0.00	0.00	0.00	0.00	0.00	0.00
10	非金属矿采选业	0.00	0.00	0.00	0.00	0.00	0.00
11	其他采矿业	0.00	0.00	0.00	0.00	0.00	0.00
13	农副食品加工业	1.22	0.87	0.76	0.25	0.20	0.17
14	食品制造业	4.49	4.11	3.96	0.87	0.91	0.90
15	饮料制造业	2.49	2.15	1.79	0.57	0.50	0.43
16	烟草制品业	7.38	7.94	9.23	1.48	1.78	2.14
17	纺织业	1.62	1.35	1.47	0.33	0.30	0.34
18	纺织服装、鞋、帽制造业	5.13	4.45	3.77	1.01	1.02	0.87
19	皮革、毛皮、羽毛(绒)及其制品业	2.20	1.85	1.77	0.44	0.42	0.41
20	木材加工及木、竹、藤、棕、草制品业	1.80	1.34	1.19	0.35	0.29	0.27
21	家具制造业	6.52	5.68	5.89	1.30	1.28	1.36
22	造纸及纸制品业	2.76	2.40	2.51	0.55	0.54	0.58
23	印刷业和记录媒介的复制	7.14	6.37	5.73	1.42	1.44	1.32
24	文教体育用品制造业	6.56	5.46	4.89	1.34	1.24	1.12
25	石油加工、炼焦及核燃料加工业	5.39	4.61	4.70	1.07	1.04	1.08
26	化学原料及化学制品制造业	5.61	4.70	4.89	1.11	1.04	1.11
27	医药制造业	3.67	3.75	3.46	0.71	0.85	0.81
28	化学纤维制造业	1.18	0.98	0.84	0.23	0.22	0.19
29	橡胶制品业	4.12	3.47	3.17	0.82	0.77	0.72
30	塑料制品业	5.63	4.81	4.68	1.11	1.08	1.07
31	非金属矿物制品业	2.31	1.98	1.66	0.46	0.44	0.37

续表

行业代码	行业名称	市场占有率(%)			RCA		
		2008 年	2009 年	2010 年	2008 年	2009 年	2010 年
32	黑色金属冶炼及压延加工业	3.71	3.07	3.35	0.74	0.69	0.77
33	有色金属冶炼及压延加工业	2.05	1.56	1.58	0.40	0.36	0.37
34	金属制品业	6.58	4.77	4.54	1.31	1.06	1.04
35	通用设备制造业	9.10	8.06	6.87	1.81	1.81	1.58
36	专用设备制造业	5.99	5.13	5.11	1.19	1.16	1.16
37	交通运输设备制造业	7.77	7.86	8.15	1.56	1.77	1.87
39	电气机械及器材制造业	5.75	4.89	4.60	1.16	1.08	1.05
40	通信设备、计算机及其他电子设备制造业	12.02	10.92	11.00	2.42	2.47	2.54
41	仪器仪表及文化、办公用机械制造业	7.10	5.64	5.67	1.42	1.26	1.29
42	工艺品及其他制造业	4.28	3.97	4.27	0.85	0.89	0.97
43	废弃资源和废旧材料回收加工业	3.21	1.74	1.74	0.66	0.40	0.40
44	电力、热力的生产和供应业	4.05	3.84	3.60	0.81	0.87	0.83
45	燃气生产和供应业	7.65	7.24	5.85	1.53	1.63	1.35
46	水的生产和供应业	3.75	3.70	3.77	0.77	0.86	0.89

资料来源：中国产业竞争力数据库。

二 低碳竞争力

哥本哈根气候变化会议的举行，引起了世界各国对气候变化问题的关注。在保证经济增长的同时注意环境友好是21世纪各个国家面临的重要议题。在中国，这个问题表现为实现经济增长方式由高能耗、高污染的粗放型向高效率、低碳的集约型转变。因此，“低碳”作为一个重要指标被纳入衡量产业竞争力的指标体系之中。作为一个刚被纳入对经济绩效的衡量体系之中的指标，低碳竞争力的定义还没有达成普遍的共识。中国人民大学与低碳经济研究所共同编著的《中国低碳经济年度发展报告（2011）》中，在国民统计体系基础上，提出了低碳经济竞争力指标体系，该体系以低碳效率、低碳引导、低碳社会为核心指标，其中，低碳效率包括以人均GDP、单位GDP、单位建成区为单位，分别测算出二氧化碳排放、能耗、电耗的数值，共9个三级指标；低碳引导与低碳社会则包括生活垃圾无害化处理率、单位面积生活消费能耗、森林覆盖率、人均城市园林绿地面积等。

本报告对低碳竞争力的衡量采取碳生产率这一指标，碳生产率=产业增加值/

产业的碳排放。与《中国低碳经济年度发展报告（2011）》中的低碳效率相比，这一指标包含了 GDP、碳排放、能源消耗等核心因素的影响，与低碳效率的内涵有所不同却又不失简洁。本报告对碳生产率的计算主要包括以下五个产业：农业，工业，建筑业，交通运输、仓储及邮政业，批发、零售业和住宿、餐饮业。

1. 碳生产率

从二氧化碳排放量来看，2008 年，上海市这五个产业终端能源消费产生的二氧化碳排放总量为 15634.59 万吨。其中，工业碳排放占总排放的 66.71%，达到 10429.09 万吨；上海市二氧化碳排放的第二大户是交通运输、仓储和邮政业，碳排放达到 4015.23 万吨，占总排放的 25.68%；农业，建筑业，批发、零售业和住宿、餐饮业的碳排放不及总排放的 10%。2009 年，上海市的终端能源消耗产生的二氧化碳排放总量为 13641.33 万吨，比 2008 年减少 1993.26 万吨。其中，工业碳排放仍然占总排放的 60.26%，但是绝对量已经有大幅度减少，从 2008 年的 10429.09 万吨减少至 8219.95 万吨；建筑业的碳排放总量和占比都有所上升，2009 年比 2008 年碳排放量增加 54.4 万吨，占碳排放总量的比例从 2008 年的 2.20% 增加到 2009 年的 2.92%；同期，交通运输、仓储及邮政业的碳排放量增加 74.86 万吨，占总碳排放的比重从 25.68% 增加至 29.98%；农业碳排放总量没有显著变化，仍为 117.43 万吨，但是总排放的比例上升了 0.1 个百分点；建筑业，农业，批发、零售业和住宿、餐饮业的碳排放总量占总排放的比重没有显著变化。可以判断出，上海市 2009 年碳排放量的减少完全归功于工业碳排放量的减少。2010 年，碳排放总量为 13450.63 万吨，比 2009 年减少 190.7 万吨；工业排放占总排放的比重变化不显著，占 60.19%；而交通运输、仓储及邮政业的碳排放显著增加，占总排放的比例达到 31.01%。

碳生产率这一指标衡量的是单位二氧化碳排放下增加值的多少。2008 年，上海市碳生产率最高的是批发、零售业和住宿、餐饮业，为 2.99 万元/吨；其次是建筑业，为 1.48 万元/吨；工业的碳生产率较低，为 0.53 万元/吨；碳生产率最低的是交通运输、仓储及邮政业，为 0.18 万元/吨。2009 年，除了交通运输、仓储及邮政业，批发、零售业和住宿、餐饮业的碳生产率降低外，其他产业的碳生产率都有不同程度的上升，其中，上升幅度最大的是工业，从 2008 年的 0.53 万元/吨上升到 2009 年的 0.66 万元/吨，增幅为 24.5%；农业的碳生产率 2009 年上升至 0.97 万元/吨；建筑业从 2008 年的 1.48 万元/吨上升至 1.49 万元/吨。

交通运输、仓储及邮政业的碳生产率从2008年的0.18万元/吨下降到2009年的0.16万元/吨，降低11.1%。2010年，各产业的碳生产率都有不同程度的提高，农业上升到0.98万元/吨，工业上升到0.81万元/吨，建筑业上升到1.99万元/吨，交通运输、仓储及邮政业上升至0.2万元/吨，而批发、零售业和住宿、餐饮业上升最多，从2009年的2.97万元/吨上升到3.95万元/吨。

与2008年相比，2010年上海市的碳排放量减少13.9%，其中，降幅最大的是工业，降低22.37%；其次是农业，降低1.06%；交通运输、仓储及邮政业的碳排放有增加的趋势，2010年该产业的碳排放比2008年增加了3.87%。同期，各产业的碳生产率都有不同程度的提升，其中，农业的上升幅度最小，提高3.16%；工业的碳生产率提升最快，从2008年的0.53万元/吨上升到2010年的0.81万元/吨，增幅50.83%；其次是建筑业，从1.48万元/吨上升到1.99万元/吨，增幅34.46%；批发、零售业和住宿、餐饮业的碳生产率也增长32.11%；交通运输、仓储及邮政业碳生产率虽然最低，但与2008年相比，也上升了11.11%。

表2　上海市各产业碳排放与碳生产率指标（2008～2010年）

单位：万吨，万元/吨

产　业	二氧化碳排放量			碳生产率		
	2008年	2009年	2010年	2008年	2009年	2010年
农　业	117.67	117.43	116.42	0.95	0.97	0.98
工　业	10429.09	8219.95	8096.45	0.53	0.66	0.81
建筑业	343.49	397.89	342.76	1.48	1.49	1.99
交通运输	4015.23	4090.09	4171.55	0.18	0.16	0.20
批发零售	729.10	815.97	723.46	2.99	2.97	3.95

注：交通运输指交通运输、仓储及邮政业，批发零售指批发、零售业和住宿、餐饮业，方便列表故简写。二氧化碳排放量 = Σ能源消耗量 × 碳排放因子。分类别的终端能源消耗量数据来自《上海市统计年鉴2011》，而各类别能源的碳排放因子参照IPCC排放清单上的计算公式，根据《中国能源统计年鉴》中各种能源对应的热值，计算出相应种类能源的排放因子。

资料来源：根据《上海市统计年鉴》（2009～2011）数据计算得出。

将五个产业的增加值与碳排放分别加总，可以得出上海市的平均碳生产率，2008年碳生产率为0.58万元/吨，2009年为0.67万元/吨，2010年为0.82万元/吨。2008～2010年，上海市碳生产率逐年提高，2009年比2008年提高

15.52%，2010年比2009年提高22.39%。

2. 影响碳生产率的因素

从计算碳生产率的公式来看，碳生产率与产业增加值正相关，与行业的碳排放量负相关，碳排放量越高，碳生产率越低。故影响上述两个变量的因素都会影响产业的碳生产率。

通过对上海市各产业的碳生产率的分析，可以得出，能源消费量与利用效率是影响碳生产率的主要因素。首先，碳生产率与产业类别有关，三次产业中碳生产率最高的是第三产业，碳生产率最低的是第二产业。从这一角度看，在增加经济总量的同时减少第二产业在经济中的比重，可以有效地提高碳生产率。其次，是能源结构。能源结构与能源利用效率是影响二氧化碳排放量的主要因素。不同种能源的利用效率及其碳排放因子均不同，从而产生的二氧化碳量有所不同。在上海市2010年的能源结构中，第一产业消耗的汽油与柴油占农业总能耗的82.7%，而柴油的排放因子为3.16，汽油的排放因子为2.98，这两种燃料的消费导致的二氧化碳排放量占到农业碳排放总量的77.84%；工业能源消耗主要以电力、原煤和焦炭为主，占工业总能耗的74.36%，而这三种能源产生的二氧化碳排放占工业总排放的78.29%；第三产业中，交通运输、仓储及邮政业能源消耗以燃料油、煤油、柴油和电力为主，占整个行业能源消耗总量的92.42%，这些能源种类的碳排放因子都较高，产生的碳排放占交通运输、仓储及邮政业总排放的86.16%。针对上海市经济发展状况来看，可以相应减少第二产业在国民经济中的比重，努力发展第三产业。而产业内部，对碳生产率较低的交通运输、仓储及邮政业可以通过改变能源的结构来提高碳生产率，主要途径是减少燃料油、煤油的用量。

2009年，上海市单位地区生产总值能耗为0.727吨标准煤/万元，在全国居第三位，同比下降6.17%，下降幅度居全国第六位；同期，从单位工业增加值能耗这一指标看，上海市为0.957吨标准煤/万元，居全国第四位，同比下降5%。上海市这一成绩与其对科技活动的重视是分不开的。上海市历来重视研发，从2004年开始，每年在研发方面的支出占地区生产总值的2%以上，研究与实验发展经费支出以年均20%的速度增长。上海市的科技活动成果也非常显著，2009年，新产品产值4919.82亿元，科技成果登记2166项；而2010年，新产品产值5870.02亿元，科技成果登记2318项，同比分别增长19%与7%。

三　经验与借鉴

上海市已经基本形成了以服务业为主导的产业结构，对工业行业来说，竞争力主要集中于通信设备、计算机及其他电子设备制造业、交通运输设备制造业等行业，从2008～2010年，工业行业的市场占有率及RCA指标来看，上海市有竞争力的行业在向高技术行业集中，在2008年很多有优势的行业如塑料制品业，石油加工、炼焦及核燃料加工业，纺织服装等传统、高能耗、低效益行业，在2010年时竞争力均出现下降，这与上海市发展高新技术产业，淘汰高能耗、落后产能的政策导向是密不可分的。2008年，上海市被中国建设部与世界自然基金会推举为“低碳城市”试点城市之一，通过产业结构调整和发展模式的转变，制定生态城市建设战略规划，截至2010年，上海市已有32个项目获“中国绿色建筑评价标识”、多个项目获得创新奖，居全国之首。通过政策激励和融资支撑，驱动技术创新，大力推广节能减排的低碳技术，是上海市2010年碳生产率大幅度提升的关键因素。上海市致力于提升制造业能级和水平，如高新技术产业化扶持政策支持符合产业导向的战略性新兴产业、高新技术产业的发展；产业结构调整专项资金优先支持淘汰高能耗、高污染、高危险、低效益的企业。截至2010年，除了烟草制品业、燃气生产和供应业两个有地区专业化特点的行业外，上海市有竞争力的行业都集中在高新技术产业。可以预见，在未来几年内，这些行业的竞争力优势将会更加显著。

与此同时，提升上海市服务业的比重和能源利用效率，有助于提高该地区的低碳竞争力。服务业的飞速发展也是上海市碳生产率较高的原因之一。上海市特别划拨服务业相关专项资金支持现代服务业的发展，支持建设内外贸一体化、具有综合功能的商贸商务区，加快商贸、物流、信息、研发设计、文化创意、专业服务、旅游、教育培训、医疗保健等现代服务业的发展；鼓励发展生产性服务业，优先在新城及周边地区布局现代服务业集聚区、文化产业集聚区、创意产业集聚区、生产性服务业功能区、高技术服务产业园区、服务外包基地和总部经济园区等新型产业发展载体、支持发展服务外包等。但是针对上海市第三产业的碳排放大户交通运输业而言，发展新能源汽车和清洁能源的替代是减少碳排放、提高碳生产率的较好途径。

B.18

江苏产业低碳竞争力

伍业君*

一 产业竞争力变化

2010年，江苏省国内生产总值40903亿元，占全国GDP总额的10.28%，按GDP总额排名，江苏省位居全国第二，仅次于广东省。其中第一产业占比6.2%，第二产业占比53.2%，而服务业占比为40.6%。工业在江苏省国民总产值中仍然占主导地位，2010年其工业总产值占全国工业总产值的11.67%。与发达地区的产业结构相比，江苏省的产业结构还有很大的调整空间。

1. 市场占有率

江苏省作为一个工业强省，很多行业的市场占有率都很高。2008年，江苏省39个工业行业中，市场占有率超过8%的行业有24个，占行业总数的61.54%，其中，化学纤维制造业的市场占有率为31.88%；市场占有率超过20%的行业共有4个：纺织业（22.95%），纺织服装、鞋、帽制造业（23.1%），通信设备、计算机及其他电子设备制造业（22.62%），仪器仪表及文化、办公用机械制造业（23.13%）；市场占有率在10%以上的行业有20个；市场占有率在5%～8%的行业有8个；市场占有率超过5%的行业共计32个，占行业总数的82.1%。2009年，市场占有率超过8%的行业为23个，如印刷业和记录媒介的复制的市场占有率降低到7.93%。与2008年相比，市场占有率超过20%与超过10%的行业个数基本保持不变。2010年，市场占有率超过8%的行业仍为23个，市场占有率在5%～8%的行业有9个。

与2008年相比，2010年市场占有率在8%以上的行业基本保持不变，只有

---

* 伍业君，中国社会科学院工业经济研究所博士。

电力、热力的生产和供应业市场占有率有所下降，从8.27%下降到7.82%。市场占有率在5%~8%的行业增加了两个，其中，石油加工、炼焦及核燃料加工业市场占有率由5%以下提高到5.1%，电力、热力的生产和供应业从8%以上的行列降低到这一区间。总体讲，市场占有率较高的行业总数不变，占82.1%。39个行业中，市场占有率增加的行业有12个，其中，增幅超过10%的有4个：工艺品及其他制造业（17.41%）、仪器仪表及文化、办公用机械制造业（17.38%），石油加工、炼焦及核燃料加工业（10%），医药制造业（10.49%）；市场占有率下降的行业有26个，其中下降幅度超过20%的有4个行业，降幅最大的是黑色金属矿采选业（40.94%），其次是非金属矿采选业（32.56%），石油和天然气开采业（24.59%），煤炭开采和洗选业（21.64%）；下降幅度超过10%的行业共有11个。

2. 显示比较优势指数（RCA）

从显示比较优势指数看，2008年江苏省RCA超过2.5的行业为零，即没有一个行业竞争力极强。RCA在［1.25，2.5］之间的行业有9个，占行业总数的23%，其中化学纤维制造业的RCA最高，为2.37。RCA在［0.8，1.25］之间的行业有10个，占行业总数的25.6%。竞争力较强的行业共有19个，占行业总数的48.6%。

2009年，江苏省RCA超过2.5的行业有1个：化学纤维制造业（2.53）。而RCA在［1.25，2.5］之间的行业有10个；RCA在［0.8，1.25］之间的行业有9个，与2008年相比，废弃资源和废旧材料回收加工业的RCA降低，从2008年的0.86降为2009年的0.77，沦为竞争力很弱的行业；而文教体育用品制造业的RCA由2008年的1.19增加至2009年的1.25，跻身竞争力极强的行列；另外，有色金属冶炼及压延加工业竞争力有所提升。竞争力较强的行业共计20个，占行业总数的51.28%。

2010年，该省RCA超过2.5的行业仍只有化学纤维制造业，其RCA上升至2.57，竞争力进一步增强。而RCA在［1.25，2.5］之间的行业数仍为10个，与2009年保持一致，其中，文教体育用品制造业，化学原料及化学制品制造业，金属制品业，通用设备制造业，电气机械及器材制造业，通信设备、仪器仪表及文化办公用机械制造业等行业的RCA都有所提升，特别是仪器仪表及文化、办公用机械制造业行业的RCA增长最快（增幅7%）。RCA在［0.8，1.25］之间的行业有8个，竞争力较强的行业共19个，占行业总数48.6%。

与2008年相比，2010年RCA上升的行业有15个，其中上升幅度最大的是工艺品及其他制造业（增幅19.82%），其次是仪器仪表及文化、办公用机械制造业（18.89%）。RCA增幅超过10%的有4个；超过5%的行业有10个。

结合市场占有率与显示比较优势指数来看，如果将市场占有率超过8%，RCA超过2.5的行业称为竞争力极强的行业，那么，2010年，江苏省综合竞争力极强的行业只有1个，即化学纤维制造业；如果将市场占有率在5%~8%，RCA在［1.25~2.5］之间的行业称为竞争力较强的行业，那么，江苏省2010年共有10个。总体来说，江苏省综合竞争力较强的行业主要有：化学纤维制造业，仪器仪表及文化、办公用机械制造业，纺织业，纺织服装、鞋、帽制造业，文教体育用品制造业，化学原料及化学制品制造业，金属制品业，通用设备制造业，电气机械及器材制造业，通信设备、计算机及其他电子设备制造业等行业。

表1　江苏省各行业市场占有率及显示比较优势指数

行业代码	行业名称	市场占有率(%)			RCA		
		2008年	2009年	2010年	2008年	2009年	2010年
06	煤炭开采和洗选业	1.64	1.48	1.29	0.12	0.11	0.10
07	石油和天然气开采业	0.91	0.64	0.68	0.06	0.05	0.05
08	黑色金属矿采选业	1.78	1.72	1.05	0.14	0.12	0.08
09	有色金属矿采选业	0.20	0.25	0.18	0.02	0.02	0.01
10	非金属矿采选业	7.66	5.45	5.16	0.57	0.40	0.39
11	其他采矿业	0.00	0.70	0.00	0.00	0.06	0.00
13	农副食品加工业	6.49	6.67	6.51	0.48	0.50	0.49
14	食品制造业	3.97	3.63	3.67	0.29	0.27	0.28
15	饮料制造业	6.61	6.67	6.67	0.49	0.50	0.50
16	烟草制品业	6.11	5.17	5.90	0.46	0.45	0.45
17	纺织业	22.95	21.48	21.07	1.71	1.60	1.59
18	纺织服装、鞋、帽制造业	23.10	22.25	21.50	1.71	1.65	1.61
19	皮革、毛皮、羽毛(绒)及其制品业	6.27	6.23	5.96	0.47	0.47	0.45
20	木材加工及木、竹、藤、棕、草制品业	15.68	14.66	14.97	1.16	1.09	1.13
21	家具制造业	5.18	4.58	4.49	0.39	0.34	0.34
22	造纸及纸制品业	12.31	11.70	10.80	0.92	0.87	0.81
23	印刷业和记录媒介的复制	8.10	7.93	8.08	0.61	0.59	0.61

续表

行业代码	行业名称	市场占有率(%)			RCA		
		2008 年	2009 年	2010 年	2008 年	2009 年	2010 年
24	文教体育用品制造业	16.00	16.73	16.83	1.19	1.25	1.27
25	石油加工、炼焦及核燃料加工业	4.63	4.78	5.10	0.35	0.36	0.39
26	化学原料及化学制品制造业	19.55	19.33	19.23	1.45	1.44	1.45
27	医药制造业	11.16	11.97	12.33	0.83	0.88	0.92
28	化学纤维制造业	31.88	34.27	34.27	2.37	2.53	2.58
29	橡胶制品业	13.50	12.81	12.12	1.02	0.96	0.92
30	塑料制品业	12.19	10.89	10.75	0.90	0.81	0.81
31	非金属矿物制品业	8.68	8.08	8.24	0.64	0.60	0.62
32	黑色金属冶炼及压延加工业	14.50	14.87	13.85	1.07	1.10	1.04
33	有色金属冶炼及压延加工业	10.51	11.28	10.44	0.78	0.84	0.78
34	金属制品业	18.19	17.73	17.71	1.35	1.32	1.34
35	通用设备制造业	18.54	17.45	17.70	1.38	1.30	1.34
36	专用设备制造业	14.53	14.57	15.60	1.08	1.08	1.17
37	交通运输设备制造业	10.88	11.69	11.56	0.81	0.87	0.88
39	电气机械及器材制造业	19.08	19.66	20.46	1.42	1.45	1.53
40	通信设备、计算机及其他电子设备制造业	22.62	23.59	23.72	1.69	1.76	1.79
41	仪器仪表及文化、办公用机械制造业	23.13	25.81	27.15	1.72	1.91	2.04
42	工艺品及其他制造业	6.02	7.23	7.07	0.44	0.54	0.53
43	废弃资源和废旧材料回收加工业	10.88	10.29	9.72	0.86	0.77	0.73
44	电力、热力的生产和供应业	8.27	8.15	7.82	0.62	0.61	0.59
45	燃气生产和供应业	9.41	9.41	8.07	0.70	0.70	0.61
46	水的生产和供应业	7.80	7.17	7.69	0.58	0.53	0.58

资料来源：中国产业竞争力数据库。

二　低碳竞争力

1. 碳生产率

2008 年，江苏省农业，工业，建筑业，交通运输、仓储及邮政业，批发、零售业和住宿、餐饮业的终端能源消耗产生的二氧化碳排放总量为 35792.67 万吨。其中，工业终端能源消耗产生的碳排放为 31769.87 万吨，占排放总量的

88.76%；与上海市相同，交通运输、仓储及邮政业能源消耗产生的碳排放是江苏省总排放的第二大组成部分，排放量为2465.08万吨，占总排放的6.9%；农业，建筑业，以及批发、零售业和住宿、餐饮业三个产业的总排放占总排放量的4.35%。2009年，江苏省五个产业终端能源消耗产生的二氧化碳排放总量上升至38075.46万吨，上升6%。其中，工业排放仍然占据该省碳排放的主要部分，为33836.40万吨，占总排放量的88.87%，无论是总量还是占比都比2008年有所上升；其次是交通运输、仓储及邮政业，该产业的排放总量为2569.10万吨，虽然较上年有所增加，但是在该省二氧化碳总排放中的占比却有所下降；农业，建筑业，以及批发、零售业和住宿、餐饮业三个产业的总排放占总排放量的4.39%。江苏省的碳排放量比上海市高，这主要由于两个地区的产业结构不同。上海市已经基本形成了第三产业为主的倒三角结构，而江苏省还是以第二产业为主导的产业结构。工业能源消耗量大，产生碳排放多。

由于较高的碳排放量，导致江苏省的平均碳生产率不高。2008年，江苏省平均碳生产率为0.66万元/吨，2009年有所下降，为0.65万元/吨。与上海市相比，2008年，江苏省平均碳生产率比上海市高，而2009年则比上海市低。江苏省的碳生产率变化不大，但是上海市碳生产率每年都在增加，而且增长率很高。与2008年相比，上海市平均碳生产率增长15.67%，而同期江苏省不仅没有上升，反而下降了0.6%。从单个产业的碳生产率来看，2008年，江苏省碳生产率最高的是批发、零售业和住宿、餐饮业，为6.66万元/吨；其次是建筑业，为3.98万元/吨；之后是农业，为3.16万元/吨；碳生产率最低的是工业，为0.48万元/吨，比上海同期的工业碳生产率低0.05万元/吨。工业占该省GDP的比重最大，因此，导致全省的平均碳生产率很低。2009年，农业和工业的碳生产率都有所降低，交通运输、仓储及邮政业的碳生产率保持不变，建筑业与批发、零售业和住宿、餐饮业的碳生产率有很大程度的上升。具体来说，与2008年相比，农业的碳生产率下降到3.12万元/吨，下降1.3%；工业的碳生产率从0.48万元/吨下降到0.45万元/吨，降低5.9%；建筑业的碳生产率从3.98万元/吨上升到4.53万元/吨，提高13.78%；批发、零售业和住宿、餐饮业的碳生产率从6.66万元/吨增加到8.84万元/吨，提高32.9%。

与上海市相比，五个产业中除了工业外，江苏省其他四个产业的碳生产率都比上海市高，工业的比重过大是导致该省平均碳生产率过低的主要原因。

表2　江苏省各产业碳排放与碳生产率指标

单位：万吨，万元/吨

产　业	二氧化碳排放量		碳生产率	
	2008年	2009年	2008年	2009年
农　业	664.41	724.96	3.16	3.12
工　业	31769.87	36383.60	0.48	0.45
建筑业	432.25	463.57	3.98	4.53
交通运输	2465.08	2569.10	0.55	0.55
批发零售	461.06	481.43	6.66	8.84

注：二氧化碳排放量 = Σ能源消耗量×碳排放因子。分类别的终端能源消耗量数据来自《中国能源统计年鉴》（2009、2010），而各类别能源的碳排放因子参照IPCC排放清单上的计算公式，根据《中国能源统计年鉴》中各种能源对应的热值，计算出相应种类能源的排放因子。交通运输指交通运输、仓储及邮政业，批发零售指批发、零售业和住宿、餐饮业，方便列表故简写。

资料来源：根据《江苏省统计年鉴》（2009、2010），《中国能源统计年鉴》（2009、2010）数据计算得出。

2. 影响碳生产率的因素

首先，通过对江苏省各产业的碳生产率的分析，可以得出产业结构是影响该省平均碳生产率的关键因素。江苏省2008年平均碳生产率高于上海，但是2009年却没有提高。上海市2008年以来碳生产率逐年提高，工业在国民生产总值中的比重降低是很重要的原因。再看江苏省内部，工业的碳生产率在五个产业中最低。可见，对江苏省来说，碳生产率有很大的提升空间。

其次，是能源结构。能源结构与能源利用效率是影响二氧化碳的主要因素。不同种能源的利用效率不同，产生的二氧化碳量也有所不同，因为其碳排放因子不同。2008年，在江苏省工业消耗的能源结构中，原煤、焦炭、电力和热力是能源消耗的主要组成部分，其中，原煤、焦炭的能源转换效率低，并且，碳排放系数高，分别为2.04、3.04；热力和电力虽然转换率高，但热力消耗总量大，电力的碳排放系数高，为3.5。这些高排放、低转化效率的能源消耗产生的二氧化碳排放量占2008年工业二氧化碳排放总量的87.67%。五个产业中能源消耗居第二位的是交通运输、仓储及邮政业，该产业消耗的能源以汽油和柴油为主，这两种原料的碳排放系数都较高，分别为2.98、3.16，产生的二氧化碳排放占该产业总排放的86%。2009年，江苏省工业消耗的能源结构基本保持不变，原煤、焦炭等主要能源排放的二氧化碳占工业总排放的86.60%。交通运输、仓储及邮政业中汽油和柴油两项产生的二氧化碳总量占该产业总排放的86.1%。从能源效率来看，2009年江苏省单位地区生产总值能耗为0.74吨标准煤/万元，在全国居第五位，同比下降5.17%；从单位工业增加值能耗这一指标看，江苏省为1.11，也居全国第五位，同比下降10.17%。虽然能源利用效率有所提高，但是平均碳生产率却没有提高，分析江苏省规模以上工业企业的主要能源消费结构，与2008年相比，2009年能源消耗增加6.64%，然而，煤油、柴油、燃料油、液化石油气等消费量的绝对数及其在总能源消耗中的比重都有减少，但煤炭、焦炭、原油等消费量却分别增加了3.89%、6.90%和15.06%。此外，虽然煤炭在总能源消耗中占比有所降低（从2008年的84.60%下降到2009年82.76%），但是焦炭和原油的占比都有所提高，而焦炭与原油的碳排放因子都很大。因此，工业碳排放下降很困难，占总产值比重很大的工业碳生产率过低。虽然全省及工业的单位GDP能耗都有下降，但是技术进步的速度不能充分抵消碳排放量的增加，最终导致碳生产率较低。

尽管如此，但江苏省单位GDP能耗下降是不争的事实，这对一个工业为主导的省份来说，与其对科技活动的重视是分不开的。尤其是从2008年以来，江苏省科技活动支出迅速增长：2008~2009年，该省研发经费占GDP的1.93%上升至2.08%，金融从584.57亿元增加到717.12亿元，几乎与上海市持平，同比增加22.67%；2010年科技活动支出增长至857.95亿元，占全省GDP的2.1%。科研投入取得的效果也非常显著，与2009年相比，2010年申请授权发明专利达到7210件，同比增长35.48%；实用新型专利授权申请41161件，同比增长87.61%；2010年申请授权专利合计138382件，比上年增长58.54%。与2008年相比，2010年江苏省高新技术产业产值也有显著提高，航天航空制造业产值同比提高23.32%，计算机及办公设备制造业提高21.16%，电子及通信设备制造业提高21.86%，医药制造业提高102%，电气机械及设备制造业产值提高48.92%。从上面对市场占有率及RCA的分析可以看出，这些行业的竞争力也确有提升。

三　经验与借鉴

江苏省是长三角地区GDP最高的地区，其工业在GDP的比重超过50%，有竞争力的行业数也比上海市多，除了通用设备制造业，电气机械及器材制造业，通信设备、计算机及其他电子设备制造业，仪器仪表及文化、办公用机械制造业等在两个地区都有很强竞争力的高技术产业外，江苏省的纺织业，化学纤维制造业，纺织服装、鞋、帽制造业，文教体育用品制造业，化学原料及化学制品制造业，金属制品业等行业也有很强的竞争力。2008～2010年，该省的竞争优势也显示出向特定行业集聚的特点。部分能源消耗高、效益低的行业已经被淘汰。江苏省很多地区已经开始建立科学的评价体系，促进产业竞争力提升和产业结构的转型。如苏州以“转变经济增长方式”为主实施评价考核，考核体系包括主导产业规模、品牌建设、土地产出、人才培养、节能减排等；加强产学研合作，以政策、资金为调控手段，鼓励企业与科研机构开展技术开发、成果转化、新技术推广应用等各项合作，促进技术进步。这些政策会助于提高地区的低碳竞争力，实现经济发展方式的转变。

可以判断，江苏省的电子及通信设备制造业、医药制造业、电气机械及设备制造业、航空航天制造业等高新技术产业在未来产业竞争力会进一步加强。纺织业的竞争优势会得到保持，金属制品业、化学原料及化学制品制造业等高能耗的产业在2011年仍然有较强的竞争力，但是这些行业碳生产率较低，如果能通过技术进步实现其的低碳发展，那么有可能使全省的碳生产率得到提高。

B.19

浙江产业低碳竞争力

伍业君*

一 产业竞争力变化

2010年，浙江省国内生产总值27227亿元，占全国GDP总额的6.84%。按GDP总额排名，浙江省位居全国第四，其中，第一产业占比5%，第二产业占比51.9%，而服务业占比为43.1%。与江苏省相同，工业在浙江省国民总产值中仍然占主导地位，产业结构需要进一步调整优化。

1. 市场占有率

浙江省39个工业行业中，2008年，市场占有率超过8%的行业有18个，占行业总数的46.15%，而且其中每个行业市场占有率都非常高，如化学纤维制造业（38.87%）超过全国的1/3，纺织业（20.88%），废弃资源和废旧材料回收加工（20.47%）。这18个行业中，市场占有率超过10%的行业有14个；市场占有率在5%~8%的行业有9个；市场占有率超过5%的行业共有27个，占行业总数的69%。2009年，市场占有率超过8%的行业个数与2008年相同。而市场占有率在5%~8%的行业有8个，其中，非金属矿物制品业占有率从2008年的5.33%下降到2009年的4.7%；市场占有率超过5%的行业减少至26个。2010年，市场占有率非常高的行业数仍为18个，市场占有率在5%~8%的行业有7个，与上年相比，饮料制造业市场占有率下降。从市场占有率来看，占有率极高的行业个数在2008~2010年并没有变化，说明浙江省这些行业的竞争实力很强。

与2008年相比，2010年浙江省市场占有率很高的行业虽然个数很多，但是18个占有率极高的行业中，有16个行业的市场占有率都有一定程度的下降。其

---

* 伍业君，中国社会科学院工业经济研究所博士。

中，下降幅度最大的是废弃资源和废旧材料回收加工业（降幅 27.5%），下降幅度超过 10% 的行业有 7 个。这 18 个行业中只有两个行业市场占有率上升：仪器仪表及文化、办公用机械制造业（增幅 11.58%），水的生产和供应业（增幅 3.64%）。与 2008 年相比，2010 年只有 4 个行业的市场占有率上升，其他 33 个行业的市场占有率都在下降。

仅从市场占有率这一指标来看，首先，与江苏省相比，浙江省工业行业的占有率极高的行业（18 个）比江苏省（23 个）少。其次，浙江省工业行业的成长性普遍不及江苏省，江苏省 39 个行业中市场占有率增加的行业有 12 个，其中增长幅度很大的行业就有 4 个；而浙江省 39 个行业中占有率增加的行业只有 4 个，而且增长幅度都不大。

2. 显示比较优势指数（RCA）

从显示比较优势指数来看，浙江省工业行业的多样化水平在长三角地区位居首位。2008 年，39 个工业行业中，RCA 超过 2.5 的有 2 个：化学纤维制造业（4.84）、纺织业（2.6），RCA 在［1.25，2.5］之间的行业有 12 个，RCA 在［0.8，1.25］之间的行业有 10 个，RCA 在 0.8 以上的行业共有 24 个，占行业总数的 61.5%。

2009 年，浙江省 RCA 在 2.5 之上的行业仍为化学纤维制造业和纺织业，而且这两个行业的 RCA 都有上升，分别从 2008 年的 4.84、2.6 上升到 2009 年的 4.97、2.73，显示其竞争力得到进一步加强。RCA 在［1.25，2.5］之间的行业增加至 14 个，印刷业和记录媒介的复制、水的生产和供应业跻身竞争力较强的行列。RCA 在［0.8，1.25］之间的行业减少至 7 个，专用设备制造业的 RCA 有所下降，而印刷业和记录媒介的复制、水的生产和供应业 RCA 上升。总体来看，竞争力较强的行业有 23 个，较 2008 年减少 1 个。

2010 年与前两年相同，浙江省 RCA 在 2.5 之上的行业仍为化学纤维制造业和纺织业，其中，化学纤维制造业的 RCA 进一步提升，达到 5.1；纺织业的 RCA 虽然较 2009 年有所下降，但是相比于 2008 年，仍然处于上升状态。RCA 在［1.25，2.5］之间的行业增加至 15 个，橡胶制品业进入竞争力很强的行列。RCA 在［0.8，1.25］之间的行业增加至 8 个，燃气生产和供应业从竞争力较差的行业转变成竞争力较强的行业。RCA 超过 0.8 的行业个数增加至 25 个，占总数的 64.1%。

与2008年相比，2010年RCA上升的行业有18个，占总数的46.15%，其中，增长幅度最大的是仪器仪表及文化、办公用机械制造业，增幅21.7%；增幅超过10%的行业有4个。在竞争力很强的25个行业中，RCA增加的行业有14个。从显示比较优势这一指标看，浙江省的工业行业的竞争优势比江苏省强，而且成长性更好。

综合市场占有率和显示比较优势两个指标来看，将市场占有率超过8%，RCA超过2.5的行业称为竞争力极强的行业，那么，浙江省竞争力极强的行业有2个，江苏省、上海市分别有1个。将市场占有率在5%～8%，而RCA在［1.25，2.5］之间的行业称为综合竞争力很强的行业，那么，浙江省2010年综合竞争力很强的行业有15个。总体来讲，浙江省竞争力很强的行业共有17个，而上海市只有8个，江苏省有11个。从工业行业的竞争力来看，浙江省在长三角地区竞争力最强。该地区竞争力很强的行业主要有化学纤维制造业，纺织业，皮革、毛皮、羽毛（绒）及其制品业，文教体育用品制造业，废弃资源和废旧材料回收加工业，塑料制品业，工艺品及其他制造业，纺织服装、鞋、帽制造业，家具制造业，仪器仪表及文化、办公用机械制造业，电气机械及器材制造业，通用设备制造业，造纸及纸制品业，金属制品业，水的生产和供应业，印刷业和记录媒介的复制，橡胶制品业。

表1　浙江省各行业市场占有率及显示比较优势指数

行业代码	行业名称	市场占有率(%)			RCA		
		2008年	2009年	2010年	2008年	2009年	2010年
06	煤炭开采和洗选业	0.05	0.04	0.03	0.01	0.01	0.00
07	石油和天然气开采业	0.00	0.00	0.00	0.00	0.00	0.00
08	黑色金属矿采选业	0.62	0.30	0.29	0.08	0.03	0.04
09	有色金属矿采选业	1.03	0.81	0.71	0.13	0.11	0.10
10	非金属矿采选业	4.47	3.81	3.48	0.48	0.50	0.47
11	其他采矿业	0.00	0.00	0.00	0.00	0.00	0.00
13	农副食品加工业	2.62	2.30	2.19	0.33	0.31	0.30
14	食品制造业	3.82	3.74	3.45	0.54	0.55	0.46
15	饮料制造业	6.17	5.43	4.68	0.75	0.72	0.64
16	烟草制品业	4.86	4.80	4.80	0.60	0.64	0.65
17	纺织业	20.88	20.35	19.45	2.60	2.73	2.66
18	纺织服装、鞋、帽制造业	15.30	13.39	13.46	1.90	1.78	1.82

续表

行业代码	行业名称	市场占有率(%)			RCA		
		2008年	2009年	2010年	2008年	2009年	2010年
19	皮革、毛皮、羽毛(绒)及其制品业	18.51	16.70	16.33	2.31	2.23	2.22
20	木材加工及木、竹、藤、棕、草制品业	7.72	6.56	6.07	0.96	0.88	0.83
21	家具制造业	14.48	13.16	12.56	1.82	1.78	1.73
22	造纸及纸制品业	10.92	10.24	10.08	1.37	1.36	1.37
23	印刷业和记录媒介的复制	9.62	9.45	9.56	1.14	1.25	1.30
24	文教体育用品制造业	15.44	14.29	14.92	1.92	1.93	2.05
25	石油加工、炼焦及核燃料加工业	4.92	4.51	4.60	0.61	0.60	0.63
26	化学原料及化学制品制造业	7.74	7.27	7.32	0.97	0.98	1.00
27	医药制造业	7.74	7.02	6.55	0.97	0.94	0.89
28	化学纤维制造业	38.87	37.21	37.63	4.84	4.97	5.10
29	橡胶制品业	9.56	8.88	9.33	1.17	1.15	1.25
30	塑料制品业	15.12	14.07	14.03	1.88	1.88	1.91
31	非金属矿物制品业	5.33	4.70	4.57	0.67	0.63	0.62
32	黑色金属冶炼及压延加工业	3.60	3.42	3.61	0.46	0.47	0.50
33	有色金属冶炼及压延加工业	6.76	6.17	6.50	0.83	0.83	0.89
34	金属制品业	11.68	10.69	9.73	1.46	1.44	1.33
35	通用设备制造业	11.99	10.31	10.68	1.50	1.38	1.46
36	专用设备制造业	6.47	5.89	6.13	0.81	0.79	0.84
37	交通运输设备制造业	7.72	6.86	6.48	0.98	0.92	0.88
39	电气机械及器材制造业	12.02	11.08	10.89	1.50	1.48	1.47
40	通信设备、计算机及其他电子设备制造业	3.89	3.34	3.54	0.48	0.45	0.49
41	仪器仪表及文化、办公用机械制造业	10.14	10.79	11.32	1.28	1.46	1.56
42	工艺品及其他制造业	16.45	14.90	13.87	2.06	2.00	1.89
43	废弃资源和废旧材料回收加工业	20.47	15.00	14.83	2.49	2.00	1.98
44	电力、热力的生产和供应业	8.59	8.41	8.17	1.06	1.12	1.11
45	燃气生产和供应业	5.86	5.25	5.91	0.72	0.70	0.80
46	水的生产和供应业	9.38	9.54	9.72	1.19	1.26	1.30

资料来源：中国产业竞争力数据库。

二 低碳竞争力

1. 碳生产率

2008 年，浙江省农业，工业，建筑业，交通运输、仓储及邮政业，批发、零售业和住宿、餐饮业的终端能源消耗产生的二氧化碳排放总量为23660.67万吨。其中，工业终端能源消耗产生的碳排放为19391.56万吨，占排放总量的82%；交通运输、仓储及邮政业能源消耗产生的碳排放是浙江省总排放的第二大组成部分，排放量为2138.60万吨，占总排放的9%；农业、建筑业与批发、零售业和住宿、餐饮业三个产业的总排放占总排放量的9%。2009年，浙江省五个产业终端能源消耗产生的二氧化碳排放总量上升至23907.42万吨，上升1%。其中，工业排放仍然占据了该省碳排放的主要部分，为19383.79万吨，占总排放量的81.08%，与江苏省不同，其工业排放总量有所下降，从2008年的19391.56万吨降低到19383.79万吨，下降7.77万吨，同时，在总排放中的比重也有所降低；农业排放总量和占比都有所下降；建筑业，交通运输、仓储及邮政业，批发、零售业和住宿、餐饮业的排放总量及占比都有所上升，值得一提的是，交通运输、仓储及邮政业碳排放量增加66.29万吨，占比提高到9.22%，排放量增加最多的是批发、零售业和住宿、餐饮业，增加了137.35万吨，增长了14%。交通运输、仓储及邮政业与批发、零售业和住宿、餐饮业碳排放的增加是该省碳排放增加的主要原因。

2008年，浙江省平均碳生产率为0.67万元/吨，2009年进一步提高到0.69万元/吨，上升3%。浙江省的碳生产率比江苏省高，而且逐年增加。三个地区相比，截至2009年底，碳生产率最高的是浙江省，其次是上海市，最低的是江苏省。但是碳生产率的增长率上海市位居第一，2009年比2008年增长15.67%，浙江省上升3%，江苏省不仅没有上升，反而下降了0.6%。

从单个产业的碳生产率来看，2008年，浙江省碳生产率最高的是建筑业，为2.71万元/吨；其次是批发、零售业和住宿、餐饮业，为2.35万元/吨；最低的是交通运输、仓储及邮政业，为0.39万元/吨。另外工业为0.53万元/吨，与上海市2008年工业碳生产率相同。比较三个地区（浙江省、江苏省及上海市）的平均碳生产率，可以得出，工业碳生产率对平均碳生产率的影响非常显著。尽管江苏省除工业外的其他产业的碳生产率都远高于上海市与浙江省，如2008年，江苏省批发、零售业和住宿、餐饮业碳生产率为6.66万元/吨，远高于上海市和浙江省，但是平均碳生产率却相对较低。2009年，浙江省五个产业中，除了建筑业与批发、零售业和住宿、餐饮业以外，其他产业的碳生产率都有不同程度的提高，农业增加至1.68万元/吨，提高7%；工业增加至0.54万元/吨，提高

2%；交通运输、仓储及邮政业增加至 0.4 万元/吨，提高 2%。建筑业基本保持不变，而批发、零售业和住宿、餐饮业的碳生产率从 2.35 万元/吨降低到 2.28 万元/吨，降低 3%。与江苏省和上海市不同的是，浙江省批发、零售业和住宿、餐饮业的碳生产率不升反降，这与该产业的碳排放增加不无关系。

表 2　浙江省各产业碳排放与碳生产率指标

单位：万吨，万元/吨

产　业	二氧化碳排放量		碳生产率	
	2008 年	2009 年	2008 年	2009 年
农　业	699.86	693.26	1.57	1.68
工　业	19391.56	19383.79	0.53	0.54
建筑业	457.77	515.27	2.71	2.70
交通运输	2138.60	2204.89	0.39	0.40
批发零售	972.88	1110.22	2.35	2.28

注：二氧化碳排放量 = Σ能源消耗量 × 碳排放因子。分类别的终端能源消耗量数据来自《中国能源统计年鉴》（2009、2010），而各类别能源的碳排放因子参照 IPCC 排放清单上的计算公式，根据《中国能源统计年鉴》中各种能源对应的热值，计算出相应种类能源的排放因子。交通运输指交通运输、仓储及邮政业，批发零售指批发、零售业和住宿、餐饮业，方便列表故简写。

资料来源：根据《浙江省统计年鉴》（2009、2010），《中国能源统计年鉴》（2009、2010）数据计算得出。

2. 影响碳生产率的因素

能源消费与利用效率是影响碳生产率的主要因素。首先，碳生产率与产业类别有关，三次产业中碳生产率最高的是第三产业，碳生产率最低的是第二产业。其次，是能源结构。能源结构与能源利用效率是影响二氧化碳排放量的主要因素。不同种能源的利用效率不同，产生的二氧化碳量有所不同，因为其碳排放因子不同。与江苏省不同，在浙江省 2008 年的能源结构中，第一产业消耗的柴油导致的碳排放占总排放的 84%，而江苏省消耗的是汽油和柴油，由于柴油的排放因子比汽油低，因此这是导致浙江省的农业碳生产率比江苏省低的原因之一。浙江省的工业能源消耗主要以电力、原煤、焦炭和热力为主，这四种能源产生的二氧化碳排放量占工业总排放量的 87%。第三产业中，交通运输、仓储及邮政业的能源消耗以汽油和柴油为主，这些能源产生的碳排放占交通运输、仓储及邮政业总排放的 80%。浙江省的碳生产率有别于江苏省、上海市，批发、零售业和住宿、餐饮业对该省的碳排放有较重要的影响。2009 年，该省农业能源结构基本不变，柴油消耗导致的二氧化碳排放量仍然占到农业总排放量的84%，农业的碳生产率虽然有所提高，但是相比于江苏省还是低很多。工业能源消耗结构与2008年相比也没有变化，这四种能源产生的二氧化碳排放量占总排放量的比重为87.43%。虽然工业排放量占总排放量的比重较大，但是工业的碳生产率本身在提高，而且第三产业的增加值在国民生产总值中的比重在逐步增加，因此，导致浙江省的碳生产率比江苏省高，和上海市同期持平。

从能源利用效率来看，浙江省的能源利用效率位居全国前列，能源利用效率高，碳生产率相应就会较高。2009年，浙江省单位GDP能耗为0.74吨标准煤/万元，下降5.41%，在全国位居第四；从单位工业增加值能耗这一指标看，浙江省为1.12吨标准煤/万元，同比下降4.96%，位居全国第六。能源利用效率的提高部分得益于技术进步。浙江省2008年用于科技活动的经费为619.52亿元，占GDP总额的2.89%，其中，研究与实验发展经费为345.76亿元，占GDP总额的1.6%；2009年该省用于科技活动的经费增加至717.08亿元，占GDP比重为3.12%，同比增长15.75%，而研发经费支出同比增长15.35%；2010年，科技活动投入支出为832.44亿元，比2009年增长16.09%，其中，研发经费支出为494.23亿元，同比增长23.92%。同时，该省科技活动获得显著成效。2008年，专利授权合计52955项，其中，发明3269项，实用新型专利授权20002项；2009年，专利授权合计79945项，同比增加50.97%，其中，发明4818项，同比增加47.38%，实用新型专利25295项，增加26.46%；2010年，授权专利项增加至114643项，比上年增长43.4%。2008~2010年，浙江省大中型企业的研发经费支出约占全省研发经费支出的55%，其中对技术购买、引进、改造、消化吸收等支出占该省科技活动经费支出的40.87%，技术的改进促进了该省单位GDP能耗的降低和碳生产率的提高。

三　经验与借鉴

在长三角地区，浙江省整体工业竞争力最强，主要表现在有竞争力的行业多，而且竞争优势明显。浙江省39个工业行业中竞争力很强的行业有17个，江苏省有11个，上海有7个。长三角地区有明显的集聚效应，三个地区尽管各有特色，但是都在仪器仪表及文化、办公用机械制造业，电气机械及器材制造业，通用设备制造业等行业有很强的竞争优势。江苏省和浙江省共同点更多，化学纤维制造业，纺织业，文教体育用品制造业，纺织服装、鞋、帽制造业等行业在这两个地区竞争力都很强。

碳生产率的高低与能源结构、产业结构密切相关，工业碳生产率是地区平均碳生产率高低的重要决定因素。就碳生产率指标来讲，江苏省最低，上海市最高且增长最快，这与三个地区的产业结构相关，服务业在三次产业中碳生产率最高，而工业最低。上海市已经形成服务业占主导的产业结构，工业在 GDP 总额的比重低于服务业，而且服务业近年来发展迅速，这是上海市碳生产率高而且增长最快的原因之一。工业在江苏省和浙江省仍然占主导地位，但是浙江省工业碳生产率与上海市相当，整体碳生产率比江苏省高。江苏省工业碳生产率最低，技术进步不能抵消碳排放量的增加，这导致碳生产率略有下降。

浙江省较高的碳生产率源于低碳发展理念。首先，浙江省工业竞争力整体很强，竞争优势集中于高新技术产业或者碳排放较低的产业；其次，该省产业结构即将实现从工业主导向服务业主导转型升级，这两方面都有助于低碳竞争力的提升。如杭州市以低碳为理念，建设“六位一体”的低碳城市，即低碳经济、低碳建筑、低碳交通、低碳生活、低碳环境、低碳社会，计划到 2020 年该市的万元生产总值碳排放比 2005 年降低 50% 左右，同时产业结构也将“低碳化”。预计到 2020 年，杭州市服务业增加值占生产总值的比重将达到 60% 以上，文化创意产业增加值占生产总值比重达到 18% 以上，高新技术产业增加值占工业增加值比重达到 35% 以上，届时杭州市将打造一批二氧化碳“零排放”企业，实现低碳技术和低碳产品的全面推广。

B.20

广东产业低碳竞争力

刘 昶*

广东省是全国经济规模最大的省，2010 年该省的生产总值为 4.6 万亿元，在全国排名第 1，高出第 2 名江苏省 4588 亿元，经济总量连续 22 年居全国首位，同时，人均地区生产总值为 4.47 万元，在全国排名第 7。广东省的工业、第三产业都是全国规模最大的，2010 年工业、第三产业生产总值分别为 2.15 万亿元、2.07 万亿元，排名全国第 1，第三产业中的批发和零售业、住宿和餐饮业、金融业、房地产业的生产总值都排名全国第 1，交通运输、仓储及邮政业排名全国第 2。

一 产业竞争力评估

本文使用市场占有率和显示比较优势指数这两个指标来衡量产业竞争力。某地区某产业的市场占有率就是该地区该产业的增加值占全国相应产业增加值的比例。某省某产业的显示比较优势指数是用该省该产业的增加值与该省各行业的增加值总额的商除以该产业的全国增加值总额与全国各行业的增加值总额的商得到，它衡量了一个地区的某个产业在全国的竞争力。显示比较优势指数不是直接分析比较优势或产业结构形式的决定因素，而是从产业增加值的结果来间接地考察比较优势。显示比较优势指数的值大于 1，表示该地区该产业的增加值在该地区的比重大于其在全国的比重，说明在全国的产业分工中，该地区该产业在全国具有比较优势，具有一定的竞争力；值小于 1，表示该地区该产业在全国不具有比较优势，竞争力相对较弱；值接近 1，表示中性的相对比较优势，没有相对比较优势或劣势。

---

* 刘昶，中国社会科学院工业经济研究所助理研究员。

1. 市场占有率

广东省三次产业在全国的市场占有率显示，2010 年三次产业的占有率分别为5.6%、12.3%、12.0%，占有率最高的产业是工业、住宿和餐饮业、金融业、房地产业，分别占13.3%、13.3%、12.7%、12.6%，是广东省的优势产业。第一产业、建筑业是较弱的产业。从2007～2010 年的变化趋势看，广东省经济在全国的比重有所下降，从2007 年的11.7%下降到2010 年的11.5%，其中，三次产业都有所下降，但整体下降幅度不大。上升幅度最大的行业是交通运输、仓储及邮政业，占有率比2007 年上升了约1 个百分点，下降幅度最大的行业有3 个，包括房地产业、金融业、建筑业，分别下降了2.9 个、1.9 个和0.9 个百分点（见表1）。

表1　广东省三次产业的市场占有率

单位：%

产　业	2007 年	2008 年	2009 年	2010 年
全部	11.69	11.37	11.58	11.47
第一产业	5.92	5.85	5.71	5.64
第二产业	12.67	12.35	12.32	12.27
工业	13.49	13.25	13.38	13.34
建筑业	6.73	6.13	5.93	5.81
第三产业	12.08	11.67	12.19	11.97
交通运输、仓储及邮政业	8.59	8.48	9.54	9.62
批发和零售业	13.40	12.63	13.48	13.00
住宿和餐饮业	12.91	12.78	13.29	13.32
金融业	14.58	14.25	12.85	12.67
房地产业	15.51	14.99	13.24	12.61
其他	10.73	10.38	11.65	11.48

资料来源：历年《中国统计年鉴》。

本文还将工业细分为39 个子行业，考察了各工业细分行业的市场占有率。从广东省各产业在全国的市场占有率可以看出，广东省的优势产业数量很多（见表2）。2010 年，在39 个工业行业中，广东省市场占有率在20%以上的行业有11 个，在5%以上、20%以下的有22 个，市场占有率最高的5 个工业行业是废弃资源和废旧材料回收加工业，通信设备、计算机及其他电子设备制造业，文教体育

表2 广东省各工业行业在全国的市场占有率

单位：%

行　　业	2008年	2009年	2010年
煤炭开采和洗选业	0.00	0.00	0.00
石油和天然气开采业	7.84	6.50	6.10
黑色金属矿采选业	2.58	2.65	2.92
有色金属矿采选业	3.36	3.27	3.26
非金属矿采选业	7.70	8.37	8.61
其他采矿业	0.00	0.00	0.00
农副食品加工业	6.12	5.37	5.20
食品制造业	9.75	9.70	9.72
饮料制造业	7.95	8.12	7.13
烟草制品业	6.19	6.63	6.45
纺织业	8.07	8.30	9.02
纺织服装、鞋、帽制造业	18.22	18.43	18.58
皮革、毛皮、羽毛（绒）及其制品业	19.96	18.88	19.48
木材加工及木、竹、藤、棕、草制品业	7.72	6.70	7.19
家具制造业	27.09	25.20	24.88
造纸及纸制品业	16.78	15.02	15.78
印刷业和记录媒介的复制	24.00	24.20	23.38
文教体育用品制造业	34.86	34.09	34.52
石油加工、炼焦及核燃料加工业	8.47	8.91	9.52
化学原料及化学制品制造业	9.09	8.64	8.45
医药制造业	6.12	6.35	6.53
化学纤维制造业	3.87	3.50	3.70
橡胶制品业	7.67	7.42	7.09
塑料制品业	24.43	23.92	23.79
非金属矿物制品业	10.37	9.24	9.36
黑色金属冶炼及压延加工业	3.27	3.23	3.72
有色金属冶炼及压延加工业	8.56	8.76	8.19
金属制品业	20.44	20.22	20.22
通用设备制造业	6.13	5.66	5.42
专用设备制造业	7.85	7.07	6.80
交通运输设备制造业	10.29	10.01	9.35
电气机械及器材制造业	23.49	21.34	21.16
通信设备、计算机及其他电子设备制造业	34.84	35.15	34.90
仪器仪表及文化、办公用机械制造业	27.28	23.35	21.92
工艺品及其他制造业	25.90	24.16	26.14
废弃资源和废旧材料回收加工业	29.51	31.13	36.95
电力、热力的生产和供应业	12.21	11.58	11.01
燃气生产和供应业	18.80	17.94	17.65
水的生产和供应业	23.41	22.09	21.64

资料来源：历年《中国统计年鉴》。

用品制造业，工艺品及其他制造业，家具制造业，市场占有率分别为36.95%、34.90%、34.52%、26.14%和24.88%，其次是塑料制品业，印刷业和记录媒介的复制，仪器仪表及文化、办公用机械制造业，水的生产和供应业，电气机械及器材制造业。从2008～2010年的变化趋势看，2008年以来，广东省很多工业行业在全国的市场占有率下降，只有11个行业是上升的。2010年相比于2008年市场占有率上升幅度最大的是废弃资源和废旧材料回收加工业，石油加工、炼焦及核燃料加工业，2010年的占有率分别为36.95%、9.52%，分别比2008年上升了7.44个、1.05个百分点。市场占有率下降幅度超过1个百分点的行业有10个，下降幅度最大的是仪器仪表及文化、办公用机械制造业，电气机械及器材制造业，家具制造业，均为一些原有的优势产业，2010年的占有率分别为21.92%、21.16%和24.88%，分别比2008年下降了5.36个、2.33个和2.21个百分点。

2. 显示比较优势指数

广东省三次产业的显示比较优势指数（见表3）反映出广东省在全国竞争力最强的产业是工业、住宿和餐饮业、批发和零售业、金融业、房地产业，比较优势指数均大于1，竞争力较弱的产业是第一产业，建筑业，交通运输、仓储及邮政业，这一结果与市场占有率（见表1）的结果一致。

表3　广东省三次产业的显示比较优势指数

产　业	2007年	2008年	2009年	2010年
第一产业	0.51	0.51	0.49	0.49
第二产业	1.08	1.09	1.06	1.07
工业	1.15	1.17	1.16	1.16
建筑业	0.58	0.54	0.51	0.51
第三产业	1.03	1.03	1.05	1.04
交通运输、仓储及邮政业	0.73	0.75	0.82	0.84
批发和零售业	1.15	1.11	1.16	1.13
住宿和餐饮业	1.10	1.12	1.15	1.16
金融业	1.25	1.25	1.11	1.10
房地产业	1.33	1.32	1.14	1.10
其他	0.92	0.91	1.01	1.00

资料来源：历年《中国统计年鉴》。

表4列示了广东省各工业行业的显示比较优势指数。2010年，广东省显示比较优势指数大于1的行业有15个，小于1的有24个，其中，5个行业的指数

表 4　广东省各工业行业的显示比较优势指数

行　业	2008 年	2009 年	2010 年
煤炭开采和洗选业	0.00	0.00	0.00
石油和天然气开采业	0.57	0.55	0.49
黑色金属矿采选业	0.21	0.22	0.25
有色金属矿采选业	0.26	0.27	0.27
非金属矿采选业	0.62	0.69	0.73
其他采矿业	0.00	0.00	0.00
农副食品加工业	0.48	0.44	0.42
食品制造业	0.75	0.78	0.81
饮料制造业	0.61	0.65	0.58
烟草制品业	0.44	0.47	0.45
纺织业	0.63	0.67	0.75
纺织服装、鞋、帽制造业	1.42	1.49	1.52
皮革、毛皮、羽毛(绒)及其制品业	1.55	1.53	1.59
木材加工及木、竹、藤、棕、草制品业	0.62	0.55	0.59
家具制造业	2.10	2.04	2.03
造纸及纸制品业	1.30	1.21	1.29
印刷业和记录媒介的复制	1.88	1.96	1.91
文教体育用品制造业	2.71	2.73	2.81
石油加工、炼焦及核燃料加工业	0.65	0.71	0.77
化学原料及化学制品制造业	0.71	0.70	0.70
医药制造业	0.49	0.53	0.55
化学纤维制造业	0.30	0.29	0.31
橡胶制品业	0.59	0.61	0.58
塑料制品业	1.90	1.93	1.94
非金属矿物制品业	0.82	0.75	0.78
黑色金属冶炼及压延加工业	0.26	0.27	0.31
有色金属冶炼及压延加工业	0.67	0.71	0.67
金属制品业	1.60	1.63	1.65
通用设备制造业	0.48	0.46	0.44
专用设备制造业	0.61	0.57	0.55
交通运输设备制造业	0.80	0.80	0.76
电气机械及器材制造业	1.82	1.75	1.76
通信设备、计算机及其他电子设备制造业	2.72	2.83	2.85
仪器仪表及文化、办公用机械制造业	2.10	1.86	1.78
工艺品及其他制造业	2.02	1.95	2.16
废弃资源和废旧材料回收加工业	2.27	2.50	3.04
电力、热力的生产和供应业	0.95	0.93	0.90
燃气生产和供应业	1.50	1.43	1.44
水的生产和供应业	1.81	1.77	1.76

资料来源：历年《中国统计年鉴》。

值超过2，8个行业的指数值在1.5~2，是优势较强的行业。比较优势最大的行业有废弃资源和废旧材料回收加工业，通信设备、计算机及其他电子设备制造业，文教体育用品制造业，工艺品及其他制造业，家具制造业，这5个行业的显示比较优势指数都大于2。从2008~2010年的变化趋势看，在这5个优势行业中，除家具制造业外，其余4个行业的优势在进一步增强，废弃资源和废旧材料回收加工业的优势增强最为明显，指数从2008年的2.3上升到2010年的3.0。与2008年相比，2010年竞争优势提高的行业有19个，提高幅度较大的行业有废弃资源和废旧材料回收加工业，通信设备、计算机及其他电子设备制造，文教体育用品制造业，工艺品及其他制造业，均为原有的优势产业，指数提高幅度均超过0.1，优势进一步增强。结合市场占有率和显示比较优势指数的结果，将市场占有率大于8%且显示比较优势指数大于2.5的行业定义为竞争力极强的行业，广东省2010年竞争力极强的行业有3个：废弃资源和废旧材料回收加工业，通信设备、计算机及其他电子设备制造业，文教体育用品制造业。这3个行业在2008~2009年都保持着很强的竞争优势。

二 低碳竞争力

1. 碳生产率

碳生产率的计算方法是用某产业的增加值除以该产业二氧化碳排放量，即该产业的单位二氧化碳排放量的增加值，衡量了该产业的能源消耗带来的经济价值，是成本效益的分析。某地区某产业的二氧化碳排放量是用该地区该产业的能源终端消费实物量乘以各种能源的排放系数再相加得到。例如，某产业消耗原煤1万吨，原油1万吨，电力1亿千瓦小时，三种能源的二氧化碳排放系数分别为2.03、3.07和3.5，则该产业的二氧化碳排放量为8.6万吨。各种能源的二氧化碳排放系数是根据IPCC排放清单的计算公式和《中国能源统计年鉴》上各种能源对应的热值计算得到的，结果见表5。地区的各产业增加值数据来源于历年《中国统计年鉴》，地区的各产业的能源终端消费实物量来源于历年《中国能源统计年鉴》中“地区实物量能源平衡表”中的终端消费量。

表5　各能源的二氧化碳排放折算系数和碳能源效率

能源品种	折二氧化碳(万吨)	折标准煤(万吨)	二氧化碳/单位标准煤
原煤(万吨)	2.04	0.71	2.85
洗精煤(万吨)	2.59	0.90	2.88
其他洗煤(万吨)	0.96	0.35	2.79
型煤(万吨)	0.75	0.29	2.63
焦炭(万吨)	3.04	0.97	3.13
焦炉煤气(亿立方米)	7.55	6.00	1.26
其他煤气(亿立方米)	7.10	5.90	1.20
其他焦化产品(万吨)	2.70	1.14	2.36
原油(万吨)	3.07	1.43	2.15
汽油(万吨)	2.98	1.47	2.03
煤油(万吨)	3.17	1.47	2.15
柴油(万吨)	3.16	1.46	2.17
燃料油(万吨)	3.07	1.43	2.15
液化石油气(万吨)	3.17	1.71	1.85
炼厂干气(万吨)	2.65	1.57	1.69
其他石油制品(万吨)	3.07	1.43	2.15
天然气(亿立方米)	21.84	13.30	1.64
热力(万百万千焦)	0.10	0.03	2.84
电力(亿千瓦小时)	3.50	1.23	2.85

资料来源：《中国能源统计年鉴》，IPCC排放清单。

表6为全国的碳生产率，在农业，工业，建筑业，交通运输、仓储及邮政业，批发、零售业和住宿、餐饮业五大产业中，工业是二氧化碳排放最多的，2009年为40.2亿吨，其碳生产率是最低的，只有0.34万元/吨二氧化碳；其次是交通运输、仓储及邮政业，排放4.7亿吨二氧化碳，碳生产率为0.36万元/吨。中国的碳生产率在逐年提高，从2007年的0.52万元/吨提高到2009年的0.61万元/吨。原因之一是工业在经济中的比例下降，第三产业比例上升。这是由工业的特点决定的，要减少二氧化碳排放，提高碳生产率，就要减少高能耗的重工业在经济中的比例，提高低能耗的服务业的比例。

表6　全国二氧化碳排放量和碳生产率

单位：亿吨，万元/吨

产　业	二氧化碳排放量			碳生产率		
	2007年	2008年	2009年	2007年	2008年	2009年
农、林、牧、渔、水利业	1.07	1.03	1.07	2.67	3.27	3.28
工业	36.99	38.40	40.24	0.30	0.34	0.34
建筑业	0.81	0.73	0.88	1.89	2.57	2.53
交通运输、仓储及邮政业	4.41	4.57	4.71	0.33	0.36	0.36
批发、零售业和住宿、餐饮业	0.93	0.91	1.02	2.84	3.60	3.53
五大产业合计	44.21	45.64	47.93	0.44	0.51	0.51
全　部	51.16	52.76	55.46	0.52	0.60	0.61

资料来源：根据《中国统计年鉴》和《中国能源统计年鉴》历年数据计算而得。

本文计算了广东省二氧化碳排放量和碳生产率（见表7）。广东省在2009年的二氧化碳排放量为4.10亿吨，碳生产率为0.96万元/吨，高于全国平均水平。这主要是由于二氧化碳排放最多的工业的碳生产率为0.65万元/吨，接近全国平均水平的2倍。而碳排放次多的交通运输、仓储及邮政业的碳生产率低于全国平均水平。与2007年相比，2009年的二氧化碳排放量增长了15%，同时地区生产总值增长了27%，碳生产率从0.87万元/吨提高到0.96万元/吨，五大产业的碳生产率均有小幅度的提高，工业的碳生产率从0.62万元/吨提高到0.65万元/吨，建筑业、农业的提高幅度最大，但由于排放量少，对总体碳生产率的影响不大。

表7　广东省二氧化碳排放量和碳生产率

单位：亿吨，万元/吨

项　目	二氧化碳排放量			碳生产率		
	2007年	2008年	2009年	2007年	2008年	2009年
农、林、牧、渔、水利业	0.07	0.07	0.07	2.47	2.81	2.97
工业	2.42	2.61	2.77	0.62	0.66	0.65
建筑业	0.03	0.03	0.03	3.18	3.56	3.87
交通运输、仓储及邮政业	0.45	0.48	0.51	0.28	0.29	0.31
批发、零售业和住宿、餐饮业	0.13	0.13	0.16	2.63	3.16	3.10
五大产业合计	3.10	3.32	3.53	0.72	0.78	0.79
全　部	3.58	3.84	4.10	0.87	0.93	0.96

资料来源：根据《中国统计年鉴》和《中国能源统计年鉴》历年数据计算而得。

2. 碳生产率的影响因素

影响碳生产率的直接因素是产业结构和能源结构。产业结构中，同样创造1单位价值消耗能源多的产业所占比重大，则碳排放量就大，碳生产率就低。能源结构中，同样产生1单位能量排放二氧化碳量多的能源所占比重大，则碳排放量就大，碳生产率就低。表5的最后一列计算了各种能源产生单位标准煤能量的二氧化碳排放量，可以看出，焦炭、洗精煤、原煤、电力、热力是碳能源率最低的5种能源，产生同样的能量排放的二氧化碳量最多，值在2.8～3.1。随后是柴油、煤油、原油、燃料油、汽油这些油品，单位能源的碳排放值在2.0～2.2。最低的是焦炉煤气、天然气、炼厂干气、液化石油气这些气体燃料，单位能源的碳排放值在1.26～1.85。所以，如果焦炭、原煤、电力在能源结构中的比重大，则碳排放量就大；如果天然气、汽油在能源结构中的比重大，则碳排放量就小。

表8和表9分别为全国和广东省的三次产业结构，用各产业的增加值除以总增加值得到各产业在经济中的比例。2010年，全国经济中第一、第二、第三产业分别占比10.1%、46.8%和43.1%，广东省三次产业分别占比5%、50%和45%。广东省的经济结构中工业和第三产业比例高于全国平均水平，工业仍为最

表8　全国三次产业结构

单位：%

产　业	2007年	2008年	2009年	2010年	2015年	2020年
第一产业	10.8	10.7	10.3	10.1	8.1	7.2
第二产业	47.3	47.4	46.2	46.8	42.0	39.0
工业	41.6	41.5	39.7	40.1	35.8	32.4
建筑业	5.8	6.0	6.6	6.7	6.3	6.6
第三产业	41.9	41.8	43.4	43.1	49.9	53.8
交通运输、仓储及邮政业	5.5	5.2	4.9	4.7	6.7	7.1
批发和零售业	7.9	8.3	8.5	8.9	7.6	7.8
住宿和餐饮业	2.1	2.1	2.1	2.0	2.7	3.0
金融业	4.6	4.7	5.2	5.2	7.9	9.1
房地产业	5.2	4.7	5.5	5.6	6.4	7.1
其他	16.6	16.7	17.2	16.7	18.5	19.7

资料来源：历年《中国统计年鉴》。

大的产业，第三产业其次。从近几年的变化趋势看，广东省的农业和工业的比重有所下降，2010年比2007年分别下降了0.5个、1.4个百分点，第三产业则上升了1.7个百分点，第三产业有较大发展，碳排放次多的交通运输、仓储及邮政业的比重变化不大。碳排放最多的工业的比重下降和第三产业的发展使得碳生产率提高。

表9　广东省三次产业结构

单位：%

产　业	2007年	2008年	2009年	2010年	2015年	2020年
第一产业	5.5	5.5	5.1	5.0	2.3	2.0
第二产业	51.3	51.6	49.2	50.0	51.0	50.6
工业	48.0	48.3	45.8	46.6	46.7	46.0
建筑业	3.3	3.2	3.4	3.4	4.3	4.5
第三产业	43.3	42.9	45.7	45.0	46.8	47.5
交通运输、仓储及邮政业	4.0	3.9	4.0	4.0	4.7	5.0
批发和零售业	9.0	9.3	9.9	10.1	7.8	7.2
住宿和餐饮业	2.3	2.4	2.4	2.3	2.3	2.3
金融业	5.8	5.9	5.8	5.8	7.8	8.5
房地产业	6.9	6.2	6.3	6.1	6.5	6.5
其他	15.2	15.3	17.3	16.7	17.6	18.0

资料来源：历年《中国统计年鉴》。

本文计算了全国和各地区折合二氧化碳排放量的能源结构，以总排放量为100，计算各种能源的二氧化碳排放量占总排放量的比例。2009年，在全国的能源结构中，工业的二氧化碳排放量占总排放量的72.6%，交通运输、仓储及邮政业占8.5%。占总排放量比例最大是工业用原煤、工业用焦炭、工业用电力、交通运输业用柴油，分别占21.5%、17.3%、15.5%和4.5%（见表10）。2009年广东省的能源结构中，工业的二氧化碳排放量占总排放量的67.6%，低于全国平均值的72.6%，交通运输、仓储及邮政业占12.4%（见表11）。占总排放量比例最大是工业用原煤、电力，分别占19.7%、18.9%，工业用焦炭并不高，只有3.3%。工业使用的煤占总排放量的比例为27.9%，远低于全国平均水平（45%），油品和电力分别占18.1%、18.9%，高于全国平均值的7.2%、15.5%。能源效率低的煤用量少，能源效率高的油品用量大，使得广东省的碳生产率较高。广东省的优势行业是废弃资源和废旧材料回收加工业，通信设备、计算机及其他电子设备制造业，文教体育用品制造业等行业，没有钢铁等高耗能产业，对煤的需求较小。

表 10　2009 年全国折合二氧化碳排放量的能源结构

单位：%

产　业	煤合计	原煤	焦炭	油品合计	汽油	柴油	天然气	热力	电力	合计
农、林、牧、渔、水利业	0.6	0.6	0.0	0.7	0.1	0.6	0.0	0.0	0.6	1.9
工业	45.0	21.5	17.3	7.2	0.4	1.3	1.6	3.2	15.5	72.6
建筑业	0.2	0.2	0.0	1.1	0.1	0.2	0.0	0.0	0.3	1.6
交通运输、仓储及邮政业	0.2	0.2	0.0	7.5	1.6	4.5	0.3	0.0	0.4	8.5
批发零售业和住宿、餐饮业	0.7	0.7	0.0	0.2	0.1	0.1	0.1	0.1	0.7	1.8
五大产业合计	46.8	23.2	17.4	16.8	2.2	6.7	2.0	3.3	17.5	86.4
全　部	50.8	26.7	17.4	19.9	3.3	7.8	2.8	4.6	21.9	100.0

资料来源：根据《中国统计年鉴》和《中国能源统计年鉴》历年数据计算而得。

表 11　2009 年广东省折合二氧化碳排放量的能源结构

单位：%

产　业	煤合计	原煤	焦炭	油品合计	汽油	柴油	电力	合计
农、林、牧、渔、水利业	0.3	0.3	0.0	0.8	0.1	0.6	0.6	1.7
工业	27.9	19.7	3.3	18.1	0.5	4.3	18.9	67.6
建筑业	0.0	0.0	0.0	0.4	0.2	0.2	0.4	0.8
交通运输、仓储及邮政业	0.0	0.0	0.0	12.0	3.6	5.9	0.4	12.4
批发零售业和住宿、餐饮业	0.2	0.2	0.0	1.5	0.4	0.8	1.7	3.8
五大产业合计	28.4	20.2	3.3	32.8	4.9	11.9	22.0	86.3
全　部	28.9	20.4	3.3	38.3	7.0	12.1	29.3	100

资料来源：根据《中国统计年鉴》和《中国能源统计年鉴》历年数据计算而得。

在政策方面，广东省出台了新修订的《广东省节约能源条例》，制定了全省钢铁、电力、石化等 8 个重点耗能行业能耗限额，初步建立了地方节能标准体系，加大财政投入力度，设立了省节能专项资金，每年投入 2 亿元支持开展节能技术改造等重大节能工程；设立了每年 1 亿元的节能减排与可再生能源重大科技专项；设立了省淘汰落后钢铁产能专项资金、淘汰落后水泥产能专项资金，累计已拨付补贴资金 2.8 亿元；省财政有关专项资金对节能项目予以重点支持。实行差别电价和惩罚性电价，发挥价格杠杆作用。

三　经验与借鉴

1. 发展低能耗工业，提高碳生产率

广东省是全国的工业大省，有大量的优势产业，其中高耗能的工业并不是主导产业。2010 年，石油加工、炼焦及核燃料加工业，非金属矿物制品业，有色金属冶炼及压延加工业，黑色金属冶炼及压延加工业的行业比较优势指数在 39 个工业行业中排第 18、第 19、第 24 和第 34 位。这使得广东省的节能指标一直处于全国领先水平。广东省的单位工业增加值能耗为全国最先进水平，2010 年广东省单位 GDP 能耗和单位工业增加值能耗分别为 0.664 吨标准煤/万元和 0.753 吨标准煤/万元，仅为全国平均水平的 65% 和 40%，连续 5 年处于全国领先水平。"十一五"时期，广东省单位 GDP 能耗和工业增加值能耗累计分别下降 16.4% 和 29.4%。

2. 转变粗放式经济增长方式，提高经济增加值

改革开放以来，广东省以外源引进为主的粗放型发展模式实现了经济的快速发展，整体上依赖比较优势发展的低端资源密集、劳动密集传统产业，在全球产业链中处于附加值低的劣势地位，附加值不高制约了经济增加值的增长。产业结构的重型化趋势也阻碍了低碳竞争力的提升。广东省工业内部中轻重工业比已达到 4∶6，重工业发展快于轻工业趋势明显。广东省提高低碳竞争力需要转变经济发展方式，重化工业发展应延长产业链，向高附加值方面发展，限制高耗能工业的发展，并促进第三产业发展。

B.21
福建产业低碳竞争力

刘 昶*

位于东南沿海的福建省是经济比较发达的地区，该省2010年的生产总值为1.47万亿元，位列全国第12名，人均地区生产总值为4万元，排第10名。福建省的三次产业产值在全国分别排第12、第10和第13名，排名最前的是第三产业中的金融业，位列第7名，处于较领先的地位。

一 产业竞争力评估

1. 市场占有率

福建省三次产业在全国的市场占有率很平均，都在3%~4%，反映出福建省三次产业发展与全国平均水平大体相当，没有明显的优势和劣势产业。福建省2010年的生产总值占全国的3.7%，三次产业的市场占有率分别为3.4%、4.0%和3.4%。市场占有率最高的产业是交通运输、仓储及邮政业，建筑业和工业，分别占4.6%、4.2%和4.0%。从变化趋势看，2007年以来，福建省经济在全国的比重持续增长，2010年比2007年上升了0.2个百分点。各产业的市场占有率大多都有小幅度提升，上升幅度最大的行业是住宿和餐饮业、建筑业、金融业，市场占有率比2007年上升了0.7~0.8个百分点，房地产业下降了0.5个百分点，下降幅度最大（见表1）。

2010年，在39个工业行业中福建省的优势产业数量比较多，在全国的市场占有率超过10%的行业有1个，在5%~10%的有8个，在4%~5%的有6个（见表2）。市场占有率最高的5个工业行业是皮革、毛皮、羽毛（绒）及其制品业，工艺品及其他制造业，纺织服装、鞋、帽制造业，化学纤维制造业，木材加工及木、竹、藤、棕、草制品业，市场占有率分别为19.8%、9.5%、9.3%、6.5%

* 刘昶，中国社会科学院工业经济研究所助理研究员。

表 1　福建省三次产业的市场占有率

单位：%

项　目	2007 年	2008 年	2009 年	2010 年
全部	3.48	3.45	3.59	3.67
第一产业	3.50	3.44	3.36	3.36
第二产业	3.62	3.63	3.81	4.01
工业	3.64	3.65	3.78	3.98
建筑业	3.47	3.52	4.01	4.21
第三产业	3.32	3.24	3.41	3.38
交通运输、仓储及邮政业	4.45	4.49	4.49	4.59
批发和零售业	3.86	3.63	3.60	3.67
住宿和餐饮业	2.50	2.38	3.32	3.30
金融业	2.95	3.15	3.45	3.66
房地产业	3.49	3.17	3.52	3.04
其他	2.84	2.80	2.97	2.92

资料来源：历年《中国统计年鉴》。

表 2　福建省各工业行业在全国的市场占有率

单位：%

行　业	2008 年	2009 年	2010 年
煤炭开采和洗选业	0.79	0.78	0.70
石油和天然气开采业	0.00	0.00	0.00
黑色金属矿采选业	3.40	3.39	4.01
有色金属矿采选业	1.81	1.55	1.56
非金属矿采选业	3.30	3.31	3.17
其他采矿业	0.00	0.00	0.00
农副食品加工业	3.16	3.31	3.52
食品制造业	4.46	4.43	4.90
饮料制造业	3.93	3.99	4.14
烟草制品业	3.20	3.10	2.81
纺织业	3.71	3.86	3.90
纺织服装、鞋、帽制造业	9.09	9.30	9.25
皮革、毛皮、羽毛(绒)及其制品业	18.19	18.90	19.81
木材加工及木、竹、藤、棕、草制品业	5.79	6.33	6.22
家具制造业	5.17	4.86	5.02
造纸及纸制品业	4.59	4.78	5.14
印刷业和记录媒介的复制	2.97	2.83	2.79

续表

行　业	2008 年	2009 年	2010 年
文教体育用品制造业	5.23	4.88	4.77
石油加工、炼焦及核燃料加工业	0.90	1.49	2.24
化学原料及化学制品制造业	1.62	1.53	1.64
医药制造业	1.33	1.25	1.24
化学纤维制造业	5.84	6.34	6.46
橡胶制品业	5.66	5.48	5.15
塑料制品业	5.38	5.49	5.48
非金属矿物制品业	4.66	4.36	4.18
黑色金属冶炼及压延加工业	1.69	1.73	1.82
有色金属冶炼及压延加工业	1.59	1.59	1.69
金属制品业	2.40	2.18	2.21
通用设备制造业	1.75	1.75	1.76
专用设备制造业	2.19	2.20	2.25
交通运输设备制造业	1.91	1.71	1.85
电气机械及器材制造业	2.32	2.12	2.22
通信设备、计算机及其他电子设备制造业	3.94	3.87	4.18
仪器仪表及文化、办公用机械制造业	2.93	2.75	3.39
工艺品及其他制造业	9.15	9.59	9.52
废弃资源和废旧材料回收加工业	0.43	0.65	0.83
电力、热力的生产和供应业	3.16	3.20	3.08
燃气生产和供应业	0.89	1.86	2.74
水的生产和供应业	3.18	2.93	2.86

资料来源：历年《中国统计年鉴》。

和6.2%；其次是塑料制品业、橡胶制品业、造纸及纸制品业、家具制造业，占有率在4.8%～5.5%；而石油和天然气开采业、煤炭开采和洗选业、废弃资源和废旧材料回收加工业是竞争力最弱的行业。从变化趋势看，2008年以来，福建省有22个工业行业在全国的市场占有率上升了，其中，市场占有率上升幅度最大的是燃气生产和供应业，皮革、毛皮、羽毛（绒）及其制品业，石油加工、炼焦及核燃料加工业，比2008年上升了1～2个百分点，这3个行业中只有皮革、毛皮、羽毛（绒）及其制品业是福建省传统的优势产业，近年来优势还在不断增强。橡胶制品业、非金属矿物制品业、文教体育用品制造业是市场占有率下降幅度最大的3个行业，但下降幅度仅有0.5个百分点，2010年的占有率分别为5.2%、4.2%和4.8%，仍是优势产业。

2. 显示比较优势指数

从福建省三次产业的显示比较优势指数可以看出，福建省各产业的竞争力接近全国平均水平，没有很强和很弱的产业，比较优势指数在0.8~1.3，接近中性。福建省竞争力最强的产业是交通运输、仓储及邮政业，建筑业，比较优势指数分别为1.25、1.15；竞争优势不明显，竞争力较弱的产业是房地产业、住宿和餐饮业，指数在0.8~0.9，劣势也不明显。2007~2010年，各产业的优势变化不大，比较优势指数值都在1附近。住宿和餐饮业、房地产业分别是比较优势提升、下降最大的产业，幅度小于0.2（见表3）。

表3　福建省三次产业的显示比较优势指数

产　业	2007年	2008年	2009年	2010年
第一产业	1.01	1.00	0.94	0.92
第二产业	1.04	1.05	1.06	1.09
工业	1.04	1.06	1.05	1.08
建筑业	1.00	1.02	1.12	1.15
第三产业	0.95	0.94	0.95	0.92
交通运输、仓储及邮政业	1.28	1.30	1.25	1.25
批发和零售业	1.11	1.05	1.00	1.00
住宿和餐饮业	0.72	0.69	0.92	0.90
金融业	0.85	0.92	0.96	1.00
房地产业	1.00	0.92	0.98	0.83
其他	0.82	0.81	0.83	0.79

资料来源：历年《中国统计年鉴》。

从福建省39个工业行业的显示比较优势指数可以看出，福建省2010年显示比较优势大于1的行业有18个，小于1的有21个，其中，有4个行业的指数值超过2，7个行业的指数值在1.5~2，是优势较强的行业。比较优势最大的行业是皮革、毛皮、羽毛（绒）及其制品业，工艺品及其他制造业，纺织服装、鞋、帽制造业，化学纤维制造业，木材加工及木、竹、藤、棕、草制品业，显示比较优势指数分别为6.3、3、3、2.1和2。与2008年相比，有16个行业的优势指数在2010年提高了，21个行业下降了。比较优势指数变化最大的是燃气生产和供应业，石油加工、炼焦及核燃料加工业，皮革、毛皮、羽毛（绒）及其制品业，这3个行业的比较优势指数上升了0.3~0.6，前两个行业仍然是劣势产业，最具竞争力的皮革、毛皮、羽毛（绒）及其制品业的竞争优势进一步增强（见表4）。

表 4　福建省各工业行业的显示比较优势指数

行　业	2008 年	2009 年	2010 年
煤炭开采和洗选业	0.26	0.25	0.22
石油和天然气开采业	0.00	0.00	0.00
黑色金属矿采选业	1.10	1.07	1.25
有色金属矿采选业	0.64	0.55	0.57
非金属矿采选业	1.07	1.06	0.98
其他采矿业	0.00	0.00	0.00
农副食品加工业	1.08	1.08	1.14
食品制造业	1.50	1.47	1.56
饮料制造业	1.30	1.30	1.32
烟草制品业	1.07	1.02	0.93
纺织业	1.24	1.27	1.25
纺织服装、鞋、帽制造业	3.05	3.07	2.99
皮革、毛皮、羽毛(绒)及其制品业	5.98	6.19	6.32
木材加工及木、竹、藤、棕、草制品业	1.94	2.05	1.98
家具制造业	1.74	1.59	1.59
造纸及纸制品业	1.54	1.58	1.63
印刷业和记录媒介的复制	0.96	0.91	0.88
文教体育用品制造业	1.75	1.63	1.52
石油加工、炼焦及核燃料加工业	0.31	0.52	0.70
化学原料及化学制品制造业	0.53	0.50	0.52
医药制造业	0.46	0.42	0.40
化学纤维制造业	1.99	2.14	2.11
橡胶制品业	1.81	1.74	1.59
塑料制品业	1.82	1.82	1.75
非金属矿物制品业	1.55	1.44	1.33
黑色金属冶炼及压延加工业	0.56	0.57	0.58
有色金属冶炼及压延加工业	0.53	0.52	0.55
金属制品业	0.80	0.72	0.71
通用设备制造业	0.58	0.57	0.56
专用设备制造业	0.73	0.72	0.71
交通运输设备制造业	0.65	0.57	0.60
电气机械及器材制造业	0.77	0.69	0.71
通信设备、计算机及其他电子设备制造业	1.30	1.26	1.34
仪器仪表及文化、办公用机械制造业	0.98	0.90	1.07
工艺品及其他制造业	3.07	3.15	3.01
废弃资源和废旧材料回收加工业	0.13	0.23	0.26
电力、热力的生产和供应业	1.05	1.05	0.98
燃气生产和供应业	0.30	0.61	0.87
水的生产和供应业	1.04	0.95	0.90

资料来源：历年《中国统计年鉴》。

结合市场占有率和显示比较优势指数的结果，福建省2010年有3个行业的市场占有率大于8%且显示比较优势指数大于2.5，是竞争力极强的行业，它们是皮革、毛皮、羽毛（绒）及其制品业，工艺品及其他制造业，纺织服装、鞋、帽制造业。这3个行业在2008～2009年也都是竞争优势极强的行业，其中，皮革、毛皮、羽毛（绒）及其制品业在2010年的市场占有率为19.8%，比较优势指数高达6.3。

二　低碳竞争力

1. 碳生产率

福建省的碳生产率高于全国平均水平，2009年的碳生产率为0.75万元/吨，二氧化碳排放量为1.63亿吨。工业排放的二氧化碳最多，占福建省总排放量的72%，工业的碳生产率比全国高26%，交通运输、仓储及邮政业是二氧化碳排放量第二大产业，占9%，其碳生产率比全国平均水平高44%。与2007年相比，2009年的二氧化碳排放量增长了20%，同时地区生产总值增长了32%，碳生产率提高了0.07万元/吨，工业的碳生产率提高了0.02万元/吨，交通运输、仓储及邮政业下降了0.12万元/吨，农业的提高幅度最大，建筑业则下降了1.12万元/吨（见表5）。

表5　福建省二氧化碳排放量和碳生产率

单位：亿吨，万元/吨

产　业	二氧化碳排放量			碳生产率		
	2007年	2008年	2009年	2007年	2008年	2009年
农、林、牧、渔、水利业	0.06	0.05	0.05	1.62	2.52	2.38
工业	0.98	1.05	1.18	0.41	0.45	0.43
建筑业	0.01	0.02	0.03	4.49	2.68	3.37
交通运输、仓储及邮政业	0.10	0.13	0.15	0.64	0.55	0.52
批发零售业和住宿、餐饮业	0.03	0.03	0.03	3.59	3.64	3.99
五大产业合计	1.18	1.28	1.44	0.61	0.66	0.64
全　部	1.36	1.46	1.63	0.68	0.74	0.75

资料来源：根据《中国统计年鉴》和《中国能源统计年鉴》历年数据计算而得。

2. 碳生产率的影响因素

福建省的三次产业结构与全国平均水平很接近，2010年三次产业的增加值占地区生产总值的比例分别为9.3%、51%和39.7%。其中，工业和第三产业的比重分别略高于和低于全国平均水平3.3个百分点。福建省碳生产率高于全国平均水平主要是由于工业在产业结构中比重最大，而工业的碳生产率明显高于全国平均水平。2007年以来福建省的产业结构变化不大，只有工业的比重在2009年下降了2.2个百分点，但在2010年又回升了1.7个百分点。与2007年相比，各产业在2010年的比重差距都不超过2个百分点，变化幅度最大的是建筑业和第一产业，分别上升和下降了1.9个和1.5个百分点，碳排放较多的交通运输、仓储及邮政业下降了1.1个百分点。总体来说，近几年福建省的产业结构变化不大，碳生产率的提高主要原因是工业的碳生产率提高（见表6）。

表6　福建省三次产业结构

单位：%

产　　业	2007年	2008年	2009年	2010年	2015年	2020年
第一产业	10.8	10.7	9.7	9.3	8.4	7.6
第二产业	49.2	50.0	49.1	51.0	45.5	44.3
工业	43.4	43.9	41.7	43.4	39.2	38.0
建筑业	5.7	6.1	7.3	7.6	6.3	6.3
第三产业	40.0	39.3	41.3	39.7	46.1	48.1
交通运输、仓储及邮政业	7.0	6.8	6.1	5.9	8.4	8.8
批发和零售业	8.7	8.8	8.5	8.9	9.7	9.9
住宿和餐饮业	1.5	1.5	1.9	1.8	2.5	2.9
金融业	3.9	4.3	5.0	5.2	5.5	6.0
房地产业	5.2	4.3	5.4	4.6	6.3	6.7
其他	13.6	13.6	14.3	13.3	13.7	13.7

资料来源：历年《中国统计年鉴》。

2009年福建省的能源结构中，工业的二氧化碳排放量占总排放量的72.8%，交通运输、仓储及邮政业占9%，略高于全国平均值。占总排放量比例最大是工业用原煤、电力、焦炭，分别占36.2%、16.5%和12.2%，工业用原煤占比高于全国平均值15个百分点。工业使用的煤占总排放量的比例为51%，高于全国平均值6个百分点，油品占5%，低于全国平均值2个百分点，电力占16.5%，高于全国平均值1个百分点（见表7）。

表7　2009 年福建省折合二氧化碳排放量的能源结构

单位：%

产　　业	煤合计	原煤	焦炭	油品合计	汽油	柴油	电力	合计
农、林、牧、渔、水利业	0.9	0.9	0.0	1.9	0.3	1.2	0.3	3.1
工业	50.9	36.2	12.2	4.9	0.8	1.0	16.5	72.8
建筑业	0.2	0.2	0.0	1.1	0.2	0.7	0.3	1.6
交通运输、仓储及邮政业	0.1	0.1	0.0	8.5	1.3	4.5	0.3	9.0
批发、零售业和住宿、餐饮业	0.4	0.4	0.0	0.6	0.4	0.2	0.9	2.0
五大产业合计	52.6	37.8	12.2	17.1	2.9	7.5	18.3	88.5
全　部	54.4	39.7	12.2	20.5	4.8	7.8	24.5	100.0

资料来源：根据《中国统计年鉴》和《中国能源统计年鉴》历年数据计算而得。

三　经验与借鉴

1. 调整产业结构，建设现代产业体系

福建省的优势产业是劳动密集型产业，如皮革、毛皮、羽毛（绒）及其制品业，工艺品及其他制造业，纺织服装、鞋、帽制造业。虽然碳排放量不高，但其附加值也不高，碳生产率也不易提升。与上海市相比，福建省的现代服务业不发达。而服务业的附加值较高，是提升碳生产率的有效途径。上海市的服务业是经济增长的主要动力，工业在经济中的比重低于服务业，福建省应将发展现代服务业作为产业结构优化的重点和主要经济增长点，加大财税扶持力度。重点发展的服务业有现代物流业、金融业、科技和信息服务业、商务服务业、现代商贸业、文化及创意产业、社区服务业、农村服务业、旅游业等。

2. 发展战略性新兴产业，培育经济增长新动力

福建省为培育发展战略性新兴产业，提出了一些具体的措施。比如，将新型平板显示、新一代网络和高端通信设备、生物医药、LED 和太阳能光伏、节能环保技术及装备等作为主攻重点；在消费升级、绿色发展、智能制造、材料换代等方面推广新技术、新产品，扩大政府采购，支持商业模式创新；扶持高新技术产业基地建设，新认定一批新兴产业基地和骨干企业；争取国家“核高基”重大专项等资金支持，建立新兴产业专项资金，开展知识产权质押融资、供应链融资和科技保险，发展创业投资和股权投资基金；等等。

B.22

广西产业低碳竞争力

刘　昶*

广西的经济总量和人均产值都不高。2010 年广西的生产总值为 9570 亿元，在全国排第 18 名，人均地区生产总值为 2 万元，排第 27 名。广西的第一产业的产值排全国第 10 名，具有一定的优势，工业、第三产业较落后，分别排第 21、第 20 名。

一　产业竞争力变化

1. 市场占有率

广西三次产业在全国的市场占有率显示，其经济在全国的市场占有率比较低，2010 年的生产总值占全国生产总值的 2.4%，三次产业的市场占有率分别为 4.1%、2.4% 和 2.0%，农业有一定的优势，工业和第三产业的市场占有率都较低。广西市场占有率最高的产业是第一产业、住宿和餐饮业，分别占 4.1%、3%。房地产业、金融业、批发和零售业、工业是较弱的产业，市场占有率在 1.8% ~2.4%。由于各产业的市场占有率都较低，产业优势并不明显。从变化趋势看，广西的经济在全国的比重一直比较低，与 2007 年相比，2010 年略有上升，但上升了不到 0.2 个百分点。各产业的占有率变化也不大，其中，上升幅度最大的行业是金融业、工业，市场占有率比 2007 年分别上升了 0.6 个、0.5 个百分点，说明广西的金融业和工业有所发展；下降幅度最大的行业是批发和零售业、第一产业，分别下降了 0.6 个、0.2 个百分点（见表 1）。

---

* 刘昶，中国社会科学院工业经济研究所助理研究员。

表 1　广西三次产业的市场占有率

单位：%

	2007 年	2008 年	2009 年	2010 年
全部	2.24	2.28	2.28	2.39
第一产业	4.34	4.31	4.14	4.13
第二产业	1.93	2.04	2.15	2.41
工业	1.89	2.02	2.12	2.40
建筑业	2.19	2.19	2.31	2.44
第三产业	2.06	2.04	1.97	1.95
交通运输、仓储和邮政业	2.13	2.20	2.26	2.53
批发和零售业	2.44	2.35	1.90	1.84
住宿和餐饮业	2.93	2.85	2.92	2.99
金融业	1.22	1.22	1.90	1.83
房地产业	1.73	1.90	1.87	1.82
其他	2.07	2.01	1.86	1.81

资料来源：历年《中国统计年鉴》。

广西 39 个工业行业在全国的市场占有率显示，其各工业行业的市场占有率都比较低，2010 年市场占有率最高的是木材加工及木、竹、藤、棕、草制品业，占 4.3%，其次为有色金属矿采选业、农副食品加工业，市场占有率分别为 3.3%、3.1%，其余 36 个工业行业的市场占有率都在 3% 以下，7 个行业在 2% ~3%，29 个行业在 2% 以下。化学纤维制造业、石油和天然气开采业是竞争力最弱的工业行业。与 2008 年相比，2010 年 27 个工业行业的市场占有率上升，但上升幅度都很小，木材加工及木、竹、藤、棕、草制品业是上升幅度最大的行业，上升了 1.3 个百分点，下降幅度最大的行业是其他采矿业、有色金属矿采选业，分别下降了 1.4 个、0.5 个百分点（见表 2）。

2. 显示比较优势指数

从广西三次产业的显示比较优势指数可以看出，广西竞争力最强的产业是第一产业、住宿和餐饮业，比较优势指数分别为 1.7、1.3，竞争力较弱的产业是房地产业、金融业、批发和零售业。2007 年以来，第一产业的比较优势在不断下降，同时工业、建筑业从竞争力弱的产业变为中性，第三产业的竞争力一直较弱（见表 3）。

表2　广西各工业行业在全国的市场占有率

单位：%

行　　业	2008年	2009年	2010年
煤炭开采和洗选业	0.10	0.09	0.10
石油和天然气开采业	0.00	0.00	0.00
黑色金属矿采选业	1.36	1.05	1.75
有色金属矿采选业	3.77	3.86	3.32
非金属矿采选业	1.99	2.23	2.60
其他采矿业	2.42	1.53	0.99
农副食品加工业	3.28	3.13	3.12
食品制造业	0.81	0.91	1.06
饮料制造业	1.92	1.94	2.08
烟草制品业	2.06	2.16	2.03
纺织业	0.33	0.33	0.40
纺织服装、鞋、帽制造业	0.14	0.20	0.31
皮革、毛皮、羽毛(绒)及其制品业	0.68	0.71	0.90
木材加工及木、竹、藤、棕、草制品业	3.03	3.22	4.29
家具制造业	0.31	0.48	0.57
造纸及纸制品业	1.34	1.35	1.58
印刷业和记录媒介的复制	1.13	1.35	1.49
文教体育用品制造业	0.22	0.22	0.31
石油加工、炼焦及核燃料加工业	0.35	0.40	0.75
化学原料及化学制品制造业	1.05	1.02	1.11
医药制造业	1.32	1.32	1.41
化学纤维制造业	0.01	0.01	0.00
橡胶制品业	0.47	0.30	0.27
塑料制品业	0.45	0.50	0.60
非金属矿物制品业	1.51	1.59	1.85
黑色金属冶炼及压延加工业	1.90	1.84	2.02
有色金属冶炼及压延加工业	1.86	1.85	2.17
金属制品业	0.38	0.48	0.50
通用设备制造业	0.50	0.48	0.51
专用设备制造业	1.30	1.36	1.52
交通运输设备制造业	2.00	2.33	2.38
电气机械及器材制造业	0.51	0.56	0.62
通信设备、计算机及其他电子设备制造业	0.26	0.25	0.40
仪器仪表及文化、办公用机械制造业	0.19	0.25	0.37
工艺品及其他制造业	0.67	0.68	0.67
废弃资源和废旧材料回收加工业	0.95	1.10	1.59
电力、热力的生产和供应业	2.24	2.22	2.16
燃气生产和供应业	0.48	0.44	0.32
水的生产和供应业	1.47	1.62	1.81

资料来源：历年《中国统计年鉴》。

表 3　广西三次产业的显示比较优势指数

	2007 年	2008 年	2009 年	2010 年
第一产业	1.94	1.89	1.82	1.73
第二产业	0.86	0.89	0.94	1.01
工业	0.84	0.88	0.93	1.01
建筑业	0.98	0.96	1.02	1.02
第三产业	0.92	0.89	0.87	0.82
交通运输、仓储及邮政业	0.95	0.96	0.99	1.06
批发和零售业	1.09	1.03	0.84	0.77
住宿和餐饮业	1.31	1.25	1.28	1.25
金融业	0.54	0.53	0.83	0.77
房地产业	0.77	0.83	0.82	0.76
其他	0.93	0.88	0.82	0.76

资料来源：历年《中国统计年鉴》。

从广西 39 个工业行业的显示比较优势指数可以看出，2010 年，广西显示比较优势大于 1 的行业有 18 个，小于 1 的有 21 个，其中，有 3 个行业的指数值超过 2，5 个行业的指数值在 1.5 ~2，是优势较强的行业。比较优势最大的行业是木材加工及木、竹、藤、棕、草制品业，有色金属矿采选业，农副食品加工业，非金属矿采选业，其显示比较优势指数在 1.8 ~3.2。与 2008 年相比，2010 年有 20 个行业的优势指数提高了，竞争力变化最大的是废弃资源和废旧材料回收加工业，木材加工及木、竹、藤、棕、草制品业，这两个行业的比较优势指数均上升了 0.5，前者从弱势产业变为优势产业，后者的优势进一步增强。而其他采矿业、有色金属矿采选业、农副食品加工业，这 3 个优势产业的比较优势指数都下降了 0.5 以上，其他采矿业不再具有比较优势（见表 4）。

表 4　广西各工业行业的显示比较优势指数

行　　业	2008 年	2009 年	2010 年
煤炭开采和洗选业	0.08	0.07	0.07
石油和天然气开采业	0.00	0.00	0.00
黑色金属矿采选业	1.19	0.89	1.32
有色金属矿采选业	3.28	3.07	2.53
非金属矿采选业	1.67	1.77	1.86
其他采矿业	1.84	1.09	0.78

续表

行　　业	2008 年	2009 年	2010 年
农副食品加工业	2.85	2.52	2.33
食品制造业	0.74	0.77	0.81
饮料制造业	1.67	1.61	1.57
烟草制品业	1.74	1.70	1.47
纺织业	0.30	0.28	0.30
纺织服装、鞋、帽制造业	0.12	0.16	0.22
皮革、毛皮、羽毛(绒)及其制品业	0.60	0.59	0.67
木材加工及木、竹、藤、棕、草制品业	2.69	2.67	3.19
家具制造业	0.28	0.43	0.45
造纸及纸制品业	1.17	1.14	1.18
印刷业和记录媒介的复制	0.98	1.13	1.11
文教体育用品制造业	0.25	0.19	0.23
石油加工、炼焦及核燃料加工业	0.30	0.32	0.64
化学原料及化学制品制造业	0.92	0.84	0.83
医药制造业	1.15	1.12	1.05
化学纤维制造业	0.01	0.01	0.00
橡胶制品业	0.40	0.30	0.28
塑料制品业	0.41	0.43	0.45
非金属矿物制品业	1.27	1.31	1.37
黑色金属冶炼及压延加工业	1.58	1.48	1.49
有色金属冶炼及压延加工业	1.64	1.53	1.73
金属制品业	0.36	0.40	0.38
通用设备制造业	0.42	0.40	0.38
专用设备制造业	1.19	1.14	1.13
交通运输设备制造业	1.70	1.94	1.75
电气机械及器材制造业	0.45	0.47	0.46
通信设备、计算机及其他电子设备制造业	0.22	0.21	0.30
仪器仪表及文化、办公用机械制造业	0.19	0.23	0.30
工艺品及其他制造业	0.58	0.55	0.51
废弃资源和废旧材料回收加工业	0.77	0.94	1.28
电力、热力的生产和供应业	1.87	1.78	1.57
燃气生产和供应业	0.40	0.40	0.23
水的生产和供应业	1.22	1.26	1.30

资料来源：历年《中国统计年鉴》。

二 低碳竞争力

1. 碳生产率

广西的碳生产率低于全国平均水平，二氧化碳排放量最大的工业和交通运输、仓储及邮政业的碳生产率都比全国平均水平低20%以上。广西二氧化碳排放量和碳生产率显示，2009年其的二氧化碳排放量为1.39亿吨，碳生产率为0.56万元/吨，低于0.61万元/吨的全国平均水平。其中，工业排放的二氧化碳最多，占广西总排放量的76.3%，而工业的碳生产率仅为0.27万元/吨，比全国平均水平低20%；其次是交通运输、仓储及邮政业，占广西总排放量的10.5%，碳生产率为0.26万元/吨，比全国平均水平低28%。与2007年相比，2009年的二氧化碳排放量增长了18%，同时，地区生产总值增长了30%，碳生产率提高了0.05万元/吨，碳排放最多的工业和交通运输、仓储及邮政业两大产业的碳生产率略有提高，分别提高了0.03万元/吨、0.01万元/吨，建筑业、农业的提高幅度最大，但由于排放量很少，对总体碳生产率没有明显影响（见表5）。

表5 广西二氧化碳排放量和碳生产率

单位：亿吨，万元/吨

项　目	二氧化碳排放量			碳生产率		
	2007年	2008年	2009年	2007年	2008年	2009年
农、林、牧、渔、水利业	0.02	0.02	0.02	5.97	9.45	8.87
工业	0.88	0.93	1.06	0.24	0.28	0.27
建筑业	0.01	0.01	0.01	4.44	8.04	9.05
交通运输、仓储及邮政业	0.12	0.13	0.15	0.25	0.28	0.26
批发、零售业和住宿、餐饮业	0.03	0.03	0.03	2.66	2.97	2.55
五大产业合计	1.06	1.11	1.26	0.44	0.51	0.48
全　部	1.17	1.22	1.39	0.51	0.59	0.56

资料来源：根据《中国统计年鉴》和《中国能源统计年鉴》历年数据计算而得。

2. 碳生产率的影响因素

用广西各产业的增加值除以该地区生产总值得到其各产业在经济中的比例。在广西的三次产业结构中，第一、第三产业分别明显高于和低于全国平均水平，第二产业接近全国平均水平。2010 年，广西三次产业分别占比 17.5%、47.1% 和 35.4%。广西产业结构中比重最大的工业的碳生产率明显低于全国平均水平，同时第三产业发展不足，是该地区碳生产率较低的主要原因。从 2007 年以来的变化趋势看，广西的农业和第三产业的比重不断下降，2010 年比 2007 年分别下降了 3.3 个、3 个百分点，工业则有较大发展，在经济中的比重上升了 5 个百分点，建筑业比重也提高了 1.2 个百分点，交通运输、仓储及邮政业的比重变化不大。在产业结构中，碳生产率较高的农业、第三产业在经济中的比重下降，碳生产率较低的工业的比重上升，虽然工业的碳生产率近年来略有提高，使得广西碳生产率有所提高，但提高幅度很小（见表 6）。

表 6　广西三次产业结构

单位：%

产　业	2007 年	2008 年	2009 年	2010 年	2015 年	2020 年
第一产业	20.8	20.3	18.8	17.5	12.2	9.9
第二产业	40.7	42.4	43.6	47.1	45.5	46.5
工业	35.1	36.6	36.9	40.3	37.2	37.5
建筑业	5.6	5.7	6.7	6.8	8.3	8.9
第三产业	38.4	37.4	37.6	35.4	42.4	43.7
交通运输、仓储及邮政业	5.2	5.0	4.9	5.0	6.5	6.8
批发和零售业	8.6	8.6	7.1	6.9	8.0	7.8
住宿和餐饮业	2.7	2.6	2.7	2.5	3.6	3.9
金融业	2.5	2.5	4.3	4.0	3.0	3.2
房地产业	4.0	3.9	4.5	4.2	5.2	5.7
其他	15.4	14.7	14.1	12.7	16.1	16.3

资料来源：历年《中国统计年鉴》。

在 2009 年广西的能源结构中，工业的二氧化碳排放量占总排放量的 76.3%，交通运输、仓储及邮政业占 10.5%，分别高于全国平均值约 3.7 个、2 个百分点，这使得广西的碳生产率比全国平均水平低。占总排放量比例最大是工业用原煤、电力、焦炭，分别占 38.0%、14.6% 和 13.7%，均为单位能源的碳排放量大的能源种类，工业用原煤占比高于全国平均水平 17 个百分点。工业使用的煤占总排放量的比例为 60.3%，远高于全国平均水平的 45%，油品占 1.3%，低于全国平均水平的 7.2%，电力也略低。在广西的能源结构中，单位能源的碳排放量大的煤、电力的比重大，碳排放量小的油品的比重小，这导致广西的碳生产率较低。广西的工业以原材料行业和高能耗的行业为主，如有色金属矿采选业，非金属矿采选业，有色金属冶炼及压延加工业，电力、热力的生产和供应业，黑色金属冶炼及压延加工业等都是该省的优势行业，比较优势指数均大于1.5。这些原材料工业对煤的需求较大，因此，广西省的碳生产率难以提高（见表7）。

表7　2009年广西折合二氧化碳排放量的能源结构

单位：%

产　　业	煤合计	原煤	焦炭	油品合计	汽油	柴油	电力	合计
农、林、牧、渔、水利业	0.1	0.1	0.0	0.6	0.1	0.3	0.5	1.2
工业	60.3	38.0	13.7	1.3	0.1	0.6	14.6	76.3
建筑业	0.0	0.0	0.0	0.3	0.1	0.2	0.1	0.4
交通运输、仓储及邮电通信业	0.4	0.4	0.0	9.8	2.3	7.6	0.3	10.5
批发和零售贸易业、餐饮业	0.7	0.7	0.0	0.9	0.2	0.4	0.5	2.1
五大产业合计	61.6	39.2	13.7	12.8	2.8	9.1	16.1	90.6
全　部	62.6	40.3	13.7	16.8	4.7	9.4	20.3	100.0

资料来源：根据《中国统计年鉴》和《中国能源统计年鉴》历年数据计算而得。

三　经验与借鉴

1. 限制高耗能产业，大力发展先进制造业、现代服务业和战略性新兴产业

广西的自然资源丰富，因此，依赖自然资源的行业具有竞争优势，如木材加工及木、竹、藤、棕、草制品业，有色金属矿采选业，农副食品加工业，非金属矿采选业，有色金属冶炼及压延加工业，电力、热力的生产和供应业等行业都是资源依赖型行业。这些优势行业多为高耗能产业，对碳排放量大、能量低的煤炭的需求大。适当限制高耗能行业的发展，可以降低碳排放量。此外，结构调整要与技术进步相结合，推动工业节能的技术进步，加强自主创新，推进对节能降耗有关键影响的重大技术和装备的研发和应用，可以带动产业能效提高。

2. 调整优化能源结构，用低碳能源代替高碳能源

在能源结构中，同样产生1单位能量排放二氧化碳量多的能源所占比重大，则碳排放量就大，碳生产率就低。在传统能源中，焦炭、原煤、电力碳排放量大，天然气、汽油的碳排放量小。可以通过推广应用风能、太阳能、生物质柴油、液化天然气、核电等清洁能源达到降低碳排放的目的。广西正在开工建设防城港红沙核电二期、合浦西场风电场、崇左华威等生物质发电项目，同时，防城港白龙核电、平南白沙核电、北海液化石油气、百色电厂、中缅天然气管道等项目的前期工作也在积极推进当中。

B.23

海南产业低碳竞争力

刘 昶*

海南省的经济规模很小，2010 年的生产总值为 2065 亿元，在全国排第 28 名，人均地区生产总值为 2.4 万元，在全国排第 23 名。海南省的三次产业产值在全国分别排第 25、第 30、第 28 名，海南省的第一产业和第三产业中的房地产业是海南省规模最大的两个产业，都位列全国第 25 名，房地产业之外的其他产业的排名都在第 27 ~30 名之间。工业的规模很小，工业产值只有 385 亿元。

一 产业竞争力评估

1. 市场占有率

海南省 2010 年的生产总值只占全国生产总值的 0.51%，三次产业在全国的市场占有率很低，分别为 1.3%、0.3% 和 0.6%。市场占有率最高的产业是第一产业、住宿和餐饮业，这与广西的情况类似，分别占 1.3%、0.9%；其次是房地产业；工业、金融业是最弱的产业，市场占有率在 0.4% 以下。从变化趋势看，由于各产业的市场占有率都较低，因此，变化幅度都很小，海南省经济在全国的比重略有提高，2010 年比 2007 年上升了 0.05 个百分点。各产业的占有率变化都很小，其中，上升幅度最大的行业是房地产业、住宿和餐饮业、金融业，占有率比 2007 年分别上升了 0.5 个、0.2 个和 0.2 个百分点，交通运输、仓储及邮政业是下降幅度最大的产业，下降了 0.05 个百分点（见表 1）。

---

* 刘昶，中国社会科学院工业经济研究所助理究员。

表1　海南省三次产业的市场占有率

单位：%

产　　业	2007 年	2008 年	2009 年	2010 年
全部	0.46	0.46	0.49	0.51
第一产业	1.26	1.30	1.31	1.33
第二产业	0.29	0.29	0.28	0.30
工业	0.25	0.25	0.22	0.24
建筑业	0.56	0.60	0.64	0.70
第三产业	0.45	0.45	0.51	0.55
交通运输、仓储及邮政业	0.59	0.59	0.53	0.54
批发和零售业	0.58	0.56	0.58	0.62
住宿和餐饮业	0.64	0.63	0.85	0.86
金融业	0.18	0.18	0.37	0.37
房地产业	0.33	0.39	0.65	0.84
其他	0.42	0.41	0.41	0.44

资料来源：历年《中国统计年鉴》。

海南省39个工业行业在全国的市场占有率都很低，2010年市场占有率最高的是石油加工、炼焦及核燃料加工业，占1.6%，其次为造纸及纸制品业、医药制造业、水的生产和供应业、黑色金属矿采选业，市场占有率在0.5%～0.8%，其余34个工业行业的占有率都在0.4%以下。与2008年相比，海南省2010年有25个工业行业的市场占有率下降，8个无变化，只有6个上升，且变化幅度都很小。其中，上升幅度最大的行业是非金属矿物制品业，上升了0.06个百分点；下降幅度最大的行业是黑色金属矿采选业、燃气生产和供应业，分别下降了0.3个、0.2个百分点（见表2）。

2. 显示比较优势指数

从海南省三次产业的显示比较优势指数可以看出，该省竞争力最强的产业是第一产业、住宿和餐饮业，比较优势指数分别为2.6、1.7，其次是房地产业、建筑业，竞争力最弱的产业是工业、金融业。2007年以来，第一产业的比较优势在不断下降，但仍是优势产业。房地产业在近几年从竞争力弱的产业变为竞争力较强的产业，指数上升了0.9，但第三产业整体的竞争力一直维持中性。工业一直是竞争力弱的产业，且竞争力还在下降（见表3）。

表 2　海南省各工业行业在全国的市场占有率

单位：%

行　业	2008 年	2009 年	2010 年
煤炭开采和洗选业	0.00	0.00	0.00
石油和天然气开采业	0.11	0.09	0.09
黑色金属矿采选业	0.77	0.47	0.50
有色金属矿采选业	0.28	0.29	0.26
非金属矿采选业	0.13	0.08	0.08
其他采矿业	0.00	0.00	0.00
农副食品加工业	0.34	0.30	0.27
食品制造业	0.42	0.37	0.34
饮料制造业	0.23	0.20	0.18
烟草制品业	0.23	0.23	0.23
纺织业	0.02	0.01	0.01
纺织服装、鞋、帽制造业	0.07	0.06	0.05
皮革、毛皮、羽毛(绒)及其制品业	0.01	0.01	0.01
木材加工及木、竹、藤、棕、草制品业	0.13	0.08	0.10
家具制造业	0.05	0.05	0.04
造纸及纸制品业	0.85	0.68	0.78
印刷业和记录媒介的复制	0.16	0.12	0.10
文教体育用品制造业	0.00	0.00	0.00
石油加工、炼焦及核燃料加工业	1.79	1.77	1.63
化学原料及化学制品制造业	0.26	0.19	0.17
医药制造业	0.52	0.49	0.54
化学纤维制造业	0.15	0.12	0.11
橡胶制品业	0.03	0.02	0.02
塑料制品业	0.06	0.04	0.04
非金属矿物制品业	0.20	0.23	0.26
黑色金属冶炼及压延加工业	0.03	0.05	0.01
有色金属冶炼及压延加工业	0.01	0.00	0.00
金属制品业	0.13	0.11	0.11
通用设备制造业	0.01	0.02	0.02
专用设备制造业	0.01	0.01	0.01
交通运输设备制造业	0.24	0.17	0.21
电气机械及器材制造业	0.07	0.07	0.07
通信设备、计算机及其他电子设备制造业	0.02	0.01	0.03
仪器仪表及文化、办公用机械制造业	0.00	0.01	0.01
工艺品及其他制造业	0.05	0.04	0.03
废弃资源和废旧材料回收加工业	0.00	0.00	0.00
电力、热力的生产和供应业	0.28	0.29	0.29
燃气生产和供应业	0.62	0.38	0.38
水的生产和供应业	0.53	0.46	0.52

资料来源：历年《中国统计年鉴》。

表3　海南省三次产业的显示比较优势指数

产　　业	2007 年	2008 年	2009 年	2010 年
第一产业	2.74	2.79	2.70	2.59
第二产业	0.63	0.63	0.58	0.59
工业	0.55	0.53	0.46	0.47
建筑业	1.22	1.30	1.31	1.35
第三产业	0.97	0.96	1.04	1.07
交通运输、仓储及邮政业	1.29	1.27	1.09	1.04
批发和零售业	1.26	1.21	1.20	1.20
住宿和餐饮业	1.40	1.37	1.74	1.67
金融业	0.40	0.39	0.76	0.72
房地产业	0.72	0.84	1.35	1.64
其他	0.92	0.89	0.85	0.86

资料来源：历年《中国统计年鉴》。

表4列示了海南省39个工业行业的显示比较优势指数。海南省2010年显示比较优势大于1的行业有13个，小于1的有26个。其中，有5个行业的指数值超过2，2个行业的指数值在1.5～2之间，是优势行业。比较优势最大的行业是石油加工、炼焦及核燃料加工业，造纸及纸制品业，医药制造业，水的生产和供应业，黑色金属矿采选业，显示比较优势指数在2.4～8.2之间。与2008年相比，有20个行业的指数在2010年下降了，只有12个行业提高了。竞争力变化最大的是医药制造业、非金属矿物制品业，前者是原有的优势行业，竞争力增强，后者从中性变为优势产业。黑色金属矿采选业、燃气生产和供应业这两个优势行业的显示比较优势指数都下降了1个百分点左右，但仍然是优势行业。海南省没有竞争力很强的行业。

表4　海南省各工业行业的显示比较优势指数

行　　业	2008 年	2009 年	2010 年
煤炭开采和洗选业	0.00	0.00	0.00
石油和天然气开采业	0.46	0.49	0.46
黑色金属矿采选业	3.51	2.39	2.43
有色金属矿采选业	1.36	1.51	1.29
非金属矿采选业	0.86	0.53	0.45
其他采矿业	0.00	0.00	0.00

续表

行　　业	2008 年	2009 年	2010 年
农副食品加工业	1.56	1.52	1.37
食品制造业	1.94	1.77	1.77
饮料制造业	1.04	1.07	0.94
烟草制品业	1.07	1.21	1.18
纺织业	0.08	0.08	0.06
纺织服装、鞋、帽制造业	0.33	0.25	0.25
皮革、毛皮、羽毛(绒)及其制品业	0.05	0.03	0.04
木材加工及木、竹、藤、棕、草制品业	0.68	0.46	0.49
家具制造业	0.25	0.25	0.19
造纸及纸制品业	4.03	3.41	4.04
印刷业和记录媒介的复制	0.72	0.63	0.49
文教体育用品制造业	0.00	0.00	0.00
石油加工、炼焦及核燃料加工业	8.04	9.06	8.23
化学原料及化学制品制造业	1.21	0.93	0.92
医药制造业	2.41	2.68	2.86
化学纤维制造业	0.62	0.63	0.51
橡胶制品业	0.12	0.10	0.12
塑料制品业	0.25	0.22	0.21
非金属矿物制品业	0.97	1.18	1.31
黑色金属冶炼及压延加工业	0.14	0.23	0.05
有色金属冶炼及压延加工业	0.06	0.02	0.02
金属制品业	0.58	0.55	0.58
通用设备制造业	0.03	0.10	0.11
专用设备制造业	0.05	0.07	0.04
交通运输设备制造业	0.99	0.87	1.03
电气机械及器材制造业	0.31	0.33	0.37
通信设备、计算机及其他电子设备制造业	0.07	0.07	0.18
仪器仪表及文化、办公用机械制造业	0.00	0.03	0.05
工艺品及其他制造业	0.24	0.21	0.15
废弃资源和废旧材料回收加工业	0.00	0.00	0.00
电力、热力的生产和供应业	1.28	1.48	1.44
燃气生产和供应业	2.87	1.98	1.98
水的生产和供应业	2.55	2.37	2.60

资料来源：历年《中国统计年鉴》。

二　低碳竞争力

1. 碳生产率

海南省的碳生产率高于全国平均水平。2009 年海南省的二氧化碳排放量为 0.23 亿吨，碳生产率为 0.73 万元/吨，高于全国平均水平（0.12 万元/吨）。其中，二氧化碳排放量最大行业的是工业和交通运输、仓储及邮政业，分别占海南省排放总量的 50% 和 26%，这两个行业的碳生产率比全国平均水平分别低 21% 和 58%。2009 年的二氧化碳排放量比 2007 年增加了 28%，地区生产总值增长了 35%，碳生产率提高了 0.04 万元/吨。碳排放最多的交通运输、仓储及邮政业的碳生产率下降了 0.09 万元/吨（见表 5）。

表 5　海南省二氧化碳排放量和碳生产率

单位：亿吨，万元/吨

产　业	二氧化碳排放量			碳生产率		
	2007 年	2008 年	2009 年	2007 年	2008 年	2009 年
农、林、牧、渔、水利业	0.01	0.01	0.02	3.60	3.02	2.79
工业	0.10	0.11	0.11	0.27	0.29	0.27
建筑业	0.00	0.00	0.00	3.19	4.96	4.71
交通运输、仓储及邮政业	0.04	0.05	0.06	0.24	0.19	0.15
批发、零售业和住宿、餐饮业	0.01	0.01	0.01	2.35	2.67	2.83
五大产业合计	0.16	0.19	0.20	0.61	0.62	0.61
全　部	0.18	0.21	0.23	0.69	0.70	0.73

资料来源：根据《中国统计年鉴》和《中国能源统计年鉴》历年数据计算而得。

2. 碳生产率的影响因素

2010 年，海南省三次产业分别占比 26%、27.7% 和 46%，第三产业是经济的主导产业。在海南省的三次产业结构中，工业在经济中的比重很低，2010 年工业增加值只占地区生产总值的 19%，比全国平均值低 21 个百分点。海南省第一产业占经济的比重高于全国平均值 16 个百分点，第三产业略高于全国平均值 3 个百分点。虽然工业与交通运输、仓储及邮政业的碳生产率明显低于全国平均水平，但是由于农业和第三产业在海南省产业结构中比重很大，海南省碳生产率仍高于全国平均值。从变化趋势看，受到金融危机的影响，2009 年，海南省的工业和农业的比重分别比 2008 年下降了 3.8 个、2 个百分点，2010 年，农业的比重下降了约 2 个百分点，工业的比重略有回升。2010 年工业和农业的比重与 2007 年相比分别下降了 4.1 个、3.4 个百分点，碳排放最多的工业一直是海南省竞争力较弱的产业，竞争力进一步下降，碳排放较多的交通运输、仓储及邮政业的比重也下降了 2.2 个百分点。同时，房地产业和金融业在近年来有明显的发展，2010 年比 2007 年分别提高了 2 个、5.4 个百分点。在产业结构中，碳生产率较高的第三产业在经济中的比重上升，碳生产率较低的工业和交通运输、仓储及邮政业的比重下降，促使 2007 年以来海南省的碳生产率有所提高（见表 6）。

表 6　海南省三次产业结构

单位：%

产　业	2007 年	2008 年	2009 年	2010 年	2015 年	2020 年
第一产业	29.5	30.0	27.9	26.1	16.5	13.1
第二产业	29.8	29.8	26.8	27.7	35.9	37.7
工业	22.8	22.0	18.2	18.7	26.5	27.9
建筑业	7.0	7.8	8.6	9.0	9.4	9.8
第三产业	40.7	40.2	45.3	46.2	47.6	49.1
交通运输、仓储及邮政业	7.1	6.6	5.4	4.9	7.6	7.4
批发和零售业	9.9	10.1	10.2	10.7	9.0	8.7
住宿和餐饮业	2.9	2.9	3.6	3.4	4.2	4.8
金融业	1.8	1.8	4.0	3.8	2.7	3.0
房地产业	3.7	3.9	7.4	9.1	5.0	5.5
其他	15.3	14.9	14.7	14.3	19.2	19.8

资料来源：历年《中国统计年鉴》。

2009 年，海南省的能源结构与全国有较大的区别。工业与交通运输、仓储及邮政业的二氧化碳排放量分别占总排放量的 50.2%、25.9%，大幅低于和高于全国平均值 22 个和 17 个百分点。占总排放量比例最大是工业用天然气、原煤、交通运输用煤油，分别占 17%、14% 和 12.6%，工业用天然气、交通运输用煤油占比都远高于全国平均值的 1.6% 和 0.8%，工业用原煤占比低于全国平均值的 7.5%，而其他省占比例较大的工业用焦炭、工业用电力在海南省都只占很小的比例，分别为 2.4% 和 9.8%，分别低于全国平均值 15 个和 6 个百分点。海南省能源结构与众不同可能是因为其产业结构中工业的比例很小。

表 7　2009 年海南省折合二氧化碳排放量的能源结构

单位：%

产　业	煤合计	原煤	焦炭	油品合计	汽油	柴油	天然气	热力	电力	合计
农、林、牧、渔、水利业	0.0	0.0	0.0	6.4	0.5	0.0	5.9	0.0	1.0	7.4
工业	16.4	14.0	2.4	6.9	0.1	0.0	0.7	17.1	9.8	50.2
建筑业	0.0	0.0	0.0	1.0	0.3	0.0	0.6	0.0	0.4	1.3
交通运输、仓储及邮政业	0.0	0.0	0.0	25.1	1.7	12.6	7.3	0.5	0.3	25.9
批发、零售业和住宿、餐饮业	0.2	0.0	0.0	1.5	0.2	0.0	0.1	0.3	1.7	3.6
五大产业合计	16.6	14.0	2.4	40.7	2.8	12.7	14.6	18.0	13.0	88.4
全　部	16.6	14.0	2.4	45.7	6.3	12.7	14.9	18.2	19.4	100.0

资料来源：根据《中国统计年鉴》和《中国能源统计年鉴》历年数据计算而得。

三　经验与借鉴

1. 发挥自然优势，重点扶持优势产业

海南省位于南部沿海，自然条件有利于对外贸易和旅游。截至 2010 年底，海南省森林覆盖率达 60.2%，有 50 个自然保护区，自然保护区面积达 273.36 万公顷。由于面积较小又环海，不利于工业发展，为此，海南省努力发展第三产业，第三产业成为带动其经济增长的主导，而且在经济中的比重不断上升。2010 年，海南省实施的入境免签证政策范围扩大到 26 个国家，境外游客购物退税政策正式实施，使得旅游业较快发展。自然环境适合房地产业的发展，大量旅游酒店、旅游房地产项目开工建设，近年来房地产开发投资迅猛增长，成为拉动投资增长的主导力量，房地产业在经济中的比重持续上升。2010 年，房地产开发完成投资同比增长 62.5%，在经济中的比重为 9.1%，远高于 5.6% 的全国平均水平。房地产和旅游业的发展带动了相关服务业和地方经济的发展。

2. 保护环境，加强节能减排

为了保护环境，海南省实施了重点节能减排项目，大力淘汰小钢铁、小水

泥、实心黏土砖等落后产能；落实动态巡查制度，确保煤电厂脱硫设施稳定运行；积极推广使用节能灯和应用太阳能热水系统；等等。退耕还林、水土流失治理、土地荒漠化治理、采空矿区生态恢复、海洋生态保护等工作使得海南省生态环境质量保持全国领先水平，为旅游和房地产等第三产业的发展提供了良好基础。第三产业是碳生产率较高的产业，因此海南省大力发展第三产业符合地区情况，是拉动经济增长并降低碳排放的有力途径。

B.24

河北产业低碳竞争力

张晓雪*

一　产业竞争力变化

1. 市场占有率

2009年，河北省三次产业在全国的市场占有率分别为6.27%、4.98%和4.04%，其中，第二产业中的工业和建筑业的市场占有率分别为5.07%和4.36%。2010年，在河北省的工业行业中全国市场占有率高的前10个行业是黑色金属矿采选业（27.33%），黑色金属冶炼及压延加工业（17.37%），皮革、毛皮、羽毛（绒）及其制品业（7.83%），金属制品业（5.42%），电力、热力的生产和供应业（5.26%），石油加工、炼焦及核燃料加工业（5.24%），橡胶制品业（5.04%），煤炭开采和洗选业（4.86%），非金属矿物制品业（4.05%），以及医药制造业（3.95%）（见表1）。

表1　河北省各行业市场占有率情况（以工业增加值计算）

单位：%

行　业	2010年	与2009年相比	2009年	与2008年相比	2008年
黑色金属矿采选业	27.33	1.47	25.87	-2.83	28.69
黑色金属冶炼及压延加工业	17.37	0.11	17.27	0.01	17.25
皮革、毛皮、羽毛(绒)及其制品业	7.83	0.02	7.81	0.86	6.95
金属制品业	5.42	0.23	5.19	0.37	4.82
电力、热力的生产和供应业	5.26	-0.01	5.27	0.19	5.08
石油加工、炼焦及核燃料加工业	5.24	-0.14	5.38	0.25	5.13
橡胶制品业	5.04	0.61	4.43	0.17	4.26
煤炭开采和洗选业	4.86	0.08	4.78	-0.35	5.13

* 张晓雪，中国社会科学院工业经济研究所硕士。

续表

行业	2010 年	与 2009 年相比	2009 年	与 2008 年相比	2008 年
非金属矿物制品业	4. 05	-0. 23	4. 29	-0. 28	4. 57
医药制造业	3. 95	-0. 08	4. 03	-0. 51	4. 55
农副食品加工业	3. 92	0. 01	3. 91	-0. 44	4. 35
食品制造业	3. 74	-0. 39	4. 13	-0. 02	4. 15
印刷业和记录媒介的复制	3. 69	0. 65	3. 05	-0. 13	3. 17
专用设备制造业	3. 46	0. 47	2. 99	-0. 11	3. 10
纺织业	3. 39	0. 12	3. 28	0. 13	3. 15
通用设备制造业	3. 36	0. 39	2. 96	0. 21	2. 76
造纸及纸制品业	3. 35	-0. 09	3. 44	0. 08	3. 36
化学原料及化学制品制造业	3. 12	0. 10	3. 02	-0. 23	3. 25
塑料制品业	3. 02	-0. 10	3. 12	0. 14	2. 98
饮料制造业	2. 97	-0. 03	3. 00	-0. 33	3. 33
电气机械及器材制造业	2. 87	0. 07	2. 80	0. 11	2. 69
水的生产和供应业	2. 67	0. 25	2. 42	-0. 02	2. 44
家具制造业	2. 61	0. 24	2. 37	-0. 13	2. 50
交通运输设备制造业	2. 38	0. 21	2. 17	0. 23	1. 94
石油和天然气开采业	2. 33	0. 05	2. 28	-0. 90	3. 18
非金属矿采选业	2. 26	0. 13	2. 13	-0. 51	2. 63
木材加工及木、竹、藤、棕、草制品业	2. 04	-0. 50	2. 54	-0. 16	2. 71
烟草制品业	1. 99	-0. 06	2. 05	0. 02	2. 03
纺织服装、鞋、帽制造业	1. 79	0. 07	1. 72	0. 02	1. 70
燃气生产和供应业	1. 67	-0. 26	1. 93	0. 09	1. 84
工艺品及其他制造业	1. 58	0. 10	1. 48	0. 03	1. 45
废弃资源和废旧材料回收加工业	1. 38	0. 44	0. 95	-0. 25	1. 20
有色金属冶炼及压延加工业	1. 34	-0. 07	1. 41	0. 24	1. 17
化学纤维制造业	1. 14	0. 03	1. 11	0. 03	1. 08
仪器仪表及文化、办公用机械制造业	1. 13	0. 02	1. 11	0. 13	0. 98
文教体育用品制造业	1. 12	0. 30	0. 81	0. 08	0. 73
有色金属矿采选业	1. 01	-0. 11	1. 11	0. 03	1. 08
通信设备、计算机及其他电子设备制造业	0. 49	0. 10	0. 40	0. 06	0. 34
其他采矿业	0. 00	0. 00	0. 00	0. 00	0. 00

资料来源：中国产业竞争力数据库。

国际金融危机给河北省产业发展带来的负面影响相比北京市和天津市更小一些。与 2008 年相比，2009 年河北省 39 个行业部门中，市场占有率下降的有 16 个，上升的有 22 个；与 2009 年相比，2010 年市场占有率下降的行业部门有 13 个，上升的有 25 个。可见，2008 ~2010 年河北省多数工业行业的市场份额呈上升态势，其中，上升比较快的行业有皮革、毛皮、羽毛（绒）及其制品业，橡胶制品业，通用设备制造业和电气机械及器材制造业。而同期，市场份额持续下降的行业包括非金属矿物制品业，医药制造业，食品制造业，以及木材加工及木、竹、藤、棕、草制品业。

2. 显示比较优势指数

在三次产业中，2009 年河北省三次产业的显示比较优势指数如表 2 所示，分别为 1.33、1.06 和 0.86。其中，第一产业具有比较明显的比较优势，在全国的竞争力较强；第三产业整体的比较优势并不明显，但是第三产业中的交通运输、仓储及邮政业的比较优势较为显著，为 1.72。

表 2　2009 年河北省三次产业的显示比较优势指数

产　　业	RCA	产　　业	RCA
第一产业	1.33	第三产业	0.86
第二产业	1.06	交通运输、仓储及邮政业	1.72
工业	1.07	批发和零售业	0.75
建筑业	0.92	住宿和餐饮业	0.66
		金融业	0.62
		房地产业	0.76
		其他	0.77

资料来源：中国产业竞争力数据库。

从工业行业的显示比较优势指数来看，2010 年河北省显示比较优势指数较大的行业为煤炭开采和洗选业，黑色金属矿采选业，皮革、毛皮、羽毛（绒）及其制品业，石油加工、炼焦及核燃料加工业，橡胶制品业，黑色金属冶炼及压延加工业，电力、热力的生产和供应业，以及金属制品业。这些行业的显示比较优势指数值都大于 1，说明河北省上述行业具有较强的产业竞争力。制造业中产业竞争力最高的是黑色金属冶炼及压延加工业，它的显示比较优势指数为 3.91。

河北省的工业行业受国际金融危机影响的程度总体上看小于北京市和天津市，在 39 个工业行业中有 12 个行业 2010 年的显示比较优势指数低于 2008 年，占 30.8%。从 2008 年起，每年显示比较优势指数都有所提高的行业部门有 14 个，占 35.9%。如表 4 所示，显示比较优势指数连续增长较大的行业有橡胶制品业、金属制品业、通用设备制造业、专用设备制造业和交通运输设备制造业，表明这些行业受到国际金融危机的影响比较小，并且具有很强的发展潜力。

表 3　2010 年河北省工业行业显示比较优势指数

类别	行业	RCA	类别	行业	RCA
采掘业	煤炭开采和洗选业	1.12	制造业	医药制造业	0.90
	石油和天然气开采业	0.52		化学纤维制造业	0.25
	黑色金属矿采选业	6.15		橡胶制品业	1.15
	有色金属矿采选业	0.24		塑料制品业	0.68
	非金属矿采选业	0.51		非金属矿物制品业	0.91
	其他采矿业	0.00		黑色金属冶炼及压延加工业	3.91
制造业	农副食品加工业	0.88		有色金属冶炼及压延加工业	0.30
	食品制造业	0.85		金属制品业	1.23
	饮料制造业	0.68		通用设备制造业	0.76
	烟草制品业	0.45		专用设备制造业	0.78
	纺织业	0.77		交通运输设备制造业	0.53
	纺织服装、鞋、帽制造业	0.41		电气机械及器材制造业	0.65
	皮革、毛皮、羽毛(绒)及其制品业	1.77		通信设备、计算机及其他电子设备制造业	0.11
	木材加工及木、竹、藤、棕、草制品业	0.47			
	家具制造业	0.58		仪器仪表及文化、办公用机械制造业	0.26
	造纸及纸制品业	0.75		工艺品及其他制造业	0.35
	印刷业和记录媒介的复制	0.81	其他行业	废弃资源和废旧材料回收加工业	0.31
	文教体育用品制造业	0.25		电力、热力的生产和供应业	1.18
	石油加工、炼焦及核燃料加工业	1.17		燃气生产和供应业	0.37
	化学原料及化学制品制造业	0.70		水的生产和供应业	0.59

资料来源：中国产业竞争力数据库。

表 4　河北省显示比较优势指数连续上升的 14 个工业行业

序号	行业名称	2010 年	同比变化情况	2009 年	同比变化情况	2008 年	2010 年比 2008 年增加
1	橡胶制品业	1.15	0.12	1.03	0.07	0.96	0.19
2	金属制品业	1.23	0.04	1.19	0.14	1.05	0.17
3	通用设备制造业	0.76	0.08	0.68	0.07	0.61	0.15
4	专用设备制造业	0.78	0.10	0.68	0.00	0.68	0.10
5	交通运输设备制造业	0.53	0.04	0.50	0.07	0.43	0.10
6	文教体育用品制造业	0.25	0.07	0.18	0.02	0.16	0.09
7	纺织业	0.77	0.02	0.75	0.05	0.70	0.07
8	水的生产和供应业	0.59	0.05	0.54	0.02	0.53	0.06
9	电气机械及器材制造业	0.65	0.00	0.65	0.04	0.61	0.04
10	通信设备、计算机及其他电子设备制造业	0.11	0.02	0.09	0.02	0.08	0.04
11	仪器仪表及文化、办公用机械制造业	0.26	0.01	0.25	0.04	0.22	0.04
12	工艺品及其他制造业	0.35	0.02	0.33	0.02	0.31	0.04
13	纺织服装、鞋、帽制造业	0.41	0.01	0.40	0.02	0.38	0.03
14	化学纤维制造业	0.25	0.00	0.25	0.01	0.24	0.01

资料来源：中国产业竞争力数据库。

二　低碳竞争力

1. 碳生产率

在环渤海地区，2009 年河北省的碳生产率最低，为 0.30，是环渤海地区总体碳生产率的 59%。2008～2009 年，除工业之外，河北省的多数行业部门的碳生产率均有一定程度的提高，其中，农业从 2.76 万元/吨提高到 2.82 万元/吨，增长了 2%；建筑业从 3.85 万元/吨提高到 4.32 万元/吨，提高了 12%；交通运输、仓储及邮政业的碳生产率提高了 15%；批发、零售业和住宿、餐饮业的碳生产率提高最多，为 28%。与环渤海地区的整体水平相比，建筑业，交通运输、仓储及邮政业，批发、零售业和住宿、餐饮业的碳生产率均高于环渤海的平均水平。

表 5　河北省五大产业碳排放量、增加值和碳生产率

年份	项　目	农业	工业	建筑业	交通运输	批发零售	合计(平均)
2008	增加值(亿元)	2034.60	7967.62	809.80	1281.27	992.76	13086.05
	碳排放(万吨)	737.92	41801.54	210.58	1929.20	500.81	45180.05
	碳生产率(万元/吨)	2.76	0.19	3.85	0.66	1.98	0.29
2009	增加值(亿元)	2207.34	7983.86	975.97	1491.92	1404.94	14064.03
	碳排放(万吨)	781.73	43241.35	225.71	1951.59	552.75	46753.13
	碳生产率(万元/吨)	2.82	0.18	4.32	0.76	2.54	0.30

注：交通运输指交通运输、仓储及邮政业，批发零售业指批发、零售业和住宿、餐饮业，为方便故表中为简写。

资料来源：《中国能源统计年鉴》（2009、2010），《中国统计年鉴》（2009、2010）。

2. 碳生产率的影响因素

首先，从产业结构上看，河北省第二产业在地区生产总值中所占的比重较大，三次产业的比重 2000 年为 6%、59% 和 35%，2005 年为 5%、60% 和 34%，2009 年为 4%、57% 和 39%。第一产业所占比重稍有下降，第三产业比重上升不明显。2009 年，河北省的产业结构以工业所占比重最大，为 57%。按照万吨标准煤计算，工业产业消耗的能源量是 2009 年所有能源消耗的 92%，也就是说，河北省的工业产业使用了该省 92% 的能源量生产出了 57% 的产业增加值，可见，工业对河北省来说是能耗相当高的产业。此外，农业消耗的能源为 296.1 万吨标准煤，占总消耗量的1.8%；建筑业的能耗为79.1万吨标准煤，是最为节能的一个产业；交通运输、仓储及邮政业消耗的能源仅次于农业，占比排名第二位，消耗了能源总量的4.5%；批发、零售业和住宿、餐饮业相对能耗比较低，能源消耗量总计为200.4万吨标准煤。

表6 2009年河北省各产业的能源结构（按万吨标准煤计算）

单位：万吨标准煤

产 业	煤炭及其制品	油品	天然气	电气	合计
农 业	14.5	88.2	0.0	193.5	296.1
工 业	12212.9	286.6	221.3	1979.4	14700.3
建筑业	23.6	35.6	0.1	19.8	79.1
交通运输	26.6	613.8	21.5	58.9	720.9
批发零售	115.8	34.7	6.7	43.2	200.4
合 计	12393.3	1058.9	249.6	2294.8	15996.7

注：交通运输指交通运输、仓储及邮政业，批发零售业指批发、零售业和住宿、餐饮业，为方便故表中为简写。

资料来源：《中国能源统计年鉴2010》。

其次，从能源终端消耗结构上看，河北省能源消费总量呈上升趋势，对煤炭消费的依赖很大，天然气和水电的消耗长期处于较低水平。根据《河北经济年鉴2010》，河北省能源消费总量从2005年的19836万吨标准煤，增加到2009年的25418.79万吨标准煤，增长了28%。在能源消耗中，2005年，煤炭所占比

表7 2009年河北省能源终端消费结构

产 业	煤合计		油品合计		天然气		电力	
	总量（万吨）	比重（%）	总量（万吨）	比重（%）	总量（亿立方米）	比重（%）	总量（亿千瓦时）	比重（%）
农 业	20.42	0	60.41	7	—	—	157.45	8
工 业	7479.79	97	225.18	26	16.64	89	1610.60	86
建筑业	33.10	0	139.76	16	0.01	0	16.07	1
交通运输	37.33	0	420.39	48	1.62	9	47.95	3
批发零售	158.94	2	23.57	3	0.50	3	35.15	2
总 计	7729.58	100	869.31	100	18.77	100	1867.22	100

注：交通运输指交通运输、仓储及邮政业，批发零售业指批发、零售业和住宿、餐饮业，为方便故表中为简写。

资料来源：《中国能源统计年鉴》（2009、2010）；《中国统计年鉴》（2009、2010）。

为92%，石油占比7%，天然气占比0.6%，水电占比0.12%；2009年，煤炭占比93%，石油占比6%，天然气占比1.2%，水电占比0.07%。2009年河北省共消耗7729.58万吨标准煤，主要用于工业生产；消耗油品合计869万吨，其中48%用于交通运输、仓储及邮政业，26%用于工业，16%用于建筑业；天然气使用量为18.77亿立方米，主要用于工业生产；电力使用1867.22亿千瓦时，主要被工业生产消耗。河北省这种工业部门能源消耗比重过大的能耗关系反映了该省产业结构仍需调整、工业生产中工艺设备亟须升级以及能源管理水平仍需谋求提高等问题。

三　经验与借鉴

1. 转变经济发展方式，调整能源结构

河北省应该着力建设符合国家产业政策、符合转变发展方式、体现绿色增长要求的好项目，尤其是高新技术产业、现代服务业、战略性新兴产业项目；改造提升制造业，用新技术、新工艺、新装备改造提升传统产业力度，并引导企业优化生产流程，提高能源资源利用水平；鼓励企业增强新产品开发能力，提高产品技术含量和附加值。装备制造业按照发展整机、壮大配套、培育龙头、推进聚集的思路，围绕交通装备、能源装备、工程装备、专用设备、船舶及海洋工程装备和基础产品等领域，形成一批整机带动能力强、配套体系较为完整的产业集群和制造基地。发展非化石能源，加快千万千瓦级风电基地建设，发展光伏发电、生物质发电和垃圾发电。同时，扩大太阳能热利用规模，稳妥推进燃料乙醇、生物柴油开发利用，大力开发地热资源，积极发展农村小水电。

2. 遏制高耗能、高污染行业能耗过快增长，淘汰落后产能

严格执行国家产业政策，以电力、煤炭、钢铁、水泥、玻璃、有色金属、焦炭、造纸、制革、印染等行业为重点，分级分批编制淘汰落后产能计划，并向社会公告重点地区淘汰落后产能的企业名单、落后工艺设备和淘汰时限。同时制定淘汰落后产能配套措施，对产能过剩行业实行新增产能与淘汰产能“等量置换”或“减量置换”，鼓励落后产能退出市场。建立淘汰落后产能补助机制，设立淘汰落后产能财政专项资金，鼓励优势企业兼并、收购、重组改造落后产能企业，支持企业运用高新技术和先进适用技术对落后产能进行技术改造。落实和完善资源及环境保护税费制度，推进资源性产品价格改革，发挥差别电价、水价对淘汰落后产能的促进作用。

3. 提高自主创新能力，发展新能源产业

河北省应重点研发清洁生产等关键技术，开发一批海洋、水、土地、矿产等资源的综合利用技术，重点突破海水淡化、微咸水利用、工矿废弃地治理等技术；加强生态脆弱和敏感区、重要水源地、生态屏障的保护与修复技术研发；在钢铁、建材等高耗能、高污染行业，开展节能减排和循环经济关键技术研发。加强前沿核心技术研发和系统技术集成，以太阳能光伏发电、风力发电、智能电网、新能源汽车四大产业链条为重点，努力向产业链高端发展，加快壮大产业规模。重点推进太阳能光伏产业、风力发电产业、智能电网和新能源汽车产业的发展。重点推进高效电机、智能控制节电装置等节能技术和产品的开发应用，发展生物处理、环境监测等环保技术和产品。积极发展再生资源回收和再制造利用技术。建立和完善节能环保技术创新、产品推广服务体系，积极推广能源合同管理新模式。

B.25

山东产业低碳竞争力

张晓雪*

一　产业竞争力评估

1. 市场占有率

山东省的三次产业在全国的市场占有率比较高，表现出较强的竞争优势。2009年，第一、第二、第三产业的市场占有率分别为9.16%、10.51%和7.84%，其中，第一产业和第二产业的市场占有率均大于环渤海地区其他三个省市的市场占有率的总和。在第三产业中，市场占有率较高的是交通运输、仓储及邮政业，为9.47%，以及批发、零售业和住宿、餐饮业，为9.51%。

山东省的工业行业拥有很多在全国范围内竞争力很强的工业行业，在39个行业部门之中，市场占有率超过10%的行业达到了23个，这一数量在全国31个省市中位居首位，表现出山东省工业行业整体上具有很强的竞争力。其中，竞争力最强的10个工业行业为橡胶制品业（29.79%），农副食品加工业（21.56%），纺织业（20.36%），造纸及纸制品业（17.96%），化学原料及化学制品制造业（17.37%），其他采矿业（17.24%），通用设备制造业（16.85%），食品制造业（16.78%），木材加工及木、竹、藤、棕、草制品业（15.52%），以及有色金属矿采选业（14.91%）。

山东省工业行业市场占有率的变化情况比较特殊，多数工业行业的市场占有率在2008年经历了上升之后，在2009年又出现了较大幅度的下降。如表1所示，与2008年相比，2009年山东省39个行业部门中，市场占有率下降的有11个，上升的有28个；与2009年相比，2010年市场占有率下降的行业部门有34个，

---

* 张晓雪，中国社会科学院工业经济研究所硕士。

表 1　山东省各行业市场占有率情况（以工业增加值计算）

单位：%

行　业	2010 年	与 2009 年相比	2009 年	与 2008 年相比	2008 年
橡胶制品业	29.79	-1.40	31.20	2.60	28.60
农副食品加工业	21.56	-2.56	24.12	-0.79	24.92
纺织业	20.36	-0.81	21.17	0.45	20.72
造纸及纸制品业	17.96	-2.08	20.04	0.78	19.26
化学原料及化学制品制造业	17.37	-2.18	19.55	2.33	17.22
其他采矿业	17.24	-40.45	57.69	17.69	40.00
通用设备制造业	16.85	-1.32	18.17	1.91	16.27
食品制造业	16.78	-2.28	19.07	-0.22	19.29
木材加工及木、竹、藤、棕、草制品业	15.20	-2.89	18.09	0.78	17.31
有色金属矿采选业	14.91	-1.58	16.49	1.17	15.32
非金属矿物制品业	14.69	-2.23	16.92	-0.40	17.32
专用设备制造业	14.20	-1.52	15.71	0.00	15.71
医药制造业	14.17	-0.68	14.86	0.38	14.48
石油加工、炼焦及核燃料加工业	13.94	-0.08	14.02	0.74	13.28
工艺品及其他制造业	13.80	-2.72	16.52	0.74	15.78
家具制造业	12.40	-1.78	14.18	1.14	13.04
非金属矿采选业	12.03	-4.39	16.42	-1.75	18.17
煤炭开采和洗选业	11.23	-0.45	11.67	-0.82	12.49
文教体育用品制造业	11.15	-3.05	14.20	1.86	12.35
石油和天然气开采业	10.41	0.77	9.64	6.82	2.82
饮料制造业	10.39	-0.56	10.94	-0.10	11.05
纺织服装、鞋、帽制造业	10.03	-1.87	11.89	1.04	10.86
有色金属冶炼及压延加工业	10.01	-0.84	10.84	1.16	9.68
电气机械及器材制造业	9.96	-1.53	11.49	0.94	10.55
金属制品业	9.87	-1.04	10.91	1.17	9.74
交通运输设备制造业	9.73	0.06	9.66	0.42	9.24
印刷业和记录媒介的复制	9.36	-0.17	9.53	0.77	8.76
塑料制品业	8.69	-1.53	10.22	0.81	9.42
皮革、毛皮、羽毛(绒)及其制品业	8.28	-1.78	10.07	0.32	9.75
电力、热力的生产和供应业	7.79	0.46	7.32	0.29	7.03
黑色金属矿采选业	7.40	-0.33	7.74	-0.04	7.78
黑色金属冶炼及压延加工业	7.32	-0.36	7.68	-0.43	8.11
烟草制品业	6.08	2.25	3.83	-2.09	5.93
燃气生产和供应业	5.85	-1.26	7.11	-0.36	7.47
水的生产和供应业	5.79	0.02	5.76	-0.21	5.97
通信设备、计算机及其他电子设备制造业	5.69	-0.61	6.30	0.54	5.76
仪器仪表及文化、办公用机械制造业	5.44	-0.64	6.08	0.83	5.25
化学纤维制造业	3.13	-0.58	3.72	0.43	3.29
废弃资源和废旧材料回收加工业	2.13	-1.55	3.68	0.13	3.55

资料来源：中国产业竞争力数据库。

上升的只有5个。其中，波动最大的是其他采矿业，其在2009年的市场占有率上升了17.7%，达到57.7%，但到2010年下滑到17.24%。其他采矿业是指对地热资源、矿泉水资源以及其他未列明的自然资源的开采活动，主要集中在内蒙古、吉林、四川和青海等地区。在山东省的其他采矿业的市场份额大幅下降的同时，吉林省和四川省的其他采矿业的市场份额上升幅度较大。

2. 显示比较优势指数

山东省的第二产业具有比较明显的比较优势，第一产业和第三产业并不具有全国性的显示比较优势。三次产业的显示比较优势指数如表2所示，分别为0.99、1.13和0.84。在第三产业中，竞争力稍高的产业是交通运输、仓储及邮政业，批发和零售业，显示比较优势指数均稍高于1。山东省的工业行业在全国具有较强的比较优势，下面将详细地对工业行业的39个部门进行分析。

表2　2009年山东省三次产业的显示比较优势指数

产　　业	RCA	产　　业	RCA
第一产业	0.99	第三产业	0.84
第二产业	1.13	交通运输、仓储及邮政业	1.02
工业	1.16	批发和零售业	1.03
建筑业	0.97	住宿和餐饮业	0.81
		金融业	0.63
		房地产业	0.84
		其他	0.76

资料来源：中国产业竞争力数据库。

与北京市、天津市和河北省相比，山东省制造业的产业竞争力优势更加突出。在28个制造业部门中，有12个行业的显示比较优势指数大于1，属于山东省的专业化部门，表现出较强的地区比较优势，如农副食品加工业，纺织业，木材加工及木、竹、藤、棕、草制品业，造纸及纸制品业，橡胶制品业，家具制造业，工艺品及其他制造业，以及通用设备制造业等行业在环渤海地区都具有较强的竞争力。除此之外，同样具有竞争优势的产业还包括医药制造业，非金属矿物制品业，专用设备制造业，石油加工、炼焦及核燃料加工业，以及化学原料及化学制品制造业。

表 3　2010 年山东省工业产业显示比较优势指数

类别	行业	RCA	类别	行业	RCA
采掘业	煤炭开采和洗选业	0.92	制造业	医药制造业	1.15
	石油和天然气开采业	0.86		化学纤维制造业	0.26
	黑色金属矿采选业	0.61		橡胶制品业	2.49
	有色金属矿采选业	1.22		塑料制品业	0.72
	非金属矿采选业	0.99		非金属矿物制品业	1.22
	其他采矿业	1.42		黑色金属冶炼及压延加工业	0.61
制造业	农副食品加工业	1.78		有色金属冶炼及压延加工业	0.83
	食品制造业	1.37		金属制品业	0.82
	饮料制造业	0.81		通用设备制造业	1.40
	烟草制品业	0.49		专用设备制造业	1.21
	纺织业	1.67		交通运输设备制造业	0.81
	纺织服装、鞋、帽制造业	0.83		电气机械及器材制造业	0.82
	皮革、毛皮、羽毛(绒)及其制品业	0.69		通信设备、计算机及其他电子设备制造业	0.47
	木材加工及木、竹、藤、棕、草制品业	1.25			
	家具制造业	1.02		仪器仪表及文化、办公用机械制造业	0.45
	造纸及纸制品业	1.49		工艺品及其他制造业	1.14
	印刷业和记录媒介的复制	0.77	其他行业	废弃资源和废旧材料回收加工业	0.18
	文教体育用品制造业	0.93		电力、热力的生产和供应业	0.65
	石油加工、炼焦及核燃料加工业	1.16		燃气生产和供应业	0.49
	化学原料及化学制品制造业	1.44		水的生产和供应业	0.48

资料来源：中国产业竞争力数据库。

尽管从绝对值上看，山东省工业行业的比较优势比较明显，但是有超过一半的工业行业的地区竞争优势在国际金融危机后呈现下降态势。从显示比较优势的数据看，2010 年有 23 个行业的显示比较优势指数低于 2008 年，其中下降幅度最大的行业是其他采矿业，农副食品加工业，非金属矿物制品业，石油和天然气开采业，以及木材加工及木、竹、藤、棕、草制品业。

二　低碳竞争力

1. 碳生产率

2009 年，山东省的低碳竞争力略低于环渤海地区的平均水平，碳生产率为 0.49 万元/吨，高于河北省，但低于北京市和天津市，列第三位。分产业看，

2009 年山东省的农业，建筑业，批发、零售业和住宿、餐饮业的碳生产率比较高，分别为 3.53 万元/吨、1.30 万元/吨和 1.69 万元/吨。与 2008 年相比，2009 年山东省的碳生产率总体变化不大，从 0.48 万元/吨上升到 0.49 万元/吨，其中，碳生产率上升的产业有农业，增长了 2.9%；建筑业从 1.22 万元/吨上升到 1.30 万元/吨，增长了 6.6%，批发、零售业和住宿、餐饮业从 1.45 万元/吨上升到 1.69 万元/吨，增长了 16.6%；工业也有微小的上升。交通运输、仓储及邮政业是唯一碳生产率下降的产业，从 0.41 万元/吨降低到 0.35 万元/吨，下降 14.6%。

表 4　山东省五大产业碳排放量、增加值和碳生产率

年份	项　目	农业	工业	建筑业	交通运输	批发零售	合计(平均)
2008	增加值(亿元)	3002.65	16102.19	1599.98	1873.58	3065.97	25644.37
	碳排放(万吨)	874.93	44847.24	1306.53	4520.33	2114.43	53663.46
	碳生产率(万元/吨)	3.43	0.36	1.22	0.41	1.45	0.48
2009	增加值(亿元)	3226.64	16896.14	2005.69	1742.33	3700.74	27571.54
	碳排放(万吨)	915.32	46109.30	1540.91	5001.14	2185.63	55752.30
	碳生产率(万元/吨)	3.53	0.37	1.30	0.35	1.69	0.49

注：表中的产业为简称，其中，农业指农、林、牧、渔、水利业，交通运输指交通运输、仓储及邮政业，批发零售指批发和零售业、住宿和餐饮业，下同。

资料来源：《中国能源统计年鉴》（2009、2010）；《中国统计年鉴》（2009、2010）。

2. 碳生产率的影响因素

首先，从产业结构上看，山东省的第一、第二产业所占比重呈下降趋势，第三产业所占比重不断上升。根据《山东统计年鉴 2011》，2000 年山东省三次产业增加值比重分别为 15%、50% 和 35%；2005 年三次产业增加值的比重为 11%、57% 和 32%；到 2010 年，三次产业增加值的比重分别为 9%、54% 和 37%。2009 年，山东省各个产业的增加值占本省总产值的比重如表 5 所示。从表 5 中可以看出，环渤海地区的农业、工业、建筑业等产业的增加值分布情况，以及山东省的产业结构特点。总的来说，相比于其他地区，山东省的工业增加值所占的比重较高，批发、零售业和住宿、餐饮业的增加值所占的比重较低。

其次，从能源终端消费结构上看，煤炭的消耗占山东省终端能源消耗量的一半左右。2000 年，山东省终端能源消耗共计 8178 万吨标准煤，其中，煤品占 49.5%，油品占 30.5%，电力占 15%，天然气及其他占 5%；2005 年，终端能源

表5 2009年环渤海地区各产业增加值的比重

单位：%

区 域	农业	工业	建筑业	交通运输、仓储及邮政业	批发、零售业和住宿、餐饮业
北 京	2	43	10	10	34
天 津	2	65	7	8	17
河 北	16	57	7	11	10
山 东	12	61	7	6	13

资料来源：《中国统计年鉴2010》。

消耗总量为17729万吨标准煤，是2000年的2.1倍，其中，煤品占53%，油品占24%，电力占14%，天然气及其他占9%；2010年，终端能源消耗总量为24977万吨标准煤，是2005年的1.4倍，能源消耗结构为煤品占49%，油品占22%，电力占16%，天然气及其他占12%。2009年，山东省共消耗煤10882.77万吨，其中，90%以上用于工业生产；共消耗油品3156.22万吨，其中，约一半用于交通运输业，约1/3用于工业；消耗天然气30.69亿立方米，主要用于工业生产，消耗量占87%；电力共消耗2491.76亿千瓦时，有92%用于工业生产。

表6 2009年山东省能源终端消费结构

产业	煤合计		油品合计		天然气		电力	
	总量（万吨）	比重（%）	总量（万吨）	比重（%）	总量（亿立方米）	比重（%）	总量（亿千瓦时）	比重（%）
农业	86.50	1	150.50	5	—	—	75.75	3
工业	9926.87	91	989.52	31	26.62	87	2300.82	92
建筑业	90.40	1	395.44	13	0.04	0	22.69	1
交通运输业	26.40	0	1538.14	49	1.07	3	35.53	1
批发零售业	752.60	7	82.62	3	2.96	10	56.97	2
总 计	10882.77	100	3156.22	100	30.69	100	2491.76	100

注：表中的产业为简称，其中，农业指农、林、牧、渔、水利业，交通运输指交通运输、仓储及邮政业，批发零售指批发和零售业、住宿和餐饮业，下同。

资料来源：《中国能源统计年鉴》（2009、2010）；《中国统计年鉴》（2009、2010）。

最后，在政府政策方面，《山东省国民经济和社会发展第十二个五年规划纲要》提出将以调整能源布局结构和供给结构为主线，以节能减排和提高效率为重点，提高技术装备水平和智能化水平，推动能源生产和利用方式变革，构建完善安全、稳定、经济、清洁的现代能源产业体系，保障能源安全。预测到2015

年，山东省的煤炭产量将继续控制在1.5亿吨左右，原油产量持续稳定在2700万吨，电力可用装机容量由目前的6317万千瓦增加到1.12亿千瓦，其中接纳省外来电1600万千瓦以上。此外，2009年12月召开的山东省新能源工作会议上，山东省政府印发了《关于加快我省新能源和节能环保产业发展的意见》，明确提出，通过3年时间使新能源产业，特别是在风电、光伏、半导体照明、新能源汽车和核电设备制造等方面有大的突破，并发展成为山东省战略性新兴产业。

三 经验与借鉴

1. 推进结构性减排，加快低碳产业发展

山东省工业结构重型化特征以及传统高能耗产业在工业经济中的比重较大，能源消费总量也较大、环境压力大已成制约山东省经济社会可持续发展的瓶颈。只有加快调整经济结构、产业结构和生产结构，大幅度提高服务业占地区生产总值比重和新能源占能源消费比重，加强行业综合治理，加大淘汰落后产能力度，加速高消耗、高污染企业退出市场，通过优化结构，才能从根本上实现总量减排。要进一步拓宽工程减排领域，支持节能环保技术开发和产业发展；逐步提高工业污染物排放、城市生活污水处理等收费标准，推进排污权交易试点；实行政府绿色采购，鼓励社会绿色消费。为加快低碳产业发展，山东省应以推进风电、太阳能、海洋能等新能源发展为重点，积极进行风能、水能和地热能应用的创新性研究。

2. 促进科技创新和技术进步，解决低碳经济的发展瓶颈

目前，山东省新能源和节能环保企业达到2000多家，实现工业增加值近1300亿元；风电、生物质发电、抽水蓄能发电和余气、余能发电装机260万千瓦；太阳能热利用面积达到1500万平方米；沼气年利用量超过12亿立方米；煤基燃料达到65万吨；新能源和节能环保装备研发、制造也有了一定发展。但是，产业发展中仍然存在科技平台与人才队伍建设薄弱、装备制造没有形成产业化、市场体系和服务体系不健全等一些突出问题，制约了山东省新能源和节能环保产业的快速、健康发展。要解决低碳经济的发展瓶颈，就应切实提高科技开发水平和创新能力，鼓励企业通过多种形式引进国外先进技术，鼓励发展技术先进、经济、高效的新能源和节能环保技术装备与产品。

B.26

黑龙江产业低碳竞争力

谭运嘉*

一 产业竞争力变化

1. 市场占有率

市场占有率从产出的角度衡量一个地区某产业在全国①该类产业中的竞争力。黑龙江省2008～2010年三次产业的市场占有率，以及2015、2020年三次产业的预期市场占有率如表1所示。可以看出，2008～2010年黑龙江省三次产业的市场占有率总体保持平稳，由高至低依次为第一产业、第二产业和第三产业。从2015年、2020年的预测结果来看，未来三次产业的市场占有率预期将有一定程度的提高。

表1 2008～2020年主要年份黑龙江省三次产业市场占有率

单位：%

产 业	2008年	2009年	2010年	2015年	2020年
第一产业	3.23	3.28	3.21	4.04	5.08
第二产业	2.90	2.49	2.77	3.60	4.53
第三产业	2.21	2.18	2.23	2.76	3.46

注：按地区生产总值计算。

资料来源：据《中国统计年鉴》（2009～2011）、《黑龙江省国民经济和社会发展第十二个五年规划纲要》相关数据计算得到。

黑龙江省2008～2010年工业（含下属39个行业）的市场占有率及排名如表2所示。

* 谭运嘉，中国社会科学院工业经济研究所博士后。

① 计算范围包括中国大陆地区31个省、直辖市和自治区，下同。

从市场占有率来看，2008～2010年黑龙江省工业的市场占有率相对稳定，保持在2.5%～3%。具体来说，2008年有3个行业的市场占有率超过地区工业市场占有率：石油和天然气开采业，石油加工、炼焦及核燃料加工业，食品制造业；2009年和2010年，除前述3个行业之外，农副食品加工业的市场占有率也超过地区工业市场占有率。其中，石油和天然气开采业的市场占有率在2008～2010年一直保持15%以上的水平，是全省市场占有率最高的行业。此外，其他采矿业，通信设备、计算机及其他电子设备制造业，纺织服装、鞋、帽制造业，纺织业，皮革、毛皮、羽毛（绒）及其制品业，有色金属冶炼及压延加工业，化学纤维制造业等行业的市场占有率一直较低，2008～2010年均未能超过0.3%。

从市场占有率位次的变化情况来看，2008～2010年位次提高5位及以上的共有4个行业：黑色金属矿采选业（提高6位），文教体育用品制造业（提高6位），燃气生产和供应业（提高6位），以及水的生产和供应业（提高5位）；位次降低5位及以上的共有3个行业：电气机械及器材制造业（降低8位），化学纤维制造业（降低7位），以及医药制造业（降低5位）。此外，2008～2010年，连续两年位次上升的行业有6个：黑色金属矿采选业，非金属矿采选业，木材加工及木、竹、藤、棕、草制品业，文教体育用品制造业，橡胶制品业，以及塑料制品业；连续两年位次下降的行业有5个：有色金属矿采选业，医药制造业，化学纤维制造业，通用设备制造业，以及电气机械及器材制造业。

表2　2008～2010年黑龙江省工业（含下属39个行业）市场占有率及排名表

行　业	2008年		2009年		2010年	
	市场占有率(%)	位次	市场占有率(%)	位次	市场占有率(%)	位次
工　业	2.97	—	2.52	—	2.86	—
煤炭开采和洗选业	2.79	5	2.51	6	2.80	5
石油和天然气开采业	22.08	1	15.76	1	16.04	1
黑色金属矿采选业	0.30	30	0.36	26	0.50	24
有色金属矿采选业	0.38	27	0.29	29	0.22	31
非金属矿采选业	0.49	23	0.47	21	0.56	20
其他采矿业	0.00	39	0.00	39	0.00	39
农副食品加工业	2.85	4	2.95	4	3.40	4

续表

行业	2008年		2009年		2010年	
	市场占有率(%)	位次	市场占有率(%)	位次	市场占有率(%)	位次
食品制造业	3.39	3	3.63	3	3.75	3
饮料制造业	1.91	9	1.69	9	2.12	9
烟草制品业	1.03	13	1.14	12	1.09	14
纺织业	0.14	35	0.11	35	0.11	35
纺织服装、鞋、帽制造业	0.06	37	0.07	37	0.09	36
皮革、毛皮、羽毛(绒)及其制品业	0.14	36	0.23	31	0.13	34
木材加工及木、竹、藤、棕、草制品业	2.03	8	2.26	7	2.79	6
家具制造业	0.91	15	0.86	15	0.95	15
造纸及纸制品业	0.60	18	0.57	18	0.57	19
印刷业和记录媒介的复制	0.50	22	0.45	22	0.44	25
文教体育用品制造业	0.17	34	0.27	30	0.39	28
石油加工、炼焦及核燃料加工业	4.35	2	4.61	2	4.26	2
化学原料及化学制品制造业	0.69	17	0.58	17	0.66	18
医药制造业	2.18	6	2.08	8	1.89	11
化学纤维制造业	0.24	31	0.20	32	0.01	38
橡胶制品业	0.47	24	0.42	23	0.56	21
塑料制品业	0.42	26	0.41	25	0.54	22
非金属矿物制品业	0.56	20	0.65	16	0.89	16
黑色金属冶炼及压延加工业	0.52	21	0.49	19	0.52	23
有色金属冶炼及压延加工业	0.19	33	0.15	34	0.15	33
金属制品业	0.32	29	0.32	28	0.36	29
通用设备制造业	1.68	10	1.42	11	1.30	13
专用设备制造业	1.50	11	1.48	10	1.47	12
交通运输设备制造业	0.99	14	0.93	14	0.68	17
电气机械及器材制造业	0.59	19	0.49	20	0.40	27
通信设备、计算机及其他电子设备制造业	0.04	38	0.05	38	0.03	37
仪器仪表及文化、办公用机械制造业	0.45	25	0.41	24	0.44	26
工艺品及其他制造业	0.35	28	0.17	33	0.19	32
废弃资源和废旧材料回收加工业	0.24	32	0.10	36	0.31	30
电力、热力的生产和供应业	2.06	7	2.51	5	2.19	8
燃气生产和供应业	0.82	16	0.36	27	2.12	10
水的生产和供应业	1.16	12	1.11	13	2.19	7

资料来源：中国社会科学院工业经济研究所产业蓝皮书课题组。

2015 年、2020 年黑龙江省 39 个工业行业的预期市场占有率如表 3 所示。据预测，2015 年、2020 年黑龙江省工业的市场占有率将有所提高，石油和天然气开采业仍将是该省市场占有率最高的行业。

表 3　2015 年、2020 年黑龙江省工业行业预期市场占有率

单位：%

行　业	2015 年	2020 年
工　业	3.55	4.43
煤炭开采和洗选业	5.65	8.52
石油和天然气开采业	31.24	36.20
黑色金属矿采选业	1.68	2.96
有色金属矿采选业	1.46	1.85
非金属矿采选业	1.56	2.41
其他采矿业	0.00	0.00
农副食品加工业	2.82	3.26
食品制造业	2.76	2.85
饮料制造业	2.84	3.64
烟草制品业	1.06	1.46
纺织业	0.99	1.50
纺织服装、鞋、帽制造业	1.15	1.84
皮革、毛皮、羽毛(绒)及其制品业	1.19	1.94
木材加工及木、竹、藤、棕、草制品业	2.35	2.80
家具制造业	2.46	3.14
造纸及纸制品业	1.25	1.91
印刷业和记录媒介的复制	1.09	1.56
文教体育用品制造业	0.08	0.05
石油加工、炼焦及核燃料加工业	6.89	9.71
化学原料及化学制品制造业	2.13	3.47
医药制造业	2.57	2.93
化学纤维制造业	1.09	1.55
橡胶制品业	1.53	2.24
塑料制品业	1.18	1.75
非金属矿物制品业	1.10	1.68
黑色金属冶炼及压延加工业	0.82	1.21
有色金属冶炼及压延加工业	0.98	1.78
金属制品业	1.08	1.76
通用设备制造业	2.40	3.11

续表

行　业	2015 年	2020 年
专用设备制造业	1.01	1.14
交通运输设备制造业	1.56	2.25
电气机械及器材制造业	1.04	1.56
通信设备、计算机及其他电子设备制造业	0.64	1.21
仪器仪表及文化、办公用机械制造业	0.07	0.03
工艺品及其他制造业	0.48	0.68
废弃资源和废旧材料回收加工业	2.05	2.20
电力、热力的生产和供应业	3.00	3.72
燃气生产和供应业	4.15	4.88
水的生产和供应业	2.68	3.27

注：按地区生产总值计算。

资料来源：据《黑龙江统计年鉴》（2009、2010）、《中国统计年鉴》（2009～2011）、《黑龙江省国民经济和社会发展第十二个五年规划纲要》、中国社会科学院工业经济研究所产业蓝皮书课题组相关数据计算得到。

2. 显示比较优势指数（RCA）

黑龙江省2008～2010年39个工业行业的显示比较优势及排名如表4所示。

总体来看，2008～2010年黑龙江省工业各行业的RCA较稳定。RCA≥1的行业，2008年和2009年各有11个，2010年有12个。其中，RCA≥2的行业，2008年有3个：石油和天然气开采业，食品制造业，石油加工、炼焦及核燃料加工业；2009年在2008年的基础上新增1个：农副食品加工业；2010年在2009年的基础上新增2个：煤炭开采和洗选业，木材加工及木、竹、藤、棕、草制品业。从RCA位次的变化情况来看，2008～2010年位次提高5位及以上的共有4个行业：文教体育用品制造业（提高7位），黑色金属矿采选业（提高6位），燃气生产和供应业（提高6位），塑料制品业（提高5位）；位次降低5位及以上的共有4个行业：电气机械及器材制造业（降低9位），化学纤维制造业（降低6位），医药制造业（降低5位），有色金属矿采选业（降低5位）。此外，2008～2010年，连续两年位次上升的行业有5个：黑色金属矿采选业，非金属矿采选业，木材加工及木、竹、藤、棕、草制品业，文教体育用品制造业，塑料制品业；连续两年位次下降的行业有4个：有色金属矿采选业，印刷业和记录媒介的复制，医药制造业，通用设备制造业。

表4　2008～2010年黑龙江省工业行业显示比较优势及排名表

行　业	2008年		2009年		2010年	
	RCA	位次	RCA	位次	RCA	位次
煤炭开采和洗选业	1.87	5	1.91	5	2.12	6
石油和天然气开采业	13.13	1	11.73	1	11.89	1
黑色金属矿采选业	0.20	30	0.26	27	0.36	24
有色金属矿采选业	0.28	26	0.20	29	0.18	31
非金属矿采选业	0.32	24	0.34	22	0.41	20
其他采矿业	0.00	39	0.00	39	0.00	39
农副食品加工业	1.88	4	2.21	4	2.52	4
食品制造业	2.29	3	2.79	3	2.66	3
饮料制造业	1.29	9	1.35	9	1.57	9
烟草制品业	0.67	13	0.86	12	0.80	14
纺织业	0.10	35	0.09	35	0.08	35
纺织服装、鞋、帽制造业	0.04	37	0.06	37	0.06	36
皮革、毛皮、羽毛(绒)及其制品业	0.10	36	0.18	31	0.09	34
木材加工及木、竹、藤、棕、草制品业	1.35	8	1.78	7	2.13	5
家具制造业	0.60	15	0.66	15	0.75	15
造纸及纸制品业	0.41	18	0.43	18	0.44	19
印刷业和记录媒介的复制	0.34	22	0.34	23	0.33	25
文教体育用品制造业	0.12	34	0.20	30	0.29	27
石油加工、炼焦及核燃料加工业	2.87	2	3.45	2	3.15	2
化学原料及化学制品制造业	0.45	17	0.43	17	0.50	18
医药制造业	1.46	6	1.56	8	1.43	11
化学纤维制造业	0.15	32	0.15	32	0.01	38
橡胶制品业	0.33	23	0.32	25	0.41	21
塑料制品业	0.27	27	0.31	26	0.39	22
非金属矿物制品业	0.38	20	0.50	16	0.66	16
黑色金属冶炼及压延加工业	0.34	21	0.38	20	0.38	23
有色金属冶炼及压延加工业	0.12	33	0.11	34	0.11	33
金属制品业	0.23	29	0.24	28	0.27	29
通用设备制造业	1.13	10	1.07	11	0.94	13
专用设备制造业	1.07	11	1.14	10	1.10	12
交通运输设备制造业	0.65	14	0.67	14	0.51	17
电气机械及器材制造业	0.38	19	0.39	19	0.29	28
通信设备、计算机及其他电子设备制造业	0.03	38	0.04	38	0.02	37
仪器仪表及文化、办公用机械制造业	0.29	25	0.32	24	0.30	26
工艺品及其他制造业	0.24	28	0.13	33	0.15	32
废弃资源和废旧材料回收加工业	0.15	31	0.08	36	0.22	30
电力、热力的生产和供应业	1.37	7	1.88	6	1.61	7
燃气生产和供应业	0.54	16	0.36	21	1.55	10
水的生产和供应业	0.80	12	0.83	13	1.58	8

资料来源：中国社会科学院工业经济研究所产业蓝皮书课题组。

2015 年、2020 年黑龙江省 39 个工业行业的显示比较优势预测如表 5 所示。据预测，2015 年、2020 年黑龙江省工业行业 RCA 变化不显著，石油和天然气开采业仍将是该省 RCA 最高的行业。

表 5　2015 年、2020 年黑龙江省工业行业显示比较优势预测

行　　业	2015 年	2020 年
煤炭开采和洗选业	1.74	2.09
石油和天然气开采业	9.62	8.87
黑色金属矿采选业	0.52	0.73
有色金属矿采选业	0.45	0.45
非金属矿采选业	0.48	0.59
其他采矿业	0.00	0.00
农副食品加工业	0.87	0.80
食品制造业	0.85	0.70
饮料制造业	0.88	0.89
烟草制品业	0.33	0.36
纺织业	0.30	0.37
纺织服装、鞋、帽制造业	0.35	0.45
皮革、毛皮、羽毛(绒)及其制品业	0.37	0.48
木材加工及木、竹、藤、棕、草制品业	0.73	0.69
家具制造业	0.76	0.77
造纸及纸制品业	0.38	0.47
印刷业和记录媒介的复制	0.34	0.38
文教体育用品制造业	0.02	0.01
石油加工、炼焦及核燃料加工业	2.12	2.38
化学原料及化学制品制造业	0.66	0.85
医药制造业	0.79	0.72
化学纤维制造业	0.33	0.38
橡胶制品业	0.47	0.55
塑料制品业	0.36	0.43
非金属矿物制品业	0.34	0.41
黑色金属冶炼及压延加工业	0.25	0.30
有色金属冶炼及压延加工业	0.30	0.44
金属制品业	0.33	0.43
通用设备制造业	0.74	0.76
专用设备制造业	0.31	0.28
交通运输设备制造业	0.48	0.55

续表

行　　业	2015 年	2020 年
电气机械及器材制造业	0.32	0.38
通信设备、计算机及其他电子设备制造业	0.20	0.30
仪器仪表及文化、办公用机械制造业	0.02	0.01
工艺品及其他制造业	0.15	0.17
废弃资源和废旧材料回收加工业	0.63	0.54
电力、热力的生产和供应业	0.92	0.91
燃气生产和供应业	1.28	1.20
水的生产和供应业	0.83	0.80

注：按地区生产总值计算。

资料来源：据《黑龙江统计年鉴》（2009、2010）、《黑龙江省国民经济和社会发展第十二个五年规划纲要》、《中国统计年鉴》（2009～2011）、中国社会科学院工业经济研究所产业蓝皮书课题组相关数据计算得到。

二　低碳竞争力

1. 碳生产率

表6中碳生产率衡量的是每排放1单位二氧化碳所创造的产出。碳生产率越高，表示该产业的低碳竞争力越高。

表6　2008～2020年主要年份黑龙江省部分产业碳生产率

单位：万元/吨

产　　业	2008 年	2009 年	2015 年	2020 年
农、林、牧、渔、水利业	1.88	1.69	2.04	2.46
工业	0.40	0.33	0.40	0.49
建筑业	17.41	16.38	19.73	23.78
交通运输、仓储及邮政业	0.42	0.37	0.45	0.54
批发、零售业和住宿、餐饮业	1.21	1.40	1.68	2.03
地区产业平均	0.68	0.64	0.77	0.93

注：按地区生产总值计算，出于统计原因，表中给出的农、林、牧、渔、水利业的碳生产率略低于实际水平；不考虑能源加工转换投入产出量、损失量，以及平衡差额部分。

资料来源：据《中国能源统计年鉴》（2009、2010）、《黑龙江统计年鉴》（2009、2010）、《黑龙江省国民经济和社会发展第十二个五年规划纲要》、IPCC相关数据计算得到。

总体来看，2008～2009年黑龙江省产业碳生产率分别为0.68万元/吨和0.64万元/吨，与全国产业碳生产率平均水平大致相当。从地区碳生产率的数值来看，建筑业最高；其次依次为农、林、牧、渔、水利业，批发、零售业和住宿、餐饮业，交通运输、仓储及邮政业；最低的为工业。据预测，2015年、2020年上述各产业的碳生产率将有所增加，但提高幅度有限。

2. 影响碳生产率的原因

首先，高能耗、高排放型的产业发展模式是影响黑龙江省碳生产率提高的重要原因。黑龙江省是中国的资源大省、重要的石油生产基地，形成了以重化工为核心的产业体系，高碳行业的比重偏高，影响了地区碳生产率的提高。具体来看，2008年和2009年，黑龙江省工业占地区生产总值的比重分别为46.50%和41.18%，但是工业能源终端消费量和二氧化碳排放量均接近地区总量的4/5。

其次，农业和服务业延续传统模式，资源利用效率低，这也是影响黑龙江省碳生产率的原因之一。2008～2009年，黑龙江省的批发、零售业和住宿、餐饮业生产总值仅占全国该行业生产总值的2.5%左右，但是其二氧化碳排放量和能源终端消费量却占到全国总量的8%左右，是全国平均水平的2倍多；农、林、牧、渔、水利业生产总值占全国该行业生产总值的3%，但是其二氧化碳排放量和能源终端消费量却占到全国总量的6%左右，约是全国平均水平的两倍。

最后，虽然具备一定的研发基础，但总体研发能力较弱，研发投入低于全国平均水平，也是影响黑龙江省碳生产率提高的原因之一。2009年，黑龙江省R&D人员全时当量为7148人年，仅为全国平均水平的80%；R&D经费内部支出109亿元，仅为全国平均水平的58%；R&D经费内部支出占国内生产总值的比重为1.27%，比全国平均水平低0.4个百分点。①

表7给出了2008～2009年黑龙江省产业结构、能源终端消费结构和二氧化碳排放结构的详细数据，表8给出了2008～2009年黑龙江省各产业生产总值、能源终端消费量和二氧化碳排放量占全国同类产业总量比重的详细数据。

① 资料来源：《中国科技统计年鉴2010》。

表 7　2008～2009 年黑龙江省产业结构、能源终端消费结构及二氧化碳排放结构

单位：%

产　业	2008 年			2009 年		
	产业结构	能源终端消费结构	二氧化碳排放结构	产业结构	能源终端消费结构	二氧化碳排放结构
农、林、牧、渔、水利业	13.10	5.04	4.73	13.93	5.48	5.25
工业	46.50	77.49	79.23	41.18	76.87	78.49
建筑业	5.45	0.19	0.21	6.12	0.21	0.24
交通运输、仓储及邮政业	5.22	9.11	8.39	5.19	9.68	8.85
批发、零售业和住宿、餐饮业	9.36	5.90	5.25	10.94	5.52	5.00
其他	20.37	2.27	2.19	22.64	2.24	2.18
总　计	100	100	100	100	100	100

注：按地区生产总值计算，出于统计原因，表中给出的农、林、牧、渔、水利业的产业结构略低于实际水平，其他项产业结构略高于实际水平；不考虑能源加工转换投入产出量、损失量，以及平衡差额部分。

资料来源：据《中国能源统计年鉴》（2009、2010）、《黑龙江统计年鉴》（2009、2010）、IPCC 相关数据计算得到。

表 8　2008～2009 年黑龙江各产业生产总值、能源终端消费量及二氧化碳排放量占全国比重

单位：%

产　业	2008 年			2009 年		
	生产总值占全国比重	能源终端消费量占全国比重	二氧化碳排放量占全国比重	生产总值占全国比重	能源终端消费量占全国比重	二氧化碳排放量占全国比重
农、林、牧、渔、水利业	3.11	6.00	5.67	3.14	6.69	6.41
工业	2.97	2.63	2.47	2.52	2.66	2.46
建筑业	2.42	0.31	0.36	2.27	0.31	0.35
交通运输、仓储及邮政业	2.65	2.12	2.32	2.57	2.34	2.53
批发、零售业和住宿、餐饮业	2.37	8.20	7.37	2.51	7.20	6.66
其他	2.09	1.46	1.47	2.01	1.45	1.46
总　计	2.65	2.67	2.54	2.43	2.71	2.56

注：按地区生产总值计算，出于统计原因，表中给出的农、林、牧、渔、水利业的生产总值比重低于实际水平，其他项生产总值比重略高于实际水平；不考虑能源加工转换投入产出量、损失量，以及平衡差额部分。

资料来源：据《中国统计年鉴》（2009、2010）、《中国能源统计年鉴》（2009、2010）、《黑龙江统计年鉴》（2009、2010）、IPCC 相关数据计算得到。

三　经验与借鉴

1. 积极调整产业结构，以改善、优化能源消费结构和二氧化碳排放结构

黑龙江省将新能源、新材料、新型环保、生物、信息、现代装备制造业确定为全省产业结构调整的目标，积极推进战略性新兴产业的发展，通过建设哈齐大工业走廊，促进传统产业的改造升级，通过产业结构的优化升级带动能源消费结构和二氧化碳排放结构的优化升级。

2. 大力推动资源型城市发展方式的深度转变

通过提高产业整体水平推动碳生产率的提高。黑龙江省大力推动煤炭深加工产业的发展，通过建设煤电化基地，以期提高资源型产业的产出效率、有效提升重点产业的碳生产率，从而带动全省低碳竞争力的提高。

参考文献

《中华人民共和国国民经济和社会发展第十二个五年规划纲要》，2011 年 3 月 16 日，http：//www. gov. cn/2011lh/content_ 1825838. htm。

《黑龙江省国民经济和社会发展第十二个五年规划纲要》，2011 年 3 月 23 日，http：//www. hlj. gov. cn/wjfg/system/2011/04/19/010168984. html。

《中国统计年鉴》（2009、2011），中国统计出版社。

《黑龙江统计年鉴》（2009、2010），中国统计出版社。

《中国能源统计年鉴》（2009、2010），中国统计出版社。

《中国低碳年鉴》编委会：《中国低碳年鉴 2010》，中国财政经济出版社，2010。

B.27
吉林产业低碳竞争力

谭运嘉*

一　产业竞争力变化

1. 市场占有率

吉林省2008～2010年三次产业的市场占有率，以及2015年、2020年三次产业的预期市场占有率详见表1。从表1可以看出，2008～2010年吉林省三次产业的市场占有率总体保持平稳，由高至低依次为第一产业、第二产业和第三产业。从2015年、2020年的预测结果来看，未来三次产业的市场占有率预期将有一定程度的提高，其中，第二产业的市场占有率增速最快，将超过第一产业。

表1　2008～2020年主要年份吉林省三次产业市场占有率

单位：%

产　业	2008年	2009年	2010年	2015年	2020年
第一产业	2.72	2.78	2.59	2.69	3.38
第二产业	2.06	2.25	2.40	3.17	3.99
第三产业	1.86	1.87	1.80	2.30	2.89

注：按地区生产总值计算。

资料来源：据《中国统计年鉴》（2009～2011）、《吉林省国民经济和社会发展第十二个五年规划纲要》相关数据计算得到。

吉林省2008～2010年工业（含下属39个行业）的市场占有率及排名如表2。

---

* 谭运嘉，中国社会科学院工业经济研究所博士后。

表 2　2008～2010 年吉林省工业（含下属 39 个行业）市场占有率及排名

行　业	2008 年		2009 年		2010 年	
	市场占有率(%)	位次	市场占有率(%)	位次	市场占有率(%)	位次
工　业	2.06	—	2.26	—	2.44	—
煤炭开采和洗选业	1.20	20	1.38	18	1.35	18
石油和天然气开采业	4.30	3	3.96	6	3.61	6
黑色金属矿采选业	2.56	9	2.67	8	2.10	11
有色金属矿采选业	1.34	17	1.78	13	1.90	12
非金属矿采选业	2.82	8	2.52	9	2.41	8
其他采矿业	3.31	7	4.95	3	12.93	1
农副食品加工业	4.05	5	4.23	5	4.61	5
食品制造业	1.76	12	1.76	14	1.84	13
饮料制造业	3.50	6	3.67	7	3.15	7
烟草制品业	1.54	15	1.58	16	1.64	15
纺织业	0.24	35	0.26	35	0.25	36
纺织服装、鞋、帽制造业	0.32	31	0.36	33	0.45	30
皮革、毛皮、羽毛(绒)及其制品业	0.11	39	0.14	39	0.12	39
木材加工及木、竹、藤、棕、草制品业	5.18	2	5.95	2	6.24	3
家具制造业	0.72	24	0.90	22	1.17	20
造纸及纸制品业	0.78	23	0.75	25	0.82	25
印刷业和记录媒介的复制	0.61	28	0.71	26	0.80	26
文教体育用品制造业	0.14	37	0.17	37	0.24	37
石油加工、炼焦及核燃料加工业	0.50	29	0.42	30	0.44	31
化学原料及化学制品制造业	2.42	10	2.24	11	2.26	10
医药制造业	4.22	4	4.56	4	5.06	4
化学纤维制造业	1.51	16	1.67	15	1.62	16
橡胶制品业	0.21	36	0.23	36	0.27	35
塑料制品业	0.63	26	0.77	24	0.83	24
非金属矿物制品业	1.58	14	2.24	10	2.26	9
黑色金属冶炼及压延加工业	1.08	21	0.99	21	1.03	21
有色金属冶炼及压延加工业	0.48	30	0.51	29	0.39	33
金属制品业	0.62	27	0.83	23	0.89	23
通用设备制造业	0.67	25	0.67	27	0.78	27
专用设备制造业	1.05	22	1.16	20	1.30	19
交通运输设备制造业	6.99	1	7.40	1	7.62	2
电气机械及器材制造业	0.27	34	0.37	32	0.39	32
通信设备、计算机及其他电子设备制造业	0.11	38	0.14	38	0.13	38
仪器仪表及文化、办公用机械制造业	0.28	33	0.33	34	0.47	29
工艺品及其他制造业	0.31	32	0.37	31	0.29	34

续表

行　业	2008 年		2009 年		2010 年	
	市场占有率（%）	位次	市场占有率（%）	位次	市场占有率（%）	位次
废弃资源和废旧材料回收加工业	2.07	11	1.24	19	0.98	22
电力、热力的生产和供应业	1.74	13	1.43	17	1.42	17
燃气生产和供应业	1.32	18	0.54	28	0.69	28
水的生产和供应业	1.31	19	1.97	12	1.82	14

资料来源：中国社会科学院工业经济研究所产业蓝皮书课题组。

从市场占有率来看，2008～2010 年吉林省工业的市场占有率高于 2%，稳中有升。具体来说，2008 年共有 11 个行业的市场占有率超过地区工业市场占有率；2009 年在 2008 年的基础上减少了 2 个行业；2010 年在 2009 年的基础上又减少了 1 个行业。其中，2008～2009 年，交通运输设备制造业一直是该省市场占有率最高的行业，2010 年降为第二位，但 2008～2010 年交通运输设备制造业的市场占有率一直保持平稳上升态势；其他采矿业市场占有率则连续两年快速上升，由 2008 年的第 7 位跃至 2010 年的第 1 位。此外，皮革、毛皮、羽毛（绒）及其制品业，通信设备、计算机及其他电子设备制造业，文教体育用品制造业，橡胶制品业，纺织业等行业的市场占有率一直较低，2008～2010 年均未能超过 0.3%。

从市场占有率位次的变化情况来看，2008～2010 年，位次提高 5 位及以上的共有 4 个行业：其他采矿业（提高 6 位），有色金属矿采选业（提高 5 位），非金属矿物制品业（提高 5 位），水的生产和供应业（提高 5 位）；位次降低 5 位及以上的共有 2 个行业：废弃资源和废旧材料回收加工业（降低 11 位），燃气生产和供应业（降低 10 位）。此外，2008～2010 年，连续两年位次上升的行业有 5 个：有色金属矿采选业，其他采矿业，家具制造业，非金属矿物制品业，专用设备制造业；连续两年位次下降的行业有 2 个：石油加工、炼焦及核燃料加工业，废弃资源和废旧材料回收加工业。

2015 年、2020 年吉林省 39 个工业行业的预期市场占有率如表 3 所示。据预测，2015 年、2020 年吉林省工业的市场占有率将有所提高，交通运输设备制造业的优势地位仍将继续保持。

表3　2015年、2020年吉林省工业行业预期市场占有率

单位：%

行　业	2015年	2020年
工　业	3.26	4.13
煤炭开采和洗选业	0.81	1.02
石油和天然气开采业	5.47	6.88
黑色金属矿采选业	2.97	3.96
有色金属矿采选业	2.05	2.96
非金属矿采选业	2.79	3.71
其他采矿业	0.00	0.00
农副食品加工业	4.13	4.58
食品制造业	3.26	4.01
饮料制造业	3.08	3.76
烟草制品业	2.75	4.74
纺织业	1.27	2.04
纺织服装、鞋、帽制造业	1.48	2.34
皮革、毛皮、羽毛(绒)及其制品业	1.35	2.29
木材加工及木、竹、藤、棕、草制品业	4.35	4.69
家具制造业	3.39	4.32
造纸及纸制品业	1.74	2.72
印刷业和记录媒介的复制	2.02	3.09
文教体育用品制造业	1.84	3.32
石油加工、炼焦及核燃料加工业	2.56	4.34
化学原料及化学制品制造业	6.80	11.42
医药制造业	6.92	8.97
化学纤维制造业	2.07	2.90
橡胶制品业	2.00	3.21
塑料制品业	1.61	2.44
非金属矿物制品业	1.95	2.34
黑色金属冶炼及压延加工业	1.66	2.36
有色金属冶炼及压延加工业	1.81	3.07
金属制品业	1.00	1.39
通用设备制造业	0.83	1.14
专用设备制造业	1.96	2.66
交通运输设备制造业	12.87	17.61
电气机械及器材制造业	0.77	1.21
通信设备、计算机及其他电子设备制造业	0.56	0.99
仪器仪表及文化、办公用机械制造业	0.96	1.52
工艺品及其他制造业	0.82	1.35
废弃资源和废旧材料回收加工业	10.58	14.24
电力、热力的生产和供应业	1.90	2.38
燃气生产和供应业	2.13	2.62
水的生产和供应业	2.65	3.19

注：按地区生产总值计算。

资料来源：据《吉林统计年鉴》（2009～2011）、《中国统计年鉴》（2009～2011）、《吉林省国民经济和社会发展第十二个五年规划纲要》、中国社会科学院工业经济研究所产业蓝皮书课题组相关数据计算得到。

2. 显示比较优势指数（RCA）

吉林省2008～2010年39个工业行业的显示比较优势及排名如表4所示。

表4　2008～2010年吉林省工业行业显示比较优势及排名

行　业	2008年		2009年		2010年	
	RCA	位次	RCA	位次	RCA	位次
煤炭开采和洗选业	0.73	20	0.78	18	0.73	18
石油和天然气开采业	2.31	5	2.14	6	1.92	6
黑色金属矿采选业	1.60	9	1.43	8	1.10	11
有色金属矿采选业	0.81	17	0.96	14	1.00	12
非金属矿采选业	1.67	8	1.36	9	1.27	8
其他采矿业	2.07	7	2.67	3	7.08	1
农副食品加工业	2.43	4	2.31	5	2.44	5
食品制造业	1.08	12	0.96	13	0.98	14
饮料制造业	2.14	6	2.02	7	1.65	7
烟草制品业	0.92	15	0.88	16	0.88	16
纺织业	0.14	35	0.15	35	0.13	36
纺织服装、鞋、帽制造业	0.20	31	0.20	33	0.23	31
皮革、毛皮、羽毛(绒)及其制品业	0.07	39	0.07	38	0.06	39
木材加工及木、竹、藤、棕、草制品业	3.15	2	3.28	2	3.37	3
家具制造业	0.44	24	0.50	22	0.62	20
造纸及纸制品业	0.49	23	0.41	25	0.44	24
印刷业和记录媒介的复制	0.38	27	0.39	26	0.44	26
文教体育用品制造业	0.09	37	0.09	37	0.13	37
石油加工、炼焦及核燃料加工业	0.33	29	0.27	30	0.25	30
化学原料及化学制品制造业	1.44	10	1.26	10	1.20	10
医药制造业	2.63	3	2.53	4	2.70	4
化学纤维制造业	0.87	16	0.93	15	0.89	15
橡胶制品业	0.13	36	0.12	36	0.14	35
塑料制品业	0.39	25	0.43	24	0.44	25
非金属矿物制品业	0.97	14	1.22	11	1.20	9
黑色金属冶炼及压延加工业	0.65	21	0.54	21	0.55	21
有色金属冶炼及压延加工业	0.30	30	0.27	29	0.21	32
金属制品业	0.37	28	0.46	23	0.47	23
通用设备制造业	0.39	26	0.37	27	0.41	27
专用设备制造业	0.62	22	0.66	19	0.69	19
交通运输设备制造业	4.20	1	4.08	1	4.00	2

续表

行　业	2008 年		2009 年		2010 年	
	RCA	位次	RCA	位次	RCA	位次
电气机械及器材制造业	0.17	34	0.20	34	0.20	33
通信设备、计算机及其他电子设备制造业	0.07	38	0.07	39	0.07	38
仪器仪表及文化、办公用机械制造业	0.18	33	0.21	32	0.25	29
工艺品及其他制造业	0.20	32	0.21	31	0.15	34
废弃资源和废旧材料回收加工业	1.16	11	0.63	20	0.52	22
电力、热力的生产和供应业	1.05	13	0.79	17	0.76	17
燃气生产和供应业	0.79	18	0.29	28	0.38	28
水的生产和供应业	0.78	19	1.11	12	0.99	13

资料来源：中国社会科学院工业经济研究所产业蓝皮书课题组。

总体来看，2008～2010 年吉林省工业各行业的 RCA 较稳定。RCA≥1 的行业，2008 年有 13 个，2009 年和 2010 年各有 12 个，其中，RCA≥2 的行业，2008 年和 2009 年均为 7 个：石油和天然气开采业，其他采矿业，农副食品加工业，饮料制造业，木材加工及木、竹、藤、棕、草制品业，医药制造业，交通运输设备制造业；2010 年在 2009 年的基础上减少 2 个：石油和天然气开采业，饮料制造业。

从 RCA 位次的变化情况来看，2008～2010 年位次提高 5 位及以上的共有 5 个行业：其他采矿业（提高 6 位），水的生产和供应业（提高 6 位），有色金属矿采选业（提高 5 位），非金属矿物制品业（提高 5 位），金属制品业（提高 5 位）；位次降低 5 位及以上的有 2 个行业：废弃资源和废旧材料回收加工业（降低 11 位），燃气生产和供应业（降低 10 位）。此外，2008～2010 年，连续两年位次上升的行业有 5 个：有色金属矿采选业，其他采矿业，家具制造业，非金属矿物制品业，仪器仪表及文化、办公用机械制造业；连续两年位次下降的行业有 2 个：食品制造业，废弃资源和废旧材料回收加工业。

2015 年、2020 年吉林省 39 个工业行业的显示比较优势预测如表 5 所示。据预测，2015 年、2020 年吉林省工业行业 RCA 变化不显著，交通运输设备制造业的优势地位仍将继续保持。

表 5　2015 年、2020 年吉林省工业行业显示比较优势预测

行　　业	2015 年	2020 年
煤炭开采和洗选业	0. 30	0. 30
石油和天然气开采业	2. 02	2. 02
黑色金属矿采选业	1. 09	1. 16
有色金属矿采选业	0. 76	0. 87
非金属矿采选业	1. 03	1. 09
其他采矿业	0. 00	0. 00
农副食品加工业	1. 52	1. 34
食品制造业	1. 20	1. 17
饮料制造业	1. 13	1. 10
烟草制品业	1. 01	1. 39
纺织业	0. 47	0. 60
纺织服装、鞋、帽制造业	0. 54	0. 69
皮革、毛皮、羽毛(绒)及其制品业	0. 50	0. 67
木材加工及木、竹、藤、棕、草制品业	1. 60	1. 37
家具制造业	1. 25	1. 27
造纸及纸制品业	0. 64	0. 80
印刷业和记录媒介的复制	0. 75	0. 91
文教体育用品制造业	0. 68	0. 97
石油加工、炼焦及核燃料加工业	0. 94	1. 27
化学原料及化学制品制造业	2. 51	3. 35
医药制造业	2. 55	2. 63
化学纤维制造业	0. 76	0. 85
橡胶制品业	0. 74	0. 94
塑料制品业	0. 59	0. 72
非金属矿物制品业	0. 72	0. 69
黑色金属冶炼及压延加工业	0. 61	0. 69
有色金属冶炼及压延加工业	0. 67	0. 90
金属制品业	0. 37	0. 41
通用设备制造业	0. 30	0. 33
专用设备制造业	0. 72	0. 78
交通运输设备制造业	4. 74	5. 16
电气机械及器材制造业	0. 28	0. 35
通信设备、计算机及其他电子设备制造业	0. 21	0. 29
仪器仪表及文化、办公用机械制造业	0. 35	0. 44
工艺品及其他制造业	0. 30	0. 39

续表

行　　业	2015 年	2020 年
废弃资源和废旧材料回收加工业	3. 90	4. 17
电力、热力的生产和供应业	0. 70	0. 70
燃气生产和供应业	0. 79	0. 77
水的生产和供应业	0. 98	0. 93

注：按地区生产总值计算。

资料来源：据《吉林统计年鉴》（2009～2011）、《吉林省国民经济和社会发展第十二个五年规划纲要》、《中国统计年鉴》（2009～2011）、中国社会科学院工业经济研究所产业蓝皮书课题组相关数据计算得到。

二　低碳竞争力

1. 碳生产率

表 6　2008～2020 年主要年份吉林省部分产业碳生产率

单位：万元/吨

产　　业	2008	2009	2015	2020
农、林、牧、渔、水利业	3. 65	3. 96	4. 77	5. 75
工业	0. 24	0. 26	0. 31	0. 37
建筑业	3. 02	3. 48	4. 20	5. 06
交通运输、仓储及邮政业	0. 29	0. 32	0. 38	0. 46
批发、零售业和住宿、餐饮业	2. 05	2. 09	2. 52	3. 03
地区产业平均	0. 46	0. 50	0. 60	0. 73

注：按地区生产总值计算，出于统计原因，表中给出的农、林、牧、渔、水利业的碳生产率略低于实际水平；不考虑能源加工转换投入产出量、损失量，以及平衡差额部分。

资料来源：据《中国能源统计年鉴》（2009、2010）、《吉林统计年鉴》（2009～2011）、《吉林省国民经济和社会发展第十二个五年规划纲要》、IPCC 相关数据计算得到。

总体来看，2008～2009 年吉林省产业碳生产率分别为 0. 46 万元/吨和 0. 50 万元/吨，约是全国产业碳生产率平均水平的 3/4。从地区碳生产率的数值上来看，农、林、牧、渔、水利业最高；其次依次为建筑业，批发、零售业和住宿、餐饮业，交通运输、仓储及邮政业；工业最低。据预测，2015 年、2020 年上述各产业的碳生产率将有所增加，但提高幅度有限。

2. 影响碳生产率的原因

首先，高能耗、高排放型的产业发展模式是影响吉林省碳生产率提高的重要原因。吉林省的产业体系以重化工为核心，从该省产业二氧化碳排放结构来看，高碳行业的比重过大，从而影响了地区整体碳生产率的提高。具体来看，2008～2009年，吉林省工业占地区生产总值的比重分别为41.83%和41.97%，但是工业能源终端消费量和二氧化碳排放量均超过地区总量的4/5。

其次，吉林省虽然具备一定的研发基础，但总体研发能力较弱，研发投入较少，也是影响该省碳生产率的原因之一。2009年吉林省R&D人员全时当量为6065人年，仅为全国平均水平的68%；R&D经费内部支出81亿元，仅为全国平均水平的43%；R&D经费内部支出占国内生产总值的比重为1.12%，比全国平均水平低0.8个百分点。①

表7给出了2008～2009年吉林省产业结构、能源终端消费结构和二氧化碳排放结构的详细数据，表8给出了2008～2009年吉林省各产业生产总值、能源终端消费量和二氧化碳排放量占全国同类产业总量比重的详细数据。

表7　2008～2009年吉林省产业结构、能源终端消费结构及二氧化碳排放结构

单位：%

产　　业	2008年			2009年		
	产业结构	能源终端消费结构	二氧化碳排放结构	产业结构	能源终端消费结构	二氧化碳排放结构
农、林、牧、渔、水利业	14.27	1.97	1.80	13.47	1.87	1.70
工业	41.83	80.38	81.22	41.97	80.46	81.53
建筑业	5.88	0.99	0.90	6.70	1.07	0.96
交通运输、仓储及邮政业	4.96	9.00	7.89	4.70	8.56	7.40
批发、零售业和住宿、餐饮业	11.42	2.44	2.57	11.41	2.63	2.73
其他	21.64	5.22	5.61	21.76	5.41	5.68
总　计	100	100	100	100	100	100

注：按地区生产总值计算，出于统计原因，表中给出的农、林、牧、渔、水利业的产业结构略低于实际水平，其他项产业结构略高于实际水平；不考虑能源加工转换投入产出量、损失量，以及平衡差额部分。

资料来源：据《中国能源统计年鉴》（2009、2010）、《吉林统计年鉴》（2009～2011）、IPCC相关数据计算得到。

① 资料来源：《中国科技统计年鉴2010》。

表8 2008～2009年吉林省各产业生产总值、能源终端消费量及二氧化碳排放量占全国比重

单位：%

产 业	2008年			2009年		
	生产总值占全国比重	能源终端消费量占全国比重	二氧化碳排放量占全国比重	生产总值占全国比重	能源终端消费量占全国比重	二氧化碳排放量占全国比重
农、林、牧、渔、水利业	2.62	2.57	2.45	2.67	2.42	2.33
工业	2.06	2.99	2.87	2.26	2.95	2.87
建筑业	2.01	1.77	1.72	2.18	1.63	1.59
交通运输、仓储及邮政业	1.95	2.29	2.47	2.04	2.19	2.37
批发、零售业和住宿、餐饮业	2.24	3.72	4.09	2.30	3.63	4.07
其他	1.72	3.68	4.28	1.70	3.73	4.25
总 计	2.05	2.92	2.88	2.14	2.88	2.86

注：按地区生产总值计算，出于统计原因，表中给出的农、林、牧、渔、水利业的生产总值比重低于实际水平，其他项生产总值比重略高于实际水平；不考虑能源加工转换投入产出量、损失量，以及平衡差额部分。

资料来源：据《中国统计年鉴》（2009、2010）、《中国能源统计年鉴》（2009、2010）、《吉林统计年鉴》（2009～2011）、IPCC相关数据计算得到。

三 经验与借鉴*

1. 通过重点城市的示范效应，带动全省低碳竞争力的提高

作为吉林省第二大城市和中国低碳经济示范区，吉林市通过制定能源产业发展规划、节能减排工作实施方案及启动低碳发展计划等一系列措施，大力发展低碳经济。吉林市以国家产业政策为指导，以市场为导向，全面推进产业结构的调整升级，加快实施清洁能源产业计划，由此为突破口带动全省产业结构的调整，通过产业结构的优化升级带动能源消费结构和二氧化碳排放结构的优化升级。

2. 通过重要产业的试点效应，加快战略性新兴产业的培育发展

目前，吉林省作为中国开展节能与新能源汽车示范推广的省份之一，已经展开了试点工作，以此推动关键技术的产业化，加快培育战略性新兴产业的发展，促进地区低碳竞争力的提高。

* 本部分资料来源参见《中国低碳年鉴》编委会撰《中国低碳年鉴》，中国财经济出版社，2010。

参考文献

《中华人民共和国国民经济和社会发展第十二个五年规划纲要》，2011 年 3 月 16 日，http：//www. gov. cn/2011lh/content_ 1825838. htm。

《吉林省国民经济和社会发展第十二个五年规划纲要》，2011 年 2 月 28 日，http：//www. jl. gov. cn/jlgk/fzgh/fzgh_ 01/201103/t20110316_ 961707. html。

《吉林统计年鉴》（2009 ~2011），中国统计出版社。

《中国能源统计年鉴》（2009、2010），中国统计出版社。

《中国低碳年鉴》编委会：《中国低碳年鉴 2010》，中国财政经济出版社，2010。

B.28

辽宁产业低碳竞争力

谭运嘉*

一　产业竞争力评估

1. 市场占有率

辽宁省2008～2010年三次产业的市场占有率及2015年、2020年三次产业的预期市场占有率如表1所示。可以看出，2008～2010年辽宁省三次产业的市场占有率总体保持平稳，其中第二产业最高。从2015年、2020年的预测结果来看，未来三次产业的市场占有率预期将有一定程度的提高。

表1　2008～2020年主要年份辽宁省三次产业市场占有率

单位：%

产　业	2008年	2009年	2010年	2015年	2020年
第一产业	3.86	4.02	4.02	4.83	5.81
第二产业	4.80	5.02	5.32	6.36	7.64
第三产业	3.97	3.99	3.96	4.92	5.92

注：按地区生产总值计算。

资料来源：据《中国统计年鉴》（2009～2011）、《辽宁省国民经济和社会发展第十二个五年规划纲要》相关数据计算得到。

辽宁省2008～2010年工业（含下属39个行业）的市场占有率及排名见表2。

从市场占有率来看，2008～2010年辽宁省工业的市场占有率在5%左右，稳中有升。具体来说，2008年共有16个行业的市场占有率超过地区工业市场占有

---

* 谭运嘉，中国社会科学院工业经济研究所博士后。

表 2　2008～2010 年辽宁省工业（含下属 39 个行业）市场占有率及排名

行　业	2008 年		2009 年		2010 年	
	市场占有率（%）	位次	市场占有率（%）	位次	市场占有率（%）	位次
工　业	4.88	—	5.12	—	5.46	—
煤炭开采和洗选业	2.38	29	2.23	32	2.08	32
石油和天然气开采业	5.60	11	5.22	15	3.40	23
黑色金属矿采选业	15.36	1	18.97	1	16.85	1
有色金属矿采选业	5.15	15	7.16	9	6.25	10
非金属矿采选业	5.46	12	7.41	6	9.00	4
其他采矿业	4.85	17	2.89	27	3.09	26
农副食品加工业	6.78	6	7.40	7	7.94	5
食品制造业	3.52	22	3.98	20	4.27	19
饮料制造业	3.38	25	3.72	23	3.80	21
烟草制品业	0.93	39	0.90	38	0.87	38
纺织业	1.17	37	1.30	36	1.29	35
纺织服装、鞋、帽制造业	4.74	18	4.48	17	4.65	16
皮革、毛皮、羽毛(绒)及其制品业	1.43	35	0.85	39	1.14	36
木材加工及木、竹、藤、棕、草制品业	5.20	14	5.91	12	5.80	13
家具制造业	6.30	7	7.37	8	7.02	9
造纸及纸制品业	2.01	31	2.43	30	2.80	29
印刷业和记录媒介的复制	3.14	27	2.88	28	2.95	27
文教体育用品制造业	0.97	38	1.02	37	1.12	37
石油加工、炼焦及核燃料加工业	12.28	2	12.22	2	10.78	2
化学原料及化学制品制造业	3.39	24	3.81	22	4.37	18
医药制造业	3.40	23	3.31	25	3.31	25
化学纤维制造业	1.97	32	1.70	33	0.80	39
橡胶制品业	5.44	13	5.09	16	5.58	14
塑料制品业	4.93	16	5.69	13	6.01	12
非金属矿物制品业	6.21	8	6.90	10	7.17	8
黑色金属冶炼及压延加工业	6.95	4	7.51	5	7.78	6
有色金属冶炼及压延加工业	3.58	21	3.98	19	3.31	24
金属制品业	5.80	9	6.03	11	6.24	11
通用设备制造业	8.87	3	10.14	3	10.24	3
专用设备制造业	6.94	5	7.72	4	7.34	7
交通运输设备制造业	5.71	10	5.35	14	5.19	15
电气机械及器材制造业	3.36	26	3.91	21	4.12	20
通信设备、计算机及其他电子设备制造业	1.42	36	1.43	35	1.60	34

续表

行业	2008年		2009年		2010年	
	市场占有率（%）	位次	市场占有率（%）	位次	市场占有率（%）	位次
仪器仪表及文化、办公用机械制造业	2.64	28	3.11	26	2.86	28
工艺品及其他制造业	2.15	30	2.46	29	2.58	30
废弃资源和废旧材料回收加工业	1.73	34	2.33	31	2.20	31
电力、热力的生产和供应业	4.14	20	3.69	24	3.55	22
燃气生产和供应业	1.75	33	1.60	34	1.80	33
水的生产和供应业	4.29	19	4.19	18	4.38	17

资料来源：中国社会科学院工业经济研究所产业蓝皮书课题组。

率，2009年减少为15个，2010年减少为14个。其中，黑色金属矿采选业的市场占有率三年来一直处于15%以上的水平，是辽宁省市场占有率最高的行业。此外，烟草制品业，纺织业，皮革、毛皮、羽毛（绒）及其制品业，文教体育用品制造业，化学纤维制造业，通信设备、计算机及其他电子设备制造业，燃气生产和供应业等行业的市场占有率一直较低，2008～2010年均未能超过2%。

从市场占有率位次的变化情况来看，2008～2010年位次提高5位及以上的共有4个行业：非金属矿采选业（提高8位），化学原料及化学制品制造业（提高6位），电气机械及器材制造业（提高6位），有色金属矿采选业（提高5位）；位次降低5位及以上的共有4个行业：石油和天然气开采业（降低12位），其他采矿业（降低9位），化学纤维制造业（降低7位），交通运输设备制造业（降低5位）。2008～2010年连续两年位次上升的行业有11个：非金属矿采选业，食品制造业，饮料制造业，纺织业，纺织服装、鞋、帽制造业，造纸及纸制品业，化学原料及化学制品制造业，塑料制品业，电气机械及器材制造业，通信设备、计算机及其他电子设备制造业，水的生产和供应业；连续两年位次下降的行业有5个：石油和天然气开采业，家具制造业，化学纤维制造业，黑色金属冶炼及压延加工业，交通运输设备制造业。

2015年、2020年辽宁省工业行业的预期市场占有率如表3所示。据预测，2015年、2020年辽宁省工业的市场占有率将有所提高，黑色金属矿采选业仍将是辽宁省市场占有率最高的行业。

表3　2015年、2020年辽宁省工业行业预期市场占有率

单位：%

行　业	2015年	2020年
工　业	6.51	7.85
煤炭开采和洗选业	3.57	4.86
石油和天然气开采业	4.57	5.11
黑色金属矿采选业	15.58	18.62
有色金属矿采选业	5.23	6.52
非金属矿采选业	6.01	7.07
其他采矿业	6.65	7.75
农副食品加工业	6.91	7.62
食品制造业	4.62	5.44
饮料制造业	4.70	5.96
烟草制品业	1.91	2.90
纺织业	2.31	3.12
纺织服装、鞋、帽制造业	5.25	6.40
皮革、毛皮、羽毛(绒)及其制品业	4.71	6.02
木材加工及木、竹、藤、棕、草制品业	6.35	7.23
家具制造业	6.91	7.49
造纸及纸制品业	3.70	5.19
印刷业和记录媒介的复制	4.37	5.81
文教体育用品制造业	3.20	4.78
石油加工、炼焦及核燃料加工业	11.48	11.08
化学原料及化学制品制造业	5.09	6.33
医药制造业	4.58	5.85
化学纤维制造业	5.06	5.89
橡胶制品业	6.64	7.84
塑料制品业	6.46	7.80
非金属矿物制品业	7.23	8.49
黑色金属冶炼及压延加工业	11.08	12.71
有色金属冶炼及压延加工业	5.78	7.88
金属制品业	7.29	9.08
通用设备制造业	11.36	14.40
专用设备制造业	4.63	5.07
交通运输设备制造业	7.38	9.44
电气机械及器材制造业	4.96	6.50
通信设备、计算机及其他电子设备制造业	4.19	5.96
仪器仪表及文化、办公用机械制造业	5.42	7.34

续表

行　　业	2015 年	2020 年
工艺品及其他制造业	3.16	4.31
废弃资源和废旧材料回收加工业	4.93	5.78
电力、热力的生产和供应业	4.84	5.81
燃气生产和供应业	4.73	5.83
水的生产和供应业	5.04	6.00

注：按地区生产总值计算。

资料来源：据《辽宁统计年鉴》（2009、2010）、《中国统计年鉴》（2009～2011）、《辽宁省国民经济和社会发展第十二个五年规划纲要》、中国社会科学院工业经济研究所产业蓝皮书课题组相关数据计算得到。

2. 显示比较优势指数（RCA）

辽宁省2008～2010年39个工业行业的显示比较优势指数（RCA）及排名见表4。

表4　2008～2010年辽宁省工业行业显示比较优势指数（RCA）及排名

行　　业	2008 年		2009 年		2010 年	
	RCA	位次	RCA	位次	RCA	位次
煤炭开采和洗选业	0.49	29	0.43	32	0.40	32
石油和天然气开采业	1.02	16	1.01	15	0.68	23
黑色金属矿采选业	3.13	1	3.65	1	3.23	1
有色金属矿采选业	1.06	14	1.36	9	1.20	10
非金属矿采选业	1.14	12	1.44	7	1.73	4
其他采矿业	0.98	18	0.55	28	0.60	26
农副食品加工业	1.39	6	1.45	6	1.54	5
食品制造业	0.72	22	0.78	19	0.83	19
饮料制造业	0.71	23	0.73	23	0.75	21
烟草制品业	0.19	39	0.17	38	0.17	38
纺织业	0.25	37	0.26	36	0.25	35
纺织服装、鞋、帽制造业	1.03	15	0.89	17	0.92	16
皮革、毛皮、羽毛(绒)及其制品业	0.29	35	0.16	39	0.23	36
木材加工及木、竹、藤、棕、草制品业	1.07	13	1.14	12	1.11	13
家具制造业	1.31	7	1.42	8	1.35	9
造纸及纸制品业	0.41	32	0.48	29	0.54	29
印刷业和记录媒介的复制	0.64	27	0.55	27	0.57	27
文教体育用品制造业	0.20	38	0.20	37	0.21	37
石油加工、炼焦及核燃料加工业	2.53	2	2.35	2	2.07	2

续表

行　　业	2008年		2009年		2010年	
	RCA	位次	RCA	位次	RCA	位次
化学原料及化学制品制造业	0.69	26	0.74	22	0.85	17
医药制造业	0.70	25	0.64	25	0.64	24
化学纤维制造业	0.43	31	0.33	33	0.16	39
橡胶制品业	1.15	10	1.00	16	1.09	14
塑料制品业	1.02	17	1.10	13	1.15	12
非金属矿物制品业	1.30	8	1.35	10	1.39	8
黑色金属冶炼及压延加工业	1.42	5	1.46	5	1.49	6
有色金属冶炼及压延加工业	0.73	21	0.76	20	0.64	25
金属制品业	1.17	9	1.18	11	1.19	11
通用设备制造业	1.84	3	1.98	3	1.98	3
专用设备制造业	1.45	4	1.52	4	1.41	7
交通运输设备制造业	1.15	11	1.04	14	1.00	15
电气机械及器材制造业	0.70	24	0.76	21	0.79	20
通信设备、计算机及其他电子设备制造业	0.29	36	0.28	35	0.31	34
仪器仪表及文化、办公用机械制造业	0.55	28	0.62	26	0.56	28
工艺品及其他制造业	0.44	30	0.47	30	0.49	30
废弃资源和废旧材料回收加工业	0.34	34	0.46	31	0.43	31
电力、热力的生产和供应业	0.85	20	0.72	24	0.68	22
燃气生产和供应业	0.36	33	0.31	34	0.35	33
水的生产和供应业	0.90	19	0.82	18	0.85	18

资料来源：中国社会科学院工业经济研究所产业蓝皮书课题组。

总体来看，2008～2010年辽宁省工业各行业的RCA较稳定。RCA≥1的行业，2008年有17个，2009年和2010年各有15个。其中，RCA≥2的行业，2008～2010年均为以下2个：黑色金属矿采选业，石油加工、炼焦及核燃料加工业。

从RCA位次的变化情况来看，2008～2010年位次提高5位及以上的共有3个行业：化学原料及化学制品制造业（提高9位），非金属矿采选业（提高8位），塑料制品业（提高5位）；位次降低5位及以上的共有3个行业：其他采矿业（降低8位），化学纤维制造业（降低8位），石油和天然气开采业（降低7位）。此外，2008～2010年连续两年位次上升的行业有6个：非金属矿采选业，纺织业，化学原料及化学制品制造业，塑料制品业，电气机械及器材制造业，通信设备、计算机及其他电子设备制造业；连续两年位次下降的行业有3个：家具制造业，化学纤维制造业，交通运输设备制造业。

2015年、2020年辽宁省39个工业行业的显示比较优势指数预测见表5。据预测，2015年、2020年辽宁省工业行业RCA变化不显著，黑色金属矿采选业仍将是辽宁省RCA最高的行业。

表5　2015年、2020年辽宁省工业行业显示比较优势指数（RCA）预测

行　业	2015年	2020年
工　业	0.65	0.73
煤炭开采和洗选业	0.83	0.77
石油和天然气开采业	2.82	2.80
黑色金属矿采选业	0.95	0.98
有色金属矿采选业	1.09	1.06
非金属矿采选业	1.20	1.17
其他采矿业	1.25	1.15
农副食品加工业	0.84	0.82
食品制造业	0.85	0.90
饮料制造业	0.34	0.44
烟草制品业	0.42	0.47
纺织业	0.95	0.96
纺织服装、鞋、帽制造业	0.85	0.91
皮革、毛皮、羽毛(绒)及其制品业	1.15	1.09
木材加工及木、竹、藤、棕、草制品业	1.25	1.13
家具制造业	0.67	0.78
造纸及纸制品业	0.79	0.88
印刷业和记录媒介的复制	0.58	0.72
文教体育用品制造业	2.08	1.67
石油加工、炼焦及核燃料加工业	0.92	0.95
化学原料及化学制品制造业	0.83	0.88
医药制造业	0.91	0.89
化学纤维制造业	1.20	1.18
橡胶制品业	1.17	1.17
塑料制品业	1.31	1.28
非金属矿物制品业	2.01	1.91
黑色金属冶炼及压延加工业	1.05	1.19
有色金属冶炼及压延加工业	1.32	1.37
金属制品业	2.06	2.17

续表

行　业	2015 年	2020 年
通用设备制造业	0.84	0.76
专用设备制造业	1.33	1.42
交通运输设备制造业	0.90	0.98
电气机械及器材制造业	0.76	0.90
通信设备、计算机及其他电子设备制造业	0.98	1.10
仪器仪表及文化、办公用机械制造业	0.57	0.65
工艺品及其他制造业	0.89	0.87
废弃资源和废旧材料回收加工业	0.88	0.87
电力、热力的生产和供应业	0.86	0.88
燃气生产和供应业	0.91	0.90
水的生产和供应业	0.65	0.73

说明：按地区生产总值计算。

资料来源：据《辽宁统计年鉴》（2009、2010）、《辽宁省国民经济和社会发展第十二个五年规划纲要》、《中国统计年鉴》（2009、2011）、中国社会科学院工业经济研究所产业蓝皮书课题组相关数据计算得到。

二　低碳竞争力

1. 碳生产率

表 6 中碳生产率衡量的是每排放 1 单位二氧化碳所创造的产出。碳生产率越高，表示该产业的低碳竞争力越高。

表 6　2008～2020 年主要年份辽宁省部分产业碳生产率

单位：万元/吨

产　业	2008	2009	2015	2020
农、林、牧、渔、水利业	2.12	2.32	2.80	3.37
工　业	0.26	0.25	0.30	0.37
建筑业	3.04	3.31	3.99	4.80
交通运输、仓储及邮政业	0.24	0.25	0.30	0.36
批发、零售业和住宿、餐饮业	4.14	4.21	5.07	6.10
地区产业平均	0.46	0.46	0.55	0.66

注：按地区生产总值计算，出于统计原因，表中给出的农、林、牧、渔、水利业的碳生产率略低于实际水平；不考虑能源加工转换投入产出量、损失量，以及平衡差额部分。

资料来源：据《中国能源统计年鉴》（2009、2010）、《辽宁统计年鉴》（2009、2010）、《辽宁省国民经济和社会发展第十二个五年规划纲要》、IPCC 相关数据计算得到。

总体来看，2008～2009 年辽宁省产业碳生产率约为 0.46，不到全国产业碳生产率平均水平的3/4。从地区碳生产率的数值上来看，批发、零售业和住宿、餐饮业的低碳竞争力最高，其次依次为建筑业，农、林、牧、渔、水利业；工业，交通运输、仓储及邮政业的碳生产率基本持平，为表 6 中碳生产率最低的 2 个产业。据预测，2015 年、2020 年上述各产业的碳生产率将有所增加，但提高幅度有限。

2. 影响碳生产率的原因

首先，以重工业为主的产业结构是造成辽宁省能源消费结构失衡、影响低碳竞争力提高的重要原因。辽宁省的经济发展以重化工业为主导，对煤炭、石油等能源的需求量大、依赖度高；而辽宁省作为东北老工业基地的一部分，传统工业仍占较大的比重，技术、装备与全国平均水平相比较为落后，能源利用率也较低。上述原因造成了辽宁省工业的碳生产率较低，并阻碍了地区整体碳生产率的提高。具体来看，2008～2009 年，辽宁省工业占地区生产总值的比重分别为 46.53% 和 45.53%，但是工业能源终端消费量和二氧化碳排放量均超过地区总量的 4/5；与全国相比，地区工业生产总值占全国工业生产总值的比重仅在 5% 左右，但是工业能源终端消费量和二氧化碳排放量却占到全国总量的 6% ～7%，约是全国平均水平的 1.4～1.6 倍。

其次，农业和第三产业延续传统模式，资源利用效率低，也是影响辽宁省碳生产率的原因之一。2008～2009 年，辽宁省的交通运输、仓储及邮政业生产总值仅占全国该产业生产总值的 4.5% ～4.7%，但是其二氧化碳排放量和能源终端消费量却占到全国总量的 6.5% ～7%，是全国平均水平的 2 倍多；农、林、牧、渔、水利业生产总值不到全国该产业生产总值的 4%，但是其二氧化碳排放量和能源终端消费量却占到全国总量的6%左右，是全国平均水平的近 2 倍。

表 7 给出了 2008～2009 年辽宁省产业结构、能源终端消费结构和二氧化碳排放结构的详细数据，表 8 给出了 2008～2009 年辽宁省各产业生产总值（按生产总值计算）、能源终端消费量和二氧化碳排放量（电热当量法，按标准量计算）占全国同类产业总量比重的详细数据。

表7 2008~2009年辽宁省产业结构、能源终端消费结构及二氧化碳排放结构

单位：%

产　业	2008年			2009年		
	产业结构	能源终端消费结构	二氧化碳排放结构	产业结构	能源终端消费结构	二氧化碳排放结构
农、林、牧、渔、水利业	9.53	1.95	2.06	9.30	1.76	1.82
工业	46.53	81.65	81.43	45.53	82.61	82.50
建筑业	5.85	0.86	0.88	6.45	0.87	0.89
交通运输、仓储及邮政业	5.37	10.65	10.11	5.20	9.98	9.49
批发、零售业和住宿、餐饮业	11.22	1.10	1.24	11.37	1.10	1.23
其他	21.51	3.78	4.27	22.16	3.68	4.07
总　计	100	100	100	100	100	100

注：按地区生产总值计算，出于统计原因，表中给出的农、林、牧、渔、水利业的产业结构略低于实际水平，其他项产业结构略高于实际水平；不考虑能源加工转换投入产出量、损失量，以及平衡差额部分。

资料来源：据《中国能源统计年鉴》（2009、2010）、《辽宁统计年鉴》（2009、2010）、IPCC相关数据计算得到。

表8 2008~2009年辽宁省各产业生产总值、能源终端消费量及二氧化碳排放量占全国比重

单位：%

产　业	2008年			2009年		
	生产总值占全国比重	能源终端消费量占全国比重	二氧化碳排放量占全国比重	生产总值占全国比重	能源终端消费量占全国比重	二氧化碳排放量占全国比重
农、林、牧、渔、水利业	3.72	6.09	5.98	3.85	5.89	5.72
工业	4.88	7.26	6.15	5.12	7.85	6.65
建筑业	4.27	3.68	3.62	4.38	3.42	3.36
交通运输、仓储及邮政业	4.49	6.50	6.78	4.73	6.62	6.98
批发、零售业和住宿、餐饮业	4.68	4.00	4.23	4.79	3.95	4.21
其他	3.63	6.39	6.96	3.61	6.56	6.99
总　计	4.35	6.99	6.17	4.47	7.45	6.57

注：按地区生产总值计算，出于统计原因，表中给出的农、林、牧、渔、水利业的生产总值比重低于实际水平，其他项生产总值比重略高于实际水平；不考虑能源加工转换投入产出量、损失量，以及平衡差额部分。

资料来源：据《中国统计年鉴》（2009、2010）、《中国能源统计年鉴》（2009、2010）、《辽宁统计年鉴》（2009、2010）、IPCC相关数据计算得到。

三　经验与借鉴

辽宁省利用地理优势，建立辽宁沿海经济带，淘汰落后产能。推进产业结构优化升级，促进以先进制造业为核心的现代产业体系的建立。目前，辽宁沿海经济带的多个城市已建立了低碳工业园区，淘汰落后产能的工作已见成效，部分城市产业结构调整效果显著。

以能源改革为突破口，带动全省碳生产率的提高。在辽宁省的能源消费结构中，煤炭消费的比重超过50%，且近年来消费量仍在上升。鉴于煤炭在能源消费中的重要地位，辽宁省提出推进煤炭净化技术创新、促进清洁能源产业化发展。辽宁省以风能、太阳能等清洁能源作为未来的发展方向，并积极推动低碳装备制造业和新能源汽车的发展。目前，辽宁省已经成为中国开展节能与新能源汽车示范推广的省份之一，展开了试点工作。

参考文献

《辽宁省国民经济和社会发展第十二个五年规划纲要》，2011 年 4 月 1 日，http://www.ln.gov.cn/zfxx/zfwj/szfwj/201104/t20110425_649244.html。

《辽宁统计年鉴》（2009～2010），中国统计出版社。

《中国能源统计年鉴》（2009～2010），中国统计出版社。

《中国低碳年鉴》编委会：《中国低碳年鉴 2010》，中国财政经济出版社，2010。

B.29

内蒙古产业低碳竞争力

谭运嘉*

一 产业竞争力变化

1. 市场占有率

内蒙古自治区2008～2010年三次产业的市场占有率及2015年、2020年三次产业的预期市场占有率如表1所示。可以看出，2008～2010年内蒙古自治区的市场占有率总体保持平稳，三次产业市场占有率差距较小，由高至低依次为第二产业、第一产业和第三产业。从2015年、2020年的预测结果来看，三次产业的市场占有率预期将有一定程度的提高。

表1　2008～2020年主要年份内蒙古自治区三次产业市场占有率

单位：%

产　业	2008年	2009年	2010年	2015年	2020年
第一产业	2.69	2.64	2.70	3.40	4.27
第二产业	2.94	3.24	3.39	4.33	5.44
第三产业	2.45	2.50	2.43	3.10	3.90

注：按地区生产总值计算。

资料来源：据《中国统计年鉴》（2009～2011）、《内蒙古自治区国民经济和社会发展第十二个五年规划纲要》相关数据计算得到。

内蒙古自治区2008～2010年工业（含下属39个行业）的市场占有率及排名如表2所示。

从市场占有率来看，2008～2010年内蒙古自治区工业的市场占有率稳中有升。具体来说，2008年和2009年，各有9个行业的市场占有率超过地区工业市

* 谭运嘉，中国社会科学院工业经济研究所博士后。

表2　2008～2010年内蒙古自治区工业（含下属39个行业）市场占有率及排名

行　　业	2008年		2009年		2010年	
	市场占有率(%)	位次	市场占有率(%)	位次	市场占有率(%)	位次
工业	2.98	—	3.33	—	3.49	—
煤炭开采和洗选业	9.32	2	10.85	1	11.67	3
石油和天然气开采业	0.84	21	0.90	21	0.87	21
黑色金属矿采选业	5.73	6	7.25	5	5.90	5
有色金属矿采选业	7.86	4	8.18	4	9.18	4
非金属矿采选业	4.04	7	4.09	8	4.83	7
其他采矿业	18.97	1	10.40	3	14.81	1
农副食品加工业	2.26	11	2.72	11	2.81	10
食品制造业	6.26	5	5.97	6	5.56	6
饮料制造业	1.80	12	2.13	13	2.06	12
烟草制品业	0.82	22	0.86	22	0.86	22
纺织业	1.37	18	1.45	18	1.48	17
纺织服装、鞋、帽制造业	0.24	32	0.24	34	0.27	34
皮革、毛皮、羽毛(绒)及其制品业	0.26	31	0.37	29	0.34	32
木材加工及木、竹、藤、棕、草制品业	1.73	13	1.89	14	1.85	13
家具制造业	0.29	29	0.37	30	0.36	30
造纸及纸制品业	0.48	23	0.75	23	0.81	23
印刷业和记录媒介的复制	0.23	33	0.26	33	0.34	33
文教体育用品制造业	0.00	39	0.00	38	0.00	38
石油加工、炼焦及核燃料加工业	1.06	20	1.27	19	1.23	19
化学原料及化学制品制造业	1.39	16	1.68	16	1.58	16
医药制造业	1.16	19	1.26	20	1.40	18
化学纤维制造业	0.00	38	0.00	39	0.00	39
橡胶制品业	0.04	36	0.06	36	0.07	36
塑料制品业	0.46	25	0.56	27	0.68	25
非金属矿物制品业	1.38	17	1.71	15	1.76	14
黑色金属冶炼及压延加工业	2.88	10	3.27	10	2.42	11
有色金属冶炼及压延加工业	3.83	8	4.53	7	4.54	8
金属制品业	0.27	30	0.60	25	0.78	24
通用设备制造业	0.35	28	0.56	26	0.48	27
专用设备制造业	1.47	15	1.55	17	0.99	20

续表

行　　业	2008 年		2009 年		2010 年	
	市场占有率（%）	位次	市场占有率（%）	位次	市场占有率（%）	位次
交通运输设备制造业	0.38	27	0.40	28	0.48	28
电气机械及器材制造业	0.13	35	0.31	32	0.41	29
通信设备、计算机及其他电子设备制造业	0.22	34	0.23	35	0.09	35
仪器仪表及文化、办公用机械制造业	0.01	37	0.05	37	0.05	37
工艺品及其他制造业	0.48	24	0.60	24	0.52	26
废弃资源和废旧材料回收加工业	0.43	26	0.34	31	0.36	31
电力、热力的生产和供应业	3.18	9	3.34	9	3.41	9
燃气生产和供应业	8.34	3	10.44	2	12.50	2
水的生产和供应业	1.58	14	2.49	12	1.70	15

资料来源：中国社会科学院工业经济研究所产业蓝皮书课题组。

场占有率；2010 年随着地区工业市场占有率的提高而减少到 8 个行业。其中，2008 年和 2010 年其他采矿业的市场占有率居于全省各工业产业首位，2009 年煤炭开采和洗选业的市场占有率居于全省各工业产业首位。此外，纺织服装、鞋、帽制造业，文教体育用品制造业，化学纤维制造业，橡胶制品业，通信设备、计算机及其他电子设备制造业，仪器仪表及文化、办公用机械制造业 6 个行业的市场占有率一直较低，2008 ~ 2010 年均未能超过 0.3%。

从市场占有率位次的变化情况来看，2008 ~ 2010 年位次提高 5 位及以上的共有 2 个行业：金属制品业（提高 6 位）、电气机械及器材制造业（提高 6 位）；位次降低 5 位及以上的共有 2 个行业：专用设备制造业（降低 5 位）、废弃资源和废旧材料回收加工业（降低 5 位）。此外，2008 ~ 2010 年连续两年位次上升的行业有 3 个：非金属矿物制品业、金属制品业、电气机械及器材制造业；连续两年位次下降的行业有 1 个：专用设备制造业。

2015 年、2020 年，内蒙古自治区 39 个工业行业的预期市场占有率如表 3 所示。据预测，2015 年、2020 年，内蒙古自治区工业的市场占有率将有提高，从市场占有率的角度来看，采矿业仍将是内蒙古自治区的优势行业。

表3　2015年、2020年内蒙古自治区工业行业预期市场占有率

单位：%

行　业	2015年	2020年
工业	3.55	4.43
煤炭开采和洗选业	5.65	8.52
石油和天然气开采业	31.24	36.20
黑色金属矿采选业	1.68	2.96
有色金属矿采选业	1.46	1.85
非金属矿采选业	1.56	2.41
其他采矿业	0.00	0.00
农副食品加工业	2.82	3.26
食品制造业	2.76	2.85
饮料制造业	2.84	3.64
烟草制品业	1.06	1.46
纺织业	0.99	1.50
纺织服装、鞋、帽制造业	1.15	1.84
皮革、毛皮、羽毛(绒)及其制品业	1.19	1.94
木材加工及木、竹、藤、棕、草制品业	2.35	2.80
家具制造业	2.46	3.14
造纸及纸制品业	1.25	1.91
印刷业和记录媒介的复制	1.09	1.56
文教体育用品制造业	0.08	0.05
石油加工、炼焦及核燃料加工业	6.89	9.71
化学原料及化学制品制造业	2.13	3.47
医药制造业	2.57	2.93
化学纤维制造业	1.09	1.55
橡胶制品业	1.53	2.24
塑料制品业	1.18	1.75
非金属矿物制品业	1.10	1.68
黑色金属冶炼及压延加工业	0.82	1.21
有色金属冶炼及压延加工业	0.98	1.78
金属制品业	1.08	1.76
通用设备制造业	2.40	3.11
专用设备制造业	1.01	1.14
交通运输设备制造业	1.56	2.25
电气机械及器材制造业	1.04	1.56
通信设备、计算机及其他电子设备制造业	0.64	1.21
仪器仪表及文化、办公用机械制造业	0.07	0.03

续表

行　　业	2015 年	2020 年
工艺品及其他制造业	0.48	0.68
废弃资源和废旧材料回收加工业	2.05	2.20
电力、热力的生产和供应业	3.00	3.72
燃气生产和供应业	4.15	4.88
水的生产和供应业	2.68	3.27

注：按地区生产总值计算。

资料来源：据《内蒙古统计年鉴》（2009～2011）、《中国统计年鉴》（2009～2011）、《内蒙古自治区国民经济和社会发展第十二个五年规划纲要》、中国社会科学院工业经济研究所产业蓝皮书课题组相关数据计算得到。

2. 显示比较优势指数（RCA）

内蒙古自治区2008～2010年39个工业行业的显示比较优势指数（RCA）及排名见表4。

表4　2008～2010年内蒙古自治区工业行业显示比较优势指数（RCA）及排名

行　　业	2008 年		2009 年		2010 年	
	RCA	位次	RCA	位次	RCA	位次
煤炭开采和洗选业	5.55	2	5.58	1	6.00	3
石油和天然气开采业	0.46	22	0.47	21	0.45	22
黑色金属矿采选业	3.40	6	3.66	5	3.04	5
有色金属矿采选业	4.68	4	4.28	4	4.80	4
非金属矿采选业	2.42	7	2.10	8	2.56	7
其他采矿业	11.18	1	5.27	3	7.82	1
农副食品加工业	1.36	11	1.40	11	1.47	10
食品制造业	3.74	5	3.10	6	2.97	6
饮料制造业	1.07	12	1.10	13	1.06	12
烟草制品业	0.49	21	0.44	22	0.46	21
纺织业	0.79	18	0.77	18	0.78	18
纺织服装、鞋、帽制造业	0.13	32	0.13	34	0.14	34
皮革、毛皮、羽毛(绒)及其制品业	0.16	30	0.19	30	0.18	32
木材加工及木、竹、藤、棕、草制品业	1.03	13	0.96	14	0.95	13
家具制造业	0.19	29	0.20	29	0.19	31
造纸及纸制品业	0.29	24	0.39	23	0.42	23

续表

行　业	2008年		2009年		2010年	
	RCA	位次	RCA	位次	RCA	位次
印刷业和记录媒介的复制	0.13	33	0.13	33	0.17	33
文教体育用品制造业	0.00	39	0.00	38	0.00	38
石油加工、炼焦及核燃料加工业	0.64	20	0.67	20	0.68	19
化学原料及化学制品制造业	0.84	16	0.87	15	0.85	16
医药制造业	0.71	19	0.72	19	0.79	17
化学纤维制造业	0.00	38	0.00	39	0.00	39
橡胶制品业	0.02	36	0.03	36	0.04	36
塑料制品业	0.28	25	0.27	27	0.33	25
非金属矿物制品业	0.80	17	0.87	16	0.91	14
黑色金属冶炼及压延加工业	1.70	10	1.71	9	1.26	11
有色金属冶炼及压延加工业	2.28	8	2.34	7	2.37	8
金属制品业	0.16	31	0.30	25	0.40	24
通用设备制造业	0.20	28	0.28	26	0.24	28
专用设备制造业	0.89	15	0.79	17	0.53	20
交通运输设备制造业	0.22	27	0.21	28	0.27	27
电气机械及器材制造业	0.09	35	0.16	32	0.23	29
通信设备、计算机及其他电子设备制造业	0.13	34	0.12	35	0.05	35
仪器仪表及文化、办公用机械制造业	0.00	37	0.02	37	0.03	37
工艺品及其他制造业	0.29	23	0.30	24	0.27	26
废弃资源和废旧材料回收加工业	0.24	26	0.17	31	0.19	30
电力、热力的生产和供应业	1.88	9	1.71	10	1.77	9
燃气生产和供应业	4.89	3	5.32	2	6.52	2
水的生产和供应业	0.92	14	1.31	12	0.89	15

资料来源：中国社会科学院工业经济研究所产业蓝皮书课题组。

2008～2010年内蒙古自治区RCA≥1的工业行业，2008年和2009年各有13个，2010年减少为12个。其中，RCA≥2的行业，2008～2010年均为以下8个：煤炭开采和洗选业，黑色金属矿采选业，有色金属矿采选业，非金属矿采选业，其他采矿业，食品制造业，有色金属冶炼及压延加工业，燃气生产和供应业。

从RCA位次的变化情况来看，2008～2010年位次提高5位及以上的共有2个行业：金属制品业（提高7位）、电气机械及器材制造业（提高6位）；位次降低5位及以上的只有1个行业：专用设备制造业（降低5位）。此外，2008～2010年连续两年位次上升的行业有3个：非金属矿物制品业，金属制品业，电气机械及器材制造业；连续两年位次下降的行业有2个：专用设备制造业，工艺品及其他制造业。

2015年、2020年内蒙古自治区39个工业行业的显示比较优势指数（RCA）预测见表5。从RCA的角度来看，2015年、2020年采矿业仍将是内蒙古自治区的优势行业。

表5　2015年、2020年内蒙古自治区工业行业显示比较优势指数（RCA）预测

行　　业	2015年	2020年
工业	1.74	2.09
煤炭开采和洗选业	9.62	8.87
石油和天然气开采业	0.52	0.73
黑色金属矿采选业	0.45	0.45
有色金属矿采选业	0.48	0.59
非金属矿采选业	0.00	0.00
其他采矿业	0.87	0.80
农副食品加工业	0.85	0.70
食品制造业	0.88	0.89
饮料制造业	0.33	0.36
烟草制品业	0.30	0.37
纺织业	0.35	0.45
纺织服装、鞋、帽制造业	0.37	0.48
皮革、毛皮、羽毛（绒）及其制品业	0.73	0.69
木材加工及木、竹、藤、棕、草制品业	0.76	0.77
家具制造业	0.38	0.47
造纸及纸制品业	0.34	0.38
印刷业和记录媒介的复制	0.02	0.01
文教体育用品制造业	2.12	2.38
石油加工、炼焦及核燃料加工业	0.66	0.85
化学原料及化学制品制造业	0.79	0.72
医药制造业	0.33	0.38
化学纤维制造业	0.47	0.55
橡胶制品业	0.36	0.43
塑料制品业	0.34	0.41
非金属矿物制品业	0.25	0.30
黑色金属冶炼及压延加工业	0.30	0.44
有色金属冶炼及压延加工业	0.33	0.43
金属制品业	0.74	0.76
通用设备制造业	0.31	0.28

续表

行　　业	2015 年	2020 年
专用设备制造业	0. 48	0. 55
交通运输设备制造业	0. 32	0. 38
电气机械及器材制造业	0. 20	0. 30
通信设备、计算机及其他电子设备制造业	0. 02	0. 01
仪器仪表及文化、办公用机械制造业	0. 15	0. 17
工艺品及其他制造业	0. 63	0. 54
废弃资源和废旧材料回收加工业	0. 92	0. 91
电力、热力的生产和供应业	1. 28	1. 20
燃气生产和供应业	0. 83	0. 80
水的生产和供应业	1. 74	2. 09

注：按地区生产总值计算。

资料来源：据《内蒙古统计年鉴》（2009～2011）、《内蒙古自治区国民经济和社会发展第十二个五年规划纲要》、《中国统计年鉴》（2009～2011）、中国社会科学院工业经济研究所产业蓝皮书课题组相关数据计算得到。

二　低碳竞争力

1. 碳生产率

总体来看，2008～2009 年内蒙古自治区低碳竞争力较低，地区产业碳生产率约为 0. 38，不到全国产业碳生产率平均水平的 3/5。从地区碳生产率的数值上来看，建筑业的低碳竞争力最高，其次依次为农、林、牧、渔、水利业，批发、零售业和住宿、餐饮业，交通运输、仓储及邮政业；工业的碳生产率最低。据预测，2015 年、2020 年上述各产业的碳生产率将保持一定的增速，但由于基数较小，因此提高幅度有限（见表 6）。

2. 影响碳生产率的因素

首先，高能耗、高排放型的产业发展模式是影响内蒙古地区碳生产率提高的重要原因。工业是内蒙古自治区经济发展的主导产业，长期以来依赖其资源优势形成了以能源、冶金、化工等行业为核心的重化工产业体系，以高消耗、高碳排放为代价实现地区经济的发展，但是由于地区工业产品以低附加值产品居多，导

表 6　2008 ~ 2020 年主要年份内蒙古自治区部分产业碳生产率

单位：万元/吨

产　业	2008	2009	2015	2020
农、林、牧、渔、水利业	1.30	1.06	1.27	1.53
工业	0.23	0.23	0.28	0.34
建筑业	1.33	1.39	1.68	2.02
交通运输、仓储及邮政业	0.32	0.30	0.37	0.44
批发、零售业和住宿、餐饮业	0.75	0.68	0.82	0.98
地区产业平均	0.38	0.38	0.46	0.55

注：按地区生产总值计算，不考虑能源加工转换投入产出量、损失量，以及平衡差额部分。

资料来源：据《中国能源统计年鉴》（2009 ~ 2010）、《内蒙古统计年鉴》（2009 ~ 2011）、《内蒙古自治区国民经济和社会发展第十二个五年规划纲要》、IPCC 相关数据计算得到。

致整体工业水平不高，从而表现为地区工业碳生产率较低，并阻碍了地区整体碳生产率的提高。具体来看，2008 ~ 2009 年，内蒙古自治区工业占地区生产总值的比重分别为 45.66% 和 46.23%，但是工业能源终端消费量和二氧化碳排放量均高达地区总量的 3/4 左右。与全国工业相比，地区工业生产总值占全国工业生产总值的比重仅在 3% 左右，但是工业能源终端消费量和二氧化碳排放量却占到全国总量的 5% 左右，约是全国平均水平的 1.5 倍。

其次，农业和服务业延续传统模式，资源利用效率低，也是影响内蒙古自治区碳生产率的原因之一。2008 ~ 2009 年，内蒙古的批发、零售业和住宿、餐饮业生产总值仅占全国该产业生产总值的 3% 左右，但是其能源终端消费量和二氧化碳排放量却占到全国总量的 15% 左右，是全国平均水平的 5 倍；农、林、牧、渔、水利业生产总值不到全国该产业生产总值的 3%，但是其能源终端消费量和二氧化碳排放量却占到全国总量的 8% 左右，是全国平均水平的 2 ~ 3 倍。

最后，技术研发能力不足，地区产业碳生产率提高的持续动力不足。从技术水平来看，内蒙古自治区技术研发能力较弱，研发投入较少，低于全国平均水平。2009 年内蒙古自治区 R&D 人员全时当量为 3045 人年，仅为全国平均水平的 34%；R&D 经费内部支出 52 亿元，仅为全国平均水平的 28%；R&D 经费内部支出占国内生产总值的比重为 0.53%，比全国水平低 1.2 个百分点。①

表 7 给出了 2008 ~ 2009 年内蒙古自治区产业结构、能源终端消费结构和二

① 数据来源：《中国科技统计年鉴》（2010）。

氧化碳排放结构的详细数据。表8给出了2008～2009年内蒙古自治区各产业生产总值、能源终端消费量和二氧化碳排放量占全国同类产业总量比重的详细数据。

表7　2008～2009年内蒙古产业结构、能源终端消费结构及二氧化碳排放结构

单位：%

产　　业	2008年			2009年		
	产业结构	能源终端消费结构	二氧化碳排放结构	产业结构	能源终端消费结构	二氧化碳排放结构
农、林、牧、渔、水利业	11.05	3.24	3.26	9.92	3.47	3.54
工业	45.66	76.28	76.99	46.23	74.14	74.44
建筑业	5.85	1.64	1.69	6.27	1.67	1.70
交通运输、仓储和邮政业	8.22	10.88	9.78	7.94	10.88	9.90
批发、零售业和住宿、餐饮业	12.20	5.94	6.20	12.43	6.58	6.93
其他	17.03	2.02	2.08	17.21	3.26	3.49
总　　计	100	100	100	100	100	100

注：按地区生产总值计算，不考虑能源加工转换投入产出量、损失量，以及平衡差额部分。

资料来源：据《中国能源统计年鉴》（2009、2010）、《内蒙古统计年鉴》（2009～2011）、IPCC相关数据计算得到。

表8　2008～2009年内蒙古各产业生产总值、能源终端消费量及二氧化碳排放量占全国比重

单位：%

产　　业	2008年			2009年		
	生产总值占全国比重	能源终端消费量占全国比重	二氧化碳排放量占全国比重	生产总值占全国比重	能源终端消费量占全国比重	二氧化碳排放量占全国比重
农、林、牧、渔、水利业	2.69	6.97	7.07	2.63	8.28	8.58
工业	2.98	4.67	4.34	3.33	5.02	4.64
建筑业	2.65	4.82	5.16	2.73	4.68	4.96
交通运输、仓储和邮政业	4.27	4.57	4.89	4.62	5.13	5.62
批发、零售业和住宿、餐饮业	3.16	14.92	15.75	3.35	16.78	18.31
其他	1.79	2.35	2.54	1.80	4.14	4.63
总　　计	2.71	4.82	4.60	2.86	5.30	5.07

注：按地区生产总值计算，不考虑能源加工转换投入产出量、损失量，以及平衡差额部分。

资料来源：据《中国统计年鉴》（2009、2010）、《中国能源统计年鉴》（2009、2010）、《内蒙古统计年鉴》（2009～2011）、IPCC相关数据计算得到。

三 经验与借鉴

首先，利用资源优势开发清洁能源，拓展低碳竞争力的提升空间。据统计，内蒙古全区风能资源总储量居全国首位，本区技术可开发量占全国总量的50%；地区全年日照时长居全国第二位，适宜建设太阳能基地。因此，近年来内蒙古自治区大力推进新能源产业的发展，积极鼓励使用风能、太阳能等清洁能源代替火力发电。截至2009年底，风电已成为区内第二大主力电源，风力发电装机容量达500万千瓦，占地区装机容量的10%左右，而同期全国风电装机比例仅为2%。此外，区内目前正在建设拥有2千兆瓦发电能力的太阳能发电基地，预计建成后可解决中国300万户家庭的生活用电。

其次，引进国际先进技术，减少二氧化碳排放。如目前区内启动的神华集团二氧化碳捕捉封存工程，即是通过与美国的技术合作，减少生产过程中的二氧化碳排放量。

参考文献

《内蒙古自治区国民经济和社会发展第十二个五年规划纲要》，2011年1月22日，http：//www. bynr. gov. cn/xxgk/ghjh/201102/t20110210_ 13591. html。

《中国统计年鉴》（2009～2011），中国统计出版社。

《内蒙古统计年鉴》（2009～2011），中国统计出版社。

《中国能源统计年鉴》（2009、2010），中国统计出版社。

《中国低碳年鉴》编委会：《中国低碳年鉴2010》，中国财政经济出版社，2010。

𝔹.30

河南产业低碳竞争力

刘志雄 *

一 产业竞争力的变化

1. 三大产业竞争力评估

图 1 显示了河南省第一、第二、第三产业区位商的变化情况。从图 1 中可以看出，在第一产业方面，2005 ~ 2010 年河南省第一产业区位商一直大于 1，基本维持在 1.4 左右，这显示了河南省作为农业大省的传统优势。近 10 年来，河南省一直保持粮食产量全国第一的地位。河南省作为中国重要的粮食生产基地，对保障中国粮食安全具有非常重要的意义。

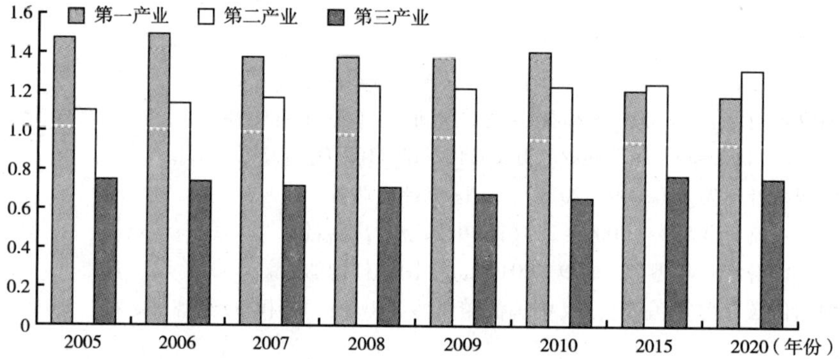

图 1 河南省三次产业显示比较优势指数变化情况

资料来源：根据历年《中国统计年鉴》历年数据计算所得。

在第二产业方面，河南省第二产业区位商一直位于全国平均水平之上，且自 2005 年以来逐年提高，由 2005 年的 1.1 提高至 2010 年的 1.23，这说明河南省的

---

* 刘志雄，中国政法大学副教授。

第二产业处于上升阶段，产业竞争力不断加强。作为新兴工业大省，河南省的工业成长空间很大，一方面农业基础条件优越，为河南食品工业的发展提供了充足的原料保障；另一方面，河南工业优势产业大都集中在国民经济产业链前端，拉长产业链条的空间很大。

在第三产业方面，河南省第三产业的区位商小于1，低于全国平均水平，且呈下降趋势，属于相对弱势产业。河南省的第三产业主要以交通运输、仓储及邮政业，旅游业，以及批发、零售业和住宿、餐饮业等传统服务业为主，而房地产开发，计算机服务和软件业，以及金融保险等现代服务业和新兴服务业的比重偏低。

2. 工业内部产业竞争力评估

表1显示了河南省工业内部各行业的显示比较优势指数（RCA）的变化情况。

表1　河南省工业行业的显示比较优势指数（RCA）变化情况

行　业	2008年	2009年	2010年
煤炭开采和洗选业	2.24	2.35	1.78
石油和天然气开采业	0.82	0.85	0.82
黑色金属矿采选业	0.57	0.60	0.52
有色金属矿采选业	4.65	4.63	4.65
非金属矿采选业	1.70	1.72	1.72
其他采矿业	1.64	0.00	0.00
农副食品加工业	1.67	1.55	1.59
食品制造业	2.03	2.13	2.11
饮料制造业	1.55	1.47	1.49
烟草制品业	0.92	0.98	0.96
纺织业	0.91	0.90	0.92
纺织服装、鞋、帽制造业	0.35	0.38	0.50
皮革、毛皮、羽毛（绒）及其制品业	1.04	1.19	1.24
木材加工及木、竹、藤、棕、草制品业	1.44	1.40	1.39
家具制造业	0.93	1.04	1.09
造纸及纸制品业	1.68	1.64	1.56
印刷业和记录媒介的复制	0.85	0.86	0.84
文教体育用品制造业	0.20	0.21	0.24
石油加工、炼焦及核燃料加工业	0.61	0.68	0.65
化学原料及化学制品制造业	0.82	0.73	0.74
医药制造业	1.21	1.20	1.27
化学纤维制造业	0.58	0.32	0.48
橡胶制品业	1.21	1.17	1.22
塑料制品业	0.62	0.66	0.71
非金属矿物制品业	2.39	2.38	2.35
黑色金属冶炼及压延加工业	0.83	0.78	0.75
有色金属冶炼及压延加工业	2.16	1.99	1.97
金属制品业	0.51	0.54	0.62
通用设备制造业	0.85	0.88	0.93
专用设备制造业	1.44	1.55	1.50

续表

行　　业	2008 年	2009 年	2010 年	行　　业	2008 年	2009 年	2010 年
交通运输设备制造业	0.51	0.47	0.50	工艺品及其他制造业	1.18	1.12	1.08
电气机械及器材制造业	0.50	0.50	0.53	废弃资源和废旧材料回收加工业	0.37	0.33	0.48
通信设备、计算机及其他电子设备制造业	0.06	0.06	0.07	电力、热力的生产和供应业	1.09	1.07	1.11
仪器仪表及文化、办公用机械制造业	0.50	0.62	0.57	燃气生产和供应业	0.95	0.83	0.94
				水的生产和供应业	0.45	0.44	0.48

资料来源：中国社会科学院工业经济研究所产业蓝皮书课题组。

第一，从总体上看，河南省工业内部各部门间的比较优势存在较大差异，总体呈现以食品、轻工、有色等能源原材料行业以及为其提供装备的重型制造业等高耗能重化工业为优势产业的特征，高新技术产业竞争力不足。体现了河南省在发展经济过程中长期以来的“高投入、高消耗、高排放”的粗放型发展模式。

第二，RCA 一直大于 2 的行业主要包括煤炭开采和洗选业、有色金属矿采选业、食品制造业、非金属矿物制品业和有色金属冶炼及压延加工业 5 个行业。这些优势行业的形成不仅归因于河南省蕴藏着丰富的矿产资源，是中国重要的能源和原材料生产和输出基地，而且与河南省为农业和人口大省有关。

第三，RCA 大于 1 且小于 2 的行业有非金属矿采选业，农副食品加工业，饮料制造业，皮革、毛皮、羽毛（绒）及其制品业，木材加工及木、竹、藤、棕、草制品业，造纸及纸制品业，医药制造业，橡胶制品业，专用设备制造业，工艺品及其他制造业和电力，热力的生产和供应业 11 个行业。其中，木材加工及木、竹、藤、棕、草制品业，造纸及纸制品业，工艺品及其他制造业，有色金属冶炼及压延加工业，以及非金属矿物制品业 5 个行业的 RCA 有所下降，而皮革、毛皮、羽毛（绒）及其制品业的 RCA 逐渐上升，其他具有比较优势的行业则基本保持稳定。

第四，RCA 小于 1 的行业有石油和天然气开采业、黑色金属矿采选业等 23 个行业，其产业竞争力较弱。

总而言之，河南省的高技术行业和新兴行业的产业竞争力都较弱，这可能与河南省在资本、技术、信息及人才等高端生产要素积累方面比较薄弱有关。河南省产业结构调整升级方向多偏重于重化工等传统高耗能行业，如钢铁、有色、煤炭、电力等。此外，医药制造业的 RCA 一直处于 1 以上，且呈现一定的上升态势，这主要是由于河南省中草药资源丰富。

表 2 显示了 2008 ~2010 年河南省工业内部各行业的市场占有率。

表 2　河南省产业的市场占有率变化情况

单位：%

行　业	2008 年	2009 年	2010 年	行　业	2008 年	2009 年	2010 年
煤炭开采和洗选业	11.49	11.99	8.99	医药制造业	6.45	6.20	6.47
石油和天然气开采业	4.71	4.32	4.14	化学纤维制造业	3.02	1.62	2.43
黑色金属矿采选业	3.03	3.19	2.70	橡胶制品业	6.29	5.91	6.20
有色金属矿采选业	24.17	23.78	23.83	塑料制品业	3.21	3.38	3.60
非金属矿采选业	8.83	8.84	8.79	非金属矿物制品业	12.41	12.14	11.90
其他采矿业	8.61	0.00	0.00	黑色金属冶炼及压延加工业	4.30	3.93	3.76
农副食品加工业	8.62	7.90	8.01				
食品制造业	10.53	10.80	10.66	有色金属冶炼及压延加工业	11.17	10.20	9.92
饮料制造业	7.95	7.48	7.50				
烟草制品业	4.77	4.98	4.81	金属制品业	2.64	2.74	3.14
纺织业	4.68	4.61	4.64	通用设备制造业	4.41	4.49	4.71
纺织服装、鞋、帽制造业	1.84	1.94	2.51	专用设备制造业	7.45	7.82	7.60
皮革、毛皮、羽毛（绒）及其制品业	5.35	6.13	6.29	交通运输设备制造业	2.59	2.36	2.51
				电气机械及器材制造业	2.60	2.57	2.67
木材加工及木、竹、藤、棕、草制品业	7.47	7.16	7.11	通信设备、计算机及其他电子设备制造业	0.31	0.29	0.36
家具制造业	4.76	5.29	5.55	仪器仪表及文化、办公用机械制造业	2.43	3.00	2.83
造纸及纸制品业	8.77	8.33	7.89				
印刷业和记录媒介的复制	4.37	4.39	4.29	工艺品及其他制造业	6.10	5.76	5.50
				废弃资源和废旧材料回收加工业	1.95	1.65	2.50
文教体育用品制造业	1.02	1.05	1.23				
石油加工、炼焦及核燃料加工业	3.13	3.45	3.27	电力、热力的生产和供应业	5.61	5.43	5.55
化学原料及化学制品制造业	4.22	3.74	3.72	燃气生产和供应业	4.98	4.19	4.71
				水的生产和供应业	2.36	2.16	2.39

资料来源：《中国统计年鉴》（2009 ~2011），中国社会科学院工业经济研究所产业蓝皮书课题组。

第一，从整体上看，河南省工业内部大多数行业的市场占有率较高。在考察期间，煤炭开采和洗选业，有色金属矿采选业，非金属矿采选业等 14 个行业的市场占有率在6%以上。其中，煤炭开采和洗选业，有色金属矿采选业，食品制造业，非金属矿物制品业，有色金属冶炼及压延加工业等RCA高于2的优势行业，市场占有率更是在10%以上。其他RCA在1以上，具有相对优势的行业，市场占有率也均在5%以上。可见，河南省的优势产业都得到了较为充分的发展，但同时应该注意，河南省起重要支撑作用的仍然是资源能源型行业和传统优势行业，这些产业大多集中在国民经济产业链的前段和价值链的低端。

值得一提的是，在河南省的优势行业中，煤炭开采和洗选业、非金属矿物制品业和有色金属冶炼及压延加工业等行业的市场占有率在逐渐下降，其中煤炭开采和洗选业由2008年的11.49%下降为2010年的8.99%，这与河南省资源环境瓶颈，以及长期以来“高投入、高消耗、高排放”的粗放型增长方式有关。

第二，黑色金属矿采选业，纺织服装、鞋、帽制造业，文教体育用品制造业，石油加工、炼焦及核燃料加工业等14个行业的市场占有率均在4%以下。结合RCA可见，这些行业也基本属于河南省具有相对劣势的行业。深加工型产业和包括高新技术产业在内的新兴产业的市场占有率都较低。

通过上述分析可见，河南省作为新型的工业大省，偏重于基础和原材料行业，优势产业多集中于附加值不高的资源类、粗加工类的初级产品的生产，而带动性强、关联度高的产业和包括高新技术产业在内的新兴产业的产业竞争力较弱，发展也比较缓慢。经济增长方式与资源环境之间的矛盾日益尖锐，并对河南省进行产业转型升级提出了更高的要求。

二　低碳竞争力

1. 碳生产率

河南省既是一个资源大省，也是一个能耗大省，同时，其又处在工业化快速发展的时期，因此，发展低碳经济面临着能源需求增长与减排、重化工工业结构与高能耗、产业结构不合理等矛盾。

图2显示了2007～2009年河南省农业和工业等五大产业的碳生产率水平。从图2可以看出，第一，整体来说，河南省各产业的碳生产率在中部六省中均相对较高。农业，建筑业，批发、零售业和住宿、餐饮业的碳生产率相对较高，其中，除农业的碳生产率逐年上升外，建筑业，批发、零售业和住宿、餐饮业的碳

生产率在2009年均有所下降。第二，工业，交通运输、仓储及邮政业的低碳竞争力很弱，且基本维持在较低水平。

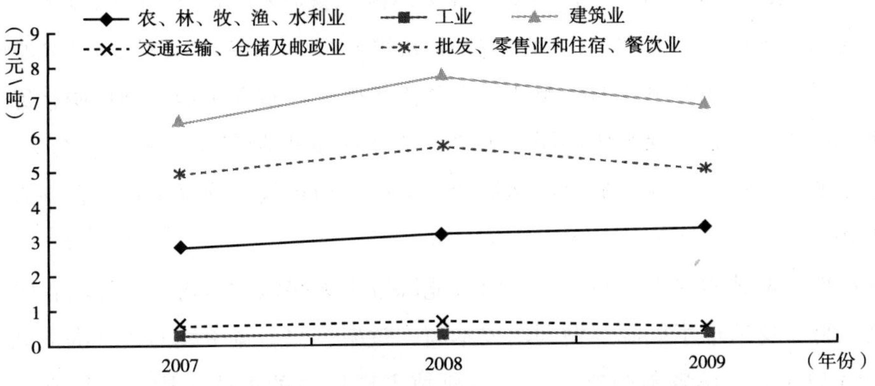

图2　河南省五大产业的碳生产率

资料来源：根据《中国能源统计年鉴》（2008～2010）和《中国统计年鉴》（2008～2010）数据整理计算所得。

2. 影响碳生产率的因素

首先，从产业结构上看，河南省是一个由传统农业大省发展起来的新兴工业大省，并正处于工业化的快速发展时期。第一产业处于基础地位，第二产业发展迅速，第三产业发展相对滞后。就第一产业而言，农业地位非常突出，但仍以传统粗放为主要特征，不能适应低碳经济发展的要求，如农田开垦和连片种植引起自然植被减少，以及自然物种和天敌的减少，农药的使用破坏了物种多样性等；就第二产业而言，河南省作为依托矿产资源、农业资源而建成的大型煤炭、火电基地，重要的有色、化工、农产品加工基地，具有明显的高碳特征，此外，加工行业的装备水平、研发力量在国内处于中等偏下水平，大部分加工企业的装备都难以生产高端、终端产品；就第三产业而言，河南省的服务业发展水平相对落后，且在服务产业内部，交通运输、批发零售、住宿餐饮等传统服务业占服务业增加值的比重高，说明了河南省服务业的层次较低。

其次，从能源供给结构上看，河南省作为能源资源大省，煤炭资源总量丰富，品种齐全；石油资源相对丰富，有中原和南阳两大油田基地，但生产和消费相对分离，南北两基地之间缺乏直接的高等级联系通道。在新能源供给方面，河南省的可再生能源和新能源种类繁多，数量丰富。基于农业大省的优势，河南省的生物质能开发潜力巨大，但目前多数以柴薪直接燃烧为主，对环境造成严重污染，利用率低。在水电方面，河南省地处黄河、长江、淮河、海河四大流域，水电资源蕴藏量丰富。另外，河南省的能源消费结构较为单一，以原煤为主，石油、天然气为辅。一次能源消费结构中原煤和原油占90%以上，其中原煤占75%以上，二次能源电力的电源几乎全部为煤电。终端能源消费结构中，原煤消费占比居高不下，且煤炭历年用于第二产业的比重都在73%以上。在石油方面，石油主要用于第三产业中的交通运输业。天然气市场发展速度加快，存在较大的供气缺口。

再次，从技术水平上来说，河南省能源技术大多数相对落后，先进技术装备程度较低。这造成了能源开发利用成本高，效率较低，竞争能力较差的局面。自2007年以来，河南省强调建立完善的科技支撑体系的重要作用，以提高能源技术的发展水平。按照“有差异”原则，选择制约河南省能源开发利用的关键技术组织的重点攻关，建立以企业为主体的技术创新体系，鼓励企业与大专院校、科研单位实行“产学研”结合，加快开发具有自主知识产权的能源利用新技术和科研成果的转化。

最后，在政策制度方面，河南省缺乏进一步完善能源结构优化的配套政策法规。已出台的相关政策，主要着力于规范推行清洁能源、改善环境质量，同时，目前许多法律、法规的执行力度不够，没有真正发挥出引导和推动作用，此外，完善的能源消耗评价指标体系也尚未完全建立。近年来，河南省降低了小水电、核电等新能源的市场准入门槛，加快推进能源价格形成机制的改革；积极与三大石油天然气集团合作，着力推进省内的广泛布局并形成全方位的竞争格局；加快了对外开放的步伐，鼓励外资和民营资本进入天然气管网建设领域。但目前能源产业的垄断经营局面还未打破，进一步的能源产业的市场化改革仍需进一步推进。

三　经验与借鉴

河南省在积极倡导低碳经济发展过程中，取得了一些成效。①不断优化产业结构，转变经济发展方式。针对全省有色、电力、造纸、建材等重点行业高能耗、高排放的特征，大力淘汰落后产能，通过总量控制、市场准入、提高产业集中度等措施，有效地降低了温室气体的排放强度。②大力推进节能降耗，提高能源利用效率。制定了《河南省重点用能单位节能管理办法》，在重点耗能行业实施了“3515”节能行动计划；积极推动建筑节能，全省严格执行新的设计节能标准，河南省成为继北京、天津后第三个实行居住建筑65%设计节能标准的地区。③加强资源综合利用，提高资源利用效率。加强粉煤灰、尾矿等工业固废的综合利用，同时，还积极开展余热余压、矿井水的综合利用。④发展可再生能源和新能源，优化能源结构。扶持生物质能、太阳能、风能产业、推广农村沼气工程，截至2008年底，全省农村共建成295万户用沼气，可再生能源发电装机达到30万千瓦。⑤发展循环经济，形成“点、线、面”格局。截至2008年底，全省已开展两批循环经济试点工作，共确定58家循环经济试点单位，目前全省已初步形成企业、行业、区域相关联，“点、线、面”相结合的循环经济发展格局。

河南省有其特殊的省情，其在发展低碳经济过程中不可避免地会面临一些挑战。①从产业结构方面来说，河南省产业结构偏重资源和能源消耗，第二产业的主要产业中有色冶金、钢铁、化工等均为高耗能产业。许多产业处于全球产业链的中低端，随着外需萎缩，结构调整难度加大，而具有低能耗特征的第三产业占比偏低。河南省是农业大省，但农业仍以传统的粗放型生产为主，化肥会造成环境污染，这种农业其实就是“高碳农业”，河南省向低碳农业的转型压力很大。②从能源结构方面来说，河南省煤炭和火力发电占主导，达到90%以上；河南省清洁能源匮乏，无海洋能资源，风能和太阳能也不具有明显优势。③从技术水平看，河南省低碳技术水平不足，一些核心技术难以突破，外部技术难以引进，缺乏创新，科研机构和高等院校较少，高层次研发人才缺乏。④河南省正处于工业化快速发展时期，对能源的需求快速增长，在发展低碳经济过程中，不仅要节能减排，还要加快经济发展，这确实是一个很严峻的挑战。

B.31
山西产业低碳竞争力

刘志雄*

一　产业竞争力的变化

1. 三大产业竞争力评估

图 1 显示了山西省第一、第二、第三产业区位商的变化情况。从图 1 中可以看出，在第一产业方面，2005 ~ 2010 年山西省第一产业区位商基本都在 0.4 ~ 0.6 徘徊，远远低于全国平均水平，其中，2005 ~ 2007 年第一产业区位商逐年降低，之后转降为升。

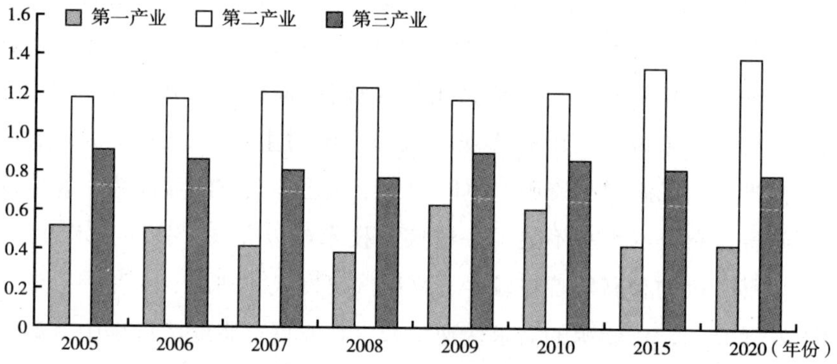

图 1　山西省三次产业显示比较优势变化情况

资料来源：根据历年《中国统计年鉴》计算所得。

在第二产业方面，第二产业区位商一直大于 1，约为 1.2。山西作为典型的资源型地区，是全国产煤最多的省，煤炭储量约占全国煤炭探明储量的 1/4。从第一个五年计划起，国家发展国民经济采取“全国一盘棋”的方针，根据山西

---

* 刘志雄，中国政法大学副教授。

省的煤炭资源和工业基础，从产业布局和产业分工上把山西省确立为能源重化工基地加以发展。长期以来，山西省形成以了以能源原材料为主导，并高度依赖煤炭的产业结构。而这单一畸重的产业结构导致了山西省能源经济效率低，能耗压力大，且自主创新能力不足。随着节能减排和新能源的替代作用，山西省第二产业将面临越来越多的挑战。

在第三产业方面，第三产业区位商低于全国平均水平，在0.8左右波动。说明了山西省第一产业发展过缓、严重依赖第二产业、第三产业发展不足的特点。

2. 工业内部产业竞争力评估

表1显示了山西省工业内部各行业显示比较优势指数（RCA）的变化情况。

表1　山西省产业的显示比较优势指数（RCA）变化情况

行　业	2008年	2009年	2010年
煤炭开采和洗选业	11.61	12.36	12.01
石油和天然气开采业	0.04	0.12	0.11
黑色金属矿采选业	1.51	1.02	1.52
有色金属矿采选业	0.33	0.21	0.18
非金属矿采选业	0.09	0.06	0.06
其他采矿业	0.00	0.00	0.00
农副食品加工业	0.22	0.28	0.31
食品制造业	0.44	0.40	0.40
饮料制造业	0.55	0.55	0.55
烟草制品业	0.24	0.29	0.25
纺织业	0.04	0.05	0.06
纺织服装、鞋、帽制造业	0.05	0.06	0.06
皮革、毛皮、羽毛（绒）及其制品业	0.00	0.00	0.01
木材加工及木、竹、藤、棕、草制品业	0.05	0.06	0.06
家具制造业	0.02	0.02	0.02
造纸及纸制品业	0.07	0.06	0.06
印刷业和记录媒介的复制	0.17	0.19	0.22
文教体育用品制造业	0.13	0.10	0.08
石油加工、炼焦及核燃料加工业	3.49	3.19	2.80
化学原料及化学制品制造业	0.70	0.67	0.60

行　业	2008年	2009年	2010年
医药制造业	0.48	0.51	0.50
化学纤维制造业	0.05	0.01	0.01
橡胶制品业	0.22	0.29	0.32
塑料制品业	0.11	0.12	0.12
非金属矿物制品业	0.42	0.47	0.51
黑色金属冶炼及压延加工业	2.15	2.13	2.16
有色金属冶炼及压延加工业	1.02	0.79	0.81
金属制品业	0.13	0.14	0.14
通用设备制造业	0.27	0.31	0.37
专用设备制造业	0.98	1.07	0.96
交通运输设备制造业	0.16	0.14	0.23
电气机械及器材制造业	0.10	0.10	0.11
通信设备、计算机及其他电子设备制造业	0.12	0.13	0.13
仪器仪表及文化、办公用机械制造业	0.14	0.16	0.16
工艺品及其他制造业	0.02	0.05	0.07
废弃资源和废旧材料回收加工业	0.00	0.00	0.01
电力、热力的生产和供应业	1.38	1.59	1.48
燃气生产和供应业	0.05	0.60	0.58
水的生产和供应业	0.64	0.72	0.64

资料来源：中国社会科学院工业经济研究所产业蓝皮书课题组。

第一，从总体上看，山西省工业内部各部门的比较优势差异很大，能源和基础原材料工业的 RCA 很高，其他行业则大多呈现比较劣势。这体现了山西省以能源原材料为主导，并高度依赖煤炭的产业结构特点，主要优势产业仍然是煤、焦、铁、铝和电力工业。

第二，在全部 39 个工业行业中，只有煤炭开采和洗选业，黑色金属矿采选业，石油加工、炼焦及核燃料加工业，黑色金属冶炼及压延加工业，有色金属冶炼及压延加工业，专用设备制造业和电力，热力的生产和供应业 7 个行业的 RCA 在 1 以上。尤其是煤炭开采和洗选业比较优势非常明显，其 RCA 基本保持在 12 左右。山西省的工业主要靠重工业支撑，几十年来主要是以煤—焦—冶—电构成的能源重化工业链拉动山西省经济发展，其中主要优势产业为煤炭、电力、冶金、机械、化工等。

此外，专用设备制造业的 RCA 也较高，这主要是因为煤机制造这一装备制造业的优势。通过建设以太原为中心的世界煤机产业基地，逐步实现由煤炭装备买入省向制造省、输出省的转变。

表 2 显示了 2008 ~2010 年山西省工业内部各行业的市场占有率。

表 2　山西省产业的市场占有率变化情况

单位：%

行　业	2008 年	2009 年	2010 年	行　业	2008 年	2009 年	2010 年
煤炭开采和洗选业	23.12	20.74	20.96	皮革、毛皮、羽毛（绒）及其制品业	0.00	0.00	0.01
石油和天然气开采业	0.10	0.21	0.19				
黑色金属矿采选业	2.87	1.60	2.51	木材加工及木、竹、藤、棕、草制品业	0.11	0.10	0.11
有色金属矿采选业	0.65	0.35	0.33				
非金属矿采选业	0.17	0.11	0.10	家具制造业	0.03	0.02	0.03
其他采矿业	0.00	0.00	0.00	造纸及纸制品业	0.15	0.10	0.11
农副食品加工业	0.43	0.47	0.54	印刷业和记录媒介的复制	0.31	0.32	0.37
食品制造业	0.77	0.67	0.69				
饮料制造业	1.02	0.89	0.98	文教体育用品制造业	0.26	0.17	0.16
烟草制品业	0.48	0.47	0.45	石油加工、炼焦及核燃料加工业	6.73	5.24	4.84
纺织业	0.09	0.08	0.09				
纺织服装、鞋、帽制造业	0.11	0.11	0.11	化学原料及化学制品制造业	1.39	1.15	1.05

续表

行业	2008 年	2009 年	2010 年	行业	2008 年	2009 年	2010 年
医药制造业	0.87	0.77	0.82	电气机械及器材制造业	0.18	0.17	0.20
化学纤维制造业	0.09	0.03	0.02				
橡胶制品业	0.43	0.49	0.62	通信设备、计算机及其他电子设备制造业	0.23	0.22	0.21
塑料制品业	0.22	0.21	0.21				
非金属矿物制品业	0.81	0.79	0.90	仪器仪表及文化、办公用机械制造业	0.29	0.27	0.29
黑色金属冶炼及压延加工业	4.24	3.64	3.85	工艺品及其他制造业	0.04	0.08	0.11
有色金属冶炼及压延加工业	2.00	1.35	1.40	废弃资源和废旧材料回收加工业	0.00	0.00	0.01
金属制品业	0.26	0.25	0.25	电力、热力的生产和供应业	2.74	2.68	2.64
通用设备制造业	0.54	0.53	0.65				
专用设备制造业	1.94	1.78	1.70	燃气生产和供应业	0.10	1.01	1.03
交通运输设备制造业	0.31	0.23	0.40	水的生产和供应业	1.26	1.24	1.15

资料来源：《中国统计年鉴》（2009～2011），中国社会科学院工业经济研究所产业蓝皮书课题组。

第一，从整体上看，山西省工业内部大多数行业的市场占有率与 RCA 都呈现相似的特点，即各部门之间差异很大，与其他行业相比，以煤炭开采和洗选业为代表的能源和基础原材料工业的市场占有率极高，体现了山西省以能源原材料为主导，并高度依赖煤炭的产业结构特点。

第二，在考察期间内，市场占有率曾大于4%的有煤炭开采和洗选业，黑色金属冶炼及压延加工业，以及石油加工、炼焦及核燃料加工业 3 个行业。其中，煤炭开采和洗选业的市场占有率极高，大于20%。

第三，除上述行业外，其他行业市场占有率均较低，甚至不少行业的市场占有率在1%以下。深加工型行业以及包括高新技术行业在内的新兴产业的市场占有率都较低。但其中煤层气、太阳能、风能等新能源的发展使得燃气生产和供应业具有一定的市场占有率，并且逐年上升，形成了一定的发展潜力。

通过上述分析可见，山西省的三次产业中以第二产业为重心，优势产业中以传统粗放型工业为主，资源型产业占据山西省产业结构的主导地位，资源性产品占据了该省贸易的主体。这样的产业结构特征对山西省经济发展的空间产生了很大的限制，并且使得山西省抵御市场风险的能力和完成节能减排任务的压力巨大。新兴产业在政策培育下有所发展，但相对优势仍不明显。进一步调整产业结构，转变经济发展方式是山西省经济转型发展的必由之路。

二　低碳竞争力

1. 碳生产率

作为中国的产煤大省和碳消费大省，山西省在长期发展过程中形成了以电力、冶金、焦炭、煤炭等高耗能产业为支撑的产业结构。山西省正处于工业化、城镇化的快速发展阶段。作为一个高耗能产业集聚的“能耗大省”，山西省具有独特的能源经济和能源消费结构，一直以来都推行传统经济增长模式，使得经济增长对能源高度依赖、对生态系统造成了严重破坏，因此，实行节能减排，提升产业低碳竞争力，发展低碳经济对山西省而言迫在眉睫。

图 2 显示了 2007 ~2009 年山西省农业，工业，建筑业，交通运输、仓储及邮政业，批发、零售业和住宿、餐饮业五大产业的碳生产率水平。整体来说，山西省各产业的碳生产率在中部六省中都处于最低水平，各产业低碳竞争力都很弱。具体来说，建筑业的碳生产率在山西省这五大产业中是最高的，虽然在 2008 年有所下降但在 2009 年又出现大幅上升；批发、零售业和住宿、餐饮业的碳生产率逐年上升；交通运输、仓储及邮政业的碳生产率水平基本保持不变；农业和工业的碳生产率在这三年内有所起伏，但波动不大，工业的低碳竞争力是最弱的。

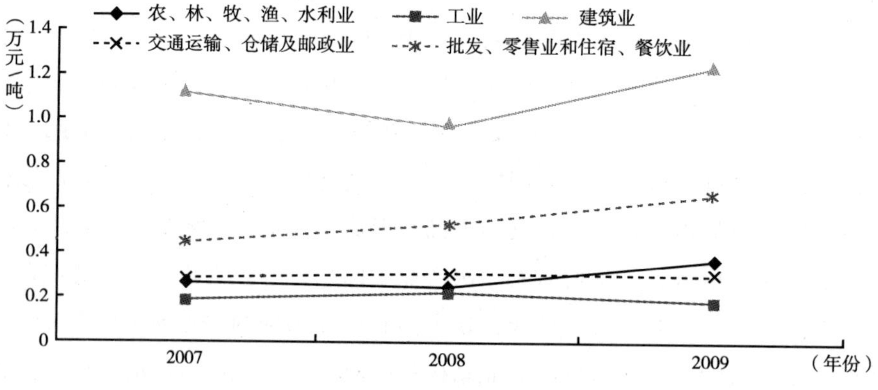

图 2　山西省五大产业的碳生产率

资料来源：根据《中国能源统计年鉴》(2008 ~2010) 和《中国统计年鉴》(2008 ~2010) 数据整理计算所得。

2. 影响碳生产率的因素

首先，从产业结构看，2009年山西省三次产业结构比例为6.5∶54.6∶38.9，由此可见第二产业在山西省经济发展中的重要地位，特别是工业中的重工业，以煤炭为基础的电、冶、焦、煤等重工业占全省工业产值的80%，煤炭的消费量占能源消费总量的比重始终维持在90%以上，这种高能耗必然带来高排放，而具有低能耗特征的第三产业发展落后，经济发展的"高碳"特征导致全省碳生产率水平很低。可见，山西省的经济增长是建立在资源耗竭性基础上的高投入、低产出的粗放型经济增长，传统工业的锁定效应很高，基础设施建设、机器设备的资产专用性很强，转移成本很高，重型化、粗放型的产业结构明显，这已成为山西省低碳经济发展过程中的一大瓶颈。

其次，从能源结构看，"富煤、多碳、缺油"的资源条件，决定了山西省能源结构以煤为主，低碳资源匮乏。2008年山西省原煤生产量占能源生产总量的比重高达99.71%，此外，还存在能源利用率低、高能耗、煤炭资源开发技术落后、管理状况不善、资源回收利用率很低等问题。从能源消费结构看，能源产品低档，生产效率低，市场竞争力也低。由此引发的对自然资源过度开采、污水排放严重等问题又加剧了对水资源的破坏，同时，对太阳能、地热能、风能等低能耗的新能源和可再生资源开发利用不足。

再次，从技术水平上来说，山西省缺乏对节能环保和低碳技术的研发和创新。山西省经济由"高碳"向"低碳"转变的核心和关键是技术的创新。但目前，山西省低碳技术的研发能力还不能适应形势的需要，科技水平滞后，技术研发能力有限。低碳技术研发和推广还未得到合理的规划、有效的政策支持，以及社会各界的广泛认可。科技创新机制还没有形成，政府经费投入不足，同时低碳技术项目还不能从金融系统中获得资金支持。市场上一般是低碳技术"各自为战"，缺乏有效地整合。另外，山西省科研机构和高等院校较少，从事技术研发的人才匮乏，科技创新企业的主体地位还没有形成。

最后，在政策制度方面，还没有建立完整有效的政策支持体系。发展低碳经济需要法律制度作为保障，但由于中国在发展低碳经济方面处于起步阶段，相关的政策体系还不完善，缺乏统一的规范性文件，更不用说为低碳经济立法了。尽管中国曾制定过与发展低碳经济有关的优惠政策，但由于管理机构的变化和政策的不完善，这些激励政策难以执行。2009年初，山西省曾有政协委员提交了

《关于引入低碳经济理念，推进“低碳山西”发展》的提案，但遗憾的是，并没有出台明确的政策支持体系。

三 经验与挑战

山西省在向低碳经济转型的过程中，有一些经验举措值得参考。具体表现在以下几个方面：①在开发利用以沼气为主的可再生能源方面具备了一些基础并取得了一定的成就；②在风能开发利用方面也付诸了实践，规划到 2015 年建立 3~5个 10 万千瓦以上的风电场作为大型示范风电场；③山西省具有潜在的氢能优势，将氢按照一定比例添加到天然气中作为生活燃料和汽车燃料，燃烧会更安全、洁净，这将推动低碳、无碳能源的快速发展；④山西省巨大的煤层气储量，成熟的开采技术以及便利的输送管网是其发展低碳经济的关键，晋城大宁矿区煤层气多分支水平井的试验成功标志着山西省煤气层开发技术的成熟；⑤国新能源发展集团有限公司是山西省发展低碳经济的龙头企业，该公司抢占低碳经济发展先机，以节能减排、服务循环经济为目标，积极推行产业结构优化和开发清洁能源，努力探索低碳产业的发展方向。上述这些经验举措为山西省从“高碳”向“低碳”的转型提供了突破口。

山西省有其特殊的省情，其在发展低碳经济过程中面临诸多挑战：①山西省的产业结构调整缓慢，高耗能的第二产业是经济支柱，但低能耗的第三产业和高技术产业发展缓慢，比重偏低；②山西省经济增长主要依赖第二产业中的重化工业，这类产业资产专用性强，有很强的锁定效应，如果企业向“低碳”转型，必将面临很大的转移成本，这无疑是个很大的挑战；③山西省对煤炭高度依赖的能源结构不易改变，在转型过程中将面临比别的省份更高的代价；④山西省城市化的快速发展必将会对重化工产品如钢铁、水泥等产生很大的需求，而这些产品都是高能耗的，如何发展低碳城市化是一个难题；⑤国家的经费投入不足，低碳技术的研发能力有限，山西省发展低碳经济缺少资金和技术水平的支持；⑥国内尚未有完善的政策制度、法律法规等支持低碳经济的发展。

B.32 湖北产业低碳竞争力

刘志雄*

一 产业竞争力的变化

1. 三大产业竞争力评估

图1显示了湖北省第一、第二、第三产业区位商的变化情况。从图1中可以看出，在第一产业方面，2005～2010年湖北省第一产业区位商一直大于1，这说明湖北省农业生产具有一定的专业化水平和竞争力，但自2008年以来却呈下降趋势。湖北省为中部的农业大省，农业经济在全省的经济发展中占有重要地位，但是长期以来农业结构较为单一，以种植业为主，林、牧、渔业比重相对较小。近年来随着人们生活水平的提高，对牧业和渔业产品的需求日益增加，显然湖北省在这方面缺乏优势，从而约束了其农业的进一步发展。再者，近年来湖北省重

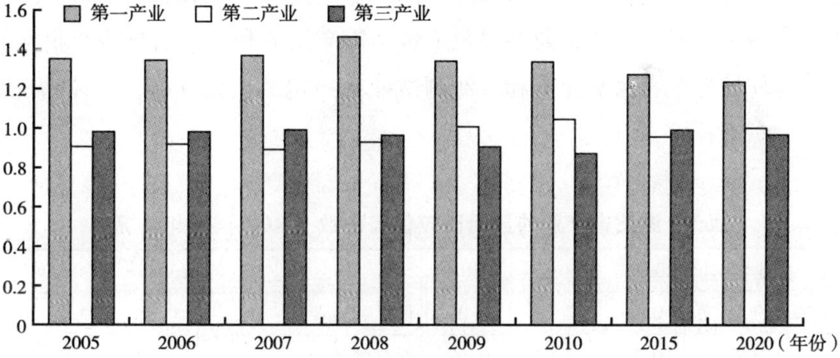

图1 湖北省三大产业显示比较优势指数变化情况

资料来源：根据历年《中国统计年鉴》计算所得。

---

* 刘志雄，中国政法大学副教授。

视工业的发展，这也在一定程度上限制了农业的快速发展。从未来的发展趋势来看，2015 年和 2020 年湖北省第一产业的区位商指数还将进一步下降。

在第二产业方面，自 2005 年以来湖北省第二产业区位商总体上呈上升趋势，其中 2009 年和 2010 年均大于 1，高于全国平均水平。湖北省作为中部重要的制造业基地，在制造业的某些产业上拥有一定的竞争优势和发展潜力，如汽车工业和钢铁工业等。具体分析将在下一小节展开。

在第三产业方面，在考察期间内湖北省第三产业的区位商一直低于全国平均水平，属于相对弱势的产业。值得注意的是，自 2007 年来湖北省第三产业区位商逐年下降，这说明第三产业的相对劣势地位日益凸显。湖北省作为中部重要的省份，虽然在区位上具有一定的优势，但却没有发达的现代物流业。目前，湖北省第三产业以层次较低的批发零售业、交通运输、仓储等传统服务业为主，而诸如信息服务、金融服务以及现代物流业等附加值较高的第三产业发展则相对缓慢。

2. 工业内部产业竞争力评估

工业在一国或地区经济中有着重要地位，因此有必要进一步仔细考察工业内部各细分行业的竞争力状况。下面将从显示比较优势指数（RCA）和市场占有率两个角度来评估。

表 1 显示了 2008 ~2010 年湖北省工业内部行业显示比较优势指数的变化情况。从表 1 可以看出，总体上湖北省工业内部各部门的比较优势存在较大差异，采掘业和重型加工业为优势行业，黑色冶金、汽车制造和水力发电等产业竞争力最为突出，高科技行业、医药化工和轻纺制造业有一定的比较优势，具体情况如表 1 所示。

表 1　湖北省产业的显示比较优势指数（RCA）变化情况

行　业	2008 年	2009 年	2010 年	行　业	2008 年	2009 年	2010 年
煤炭开采和洗选业	0.09	0.10	0.09	食品制造业	0.96	0.98	1.10
石油和天然气开采业	0.57	0.62	0.59	饮料制造业	1.82	1.83	2.00
黑色金属矿采选业	1.23	1.43	1.16	烟草制品业	2.18	2.15	2.00
有色金属矿采选业	0.47	0.46	0.40	纺织业	0.98	1.07	1.07
非金属矿采选业	2.36	2.33	2.39	纺织服装、鞋、帽制造业	0.87	0.91	1.02
其他采矿业	1.75	1.90	2.23	皮革、毛皮、羽毛（绒）及其制品业	0.12	0.10	0.10
农副食品加工业	1.20	1.37	1.42				

续表

行　业	2008 年	2009 年	2010 年	行　业	2008 年	2009 年	2010 年
木材加工及木、竹、藤、棕、草制品业	0.60	0.61	0.66	有色金属冶炼及压延加工业	0.77	0.65	0.67
家具制造业	0.24	0.24	0.27	金属制品业	0.76	0.80	0.87
造纸及纸制品业	0.70	0.78	0.74	通用设备制造业	0.71	0.73	0.73
印刷业和记录媒介的复制	1.07	1.10	1.09	专用设备制造业	0.50	0.53	0.54
				交通运输设备制造业	2.74	2.20	2.24
文教体育用品制造业	0.12	0.11	0.25	电气机械及器材制造业	0.54	0.54	0.60
石油加工、炼焦及核燃料加工业	0.75	0.76	0.67	通信设备、计算机及其他电子设备制造业	0.42	0.49	0.46
化学原料及化学制品制造业	1.10	1.12	1.08	仪器仪表及文化、办公用机械制造业	0.44	0.42	0.33
医药制造业	1.27	1.17	1.13	工艺品及其他制造业	0.50	0.48	0.54
化学纤维制造业	0.32	0.19	0.22	废弃资源和废旧材料回收加工业	0.66	0.52	0.53
橡胶制品业	0.37	0.49	0.52				
塑料制品业	0.72	0.81	0.83	电力、热力的生产和供应业	1.42	1.31	1.17
非金属矿物制品业	1.07	1.11	1.10				
黑色金属冶炼及压延加工业	1.42	1.41	1.52	燃气生产和供应业	0.58	0.88	0.62
				水的生产和供应业	3.00	2.89	1.27

资料来源：根据历年《中国统计年鉴》计算所得。

第一，RCA 大于 2 的行业主要有非金属矿采选业，烟草制品业，交通运输设备制造业，水的生产和供应业等，这意味着这些行业在国内具有较高的竞争力。进一步来看，非金属矿采选业和交通运输设备制造业的 RCA 基本保持稳定，尤其是交通运输设备制造业，因为汽车工业一直以来是湖北省工业的重要支柱。烟草制造业也是湖北省的一个优势产业，具备很强的主导作用。数据显示，湖北省烟草制造业的增加值增长速度在“十五”期间落后于其他行业，但从 2006 年开始增长速度明显高于全省平均水平，并逐渐成为湖北省的重要行业。

第二，RCA 大于 1 和小于 2 的行业主要有黑色金属矿采选业，其他采矿业，农副食品加工业，食品制造业，饮料制造业，纺织业，纺织服装、鞋、帽制造业，印刷业和记录媒介的复制，化学原料及化学制品制造业，医药制造业，非金属矿物制品业，黑色金属冶炼及压延加工业，以及电力、热力的生产和供应业

13 个行业，这表明上述行业具有一定的竞争力。其中，农副食品加工业，食品制造业，饮料制造业，纺织业，纺织服装、鞋、帽制造业等行业的 RCA 呈逐年上升趋势。

第三，RCA 小于 1 的主要有煤炭开采和洗选业，石油和天然气开采业，有色金属矿采选业，皮革、毛皮、羽毛（绒）及其制品业，石油加工、炼焦及核燃料加工业，有色金属冶炼及压延加工业，通信设备、计算机及其他电子设备制造业等 22 个行业，这意味着这些行业基本不具有竞争力。进一步来看，采矿业中除了黑色金属矿采选业、非金属矿采选业外，煤炭采选业、有色金属矿采选业等其他行业专业化水平都较低。主要原因可能在于，湖北省 90% 以上的矿产地资源储量规模都只是中、小型的矿产地，这些企业大多深加工能力不足，且生产工艺相对落后。

表 2 显示了 2008 ~2010 年湖北省工业内部各行业的市场占有率。从整体上看，湖北省工业产品市场占有率不高，但大多行业的市场占有率都呈逐年上升趋势。

表 2　湖北省产业的市场占有率变化情况

单位：%

行　业	2008 年	2009 年	2010 年	行　业	2008 年	2009 年	2010 年
煤炭开采和洗选业	0.25	0.28	0.27	家具制造业	0.63	0.66	0.81
石油和天然气开采业	1.70	1.78	1.84	造纸及纸制品业	1.85	2.22	2.30
黑色金属矿采选业	3.32	4.17	3.65	印刷业和记录媒介的复制	2.84	3.05	3.29
有色金属矿采选业	1.26	1.36	1.26	文教体育用品制造业	0.32	0.29	0.74
非金属矿采选业	6.29	6.53	7.39	石油加工、炼焦及核燃料加工业	2.04	2.17	2.10
其他采矿业	3.30	3.12	7.05	化学原料及化学制品制造业	2.88	3.16	3.30
农副食品加工业	3.13	3.80	4.37	医药制造业	3.41	3.33	3.51
食品制造业	2.53	2.75	3.38	化学纤维制造业	0.84	0.54	0.66
饮料制造业	4.89	5.18	6.21	橡胶制品业	0.98	1.38	1.62
烟草制品业	5.80	6.12	6.17	塑料制品业	1.89	2.28	2.53
纺织业	2.57	3.02	3.31	非金属矿物制品业	2.84	3.13	3.36
纺织服装、鞋、帽制造业	2.28	2.58	3.18	黑色金属冶炼及压延加工业	3.77	4.07	4.71
皮革、毛皮、羽毛（绒）及其制品业	0.31	0.27	0.30				
木材加工及木、竹、藤、棕、草制品业	1.55	1.71	1.99				

续表

行　　业	2008年	2009年	2010年	行　　业	2008年	2009年	2010年
有色金属冶炼及压延加工业	2.07	1.86	2.08	仪器仪表及文化、办公用机械制造业	1.18	1.19	0.99
金属制品业	2.00	2.18	2.61	工艺品及其他制造业	1.20	1.33	1.68
通用设备制造业	1.86	2.00	2.25	废弃资源和废旧材料回收加工业	1.80	1.50	1.65
专用设备制造业	1.29	1.49	1.66				
交通运输设备制造业	7.29	6.26	6.94	电力、热力的生产和供应业	3.78	3.73	3.61
电气机械及器材制造业	1.46	1.55	1.86				
通信设备、计算机及其他电子设备制造业	1.07	1.37	1.38	燃气生产和供应业	1.57	2.50	1.93
				水的生产和供应业	7.90	8.13	3.78

资料来源：根据历年《中国统计年鉴》计算所得。

第一，2010年，除了非金属矿采选业，农副食品加工业，饮料制造业，烟草制品业，黑色金属冶炼及压延加工业，交通运输设备制造业6个行业的市场占有率超过4%外，其余行业的市场占有率均在4%以下，产业竞争能力弱。

第二，交通运输设备制造业作为湖北省的传统支柱行业，市场占有率高，这主要与湖北省在汽车产业领域的领先地位有着极为密切的关系。全省机械汽车工业涌现出了一批具有较强竞争力的大型企业，并形成了武汉、襄樊、十堰“三足鼎立”的发展格局。其中，在东风旗下神龙、东风本田和东风乘用车等车企带领下，武汉市已形成汽车产业集群。“车城”十堰是国内最大的商用车生产基地和具有较大影响力的专用车和零部件生产基地之一。襄樊汽车产业近年也发展迅猛。

第三，湖北省是全国三大钢铁基地之一，全国最大的中、厚、薄板和特殊钢生产基地。湖北省的黑色金属矿采选业、黑色金属冶炼及压延加工业都有较高的市场占有率，产业主要分布在武汉、黄石、鄂州等地。近年来，湖北省政府非常重视用高新技术改造冶金产业，通过整合相关产业，尤其是对武钢、冶钢、鄂钢进行联合重组和实施技术改造后，大大提高了相关产业的市场占有率。如黑色金属冶炼及压延加工业的市场占有率从2008年的3.77%提高到2010年4.71%，提高了近1个百分点。

第四，纺织业、农副食品加工业的市场占有率也较高，这主要是由于湖北省是农业大省，又是人口大省，适于发展劳动密集型的加工工业。

第五，一些高科技行业近年来的市场占有率呈较快发展趋势，如医药制造业、通用设备制造业、专用设备制造业、交通运输设备制造业、电气机械及器材制造业等。一方面是因为湖北省具有研发优势，仅武汉市就集聚了42所高校和56个国家级科研院所，在全国来说科研实力名列前茅；另一方面是由于湖北省政府高度重视，并率先提出在武汉建成中国硅谷，目前已经取得了一定的规模。

第六，在竞争激烈的市场中，某些行业的市场占有率也有所下降。如仪器仪表及文化、办公用机械制造业，其2010年的市场占有率相比2008年，下降了16.1%。

通过上述分析可见，湖北省是全国重要的制造业基地、中部的制造业中心，其工业内部竞争力主要体现在汽车工业（交通运输设备制造业）、钢铁工业（黑色金属冶炼及压延加工业）、化学工业（化学原料及化学制品制造业）等行业，通用设备制造业，通信设备、计算机及其他电子设备制造业等高新技术行业作为先导产业也具有一定的竞争力和发展潜力。

二　低碳竞争力

湖北省正处于工业化中期和城镇化发展较快的阶段，高耗能产业在经济增长中仍将占有较大比重，经济增长的粗放型特征比较明显；作为全国老工业基地之一，湖北省长期以来形成了以煤炭为主的能源结构，排放强度高，造成了严重的环境污染；再加上省内能源资源相对缺乏，环境容量有限，可持续发展面临巨大挑战。随着经济的不断发展，能源供需缺口逐渐变大，发展低碳经济、提升产业低碳竞争力对湖北省而言极为重要。

1. 碳生产率

图2显示了2007～2009年湖北省农业，工业，建筑业，交通运输、仓储及邮政业，批发、零售业和住宿、餐饮业五大产业的碳生产率水平。整体来说，湖北省五大产业的碳生产率在中部六省中均相对较高，但在全国而言，其低碳竞争力仍与东部沿海等发达地区存在较大差距。具体来说，第一，农业，建筑业，批发、零售业和住宿、餐饮业的碳生产率相对较高，其中，建筑业的碳生产率逐年提高，而批发、零售业和住宿、餐饮业的低碳竞争力则在逐年减弱，另外，农业

的碳生产率在2009年也有所下降。第二，工业，交通运输、仓储及邮政业的低碳竞争力很弱，但呈现一定的上升态势。

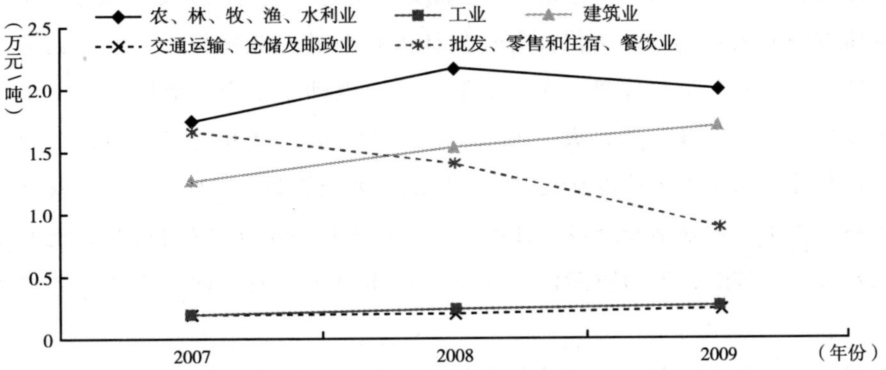

图2 湖北省五大产业的碳生产率

资料来源：据《中国能源统计年鉴》（2008～2010）和《中国统计年鉴》数据整理计算而来。

2. 影响碳生产率的因素

首先，从产业结构看，湖北省的产业结构明显偏重，但生态农业和新兴服务业的发展，促进了湖北省低碳竞争力水平的提高。第二产业中重化工业比重较大，以钢铁、汽车、化工、建材等高耗能产业为支柱的重化工业结构特征十分明显。例如，2008年，石油、化工、金属冶炼以及电热生产等六大行业总产值占规模以上工业总产值的37.6%，但是能源消费比重却高达82.5%。近年来，湖北省加大了对生态农业的投入，在荆门、孝感和咸宁等地建立的循环农业示范园区，一定程度上普及应用了以提高资源利用效率为目的的节约型农业新技术，同时，通过积极开展碳汇造林，探索二氧化碳清除率高的营造林模式。此外，近年来对鄂西生态文化旅游圈发展战略的实施使得湖北省的生态文化旅游业也得到了一定的发展。

其次，从能源结构看，湖北省能源相对匮乏，"缺煤、少油、乏气"是湖北能源的基本状况。石油、天然气、煤炭资源的人均占有储量分别为全国的9.4%、3.4%、1.5%，在中部六省中排名最后，且其自给率均不足10%。水电资源虽然非常丰富，但是开发率已接近90%，继续开发的空间非常狭小，加上电力的支配权在国家电网，电力由国家统一调配，从而形成了能源消费对外依赖性强的格局。

再次，从技术水平上来说，科教人才优势明显，低碳产业基础良好。近年来，湖北省依托先进装备制造业的产业优势，大力发展风电机组、核电设备以及环保机械等低碳产业的设备仪器等；依托大林业的产业优势，大力发展碳汇产业；依托东风汽车产业优势，大力发展节能、电动车生产；依托武汉“中国光谷”的电子信息产业优势，大力发展节能照明、太阳能光电以及高科技信息产业等；此外，湖北省还具备发展风能、核能、太阳能和生物质能的传统优势，省内的科研机构、高等院校众多，具备研发、实施低碳经济的人才基础，尤其是近年来在风电、核能、生物质能以及光电子技术自主研发方面，科教优势更为明显。

最后，在政策制度方面，国家政策优势叠加，促进了湖北省低碳经济的发展。“两型社会”与低碳经济发展具有高度统一性，赋予了武汉城市圈在推进低碳经济发展过程中“先行先试”的政策权限；中部崛起战略规划把中部定位为能源原材料基地，对于湖北省加大新能源开发和低碳经济发展具有重大意义；国家战略性新兴产业发展规划相继出台，对于湖北省大力发展新材料、新能源、生物医药等新兴低碳产业也具有很强的推进作用。

可见，逐步调整改善湖北省能源结构和优化升级重化的产业结构，提高清洁能源比重和能源利用效率，改善环境质量，推进环保等相关产业快速发展，才能促进低碳竞争力水平的提高，增强湖北省发展超越的持续动力。

三　经验与挑战

进入21世纪以来，湖北省积极抓住国家促进中部地区崛起和实施“两型社会”、“先行先试”的双重战略机遇，经济社会发展取得了显著成绩。在产业结构方面，湖北省加快产业调整步伐，2009年，审议通过了十个重点产业调整和振兴实施方案，在一定程度上改善了工业内部结构。大力发展文化、旅游等现代服务业，进一步扩大了第三产业的规模，在转变经济发展方式上取得了一定的成效。此外，在政策制度上，湖北省于2009年11月发布了《湖北省人民政府关于发展低碳经济的若干意见》，是国内出台较早的指导区域低碳经济发展的规范性文件。

湖北省在发展低碳经济过程中也面临着一系列的挑战。第一，湖北目前正处在工业化中期阶段，经济增长在一定时间一定程度上将依赖于高耗能产业，转变能源生产和消费模式、提高能源利用率、减少能源消耗，将是一项长期而艰巨的任务。第二，湖北省的能源是以煤为主的高碳能源结构，而低碳能源资源较少，这必然会产生较高的排放强度，带来严重的环境污染。第三，湖北虽然是教育大省，但目前对低碳技术的研发成果较少，而且湖北省重工业企业居多，必定会加重经济的高碳特征。

𝔹.33

湖南产业低碳竞争力

刘志雄*

一　产业竞争力评估

1. 三大产业竞争力评估

图 1 显示了湖南省第一、第二、第三产业竞争力变化情况。从图 1 中可以看出，在第一产业方面，2005～2010 年湖南省第一产业区位商一直大于 1，这说明湖南省农业生产具有一定的竞争力，但自 2008 年以来呈现下降趋势。湖南省是典型的农业大省，农业资源丰富，素有“鱼米之乡”的美誉。近年来，湖南省农业产业化龙头企业发展较快，并带动了相关农业生产的发展，但是由于农业的市场化和规模化程度较低，生产、加工、流通并未形成完整的产业体系，使得农业资源优势未能充分转化为产业优势。

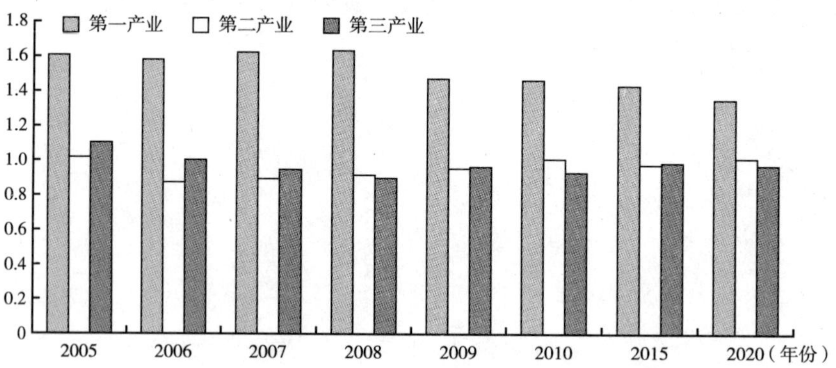

图 1　湖南省三次产业显示比较优势指数变化情况

资料来源：根据历年《中国统计年鉴》计算所得。

---

* 刘志雄，中国政法大学副教授。

在第二产业方面，湖南省第二产业显示比较优势指数低于全国平均水平，但呈现一定的增长态势。从内部结构上来看，钢铁、有色、建材等高耗能行业所占比重较高，这不仅增加了产业升级的难度，也增加了资源供给的压力。同时，由于科技投入相对不足、自主创新能力相对较弱，使得新兴产业发展不足。但近年来，以长株潭为龙头，通过大力发展大型骨干企业为核心的配套型产业集群和以园区为载体的高新技术产业集群，使得湖南省的第二产业竞争力稳步提高。

在第三产业方面，湖南省第三产业显示比较优势指数低于全国平均水平，属于相对弱势产业，这说明第三产业竞争力发展态势不容乐观。从内部结构来看，湖南的第三产业以传统商业和交通运输业为主，诸如金融保险、信息服务等高端行业发展缓慢。从另一个角度来说，非生产性服务业快于生产性服务业，文化、旅游等产业发展势头较为强劲，以娱乐、新闻出版、旅游为主的大文化产业得到快速发展。进入 21 世纪以来，这些产业逐渐成长为湖南省的优势产业，具体表现在以下三方面：一是湖南省在广电、出版、动漫等领域塑造了大批特色品牌，例如，在“中国文化产业品牌研究中心”发布的 133 个国内著名文化产业品牌中，湖南省为 29 个，占到总数的 21%；二是湖南拥有较为丰富的旅游资源，如张家界、凤凰、衡山、韶山等，并带动了湘菜、湘茶等湖湘饮食文化的发展；三是湖南省先后组建一些大型的文化产业集团，如湖南出版集团、湖南广播影视集团和湖南日报报业集团等，这无疑有助于提高湖南文化产业的竞争力。

2. 工业内部产业竞争力评估

下面从显示比较优势指数（RCA）和市场占有率两个角度来进一步评估湖南工业内部各细分行业的竞争力状况。

表 1 显示了 2008 ~ 2010 年湖南省工业内部行业的显示比较优势指数的变化情况。从总体上看，湖南省工业内部各部门的 RCA 并不高。具有较强竞争力的主要是装备制造、钢铁有色、卷烟制造等三大支柱产业和食品加工、石化、建材、造纸等四大传统产业，具体情况如下。

第一，RCA 大于 2 的行业主要为有色金属矿采选业，非金属矿采选业，烟草制品业，有色金属冶炼及压延加工业，专用设备制造业，木材加工及木、竹、藤、棕、草制品业等行业，从这些行业可以看出湖南省的优势产业多偏向重工业。具体来看，有色金属矿采选业和有色金属冶炼及压延加工业基本保持稳定；

表1　湖南省工业内部行业的显示比较优势指数（RCA）变化情况

行　业	2008年	2009年	2010年	行　业	2008年	2009年	2010年
煤炭开采和洗选业	1.12	1.15	1.08	医药制造业	1.34	1.26	1.18
石油和天然气开采业	0.00	0.00	0.00	化学纤维制造业	0.29	0.26	0.23
黑色金属矿采选业	0.82	0.85	0.65	橡胶制品业	0.44	0.34	0.32
有色金属矿采选业	2.89	2.94	2.88	塑料制品业	0.59	0.60	0.64
非金属矿采选业	2.93	2.74	2.61	非金属矿物制品业	1.30	1.30	1.34
其他采矿业	0.00	0.93	0.98	黑色金属冶炼及压延加工业	1.11	0.84	0.86
农副食品加工业	1.46	1.49	1.48				
食品制造业	1.53	1.47	1.41	有色金属冶炼及压延加工业	2.26	2.19	2.20
饮料制造业	1.12	1.16	1.21				
烟草制品业	4.11	3.73	3.34	金属制品业	0.60	0.69	0.74
纺织业	0.56	0.55	0.54	通用设备制造业	0.81	0.83	0.88
纺织服装、鞋、帽制造业	0.39	0.42	0.50	专用设备制造业	2.23	2.47	2.71
皮革、毛皮、羽毛(绒)及其制品业	0.68	0.68	0.68	交通运输设备制造业	0.71	0.73	0.67
				电气机械及器材制造业	0.56	0.60	0.64
木材加工及木、竹、藤、棕、草制品业	2.12	2.07	2.06	通信设备、计算机及其他电子设备制造业	0.15	0.18	0.21
家具制造业	0.97	1.01	1.06	仪器仪表及文化、办公用机械制造业	0.98	0.95	1.09
造纸及纸制品业	1.49	1.60	1.62				
印刷业和记录媒介的复制	1.30	1.29	1.26	工艺品及其他制造业	0.49	0.57	0.54
文教体育用品制造业	0.29	0.34	0.44	废弃资源和废旧材料回收加工业	2.03	1.67	1.22
石油加工、炼焦及核燃料加工业	0.92	0.73	0.64	电力、热力的生产和供应业	0.93	0.96	0.86
化学原料及化学制品制造业	1.19	1.22	1.19	燃气生产和供应业	1.00	0.95	0.91
				水的生产和供应业	1.44	1.43	1.50

资料来源：中国产业竞争力数据库。

专用设备制造业的RCA则呈现逐年上升趋势；烟草制品业，非金属矿采选业，以及木材加工及木、竹、藤、棕、草制品业的RCA则逐年下降。

在湖南省专用设备制造业中，较具优势的行业主要是以轨道交通设备、工程机械、汽车及零配件制造为主的装备制造业。湖南省是“有色金属之乡”，不论是矿种还是储量在全国都名列前茅，在世界上也具有重要地位。目前已探明储量的有色金属37种，其中锑的储量居世界首位，钨、铋、独居石等名列全国榜首，铅、锌等储量也很丰富。因此，与之有关的有色金属矿采选业、有色金属冶炼及压延加工业具有一定的竞争力。此外，湖南省也是烟草大省，拥有如芙蓉王之类的香烟高端品牌。

第二，RCA 大于 1 小于 2 的行业主要有煤炭开采和洗选业，农副食品加工业，食品制造业，饮料制造业，造纸及纸制品业，印刷业和记录媒介的复制，化学原料及化学制品制造业，医药制造业，非金属矿物制品业，水的生产和供应业 10 个行业。从数据来看，食品制造业，印刷业和记录媒介的复制，医药制造业，废弃资源和废旧材料回收加工业的 RCA 逐年下降，而其他行业的 RCA 则稳中有升。此外，家具制造业，仪器仪表及文化、办公用机械制造业的竞争力逐年增强，并逐步达到全国平均水平。而废弃资源和废旧材料回收加工业的 RCA 则由 2008 年的 2.03 降至 2010 年的 1.22。高新技术产业方面，依托长株潭国家综合性高新技术产业基地，电子信息、新材料和生物医药的行业竞争力逐渐增强。

第三，除上述提及的行业外，其余行业的 RCA 均小于 1。从行业分布来看，湖南省不具备竞争力的行业主要集中在电气机械及器材制造业，通信设备、计算机及其他电子设备制造业等市场竞争激烈的资本密集型和知识技术密集型的行业，但这种局面在一定程度上正在得到改善。主要原因可能在于，一方面湖南省政府近年来高度重视新型工业化，并采取了许多有力措施；另一方面近年来的国内外新一轮的产业调整和转移给湖南省的技术装备制造业带来了发展机遇。

然而，在劳动密集型的传统产业中，纺织业，石油加工、炼焦及核燃料加工业，化学纤维制造业等行业的比较劣势则逐年加大。此外，黑色金属冶炼及压延加工业的 RCA 由 2008 年的 1.11 降至 2010 年的 0.86，产业竞争力降至全国平均水平以下。

表 2 显示了 2008 ~ 2010 年湖南省工业内部各产业的市场占有率。

第一，湖南省工业内部各部门间的市场占有率存在较大差异，但总体呈现稳步上升的趋势。以 2010 年为例，有色金属矿采选业，非金属矿采选业，烟草制品业，木材加工及木、竹、藤、棕、草制品业，有色金属冶炼及压延加工业，专用设备制造业的市场占有率均超过了 5%。其余主要工业行业的市场占有率均在 4% 以下。从最近几年的发展情况来看，在市场占有率超过 5% 的行业中，除了烟草制品业在逐年下降外，另外几个行业的市场占有率都呈现上升趋势；而其他工业行业的市场占有率也基本呈现逐年增加的态势，只有石油加工、炼焦及核燃

表2　湖南省工业内部行业的市场占有率变化情况

行　业	2008 年	2009 年	2010 年	行　业	2008 年	2009 年	2010 年
煤炭开采和洗选业	2.56	2.86	3.00	医药制造业	3.15	3.17	3.31
石油和天然气开采业	0.00	0.00	0.00	化学纤维制造业	0.66	0.62	0.60
黑色金属矿采选业	1.93	2.18	1.82	橡胶制品业	1.01	0.84	0.89
有色金属矿采选业	6.75	7.46	8.01	塑料制品业	1.36	1.49	1.73
非金属矿采选业	6.79	6.97	7.23	非金属矿物制品业	2.98	3.22	3.68
其他采矿业	0.00	2.36	2.68	黑色金属冶炼及压延加工业	2.57	2.10	2.33
农副食品加工业	3.37	3.71	4.08				
食品制造业	3.56	3.65	3.89	有色金属冶炼及压延加工业	5.21	5.50	6.09
饮料制造业	2.63	2.86	3.30				
烟草制品业	9.30	9.28	9.00	金属制品业	1.37	1.73	2.04
纺织业	1.29	1.37	1.47	通用设备制造业	1.89	2.06	2.39
纺织服装、鞋、帽制造业	0.92	1.04	1.39	专用设备制造业	5.16	6.15	7.53
皮革、毛皮、羽毛(绒)及其制品业	1.58	1.71	1.89	交通运输设备制造业	1.59	1.78	1.82
				电气机械及器材制造业	1.30	1.51	1.76
木材加工及木、竹、藤、棕、草制品业	4.94	5.16	5.68	通信设备、计算机及其他电子设备制造业	0.35	0.45	0.57
家具制造业	2.24	2.52	2.92	仪器仪表及文化、办公用机械制造业	2.18	2.26	2.93
造纸及纸制品业	3.42	3.93	4.43				
印刷业和记录媒介的复制	3.03	3.20	3.42	工艺品及其他制造业	1.12	1.41	1.48
				废弃资源和废旧材料回收加工业	4.76	4.14	3.35
文教体育用品制造业	0.66	0.85	1.21				
石油加工、炼焦及核燃料加工业	2.11	1.85	1.69	电力、热力的生产和供应业	2.13	2.36	2.34
化学原料及化学制品制造业	2.75	3.04	3.27	燃气生产和供应业	2.28	2.31	2.44
				水的生产和供应业	3.26	3.45	3.98

资料来源：《中国统计年鉴》(2009～2011)，中国产业竞争力数据库。

料加工业，黑色金属冶炼及压延加工业，废弃资源和废旧材料回收加工业的占有率逐年下降，结合前文所述，同期，这3个行业的RCA也分别呈现不同幅度的下降，说明这3个行业竞争力正逐年减弱。

第二，在RCA较高的原材料工业和装备制造业中，有色、钢铁、装备制造等行业的市场占有率高，且呈现逐年上升的趋势。其中，装备制造业形成了以中联重工科技发展股份有限公司、三一重工股份有限公司、山河智能机械股份有限公司、湖南江麓集团等为核心的现代湖南工程机械产业群，并已经成为了中国第四大工程机械生产基地。这些企业不仅具有雄厚的科技实力和研发能力，而且具有很强的市场竞争力。钢铁工业通过提升产品档次和质量，近几年获得了迅速的发展，如支持华菱集团引进先进技术装备和生产工艺，建设湘钢宽厚板、涟钢薄板、光远铜铝管等重大项目，促进了优质精品钢材的发展。有色冶金依托有色控股集团等优势企业，推进了有色资源的精深加工，使得产品的技术含量和产业的集中度都得到了大幅度的提升，产业核心竞争力得以发展。

第三，烟草制造业作为传统优势产业在全省经济社会发展中具有十分重要的地位，市场占有率很高。近几年，湖南烟草工业所属长沙、常德烟厂和郴州、零陵分厂分别进行了大规模的技术改造。湖南烟草工业在大力整合省内资源的同时，积极实施国内和国际合作，与河北烟草工业共同组建了河北白沙烟草有限责任公司，与陕西、广西等省区开展了品牌联营加工，进一步提升了湖南烟草工业在行业内的影响力。

通过上述分析可见，湖南省工业内部各部门的比较优势并不明显，优势产业多偏向重工业，具有较强竞争力的产业主要是装备制造、钢铁有色、卷烟制造等三大支柱产业和食品加工、石化、建材、造纸等四大传统产业。虽然工业的发展水平较为薄弱，但产业竞争力呈现逐年增强的态势。

二 低碳竞争力

1. 碳生产率

从2005年湖南省实施新型工业化带动战略以来，湖南省已由传统农业社会进入到工业化社会的前期阶段。如何处理好工业文明与生态文明的关系，以及资源的有效、合理利用与可持续发展的关系，是湖南省经济发展过程中所面临的突出问题。

图2显示了2007～2009年湖南省农业、工业等五大产业的碳生产率水平，可以看出，湖南省各产业的碳生产率在中部六省中均处于较低水平。

第一，建筑业，农业，批发、零售业和住宿、餐饮业的碳生产率相对较高，工业，交通运输、仓储及邮政业的碳生产率则处于较低水平。第二，近年来，批发、零售业和住宿、餐饮业，建筑业的碳生产率都有所提高，农业的碳生产率在2009年也有所提高。工业，交通运输、仓储及邮政业的低碳竞争力很弱，但呈

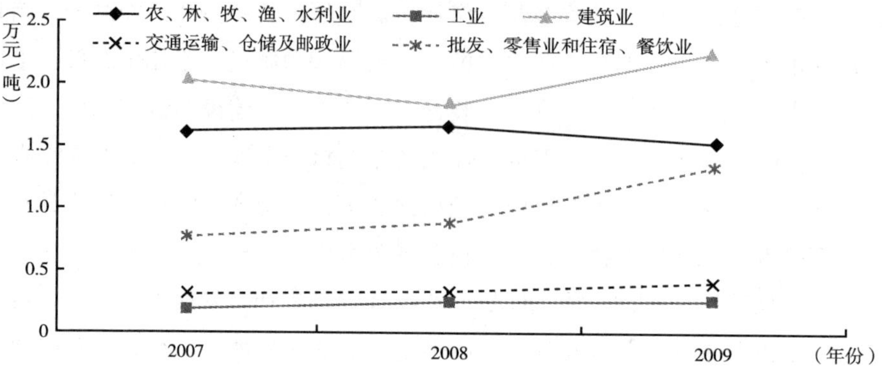

图2　湖南省五大产业的碳生产率

资料来源：根据《中国能源统计年鉴》（2008～2010）和《中国统计年鉴》（2008～2010）数据整理计算所得。

现一定的上升态势。下面从产业结构、能源结构、技术水平、政策制度等方面分析影响产业碳生产率的因素。

2. 影响碳生产率的因素

首先，从产业结构来看，湖南省传统农业的比重较大，第二产业和第三产业的占比较低。除此以外，工业生产中的高耗能产业和高耗能规模企业所占比重很高，因而工业增长对高耗能行业的依赖度较高。以重化工业为主的第二产业的能源消耗占到了全省能源消耗总量的70%以上，其中钢铁、有色、化工、建材、石油石化和电力等六大高能耗行业的能源消耗又占到整个工业能源消耗量的80%左右。

其次，从能源结构来看，目前湖南省的能源消费结构还是以煤燃料、油品燃料等高污染、高排放的化石能源消费为主，传统能源生产、消费依然占主导地位，而热能、太阳能、风能、生物能等新型能源才刚起步。湖南省常规一次能源只有煤和火电，而且，湖南省的能源结构又倚重于一次能源，例如，2008年和2009年湖南省终端能源消费结构中煤炭和焦炭占的比重均超过70%；全省消耗的优质能源中，58%的电力需要通过燃煤转化获得，煤炭消费总量很高，而且近年有增长的趋势。另外，虽然湖南省新能源和可再生能源的资源非常丰富，但是目前对新能源和可再生能源的利用量还很低，具有很大发展潜力。

再次，从技术水平来看，湖南省在低碳技术创新方面，同发达国家或地区的差距并不是很大，具备突破的基础和大力发展的条件。除电动车辆、混合动力客车、风电技术、生物质能技术、太阳能应用技术、电气牵引技术、绿色煤电技术和核电用泵技术外，生物农业技术、有机农业技术、节水工程技术、农副产品保鲜及深加工技术和低碳物流技术也有一定基础和优势。湖南省新能源资源比较丰富，如太阳能、风能、生物质能、纤维生物质资源、核能矿产等新能源均较为丰富。页岩气是一种重要的非常规天然气资源，在湖南省的蕴藏量也十分丰富。此外，湖南省的新能源创新能力也比较强，拥有一批在新能源领域具有较强创新研究发能力的高等院校，国家级工程研究中心、重点实验室、企业技术研发中心11个、部省级重点实验室和工程中心10多个。

最后，在政策制度方面，长株潭地区作为国家建设“资源节约型、环境友好型社会”的“两型社会”试点城市群，在经济社会发展“低碳化”探索中发挥着重要的作用。目前实验区正在紧锣密鼓地开展各项工作，并已取得了一些成果。近年来湖南省按照不同地区和部门的特点，选择试点区，比如在常德和湘西地区选择低碳经济试点区，采取相关政策吸引研发及高端制造业投资，并改造或淘汰高能耗、高污染产业，使其成为发展低碳经济的示范区。

三　经验与借鉴

湖南省在向低碳经济转型过程中，在新能源产业发展、能源运行和节能减排等方面都取得了很大进展。

首先，在新能源产业发展方面：①风电整机和光伏系列产品具有全国领先水平。湖南省高校和一些重大装备制造业的重点企业在长株潭地区相对集中，区域内集聚了50多家新能源产业配套企业，目前已经形成了以风电装备产业集群为主，以太阳能光伏产业集群和核电配套装备产业集群为辅，互相促进的产业发展态势。②产业发展迅速。长株潭地区集聚了许多重大装备制造业的龙头企业，为新能源产业技术研究、产品生产提供了坚实基础。比如，湘潭电机集团和南车集团在几十年的发展过程中培养了大批大型机电一体化系统生产的高技术人才。③技术创新能力强。一是风电装备机种齐全、技术水平领先；二是关键部件、产品核心竞争力强；三是创新资源比较集中，研发实力强，长株潭区域内有三个国家级高新技术产业开发区，聚集很多高等院校和科研机构，创新优势明显。

其次，在能源方面：①能源结构逐步优化。“十一五”期间，湖南省关停小火电机组138.5万千瓦，提前完成国家下达的关停任务，而且允许对其电量计划进行转让。②节能调度有序开展。坚持以煤以水定电、以电定用、有序用电的原则，科学制定电力运行方式。③差别电价政策逐步实施。湖南省对省内电解铝、铁合金、电石、烧碱、水泥、钢铁、黄磷、锌冶炼等行业的淘汰类企业实行差别定价，以促进高能耗行业淘汰落后产能。

最后，在节能减排方面，围绕“十一五”期间湖南省万元GDP能耗下降20%、规模工业万元GDP能耗下降25%的目标，全省全面实施技术节能、管理节能、结构节能、社会节能等工作，并取得了阶段性成效。

湖南省有其特殊的省情，在发展低碳经济过程中势必会面临一些挑战。第一，从产业结构方面来说，湖南传统重化工业比重偏大，规模工业企业有60%左右为高耗能、高排放的企业。产业发展层次不高，初加工、中间产品比重较大，附加值高的高新技术产品比例偏低，而且湖南省产业布局不太合理。第二，从能源的生产结构和消费结构来说，湖南省仍以煤炭、石油、天然气等高能耗、高排放的传统能源为主，低碳能源供应很低。第三，湖南省处于工业化和城市化快速发展时期，对能源的需求和消费将会逐年增加，短期内煤炭在湖南省能源消费中的主体地位不会改变，在产业发展中的支柱地位也不会改变。第四，在政策制度方面，还未制定出明确的能源定价策略，而且缺乏政策的有效支持。第五，在经济增长方式方面，长期以来，湖南实行粗放式经济增长，靠投资拉动经济增长，以低端产品出口为主拉动经济增长，导致了能源的高消耗、高污染，制约了经济的低碳和可持续发展。

B.34

安徽产业低碳竞争力

刘志雄*

一　产业竞争力变化

1. 三大产业竞争力评估

图1显示了安徽省第一、第二、第三产业区位商的变化情况。可以看出，在第一产业方面，2005~2010年安徽省第一产业显示比较优势一直大于1，但呈现下降趋势，这说明虽然安徽省农业生产具有一定竞争力，但第一产业竞争力发展态势不容乐观。

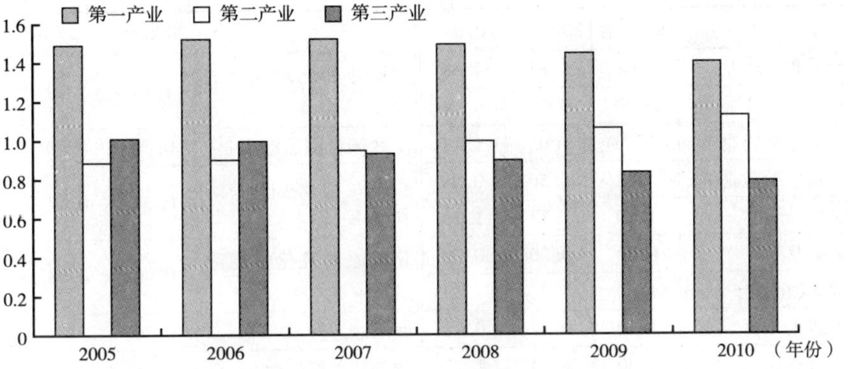

图1　安徽省三次产业显示比较优势变化情况

资料来源：根据历年《中国统计年鉴》计算所得。

在第二产业方面，安徽省第二产业区位商呈不断提高的态势，尤其是2009年和2010年该值均大于1，这说明安徽省的第二产业正处于上升阶段。2002年以来，安徽省进入工业化带动的经济高增长期，安徽省的钢铁、家电、汽车、装

* 刘志雄，中国政法大学副教授。

备制造、化工等行业快速增长，并成为推动经济快速增长的中坚力量，工业内部结构逐步向高加工度方向迈进。

在第三产业方面，安徽省第三产业的区位商低于全国平均水平，且呈逐年下降态势，属于相对弱势产业。安徽省产业结构偏向第一产业和重工业，第三产业的发展水平不高，主要以批发、零售业和交通运输等传统服务业为主，而诸如金融服务和现代物流业等高端产业的发展相对落后，使得安徽省的第三产业竞争优势不足。

2. 工业内部产业竞争力评估

下面将从显示比较优势指数（RCA）和市场占有率两个角度来进一步评估湖南工业内部各细分行业的竞争力状况。

表1显示了安徽省工业内部行业的显示比较优势指数的变化情况。从总体上看，安徽省工业产业竞争力不高，呈现以资本密集的重化工业为主要优势产业的特征，具体情况如下。

表1 安徽省工业内部行业的显示比较优势指数（RCA）变化情况

行　业	2008年	2009年	2010年	行　业	2008年	2009年	2010年
煤炭开采和洗选业	2.08	1.85	1.58	印刷业和记录媒介的复制	1.14	1.19	1.14
石油和天然气开采业	0.00	0.00	0.00				
黑色金属矿采选业	1.30	1.05	1.17	文教体育用品制造业	0.60	0.60	0.69
有色金属矿采选业	0.62	0.56	0.58	石油加工、炼焦及核燃料加工业	0.51	0.47	0.42
非金属矿采选业	1.19	1.12	1.26				
其他采矿业	0.00	0.00	0.00	化学原料及化学制品制造业	0.90	0.93	0.89
农副食品加工业	1.30	1.36	1.39				
食品制造业	1.10	0.72	0.78	医药制造业	0.76	0.74	0.78
饮料制造业	1.30	1.24	1.23	化学纤维制造业	0.41	0.40	0.42
烟草制品业	1.78	1.66	1.44	橡胶制品业	1.28	1.22	1.10
纺织业	0.61	0.65	0.64	塑料制品业	1.21	1.13	1.18
纺织服装、鞋、帽制造业	0.51	0.61	0.81	非金属矿物制品业	1.06	1.01	1.09
皮革、毛皮、羽毛（绒）及其制品业	0.65	0.65	0.70	黑色金属冶炼及压延加工业	1.19	1.04	0.98
木材加工及木、竹、藤、棕、草制品业	1.39	1.33	1.43	有色金属冶炼及压延加工业	1.58	1.48	1.55
家具制造业	0.35	0.48	0.61	金属制品业	0.85	0.92	0.93
造纸及纸制品业	0.69	0.71	0.66	通用设备制造业	0.84	0.83	0.95

续表

行　　业	2008年	2009年	2010年	行　　业	2008年	2009年	2010年
专用设备制造业	0.85	0.89	0.91	工艺品及其他制造业	0.57	0.64	0.63
交通运输设备制造业	1.14	1.21	1.19	废弃资源和废旧材料回收加工业	1.25	1.33	3.50
电气机械及器材制造业	1.65	1.77	1.71				
通信设备、计算机及其他电子设备制造业	0.17	0.18	0.20	电力、热力的生产和供应业	1.59	1.52	1.33
仪器仪表及文化、办公用机械制造业	0.49	0.55	0.54	燃气生产和供应业	0.73	0.73	0.68
				水的生产和供应业	0.82	0.78	0.75

资料来源：中国产业竞争力数据库。

第一，除煤炭开采和洗选业2008年的RCA为2.08，废弃资源和废旧材料回收加工业的RCA由2008年的1.25上升为2010年的3.5外，工业内部其他各行业的RCA指数均在2以下。

第二，RCA大于1和小于2的行业主要有煤炭开采和洗选业，黑色金属矿采选业，非金属矿采选业等17个行业，这些行业具有一定的竞争力。

其中，非金属矿采选业，农副食品加工业，非金属矿物制品业，电气机械及器材制造业的RCA逐渐提高，尤其是非金属矿采选业和非金属矿物制品业。近年来，在国家宏观经济快速发展的背景下，安徽省对一些重点企业进行了培植，如支持巢东集团几个非金属矿深加工项目的重组上市工作，又如依托巢东集团建设非金属矿开发应用研究中心，对海螺集团、华光集团技术中心予以扶持，从而增强了企业的创新能力和发展后劲，并提高了产业竞争力。

交通运输设备制造业作为安徽省工业的重要部门，在全国拥有一定的竞争力，这主要是依靠安徽江汽、奇瑞、华凌等一批汽车制造企业。

黑色金属矿采选业，黑色金属冶炼及压延加工业，饮料制造业，烟草制品业，电力、热力的生产和供应业的RCA则不断下降。作为安徽省主导产业之一的黑色金属矿采选业和黑色金属冶炼及压延加工业，由于存在低水平的重复建设、产业的创新能力不足等问题，产业竞争力有所下降。

而在电力、热力的生产和供应业方面，由于具有“两淮”矿区的资源优势和国家、行业的政策支持，并通过煤电联营的集团化发展，具有了一定的相对优势，且促使煤炭开采和洗选业的产业竞争力不断增强。淮南煤矿华东地区的电源已着手多家联合建设，并以办电为基础，投资方联合实现煤电联营共同发展。

第三，RCA 小于 1 的行业主要包括有色金属矿采选业，食品制造业，纺织业，纺织服装、鞋、帽制造业等 21 个行业，这些行业基本不具备竞争力。

表 2 显示了 2008 ~ 2010 年安徽省工业内部各行业的市场占有率。

表 2　安徽省工业内部行业的市场占有率变化情况

单位：%

行　业	2008 年	2009 年	2010 年	行　业	2008 年	2009 年	2010 年
煤炭开采和洗选业	4.54	4.57	4.27	医药制造业	1.64	1.78	2.10
石油和天然气开采业	0.00	0.00	0.00	化学纤维制造业	0.90	0.95	1.09
黑色金属矿采选业	2.96	2.60	3.12	橡胶制品业	2.82	2.88	2.92
有色金属矿采选业	1.40	1.38	1.55	塑料制品业	2.66	2.70	3.09
非金属矿采选业	2.61	2.75	3.38	非金属矿物制品业	2.36	2.42	2.89
其他采矿业	0.00	0.00	0.00	黑色金属冶炼及压延加工业	2.64	2.54	2.64
农副食品加工业	2.87	3.31	3.73				
食品制造业	2.45	1.75	1.94	有色金属冶炼及压延加工业	3.51	3.62	4.22
饮料制造业	2.84	2.99	3.19				
烟草制品业	3.93	4.02	3.86	金属制品业	1.80	2.17	2.43
纺织业	1.32	1.54	1.70	通用设备制造业	1.82	1.95	2.50
纺织服装、鞋、帽制造业	1.12	1.48	2.17	专用设备制造业	1.83	2.13	2.48
皮革、毛皮、羽毛(绒)及其制品业	1.42	1.57	1.86	交通运输设备制造业	2.50	2.90	3.16
				电气机械及器材制造业	3.67	4.27	4.60
木材加工及木、竹、藤、棕、草制品业	3.01	3.24	3.81	通信设备、计算机及其他电子设备制造业	0.35	0.42	0.52
家具制造业	0.73	1.13	1.65	仪器仪表及文化、办公用机械制造业	1.06	1.27	1.44
造纸及纸制品业	1.43	1.69	1.80				
印刷业和记录媒介的复制	2.48	2.86	3.00	工艺品及其他制造业	1.24	1.55	1.66
文教体育用品制造业	1.31	1.42	1.83	废弃资源和废旧材料回收加工业	2.79	3.25	9.68
石油加工、炼焦及核燃料加工业	1.13	1.15	1.14	电力、热力的生产和供应业	3.47	3.67	3.57
化学原料及化学制品制造业	1.95	2.23	2.38	燃气生产和供应业	1.66	1.75	1.81
				水的生产和供应业	1.76	1.85	1.98

资料来源：中国产业竞争力数据库。

第一，从整体上看，安徽省工业产品市场占有率不高。就 2010 年而言，除了煤炭开采和洗选业，有色金属冶炼及压延加工业，电气机械及器材制造业，废弃资源和废旧材料回收加工业4个行业的市场占有率超过了4%以外，其余主要工业行业的市场占有率均在4%以下。

第二，2008～2010年，安徽省工业内部各行业的市场占有率总体呈现上升趋势。市场占有率最高的4个行业的市场占有率指标和RCA变化趋势相同，除煤炭开采和洗选业的市场占有率有所下降外，其他3个行业均逐年上升，其中废弃资源和废旧材料回收加工业市场占有率增长迅速，由2008年的2.79%迅速增长至2010年的9.68%，结合前文关于RCA的分析可见，这主要与近年来政府逐渐重视再生资源的开发利用，建立了废旧金属回收利用体系，以大力支持资源再生利用的技术开发工作有关。

第三，安徽省的纺织业，纺织服装、鞋、帽制造业，饮料制造业等轻工业的RCA大多在1以下，且市场占有率也不高。原因可能在于，安徽省产业偏重化工业。据统计，2000～2009年，来自安徽省外万亿元左右的投资约有70%投向钢铁、电力、煤炭等重化工业和道路交通、房地产等重化工产业链项目，从而使得上述产业的市场占有率逐年提高，且RCA也呈现上升态势。

通过上述分析可见，安徽省的传统工业占比较大，以资本密集的重化工业为主要优势产业。钢铁、家电、汽车、装备制造、化工五大主导行业的产业竞争力较强，但有待进一步提高，非金属矿采选业和非金属矿物制品业等重点扶持行业的专业化程度明显增强，通信设备、计算机及其他电子设备制造业等新兴成长性行业相对薄弱，但具有一定的产业竞争力，需要加大扶持和培育力度。

二　低碳竞争力

1. 碳生产率

作为人口大省和能源大省，安徽的资源禀赋及工业化中期的发展阶段，促成了能源消费随着经济增长而呈现不断上升的趋势。如何在降低碳排放量的低碳化过程中推进工业化，优化产业结构和能源结构对安徽省而言十分重要。

图2显示了2007～2009年安徽省农业，工业，建筑业，交通运输、仓储及邮政业，批发、零售业和住宿、餐饮业五大行业的碳生产率水平。可以看出，第一，总体来说，除了工业，交通运输、仓储及邮政业的碳生产率很低外，建筑业，批发、零售业和住宿、餐饮业的低碳竞争力在中部六省中基本都处于中等水

平。第二，纵向来看，农业，工业，交通运输、仓储及邮政业基本保持稳定，建筑业的低碳竞争力有所增强，而批发、零售业和住宿、餐饮业的碳生产率波动较大。

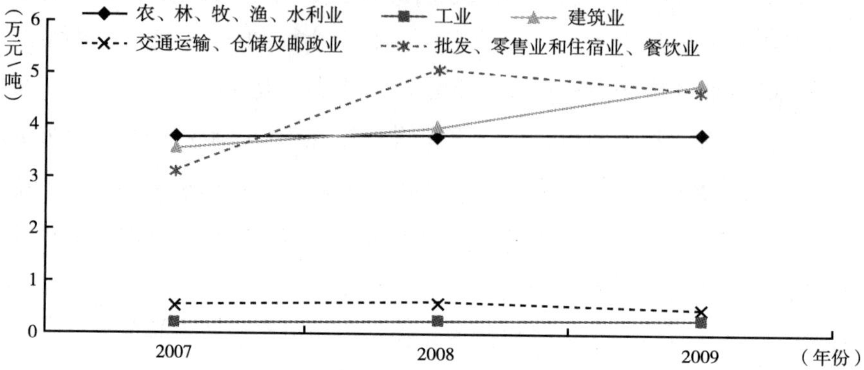

图2　安徽省五大产业的碳生产率

资料来源：根据《中国能源统计年鉴》（2008～2010）和《中国统计年鉴》（2008～2010）数据整理计算所得。

2. 影响碳生产率的因素

首先，从产业结构来看，就第一产业而言，近年来安徽省在加大农业结构调整的同时，积极探索农业循环经济，初步形成了一些循环型农业模式和技术体系，为安徽省发展低碳农业奠定了良好的基础。就第二产业而言，安徽省的工业领域中主要以高耗能产业为主，钢铁、有色、建材、电力、石化五大支柱产业是典型的高耗能、高污染、高排放产业。近年来，尽管安徽省已经启动了建筑领域的节能试点项目，并取得了一些成绩，但由于思想理念、技术等方面的问题，“低碳”化进程较为缓慢。此外，交通领域能耗占全省的比重虽不高，但增速很快。随着安徽省交通运输业发展，交通能耗占社会能耗比重势必会进一步增加。

其次，从能源结构来看，安徽省的清洁能源资源不足，而以煤为主的能源消费结构在短期内难以改变。目前，安徽省能源消费中以煤化石为主，煤炭和火力发电的生产和利用在全省能源结构中占到85%左右。清洁能源开发十分有限，如地热能尚未得到勘探和开发，风能也不具有明显优势，太阳能在工业领域的利用开发还没有起步，秸秆能源利用技术不成熟。

再次，从技术水平来看，安徽省的低碳产业发展滞后，核心技术和专业人才缺乏。与先进省份相比，安徽省的光伏、新能源汽车、建筑节能和环保设备等低碳产业发展水平相对落后，差距明显。能源资源综合利用、节能环保和新能源产业等领域技术储备不足，一些核心技术难以突破，外部技术引进困难大，低碳技术水平总体偏低，创新不足。

最后，在政策制度方面，目前安徽省主要是在重点企业、重点领域、重点城市“先行先试”，以促进全省低碳经济的发展。针对全省能源工业及水泥、钢铁等重点排放行业所占比重较大的特点，通过总量控制、市场准入、建立落后产能退出机制、提高产业集中度、积极发展高技术产业及新兴产业等措施，有效降低工业生产过程中温室气体的排放强度。认真贯彻落实《安徽省节约能源条例》，组织重大节能技术示范和推广活动，在冶金、电力、煤炭、化工、建材等行业组织实施了一批重大节能示范项目。马钢集团、淮南煤矿、铜陵有色集团、海螺集团等高耗能重点企业节能减排成绩突出，节能减排指标已达到国内外同行业先进水平。通过加大水电投资、扶持太阳能产业、推广农村沼气工程等措施，发展可再生能源和新能源，优化能源结构，全省清洁能源发展步伐明显加快。

三　经验与借鉴

在低碳经济越来越受到重视的背景下，安徽省不断加大对低碳经济的政策支持和引导力度，并取得了一定的成效。第一，加快优化产业结构，针对全省能源工业及水泥、钢铁等重点排放行业所占比重较大的特点，通过总量控制、市场准入、建立落后产能退出机制、提高产业集中度、积极发展高技术产业及新兴产业等措施，有效降低了工业生产过程中温室气体的排放强度。第二，在交通领域开展节能。加速淘汰高耗能的老旧汽车，合肥市优先在公交、出租、公务、环卫和邮政等公共服务领域推广使用节能与新能源汽车，带动了全省低碳交通的发展。第三，培育了一批国家、省级低碳技术科研和产业化基地，节能和新能源汽车、可再生能源、核能、循环经济等重大技术的研发和示范获得重大进展。

安徽省在发展低碳经济过程中也面临着一系列的挑战。第一，发展清洁能源面临挑战。安徽省清洁能源资源匮乏，没有海洋能资源，风能和太阳能也没有得到开发利用，秸秆能源利用技术的缺乏导致大部分秸秆被废弃或焚烧，农村沼气也没有得到全面普及，这些在一定程度上限制了安徽省清洁能源的发展。第二，交通及建筑领域耗能高。在安徽省交通及建筑领域的耗能仅次于工业领域，尽管目前安徽省在交通及建筑领域积极开展节能活动，但是由于思想理念、技术等方面的问题，节能项目仅依靠政府推动，公民参与意识不强，建设低碳社会的氛围不浓。第三，清洁机制项目数量少。近年来，安徽省围绕提高能源效率，开发利用新能源和可再生能源等重点领域，积极推进清洁发展机制项目实施，但相对于其他省份而言，清洁机制项目数量仍然较少。而且，安徽省的清洁机制项目大多属于节能和提高能效领域，新能源和可再生能源项目发展不多，在发展清洁能源、改善能源结构方面还比较落后。

B.35

江西产业低碳竞争力

刘志雄*

一　产业竞争力的变化

1. 三大产业竞争力评估

图 1 显示了江西省第一、第二、第三产业区位商的变化情况。从图 1 中可以看出，在第一产业方面，江西省第一产业区位商一直较高，如 2005 ~ 2009 年基本保持在 1.4 左右。江西省第一产业的发展较快，在全国确立了农业大省的地位，且第一产业内部农、林、牧、渔业的结构也已比较协调。

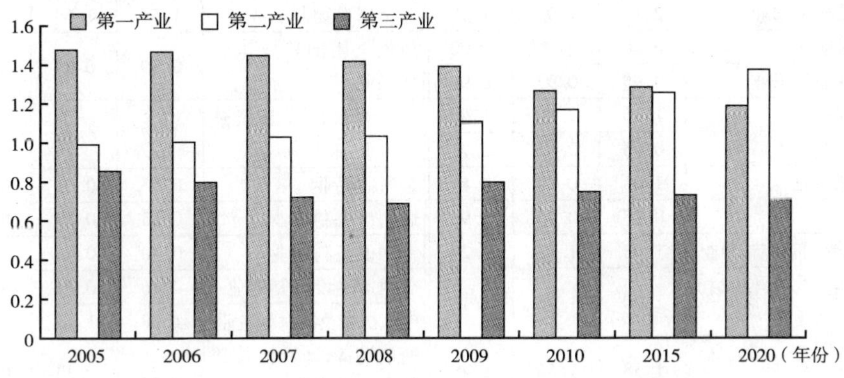

图 1　江西省三次产业显示比较优势指数变化情况

资料来源：根据历年《中国统计年鉴》计算所得。

在第二产业方面，江西省第二产业区位商基本位于全国平均水平之上，且 2005 年以来呈逐年增加的趋势，从 2005 年的 1.0 增长至 2010 年的 1.18，说明江西省第二产业处于上升阶段，产业竞争力不断加强。2008 年以来的金融危机对江西省第二产

---

* 刘志雄，中国政法大学副教授。

业的产业竞争力影响有限，这与江西省外向型经济所占经济总量比重不大有关。

在第三产业方面，江西省第三产业的区位商小于1，属于相对弱势产业，2005～2008年区位商逐年下降，之后略微增长，呈现出波动变化的态势，但仍小于1。江西服务业竞争力水平总体滞后。体现在两个方面：一是总量和构成偏低，二是产业结构不合理，江西传统服务业仍占主导地位，而现代服务业发展较为缓慢。

2. 工业内部产业竞争力评估

下面将从显示比较优势指数（RCA）和市场占有率两个角度来进一步评估江西省工业内部各细分行业的竞争力状况。

表1显示了江西省工业内部行业的显示比较优势指数的变化情况。

表1　江西省产业的显示比较优势指数（RCA）变化情况

行　业	2008年	2009年	2010年	行　业	2008年	2009年	2010年
煤炭开采和洗选业	0.64	0.54	0.46	医药制造业	2.20	2.06	2.01
石油和天然气开采业	0.00	0.00	0.00	化学纤维制造业	0.50	0.36	0.37
黑色金属矿采选业	1.47	1.54	1.10	橡胶制品业	0.55	0.53	0.56
有色金属矿采选业	3.03	2.60	2.56	塑料制品业	0.59	0.67	0.71
非金属矿采选业	2.12	1.92	1.79	非金属矿物制品业	1.55	1.64	1.65
其他采矿业	0.00	0.00	0.00	黑色金属冶炼及压延加工业	0.99	0.89	0.90
农副食品加工业	0.95	0.97	0.96	有色金属冶炼及压延加工业	4.97	4.60	4.48
食品制造业	1.10	1.09	1.07	金属制品业	0.53	0.60	0.64
饮料制造业	0.95	0.82	0.71	通用设备制造业	0.33	0.35	0.36
烟草制品业	1.03	0.94	0.81	专用设备制造业	0.40	0.44	0.41
纺织业	0.85	0.93	0.95	交通运输设备制造业	0.76	0.71	0.65
纺织服装、鞋、帽制造业	1.03	1.17	1.26	电气机械及器材制造业	1.08	1.11	1.06
皮革、毛皮、羽毛（绒）及其制品业	1.00	1.18	1.16	通信设备、计算机及其他电子设备制造业	0.23	0.33	0.35
木材加工及木、竹、藤、棕、草制品业	1.58	1.56	1.48	仪器仪表及文化、办公用机械制造业	0.45	0.45	0.44
家具制造业	0.59	0.73	0.83	工艺品及其他制造业	0.86	0.95	0.98
造纸及纸制品业	0.77	0.80	0.82	废弃资源和废旧材料回收加工业	0.50	0.85	0.77
印刷业和记录媒介的复制	1.33	1.27	1.28	电力、热力的生产和供应业	0.94	0.93	0.85
文教体育用品制造业	0.74	0.93	1.13	燃气生产和供应业	0.43	0.67	0.46
石油加工、炼焦及核燃料加工业	0.72	0.70	0.63	水的生产和供应业	0.98	1.03	0.98
化学原料及化学制品制造业	0.98	1.09	1.29				

资料来源：中国产业竞争力数据库。

第一，总体上看，江西省工业内部各部门的比较优势存在较大差异，总体呈现出以钢铁、化工、建材等为优势行业的特征，光伏、半导体照明等新兴行业较突出，但其他高新技术行业竞争力不足。

第二，RCA 基本大于 2 以上的行业包括有色金属矿采选业，非金属矿采选业，医药制造业，有色金属冶炼及压延加工业 4 个行业。这些行业之所以具有竞争力，原因在于，一是江西省不仅具有资源禀赋方面的比较优势，如铜、铅等，重稀土、铷、钨、锂的储量在全国均居前列，而且近年来一直注重资源产品的深加工；二是江西省有丰富的医药资源。

第三，RCA 大体在 1 以上 2 以下的行业主要有黑色金属矿采选业，食品制造业，纺织服装、鞋、帽制造业，皮革、毛皮、羽毛（绒）及其制品业等 10 个行业。其中，有色金属矿采选业，非金属矿采选业，食品制造业 3 个行业的 RCA 有所下降，而纺织服装、鞋、帽制造业，皮革、毛皮、羽毛（绒）及其制品业，化学原料及化学制品制造业，非金属矿物制品业等行业的 RCA 呈逐年上升趋势，其他具有比较优势的产业则基本保持稳定。

第三，RCA 小于 1 的行业有煤炭开采和洗选业，石油和天然气开采业，其他采矿业，农副食品加工业，饮料制造业，烟草制品业等 25 个行业，其专业化程度较低，呈现比较弱势。其中，作为江西省传统支柱产业之一的汽车航空及精密制造业的产业竞争力则一直处于相对较弱的水平。由表 1 可见，2008 ~ 2009 年，江西省的通用设备制造业，专用设备制造业，交通运输设备制造业的竞争力水平均不高，且呈现一定的减弱态势。主要原因在于，这些产业一般具有巨大的网络作用，而当前江西省显然缺乏这类网络。

表 2 显示了 2008 ~ 2010 年江西省工业内部各行业的市场占有率。

表 2　江西省产业的市场占有率变化情况

单位：%

行　　业	2008 年	2009 年	2010 年	行　　业	2008 年	2009 年	2010 年
煤炭开采和洗选业	1.08	0.98	0.92	其他采矿业	0.00	0.00	0.00
石油和天然气开采业	0.00	0.00	0.00	农副食品加工业	1.60	1.74	1.93
黑色金属矿采选业	2.57	2.90	2.27	食品制造业	1.89	1.97	2.19
有色金属矿采选业	5.17	4.74	5.15	饮料制造业	1.59	1.48	1.41
非金属矿采选业	3.61	3.53	3.66	烟草制品业	1.69	1.72	1.61

续表

行　业	2008 年	2009 年	2010 年	行　业	2008 年	2009 年	2010 年
纺织业	1.44	1.68	1.90	黑色金属冶炼及压延加工业	1.69	1.64	1.81
纺织服装、鞋、帽制造业	1.71	2.06	2.46				
皮革、毛皮、羽毛(绒)及其制品业	1.70	2.15	2.35	有色金属冶炼及压延加工业	8.44	8.24	9.02
木材加工及木、竹、藤、棕、草制品业	2.68	2.84	2.99	金属制品业	0.89	1.09	1.28
				通用设备制造业	0.55	0.63	0.72
家具制造业	1.00	1.31	1.68	专用设备制造业	0.67	0.79	0.83
造纸及纸制品业	1.31	1.44	1.64	交通运输设备制造业	1.26	1.26	1.30
印刷业和记录媒介的复制	2.23	2.28	2.55	电气机械及器材制造业	1.83	2.03	2.13
文教体育用品制造业	1.26	1.66	2.25	通信设备、计算机及其他电子设备制造	0.38	0.59	0.69
石油加工、炼焦及核燃料加工业	1.22	1.25	1.25	仪器仪表及文化、办公用机械制造业	0.77	0.83	0.91
化学原料及化学制品制造业	1.66	1.98	2.61	工艺品及其他制造业	1.46	1.72	1.99
医药制造业	3.78	3.78	4.11	废弃资源和废旧材料回收加工业	0.86	1.53	1.52
化学纤维制造业	0.82	0.64	0.70				
橡胶制品业	0.93	0.94	1.10	电力、热力的生产和供应业	1.58	1.66	1.70
塑料制品业	0.99	1.21	1.42	燃气生产和供应业	0.74	1.20	0.90
非金属矿物制品业	2.64	2.97	3.32	水的生产和供应业	1.68	1.85	1.97

资料来源：中国产业竞争力数据库。

第一，整体上看，江西省工业产品市场占有率较低，就 2010 年而言，除了有色金属冶炼及压延加工业，有色金属矿采选业，医药制造业 3 个行业的市场占有率超过了 4% 以外，其余主要工业行业的市场占有率均在 4% 以下。一方面，江西省的有色冶金工业相比于省内的其他产业，在全国占有较大的份额，具有一定的特色和较强的竞争力。江西省的矿产资源（如铜、钨精矿、中重稀土等）十分丰富，并具有较为完善的有色冶金工业体系；另一方面，由于江西省的药材品种丰富，中成药和生物医药产业具有明显的资源禀赋上的相对优势，医药行业市场占有率相对较高，且 RCA 和占有率均表现出逐年上升的态势。

第二，2008 ~2010 年，江西省工业内部各行业的市场占有率基本呈现上升态势。市场占有率最高的 3 个行业的市场占有率指标和 RCA 变化趋势相同，除有色金属矿采选业的市场占有率有所下降外，其他行业均逐年上升。

通过上述分析可见，江西省工业内部各部门的比较优势并不高，优势产业多偏向重化资源型产业，具有较强竞争力的主要是有色冶金、食品、建材等支柱产业，此外，医药制造、电子信息和现代家电产业等新兴成长性行业的产业竞争力也逐渐增强。总体而言，江西省的工业的发展基础较为薄弱，但处于上升阶段，产业竞争力不断加强，工业的基础地位基本确立且工业化进程稳步前进。

二　低碳竞争力

1. 碳生产率

江西省属于中国中部地区不发达的省份，能源资源匮乏，产业结构不合理，在工业化进程中更多地倾向于钢铁、水泥等高耗能产业，高碳产业在经济中所占比例过高。因此，发展低碳经济是江西实现经济崛起的现实选择，只有抓住发展低碳经济发展的契机，提升产业低碳竞争力，才有可能实现江西的快速崛起。

图 2 显示了 2007～2009 年江西省农业，工业，建筑业，交通运输、仓储及邮政业，批发、零售业和住宿、餐饮业五大产业的碳生产率水平。从图中可以看出，整体来说江西省各产业的碳生产率差异较大。具体到各产业来说，第一，建筑业的碳生产率很高；工业，交通运输、仓储及邮政业的碳生产率则很低；批发、零售业和住宿、餐饮业，农业的低碳竞争力在中部六省中基本处于中等水平。第二，纵向来看，工业，交通运输、仓储及邮政业基本保持稳定；批发、零售业和住宿、餐饮业，农业的低碳竞争力有所增强；而建筑业的碳生产率呈下降趋势。

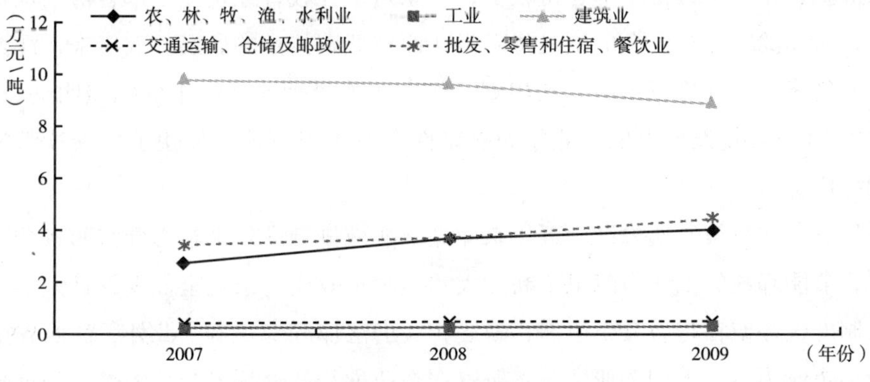

图 2　江西省五大产业的碳生产率

资料来源：根据《中国能源统计年鉴》（2008～2010）和《中国统计年鉴》（2008～2010）数据整理计算所得。

2. 影响碳生产率的因素

首先，从产业结构上看，江西省的产业结构近些年来逐步形成了“二、三、一”的产业格局。就第一产业而言，农业综合生产能力稳步提高，但农业内部结构升级滞后，农业生产过程中化肥、农药的大量使用，阻碍了低碳农业的发展；就第二产业而言，以有色冶金、钢铁、化工等高耗能工业为主，“高碳经济”显著，例如，2008 年，煤炭采选业，石油加工与炼焦业，化学原料及化学制品业，非金属矿物制品业，黑色金属冶炼及压延业，有色金属冶炼及压延业，电力与热力的生产和供应业七大行业的能源消耗量占到全部工业能源消费的 87%；就第三产业而言，传统产业仍占据主导地位，劳动力主要转向生产率较低的社会服务业，而生产性服务业这类效率较高的产业发展仍然缓慢，内部结构有待调整。

其次，从能源供给结构上看，江西省能源资源欠缺，能源生产结构以煤炭为主，石油和天然气对外依存度很高。但煤炭生产量仅占全国的总生产量 0.93% 左右，煤炭已开发利用的占 70% 以上，后备储量严重不足。从石油工业看，江西原油加工企业的原材料完全依赖进口，由于国际原油价格的不断上涨，使原油加工生产企业的发展陷入困境。从电力工业看，近年来，国内发电燃料价格不断上涨，使江西省电力生产企业发电成本大幅上升。

再次，从技术水平上来说，工业化起步不久的江西省，大部分企业的技术设备都比较落后，从而形成生产效率不高，资源利用率较低的局面。同时，江西省的高等院校相比于其他中部省份较少，国家财政性教育经费在中部省份中也是最低的，人才的匮乏和资金的不足将阻碍江西省低碳技术的研发。五年来，江西省对产业经济的发展进行了高起点规划，将太阳能光伏产业、半导体照明（LED）产业等 13 个环境友好型的产业作为战略性产业重点打造，加快了低碳技术的创新和推广。

最后，在政策制度方面，近年来建立节能减排制度越来越受到江西省政府的重视，节能降耗的工作力度也不断加大，但政策效应尚未完全显现，且大部分的政策制度仅停留在行政命令层面，缺乏相关的法律配套支持。此外，江西省主要以中小企业为主，大型企业缺乏，所以在企业推行低碳技术十分困难，并且政府对企业实施低碳技术的激励机制的缺乏，使得企业只会考虑眼前利益而无暇顾及远期发展，不利于低碳竞争力的实质性提高。

三　经验与挑战

从产业选择来看，近年来，江西省大力发展光伏产业，全力打造中国太阳能光伏产业基地，同时，积极发展光电产业，形成了拥有自主知识产权、具有比较优势的产业，这些为低碳经济发展提供了坚实的产业和技术基础，这种比较优势也为江西省引进国外先进的低碳技术提供了良好的平台。从文化产业来看，江西省作为文化资源大省，拥有丰富的革命文化、陶瓷文化和青铜文化等文化资源。2006 年，江西卫视推出了纪念长征 70 周年的大型电视活动“中国红歌会”，将红色文化转变为文化品牌优势，带动了旅游产业的迅速崛起，成为转变发展方式、调整产业结构的重要支点。从政策制度来看，江西省政府对低碳经济发展的重视程度不断提高，2010 年 1 月发布了国内首个省级低碳经济发展白皮书《绿色崛起之路——江西省低碳经济社会发展纲要》，从此低碳经济的发展有了政策保障。

江西省在发展低碳经济过程中也面临着一系列的挑战。第一，政府机制不健全。尽管江西省政府十分重视节能减排、降耗工作的展开，但是目前尚未形成健全的低碳经济体制、机制，不利于低碳经济的推进。第二，高耗能产业占主体地位，成为江西省低碳经济发展的一大制约。第三，长期处于欠发达地位的江西省在加快推进工业化、城市化、现代化进程中，能源需求快速增长，同时，致力于改善和提高全省人民的生活水平和生活质量也会带来能源消费的持续增长。如何在确保人民生活水平不断提升的同时，又不以牺牲环境为代价，是江西省今后发展中所要面临的挑战。

B.36

陕西产业低碳竞争力

徐　娟*

一　陕西产业竞争力的近期走势

1. 市场占有率

陕西整体产业竞争力处于中等较低水平。2010 年陕西 39 行业的全国市场占有率 5% 以上的仅有煤炭开采和洗选业，石油和天然气开采业 2 个行业；市场占有率在 1% ~5% 的行业有 16 个；其余 21 个行业的全国市场占有率均不足 1%；各行业全国平均排名为第 18 位。

2008 ~2010 年陕西各行业全国占比表现出较大幅度的提高，多数行业在全国排名提升反映出陕西产业整体竞争力的进步。除印刷业和记录媒介的复制，化学原料及化学制品制造业，医药制造业，通信设备、计算机及其他电子设备制造业，仪器仪表及文化、办公用机械制造业，废气资源和废旧材料回收加工业 7 个行业全国市场占有率略有下降，其他采矿业占有率维持在零外，其余 31 个行业的全国市场占有率均有不同程度的提升（见表 1）。

表 1　2008 ~2010 年陕西各行业市场占有率及其排名

单位：%

行　　业	2008 年		2009 年		2010 年	
	市场占有率	排名	市场占有率	排名	市场占有率	排名
煤炭开采和洗选业	5.43	5	5.97	5	6.37	5
石油和天然气开采业	11.79	3	12.62	2	12.11	3
黑色金属矿采选业	0.54	24	0.53	19	0.57	8
有色金属矿采选业	2.91	12	3.48	9	3.32	8
非金属矿采选业	0.41	23	0.67	20	0.69	20

* 徐娟，中国社会科学院工业经济研究所博士。

续表

行　业	2008年		2009年		2010年	
	市场占有率	排名	市场占有率	排名	市场占有率	排名
其他采矿业	0	28	0	28	0	20
农副食品加工业	0.97	21	1.08	19	1.15	18
食品制造业	1.34	20	1.61	20	1.74	19
饮料制造业	2.36	15	2.42	14	2.49	14
烟草制品业	2.15	14	2.16	14	2.07	14
纺织业	0.39	18	0.39	17	0.43	17
纺织服装、鞋、帽制造业	0.12	21	0.17	21	0.19	21
皮革、毛皮、羽毛(绒)及其制品业	0.02	24	0.03	24	0.05	25
木材加工及木、竹、藤、棕、草制品业	0.14	25	0.21	23	0.26	21
家具制造业	0.12	23	0.15	23	0.17	23
造纸及纸制品业	0.57	22	0.64	22	0.61	22
印刷业和记录媒介的复制	1.40	18	1.47	18	1.36	19
文教体育用品制造业	0.05	21	0.05	21	0.08	21
石油加工、炼焦及核燃料加工业	4.09	10	4.22	10	4.38	9
化学原料及化学制品制造业	0.76	24	0.68	24	0.70	23
医药制造业	2.19	16	2.05	17	1.92	17
化学纤维制造业	0.10	23	0.30	18	0.23	18
橡胶制品业	0.26	23	0.44	21	0.52	20
塑料制品业	0.35	23	0.39	22	0.75	17
非金属矿物制品业	0.96	21	1.21	20	1.26	19
黑色金属冶炼及压延加工业	0.62	26	0.89	23	0.80	25
有色金属冶炼及压延加工业	1.83	18	1.93	14	2.20	13
金属制品业	0.33	21	0.43	21	0.38	21
通用设备制造业	0.89	18	0.91	18	0.96	18
专用设备制造业	1.65	16	1.71	16	1.68	16
交通运输设备制造业	2.14	15	2.30	16	2.25	17
电气机械及器材制造业	0.90	18	0.99	18	0.93	18
通信设备、计算机及其他电子设备制造业	0.43	12	0.38	16	0.40	16
仪器仪表及文化、办公用机械制造业	1.45	12	1.37	14	1.19	14
工艺品及其他制造业	0.17	25	0.27	23	0.33	21
废弃资源和废旧材料回收加工业	0.11	25	0.14	22	0.06	23
电力、热力的生产和供应业	1.77	21	1.69	21	1.98	21
燃气生产和供应业	1.42	16	1.66	17	1.60	19
水的生产和供应业	1.28	21	1.19	23	1.33	23

资料来源：中国产业竞争力数据库。

2. 显示比较优势指数（RCA）

能源产业在陕西具有明显的相对竞争优势。2010 年陕西显示比较优势指数大于 1 的行业有 12 个，按照 RCA 从高到低的顺序依次为：石油和天然气开采业（7.48），煤炭开采和洗选业（3.97），石油加工、炼焦及核燃料加工业（2.70），有色金属矿采选业（2.23），交通运输设备制造业（1.44），有色金属冶炼及压延加工业（1.43），饮料制造业（1.37），烟草制品业（1.29），电力、热力的生产和供应业（1.25），医药制造业（1.22），专用设备制造业（1.15），食品制造业（1.12），这些行业显示出较强的比较优势。RCA 超过 2.5 的具有极强比较优势的是 3 个能源类产业。

近三年来，陕西的高新技术产业相对竞争优势下滑。比较 2008 年、2009 年、2010 年三个时点数据，RCA 呈下降趋势的有 14 个行业，其中比较明显的有：医药制造业（下降 0.31），饮料制造业（下降 0.28），仪器仪表及文化、办公用机械制造业（下降 0.18），烟草制造业（下降 0.17），印刷业和记录媒介的复制（下降 0.14）。RCA 呈上升趋势的有 21 个行业，趋势较明显的包括：煤炭开采和洗选业（上升 0.32），石油和天然气开采业（上升 0.22），塑料制品业（上升 0.22），食品制造业（上升 0.18），非金属矿采选业（上升 0.15），有色金属矿采选业（上升 0.14）。RCA 最高的两个行业的指数和 2008 年相比都有所提升，比较优势进一步加强。从 RCA 排名情况看，11 个行业排名提升，其中塑料制品业排名上升最多，提升了 7 位；13 个行业排名下降，其中医药制造业，通信设备、计算机及其他电子设备业两类高技术行业排名下滑最多，各下降了 4 位（见表 2）。

表 2　2008～2010 年陕西各行业显示比较优势指数及其排名

行　业	2008 年		2009 年		2010 年	
	RCA	排名	RCA	排名	RCA	排名
煤炭开采和洗选业	3.65	2	3.97	2	3.97	2
石油和天然气开采业	7.26	1	8.12	1	7.48	1
黑色金属矿采选业	0.41	24	0.40	25	0.39	26
有色金属矿采选业	2.19	4	2.52	4	2.23	4
非金属矿采选业	0.29	26	0.46	22	0.44	23
其他采矿业	0.00	39	0.00	39	0.00	39

续表

行业	2008年		2009年		2010年	
	RCA	排名	RCA	排名	RCA	排名
农副食品加工业	0.68	17	0.72	18	0.73	18
食品制造业	0.94	15	1.06	13	1.12	12
饮料制造业	1.65	5	1.50	5	1.37	7
烟草制品业	1.46	8	1.38	7	1.29	8
纺织业	0.27	27	0.26	29	0.27	28
纺织服装、鞋、帽制造业	0.07	34	0.11	34	0.12	34
皮革、毛皮、羽毛(绒)及其制品业	0.02	38	0.02	38	0.02	38
木材加工及木、竹、藤、棕、草制品业	0.10	32	0.18	33	0.18	32
家具制造业	0.09	33	0.10	35	0.11	35
造纸及纸制品业	0.42	23	0.44	24	0.40	25
印刷业和记录媒介的复制	0.99	12	0.95	14	0.85	14
文教体育用品制造业	0.03	37	0.03	37	0.05	36
石油加工、炼焦及核燃料加工业	2.73	3	2.80	3	2.70	3
化学原料及化学制品制造业	0.52	21	0.44	23	0.44	24
医药制造业	1.53	6	1.36	8	1.22	10
化学纤维制造业	0.06	36	0.19	31	0.14	33
橡胶制品业	0.19	30	0.30	26	0.34	27
塑料制品业	0.23	29	0.27	28	0.45	22
非金属矿物制品业	0.67	18	0.82	16	0.80	16
黑色金属冶炼及压延加工业	0.45	22	0.58	21	0.52	21
有色金属冶炼及压延加工业	1.26	9	1.31	9	1.43	6
金属制品业	0.23	28	0.29	27	0.24	30
通用设备制造业	0.62	19	0.58	20	0.62	19
专用设备制造业	1.12	11	1.14	11	1.15	11
交通运输设备制造业	1.47	7	1.47	6	1.44	5
电气机械及器材制造业	0.62	20	0.66	19	0.58	20
通信设备、计算机及其他电子设备制造业	0.30	25	0.25	30	0.26	29
仪器仪表及文化、办公用机械制造业	0.95	14	0.94	15	0.77	17
工艺品及其他制造业	0.12	31	0.19	32	0.21	31
废弃资源和废旧材料回收加工业	0.07	35	0.09	36	0.04	37
电力、热力的生产和供应业	1.20	10	1.19	10	1.25	9
燃气生产和供应业	0.97	13	1.07	12	0.98	13
水的生产和供应业	0.87	16	0.79	17	0.84	15

资料来源：中国产业竞争力数据库。

结合以上市场占有率和显示比较优势指数，对2010年陕西的优势行业判断如下：

（1）竞争力极强的行业（市场占有率>5%且RCA>2.5）：石油和天然气开采业（12.11%，7.48），煤炭开采和洗选业（6.37%，3.97）；

（2）竞争力明显的行业（3%<市场占有率<5%且RCA>2.5）：石油加工、炼焦及核燃料加工业（4.38%，2.70）；

（3）有竞争力的行业（3%<市场占有率<5%且1<RCA<2.5）：有色金属矿采选业（3.32%，2.23）。

二　低碳竞争力

1. 碳生产率

根据《中国能源统计年鉴》将最终能源消费种类划分为19类，我们采用《2006年IPCC国家温室气体清单指南》提供的二氧化碳排放量的计算方法，选取农业，工业，建筑业，交通运输、仓储及邮政业，以及批发、零售业和住宿、餐饮业五大产业，分别计算其碳生产率（见表3）。

表3　2008年和2009年五大产业增加值、碳排放量和碳生产率

年份	项目	农业	工业	建筑业	交通运输、仓储及邮政业	批发、零售业和住宿、餐饮业	合计（平均）
2008	增加值（亿元）	753.72	3274.57	586.55	378.63	734.03	5727.50
	碳排放（万吨）	79.46	2326.95	118.05	508.77	136.26	3169.48
	碳生产率（万元/吨）	9.49	1.41	4.97	0.74	5.39	1.81
2009	增加值（亿元）	789.64	3501.25	735.17	423.24	882.40	6331.70
	碳排放（万吨）	85.59	2648.46	79.32	712.74	125.30	3651.40
	碳生产率（万元/吨）	9.23	1.32	9.27	0.51	7.04	1.73
	全国碳生产率（万元/吨）	7.52	1.28	4.04	0.52	14.37	1.60

注：考虑各产业数据的可获得性和统一性，表中增加值一律用生产总值替换。

资料来源：《中国能源统计年鉴》，《中国统计年鉴》，《2006年IPCC国家温室气体清单指南》。

五大产业中，陕西四大产业具有低碳竞争优势。同全国碳生产率水平相比，2009年除批发、零售业和住宿、餐饮业的碳生产率低于全国平均水平外，其他四个产业均高于全国平均水平。

从变化趋势看，陕西的产业整体低碳竞争力呈弱化趋势。与2008年相比，2009年五大产业中碳生产率提高的有建筑业，批发、零售业和住宿、餐饮业，其中，建筑业的碳生产率大幅提高了86.5%；碳生产率降低的产业有农业，工业，交通运输、仓储及邮政业，其中，下降最多的交通运输、仓储及邮政业的降幅为31.1%；五大产业平均碳生产率有所下降，从1.81万元/吨降到1.73万元/吨。

仿照波士顿矩阵的方法，根据碳生产率与全国平均水平的比较情况和碳生产率近两年的变化情况将产业划分成四种情况，即左上方是碳生产率高于全国平均水平且不断上升的产业（“明星”产业），左下方是碳生产率高于全国平均水平但有下降趋势的产业（“问题”产业），右上方是碳生产率低于全国平均水平，但有所上升的产业（“现金牛”产业），右下方是碳生产率低于全国平均水平同时又呈下降趋势的产业（“瘦狗”产业）。陕西2009年产业低碳竞争力如表4所示。

表4 陕西2009年五大产业低碳竞争力表现

		低碳竞争力	
		优势	劣势
碳生产率	上升	建筑业	批发、和零售业和住宿、餐饮业
	下降	农业、工业	交通运输、仓储及邮政业

2. 影响碳生产率的因素

（1）产业结构。2010年陕西三次产业总产值分别为988.45亿元、5446.10亿元和3688.93亿元，占GDP的比重为9.8%、53.8%和36.4%。2010年全国三次产业的比重分别为9.3%、50.4%和40.4%，由此可见，陕西第二产业的比重较低，低于全国平均水平4个百分点（见表5）。从陕西2000年以来三次产业结构的变化看，第一产业变化平稳，微降4.5个百分点，第二产业比重提高较快，增加比重超过10个百分点，第三产业则降低了近6个百分点。说明近十年，陕西第二产业增加速度最快，而第一产业和第三产业比重均有不同程度的下降，如图1所示，2001年起，第二、第三产业的比重逐渐拉大，2010年有进一步扩大的趋势。综上，陕西第二产业优势明显，比重有进一步增长的趋势，第一、第二产业则较弱，比重有下降趋势。2010 年陕西重工业增加值占规模以上工业的 80%，重工业尤其是高耗能产业比重较大（见图 1）。

表 5　陕西与全国 2010 年三次产业情况

单位：亿元，%

区域	生产总值	第一产业		第二产业		第三产业	
		总值	比重	总值	比重	总值	比重
陕西	10123.48	988.45	9.8	5446.10	53.8	3688.93	36.4
全国	437041.99	40532.83	9.3	220064.77	50.4	176444.36	40.4

资料来源：《中国统计年鉴》。

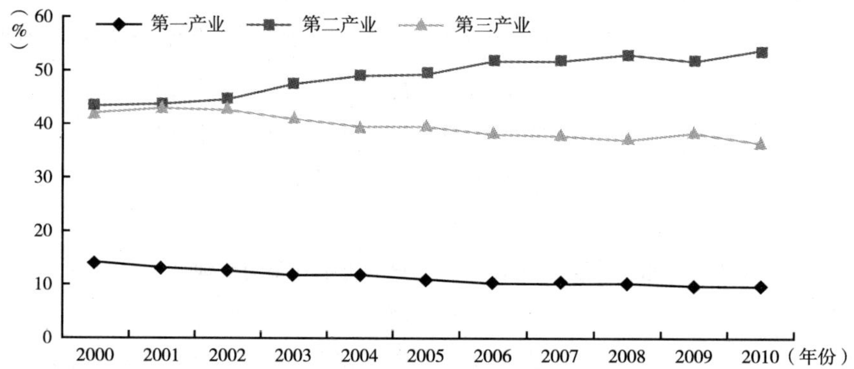

图 1　陕西 2000～2010 年三次产业结构变化

资料来源：《陕西统计年鉴》。

2010 年陕西三次产业能源消费比重为 3.1∶73.1∶23.8，说明陕西的能源消耗主要来自第二产业，其次是第三、第一产业；与 2006 年（4.3∶74.9∶20.8）相比，第一、第二产业能源消费比重上升，第三产业能源消费比重下降；与全国 2009 年（2.4∶86.0∶11.6）相比，第一、第三产业能源消费比重较高，第二产业能源消费比重低于全国平均水平。将三次产业能源消费与能源消费结构相结合，从图 2 看出，陕西 2009 年煤炭三次产业消耗比重为 1∶94∶5，和全国（2.2∶94∶4）相比，第一产业比重低于全国平均水平，第三产业比重高于全国平均水平；石油三次产业消费比重为 6∶29∶65，和全国（4.3∶50∶46）相比，第二产业比重低于全国平均水平，第一、第三产业高于全国平均水平；天然气三次产业消费比重为 0.1∶66∶34，和全国（0∶79∶21）相比，第二产业低于全国平均水平，第三产业高于全国平均水平；电力三次产业消费比重为7∶82∶11，和全国（3.4∶90∶6）相比，第二产业低于全国平均水平，第一、第三产业高于全国平均水平。可以看出，第一，陕西第三产业各种能耗比重均比全国平均水平高，而陕西第三产业产值比重（36.4%）却低于全国平均水平（40.4%），说明陕西第三产业能源利用率低，这正是前文中反映的陕西第三产业碳生产率较低的原因。第二，第二产业煤炭消费比重远高于石油，所以对陕西而言，实现第二产业有效减排的关键在于减少煤炭能源的消耗（见图2）。

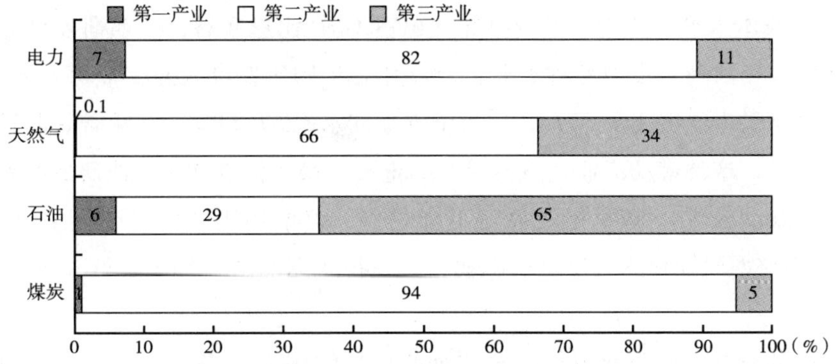

图2　2009年陕西各主要能源中三次产业比重

资料来源：《中国能源统计年鉴》。

（2）能源结构。2010年陕西煤炭、石油、天然气、水电能源消费比重为73.6∶16.9∶8.3∶1.2，说明其能源消费结构以煤炭为主，所占能源比重较高，能源利用效率相对较低，而天然气和水电所占比重小，亟待拓展发展空间；与2005年（77.5∶17.4∶4.1∶1.0）相比，天然气和水电能源消费比重上升，煤炭和石油能源消费比重有所下降，其中天然气消费比重翻了一倍，但由于基数小，绝对比例仅上升了4.2个百分点。虽然近几年天然气消费和水电能源消费比重有所上升，能源消费结构逐渐趋于合理，但速度缓慢，效果不明显，目前以煤炭为主的能源消费局面在短期不会改变（见表6）。

因此，陕西要适度控制煤炭消费比重，提高石油、天然气、新能源在能源消费中的比重，发挥集煤、油、气资源为一体的优势，采用能耗低、排放少的低碳技术和理念，实现煤、油、气综合利用，使“碳多氢少”的煤与“氢多碳少”的石油、天然气和水电资源优势互补，提高能源利用效率，减少碳排放。

表 6　2005 年、2009 年、2010 年陕西主要能源消费结构

单位：%

年份	煤炭	石油	天然气	水电
2005	77.46	17.40	4.10	1.03
2009	73.92	17.03	8.06	0.99
2010	73.64	16.92	8.27	1.16

资料来源：《陕西统计年鉴》。

（3）技术水平。从研发经费内部支出占 GDP 比重来看，陕西研发经费内部支出强度各年均高于全国平均水平。2009 年，中国研发投入强度平均为 1.69%，而陕西研发投入强度为 2.32%，超出全国平均水平 37.28%，意味着陕西科技投入力度较大，这是带动产业竞争力提升的重要力量。但近几年陕西研发经费内部支出强度波动较大，2008 年之前呈下降趋势，近两年则整体呈明显上升趋势。但 2010 年陕西研发投入力度有所减弱，研发投入强度为 2.15%，低于 2009 年的 2.32%。

技术创新的主体是政府、高校和企业，具体到工业企业内部，用大中型工业企业研发经费内部支出占工业总产值的比重衡量陕西工业研发经费强度，结果却不容乐观。图 3 显示了陕西近五年大中型工业企业的研发经费强度在全国平均水平上下波动，2007 年之前高于全国平均水平，最近两年却降到了在全国

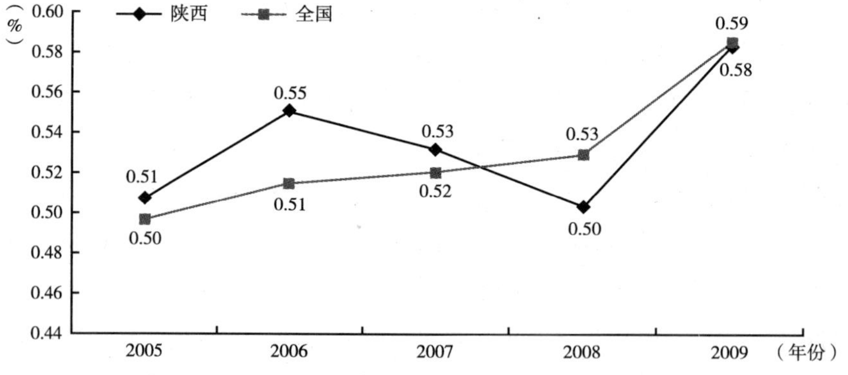

图 3　陕西与全国大中型工业企业研发经费内部支出占工业总产值比重

资料来源：根据历年《中国科技统计年鉴》整理而得。

平均水平之下。对比表7可知，陕西的研发经费投入主要集中在工业企业以外的其他部门，正是这种倾斜导致了陕西较高的研发投入强度并没有在工业部门中体现出来。从图4可以看到，陕西大中型工业企业研发经费内部支出占全部研发经费内部支出的比重近几年几乎一直保持在29%左右的较低水平，远远低于全国平均水平，意味着陕西要提升工业竞争力亟须增加工业部门科技经费支出比重。

表7　2000年、2005～2010年陕西与全国研发投入对比

单位：亿元，%

年份	陕西			全国		
	研发经费内部支出	GDP	强度	研发经费内部支出	GDP	强度
2000	49.46	1804.00	2.74	895.66	98000.50	0.91
2005	92.45	3933.72	2.35	2449.97	185808.60	1.32
2006	101.30	4743.61	2.14	3003.10	217522.70	1.38
2007	121.72	5757.29	2.11	3710.24	267763.70	1.39
2008	143.27	7314.58	1.96	4616.02	316228.80	1.46
2009	189.51	8169.80	2.32	5802.11	343464.70	1.69
2010	217.50	10123.48	2.15			

注：强度=研发经费内部支出/GDP。

资料来源：根据历年《中国科技统计年鉴》和《中国统计年鉴》整理而得。

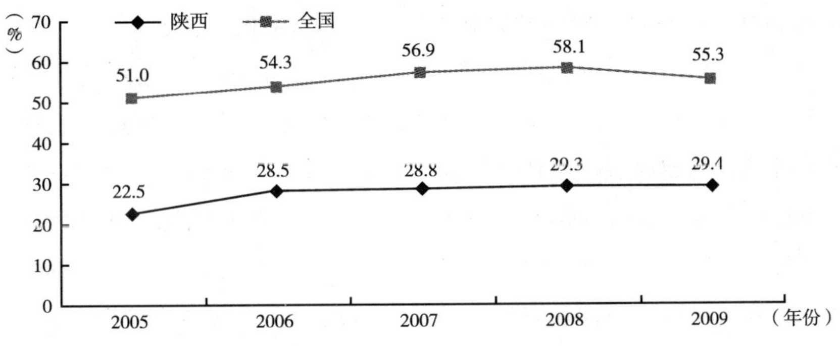

图4　陕西与全国大中型工业企业研发经费内部支出占全部研发经费内部支出比重

资料来源：根据历年《中国科技统计年鉴》整理而得。

（4）政策制度。第一，陕西被确定为低碳试点省，这对陕西重化工业的低碳转型和提升产业低碳竞争力产生了积极影响。2010 年 8 月，国家将陕西确定为低碳试点省，在出台的《陕西低碳试点工作实施方案》中明确了今后发展的低碳路线图。降低高耗能产业、提高战略性新兴产业比重的工业调整思路逐步形成。在“重化工业低碳转型、新兴产业低碳发展”的产业结构调整原则指导下，严格控制焦化、铁合金、电石、水泥、有色冶炼等行业新增产能，同时大力改造提升传统服务业，抓好物流、文化、金融等现代服务业。[①] 第二，战略新兴产业规划，确定陕西“十二五”期间新兴产业发展目标，加速产业升级和推进工业节能环保。《陕西省战略性新兴产业发展“十二五”规划》（以下简称《规划》）提出到 2015 年，战略性新兴产业增加值将达到 3000 亿元，占 GDP 的比例达到 15%。根据《规划》，陕西省将把高端装备制造、新一代信息技术、新能源、新材料等产业培育成为支柱产业；把生物、节能环保、新能源汽车等产业培育成为先导产业；以七大战略性新兴产业支撑和引领经济社会跨越式发展。节能环保、高端装备制造、新能源、新材料和新能源汽车等战略性新兴产业的发展，将推动陕西高耗能工业的节能环保、设备自主集成创新、产品质量和性能的提升。

三　经验与借鉴

1. 以新材料产业为主导的能源化工向精细和高端化工转型

作为矿产资源大省，陕西能源结构以煤为主，长期以来能源重化工特色突出，下游产业链较短，精细化工产业薄弱。“十二五”期间陕西将立足资源、技术和产业基础，构建具有陕西特色的现代产业体系，把战略性新兴产业作为发展重点，新材料产业已经成为推动能源化工向精细化工和高端化工领域发展的重要力量。例如，陕西积极开展高性能钛合金等先进轻合金材料制备等关键技术的研发，组织实施钛材料、部件和终端产品的专用设备和高性能镁合金等产业工程，完善钛及钛合金产业链，形成新型高性能钛板带材、精铸件等一批高端产品；与此同时，加快建设高品质金属复合材回收处理等一批重点产业化项目，实现高端

① 资讯中心：《陕西省 2010 全年经济发展情况》，http://www.zgny.com.cn，2011 年 2 月 28 日。

钛及钛合金材料批量制备国产化。在宝钛集团的带动辐射下，中国钛谷的钛和钛合金产业集群已在宝鸡市粗具规模，该区域聚集科研、生产、加工、贸易、流通等400多家企业，钛产业年销售收入达160亿元，钛材产量约占世界产量的20%，占国内产量的80%，占中国国防军工市场的95%，能够生产世界钛材75%的牌号产品。①

2. 能源产业的低碳化发展

能源产业是陕西的优势产业和支柱产业，2010年产值占工业增加值一半以上，能源产业同时又是高耗能产业之一，因此提升陕西产业竞争力不可回避的一个问题是能源产业的低碳化发展。而国家将陕西作为全国低碳试点省的目的也正是以其科技优势和资源优势，探索出一条能源产业低碳化发展道路。陕西在实现能源产业低碳发展道路上有如下举措。

（1）积极探索低碳技术的突破和创新。陕西的低碳技术研发早在2003年就已经开始，是国内最早进行低碳探索实践的省份之一。2004年省内企业首次成功研制出采用乙醇胺水溶液吸收释放二氧化碳原理，收集天然气转化过程中的二氧化碳的技术。截至2010年底，全省直接或间接吸收消化二氧化碳或通过能源转化实现低碳化生产的企业有近百家，每年吸收和利用二氧化碳上千万吨。产业竞争力的提升需要控制煤炭，提高石油、天然气、新能源在能源消耗中的比重，实现煤、油、气综合利用。为此，陕西延长石油集团在靖边和延安分别建设大型煤、油、气为原料的综合利用项目，实现煤化工、石油化工和天然气化工耦合对接，提高资源利用率，减少二氧化碳排放。

（2）打造能源产业园区化、集约化发展格局。榆林“两区六园”和延安“两基地两新区”是陕西能源化工产业园区的典范，榆林“两区”管理机构主要负责人按副市级配备，园区实行基地管理体制，打破行政区域界限，实行大区块、多园区、封闭式管理模式。目前，园区新建重点煤矿综合机械化程度达100%，新建电厂主要采用单机容量60万千瓦以上机组，新建煤制甲醇单套装置均在60万吨/年以上；全年关停小火电机组38.5万千瓦，关闭小煤矿88处，淘汰落后产能260万吨/年以上。

---

① 李军：《新材料：陕西新兴产业主引擎》，2011年8月17日《中国化工报》。

参考文献

《中国统计年鉴》（2000～2011），中国统计出版社。
《中国能源统计年鉴》（2000～2010），中国统计出版社。
《中国科技统计年鉴》（2000～2010），中国统计出版社。
潘家华、张丽峰：《中国碳生产率区域差异性研究》，《中国工业经济》2011 年第 5 期。
《陕西统计年鉴》（2000～2011），中国统计出版社。
李淑惠：《陕西经济低碳环保发展战略研究》，《西安邮电学院学报》2011 年第 7 期。

B.37

青海产业低碳竞争力

徐 娟*

一 产业竞争力变化

1. 市场占有率

青海省产业竞争力整体处于极低水平。2010年青海省39个行业全国市场占有率最高的是其他采矿业，为4.42%，全国排名第六位。虽然该行业近三年来都保持全省第一，但市场占有率却呈现明显的下滑趋势，说明地区间的产业竞争极为激烈，仅仅依赖资源优势是难以持续的。2010年，市场占有率在1%以上的仅有石油和天然气开采业，有色金属矿采选业，其他矿采选业，有色金属冶炼及压延加工业4个行业，其余35个行业的全国市场占有率均不足1%。2008~2010年各年市场占有率为零的行业个数分别为9个、10个、11个。各产业全国平均排名为第27位。

2008~2010年青海省各行业中全国市场占有率提升的行业有煤炭开采和洗选业，食品制造业，饮料制造业，纺织业，印刷业和记录媒介的复制，石油加工、炼焦及核燃料加工业，医药制造业，非金属矿物制品业，有色金属冶炼及压延加工业，工艺品及其他制造业，电力、热力的生产和供应业11个行业，其余28个行业的全国市场占有率均有所下降或不变（见表1）。

2. 显示比较优势指数

如表2所示，2010年青海省显示比较优势指数大于1的行业有10个，按照指数从高到低排序，分别为其他矿采选业（21.09），有色金属矿采选业（14.4），石油和天然气开采业（8.26），有色金属冶炼及压延加工业（5.07），电力、热力的生产和供应业（2.69），煤炭开采和洗选业（1.87），化学原料及

---

* 徐娟，中国社会科学院工业经济研究所博士。

表1　2008～2010年青海省各行业市场占有率及其排名

行　业	2008年		2009年		2010年	
	市场占有率(%)	排名	市场占有率(%)	排名	市场占有率(%)	排名
煤炭开采和洗选业	0.31	9	0.32	7	0.40	6
石油和天然气开采业	1.83	3	1.53	3	1.80	3
黑色金属矿采选业	0.12	14	0.07	19	0.11	16
有色金属矿采选业	3.50	2	2.74	2	3.06	2
非金属矿采选业	0.33	7	0.20	9	0.17	13
其他采矿业	8.52	1	5.74	1	4.42	1
农副食品加工业	0.06	19	0.06	22	0.06	20
食品制造业	0.10	15	0.12	15	0.16	14
饮料制造业	0.12	13	0.16	13	0.18	11
烟草制品业	0.00	35	0.00	35	0.00	34
纺织业	0.04	22	0.06	21	0.07	18
纺织服装、鞋、帽制造业	0.06	20	0.06	20	0.05	22
皮革、毛皮、羽毛(绒)及其制品业	0.00	31	0.00	31	0.00	31
木材加工及木、竹、藤、棕、草制品业	0.00	36	0.00	36	0.00	33
家具制造业	0.01	28	0.00	30	0.00	29
造纸及纸制品业	0.00	34	0.00	34	0.00	35
印刷业和记录媒介的复制	0.09	16	0.15	14	0.13	15
文教体育用品制造业	0.00	37	0.00	37	0.00	36
石油加工、炼焦及核燃料加工业	0.03	23	0.09	17	0.07	17
化学原料及化学制品制造业	0.37	6	0.36	6	0.31	7
医药制造业	0.16	11	0.18	11	0.17	12
化学纤维制造业	0.00	38	0.00	38	0.00	37
橡胶制品业	0.00	32	0.00	33	0.00	32
塑料制品业	0.01	30	0.01	29	0.01	28
非金属矿物制品业	0.15	12	0.17	12	0.21	9
黑色金属冶炼及压延加工业	0.33	8	0.28	8	0.28	8
有色金属冶炼及压延加工业	0.96	4	0.97	4	1.09	4
金属制品业	0.08	17	0.09	16	0.04	23
通用设备制造业	0.08	18	0.08	18	0.06	21
专用设备制造业	0.01	29	0.01	28	0.01	26
交通运输设备制造业	0.01	27	0.01	27	0.01	27
电气机械及器材制造业	0.03	25	0.03	25	0.02	24
通信设备、计算机及其他电子设备制造业	0.00	33	0.00	32	0.00	30
仪器仪表及文化、办公用机械制造业	0.02	26	0.02	26	0.02	25

续表

行　　业	2008 年		2009 年		2010 年	
	市场占有率（%）	排名	市场占有率（%）	排名	市场占有率（%）	排名
工艺品及其他制造业	0.05	21	0.04	23	0.07	19
废弃资源和废旧材料回收加工业	0.00	39	0.00	39	0.00	38
电力、热力的生产和供应业	0.41	5	0.45	5	0.57	5
燃气生产和供应业	0.03	24	0.04	24	0.00	39
水的生产和供应业	0.21	10	0.18	10	0.19	10

资料来源：中国产业竞争力数据库。

化学制品制造业（1.53），黑色金属冶炼及压延加工业（1.3），非金属矿采选业（1.29），非金属矿物制品业（1.01），说明这些行业有较强的比较优势；RCA 大于2.5 的全部是高耗能产业；有 7 个行业的 RCA 为零。

比较2008 年、2009 年、2010 年三个时点数据，RCA 呈下降趋势的有 15 个行业，其中比较明显的行业是其他矿采选业（下降 15.06），有色金属矿采选业（下降 1.67），化学原料及化学制品制造业（下降 0.56），黑色金属冶炼及压延加工业（下降 0.26），金属制品业（下降 0.19），非金属矿采选业（下降 0.19），燃气生产和供应业（下降 0.14），这些行业是 RCA 较高的高耗能产业，其相对竞争力有下滑趋势；RCA 呈上升趋势的行业有 15 个，其中比较明显的有：电力、热力的生产和供应业（上升 0.8），有色金属冶炼及压延加工业（上升 0.76），石油和天然气开采业（上升 0.73），煤炭开采和洗选业（上升 0.45），非金属矿物制品业（上升 0.31），食品制造业（上升 0.29），饮料制造业（上升 0.25），印刷业和记录媒介的复制（上升 0.18），纺织业（上升 0.17），黑色金属矿采选业（上升 0.16），石油加工、炼焦及核燃料加工业（上升 0.14），这些行业相对竞争力正在逐步提升；近三年青海省有部分行业的 RCA 出现较大波动，例如，其他采矿业，化学原料及化学制品制造业的 RCA 三年来分别持续下降了 42%、27%，电力、热力的生产和供应业，煤炭开采和洗选业的 RCA 三年来分别持续上升了 42%、32%，说明产业内的竞争激烈，比较优势波动变化大，特别是排名第一的其他矿采选业，其 RCA 的下滑幅度是所有行业中最大的。

表 2　2008～2010 年青海省各行业显示比较优势指数及其排名

行　业	2008 年		2009 年		2010 年	
	RCA	排名	RCA	排名	RCA	排名
煤炭开采和洗选业	1.42	9	1.60	7	1.87	6
石油和天然气开采业	7.53	3	7.65	3	8.26	3
黑色金属矿采选业	0.53	14	0.38	19	0.69	15
有色金属矿采选业	16.07	2	14.02	2	14.40	2
非金属矿采选业	1.48	8	1.37	9	1.29	9
其他采矿业	36.15	1	30.07	1	21.09	1
农副食品加工业	0.30	19	0.31	22	0.31	20
食品制造业	0.48	15	0.63	15	0.77	14
饮料制造业	0.57	13	0.70	14	0.82	13
烟草制品业	0.00	35	0.00	35	0.00	34
纺织业	0.18	23	0.32	21	0.35	17
纺织服装、鞋、帽制造业	0.27	20	0.33	20	0.25	22
皮革、毛皮、羽毛(绒)及其制品业	0.02	31	0.02	30	0.01	32
木材加工及木、竹、藤、棕、草制品业	0.00	36	0.00	36	0.00	33
家具制造业	0.03	28	0.02	31	0.01	29
造纸及纸制品业	0.01	33	0.00	34	0.00	35
印刷业和记录媒介的复制	0.43	16	0.78	13	0.61	16
文教体育用品制造业	0.00	37	0.00	37	0.00	36
石油加工、炼焦及核燃料加工业	0.19	22	0.47	17	0.33	18
化学原料及化学制品制造业	2.09	5	2.23	6	1.53	7
医药制造业	0.75	11	0.93	11	0.84	12
化学纤维制造业	0.00	38	0.00	38	0.00	37
橡胶制品业	0.01	32	0.01	33	0.01	31
塑料制品业	0.03	30	0.03	29	0.03	28
非金属矿物制品业	0.70	12	0.86	12	1.01	10
黑色金属冶炼及压延加工业	1.56	7	1.39	8	1.30	8
有色金属冶炼及压延加工业	4.31	4	4.83	4	5.07	4
金属制品业	0.36	17	0.49	16	0.17	23
通用设备制造业	0.34	18	0.41	18	0.27	21
专用设备制造业	0.03	29	0.05	28	0.05	26
交通运输设备制造业	0.04	27	0.05	27	0.04	27
电气机械及器材制造业	0.14	25	0.14	25	0.10	24
通信设备、计算机及其他电子设备制造业	0.01	34	0.01	32	0.01	30
仪器仪表及文化、办公用机械制造业	0.14	26	0.09	26	0.08	25

续表

行业	2008 年		2009 年		2010 年	
	RCA	排名	RCA	排名	RCA	排名
工艺品及其他制造业	0.25	21	0.21	23	0.31	19
废弃资源和废旧材料回收加工业	0.00	39	0.00	39	0.00	38
电力、热力的生产和供应业	1.89	6	2.25	5	2.69	5
燃气生产和供应业	0.14	24	0.18	24	0.00	39
水的生产和供应业	0.96	10	0.94	10	0.89	11

资料来源：中国产业竞争力数据库。

综合市场占有率和显示比较优势指数，可以判断2010年青海省竞争力极强的优势行业为其他矿采选业（市场占有率 >5% 且 RCA >2.5），有明显竞争力的优势行业为有色金属矿采选业（3% <市场占有率 <5% 且 RCA >2.5）。青海省具有较强竞争力的优势行业集中在高耗能的采选业上。

二　低碳竞争力

1. 碳生产率

如表3所示，2009年除农业的碳生产率下降了0.04外，其他四个产业的碳生产率均有所提升，平均碳生产率从1.06提高到1.14，青海省碳排放的整体效率有所提升。

表3　2008年和2009年五大产业增加值、碳排放量和碳生产率

年份	项目	农业	工业	建筑业	交通运输、仓储及邮政业	批发、零售业和住宿、餐饮业	合计（平均）
2008	增加值（亿元）	105.58	442.85	86.55	40.72	67.15	742.85
	碳排放（万吨）	12.79	572.85	12.05	79.34	25.00	702.03
	碳生产率（万元/吨）	8.25	0.77	7.18	0.51	2.69	1.06
2009	增加值（亿元）	107.40	470.33	105.00	49.32	80.67	812.72
	碳排放（万吨）	13.09	572.39	13.02	90.59	26.22	715.29
	碳生产率（万元/吨）	8.21	0.82	8.07	0.54	3.08	1.14
	全国碳生产率（万元/吨）	7.52	1.28	4.04	0.52	14.37	1.60

资料来源：《中国能源统计年鉴》、《中国统计年鉴》、《2006年IPCC国家温室气体清单指南》。

青海省产业整体低碳竞争力较弱。同全国碳生产率相比，青海省 2009 年高于全国平均水平的有农业，建筑业，交通运输、仓储及邮政业；工业，批发、零售业和住宿、餐饮业的碳生产率低于全国平均水平，其中批发、零售业和住宿、餐饮业低于全国平均水平的 79%。五大产业的平均碳生产率也低于全国平均水平。

青海省的建筑业，交通运输、仓储及邮政业是具有相对低碳竞争力的产业，且这种竞争力有进一步增强的趋势；农业也是具有相对低碳竞争力的产业，但 2009 年相对于 2008 年有所减弱；工业，批发、零售业和住宿、餐饮业处于低碳竞争劣势位置，但这种劣势在 2009 年有所缓解。

2. 影响碳生产率的原因

（1）产业结构。2010 年，青海省生产总值 1350.43 亿元，三次产业总产值分别为 134.92 亿元、744.63 亿元和 470.88 亿元，占 GDP 的比重为 10.0%、55.1% 和 34.9%；第一产业比重低于全国平均水平 0.7 个百分点，第二产业比重明显高出全国平均水平 4.7 个百分点，第三产业比重较低，明显低于全国平均水平 5.5 个百分点。

表 4　青海省与全国 2010 年三次产业情况

单位：亿元，%

区域	生产总值	第一产业		第二产业		第三产业	
		总值	比重	总值	比重	总值	比重
青海	1350.43	134.92	10.0	744.63	55.1	470.88	34.9
全国	437041.99	40532.83	9.3	220064.77	50.4	176444.36	40.4

资料来源：《中国统计年鉴》。

从青海省历年三次产业结构的变化看，第一产业变化平稳，微降 5.2 个百分点，第二产业比重提高较快，增加了 13.8 个百分点，第三产业则降低了 8.6 个百分点，说明近十年，青海省的第二产业增加速度最快，而第一、第三产业比重则有不同程度的下降。如图 1 所示，2003 年起，第二产业比重超过第三产业，且两者距离逐渐拉大直至 2008 年，2009 年第二产业比重回落，第三产业比重回升，2010 年开始继续延续 2009 年之前的趋势。

（2）能源结构。由图 2 看出，青海省能源消费结构和变化趋势与其他省份有很大不同。2000 ~2010 年，青海省原煤消费比重出现了剧烈波动，2004 年之前一直在 27% 左右波动，2004 年之后一跃至 42.6%，之后一直在 45% 左右波

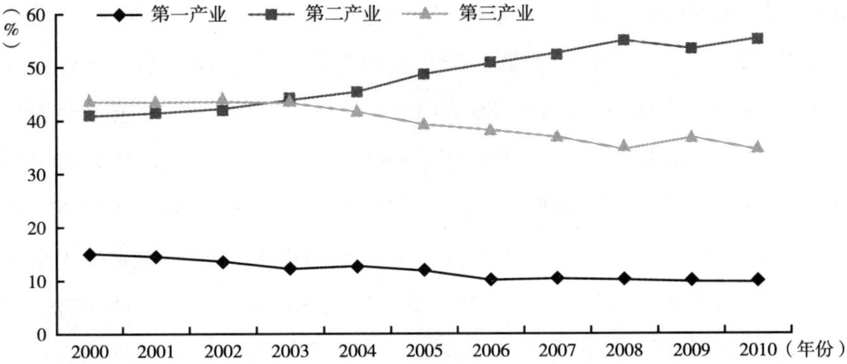

图1　青海省 2000 ~ 2010 年三次产业结构变化情况

资料来源：《青海统计年鉴》。

动，2008 ~ 2010 年，出现连续下降的趋势；天然气消费比重在波动中逐步上升，近三年稳定在 12% 左右；石油消费比重近几年呈逐步下降趋势，近几年稳定在 9% 左右；水电能源消费比重极高，2008 年之前呈逐步下降趋势，2008 年之后迅速上升，2010 年水电已成为青海省消费比重最高的能源（见图 2）。水电能源消费比重的提高是近年来青海省碳生产率上升的重要原因。原煤比重的下降和水电比重的上升反映青海省属于以水电为主的高质低碳型能源消费结构，这种以水电为主的能源消费局面在近几年出现了进一步加强的趋势，对青海节能、环境保护、发展循环经济有积极影响，值得其他地区借鉴。

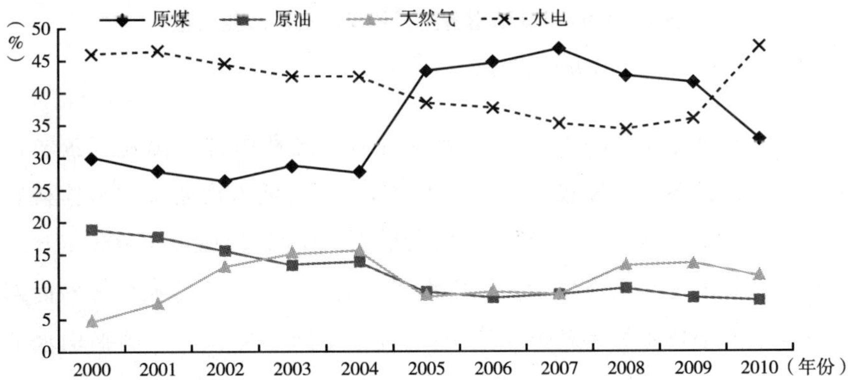

图2　青海省 2000 ~ 2010 年能源消费结构变化

资料来源：《青海统计年鉴》。

2010年，青海省三次产业能源消费比重为0.8：91.7：7.5，与2007年(0.6:87.2:12.2)相比，第一、第二产业能源消费比重下降，第三产业能源消费比重上升；与全国2009年（2.4：86.0：11.6）相比，第二产业能源消费比重较高，第一、第三产业能源消费比重低于全国平均水平。结合部门能源消费结构，从图3可以看出，青海省2009年煤炭三次产业消耗比重为1：93：6，和全国(2.2:94:4）相比，第一、第二产业低于全国平均水平，第三产业高于全国平均水平；石油三次产业消费比重为6:39:55，与全国（4.3:50:46）相比，第一、第三产业高于全国平均水平，第二产业低于全国平均水平；天然气三次产业消费比重为0:91:9，与全国(0:79:21)相比，第二产业低于高于全国平均水平；电力三次产业消费比重为0.4:98:1.4，与全国（3.4:90:6）相比，第二产业高于全国平均水平，第一、第三产业低于全国平均水平。

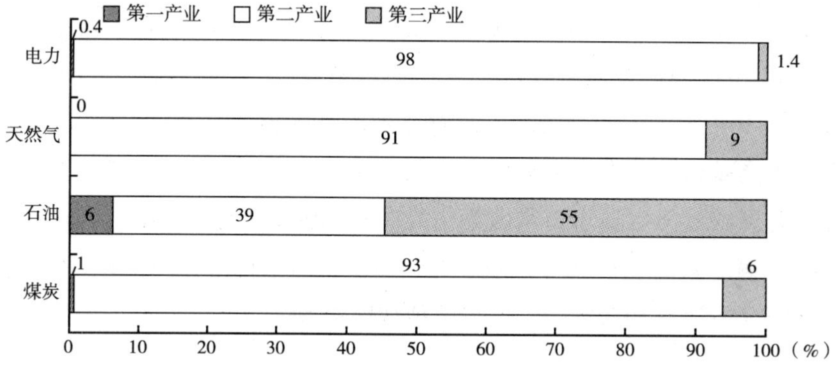

图3　2009年青海省各主要能源中三次产业比重

资料来源：《中国能源统计年鉴》。

（3）技术水平。如图4所示，青海省的研发经费内部支出强度较弱，低于全国平均水平，且各年研发投入强度均不足1%，说明青海省部门整体科研投入严重不足。但2009年以后支出额出现较大增长，说明青海省从2009年开始重视产业创新，逐步加强研发经费投入。青海省的大中型工业企业研发经费内部支出强度也低于全国平均水平，2008年之前一直呈下降趋势，与全国平均水平差距逐步拉大，2009年出现了增长，但与全国平均水平相比仍有较大差距（见图5)，这说明青海省工业产业技术水平很低，亟须增加技术研发投入。

（4）政策制度。青海省2010年9月编制完成了《青海省战略性新兴产业实

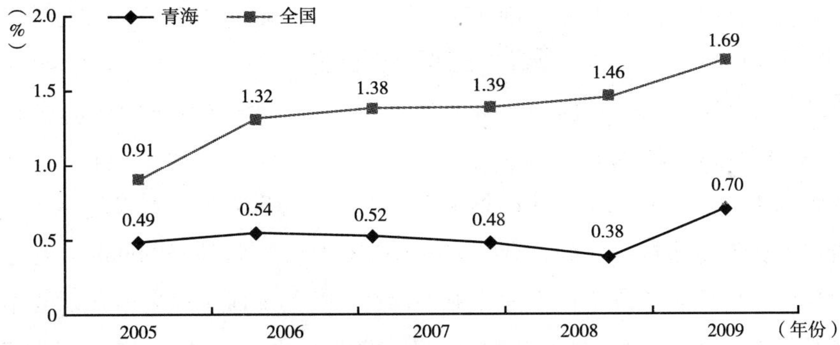

图 4　青海省 2005 ~ 2009 年研发经费内部支出情况

资料来源：历年《中国科技统计年鉴》。

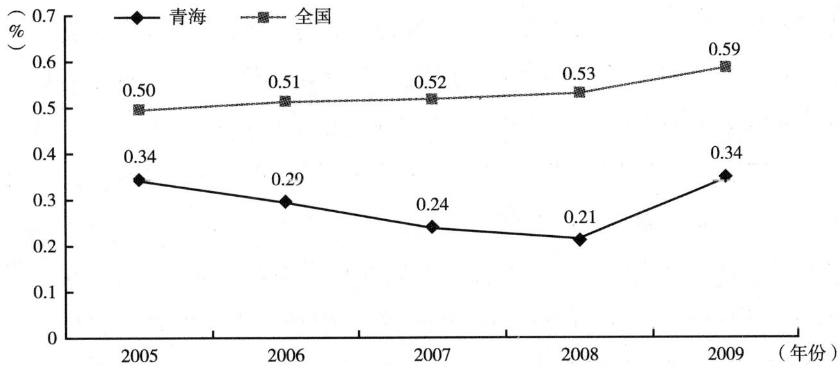

图 5　青海省与全国大中型工业企业研发经费内部支出占工业总产值比重

资料来源：历年《中国科技统计年鉴》。

施意见》（以下简称《意见》），将在太阳能、风能、盐湖资源等各种优势自然资源方面深挖潜力，借国家战略布局之势，加速经济结构调整，实现经济社会绿色、和谐和统筹发展。《意见》指出，到 2015 年，青海省战略性新兴产业将形成健康发展、协调推进的基本格局，对产业结构升级的推动作用显著增强，增加值占该省国内生产总值的比重力争达到 8% 左右。到 2020 年，战略性新兴产业增加值占该省国内生产总值的比重力争达到 15% 左右。

在促进工业结构调整、培育优势产业方面，2010 年青海省实施了工业“双百”行动，提出，到 2015 年，青海要建设 100 个投资规模大、带动力强的重点项目，项目总投资 5000 亿元，实现销售收入 3300 亿元，同时，培育 100 家发展潜力大、带动效应强的重点企业。

三　经验与借鉴

1. 大力发展光伏产业

在国家大力支持和光伏企业的积极参与下，青海省光伏产业发展迅速，并已成为青海省新的特色优势支柱产业。在加快光伏发电项目建设的同时，青海省大力发展硅业、电池组件等光伏产业。亚洲硅业、黄河上游水电开发公司等企业已建成多晶硅3250吨、单晶硅500吨、硅片4000万片、光伏组件封装150兆瓦。在建太阳能电池生产项目5个，产能1400兆瓦，初步建成了光伏产业链①。

青海省成立了新能源开发建设协调领导小组，统一部署光伏产业发展工作，重点协调解决太阳能开发利用及其产业发展中的重大问题；为指导光伏产业发展，青海省编制完成了《青海省太阳能综合利用总体规划》、《青海省柴达木盆地千万千瓦级太阳能发电基地规划》、《青海省格尔木市新能源示范城市规划》、《青海省"十二五"能源规划》，明确了光伏产业发展思路、发展目标、开发布局和建设重点；为努力提高产业效益，全省着力培育产业链条，充分利用优势资源，积极引进有实力的企业，目前已经引进光伏设备制造企业约20家、发电企业约40家，努力构建包括光伏发电、硅材料、器件、生产设备、应用系统等较为完整的产业链，努力提高产业效益。

2. 以中藏药材为主导发展现代化医药制造业

青海省以具有明显优势和地方特色的中藏药材产品为主导，发展现代医药制造业，提升医药产业竞争力。青海省正逐步成为全国较大的中藏药材生产和加工基地。近年来，通过每年举办中国夏都药品药材博览会，搭建中藏药材药品的科研、生产、交易平台，使中藏药产业获得快速发展，促进了传统中藏药产业向现代化医药的转型发展。青海省还出台了《青海中藏药资源开发及产业发展纲要》，把中藏药的发展提上重要议程，为藏药的发展指明了方向。在保护生态环境的基础上，进一步加强青海省中藏药材的栽培技术研究，加快特色植物封育繁殖基地建设，实现青海省主流中藏药材的规范化种植。

① 王玉娟：《青海正崛起为全国最大光伏能源区》，人民网，2011年9月28日。

B.38

新疆产业低碳竞争力

徐　娟*

一　产业竞争力的变化

1. 市场占有率

2010 年新疆 39 个行业中石油和天然气开采业的全国市场占有率遥遥领先为 11.64%，其近三年的全国同行业排名分别为第 3、第 4、第 4 位；同期，排名第 2 位的也是资源密集型行业石油加工、炼焦及核燃料加工业，其余行业的市场占有率均在 2% 以下，说明新疆的优势产业虽然稳固，但产业结构却十分的单一。市场占有率均不足 1% 的行业有 32 个。各行业全国平均排名为第 23 位，新疆产业整体竞争力处于低水平。

2008 ~ 2010 年市场占有率呈上升趋势的行业数多于呈下降趋势的行业数。除去市场占有率为零的行业外，其余 38 个行业中，石油和天然气开采业，黑色金属矿采选业，有色金属矿采选业，农副食品加工业，食品制造业，纺织服装、鞋、帽制造业，木材加工及木、竹、藤、棕、草制品业，家具制造业，印刷业和记录媒介的复制，交通运输设备制造业，工艺品及其他制造业，废弃资源和废旧材料回收加工业 12 个行业的全国市场占有率均有所回落；皮革、毛皮、羽毛（绒）及其制造品业，造纸及纸制品业，通用设备制造业，通信设备、计算机及其他电子设备制造业，仪器仪表及文化、办公用机械制造业 5 个行业的全国市场占有率均维持稳定，其余 26 个行业的全国市场占有率有所提升，特别是其他采矿业在 2010 年市场占有率从零提升到 1.25%，跃居全国第 5 位。

---

* 徐娟，中国社会科学院工业经济研究所博士。

表 1　2008～2010 年新疆各行业市场占有率及其排名

行　业	2008 年		2009 年		2010 年	
	市场占有率（%）	排名	市场占有率（%）	排名	市场占有率（%）	排名
煤炭开采和洗选业	0.64	11	0.79	10	0.64	12
石油和天然气开采业	14.17	1	11.46	1	11.64	1
黑色金属矿采选业	1.87	4	1.33	5	1.47	4
有色金属矿采选业	1.37	5	1.08	6	1.21	6
非金属矿采选业	0.35	20	0.25	23	0.43	18
其他采矿业	0.00	38	0.00	38	1.25	5
农副食品加工业	0.67	10	0.61	13	0.64	13
食品制造业	0.97	6	0.79	9	0.88	8
饮料制造业	0.56	13	0.61	12	0.69	10
烟草制品业	0.38	19	0.42	17	0.40	21
纺织业	0.40	17	0.35	19	0.43	19
纺织服装、鞋、帽制造业	0.02	37	0.02	36	0.01	38
皮革、毛皮、羽毛(绒)及其制品业	0.06	30	0.03	32	0.06	31
木材加工及木、竹、藤、棕、草制品业	0.16	27	0.09	27	0.12	28
家具制造业	0.33	22	0.26	22	0.21	24
造纸及纸制品业	0.18	26	0.17	25	0.18	26
印刷业和记录媒介的复制	0.20	25	0.20	24	0.18	25
文教体育用品制造业	0.00	39	0.00	39	0.00	39
石油加工、炼焦及核燃料加工业	4.00	3	4.00	3	4.29	2
化学原料及化学制品制造业	0.60	12	0.65	11	0.66	11
医药制造业	0.08	29	0.09	28	0.09	30
化学纤维制造业	0.87	8	1.70	4	1.86	3
橡胶制品业	0.03	33	0.04	30	0.12	27
塑料制品业	0.40	18	0.33	20	0.41	20
非金属矿物制品业	0.55	14	0.61	14	0.63	14
黑色金属冶炼及压延加工业	0.91	7	0.87	7	1.07	7
有色金属冶炼及压延加工业	0.21	24	0.16	26	0.24	23
金属制品业	0.25	23	0.29	21	0.26	22
通用设备制造业	0.04	31	0.04	31	0.04	32
专用设备制造业	0.09	28	0.09	29	0.10	29
交通运输设备制造业	0.04	32	0.02	35	0.02	37
电气机械及器材制造业	0.34	21	0.40	18	0.58	16
通信设备、计算机及其他电子设备制造业	0.03	35	0.03	33	0.03	34
仪器仪表及文化、办公用机械制造业	0.02	36	0.02	34	0.02	36

续表

行　业	2008 年		2009 年		2010 年	
	市场占有率（%）	排名	市场占有率（%）	排名	市场占有率（%）	排名
工艺品及其他制造业	0.03	34	0.01	37	0.02	35
废弃资源和废旧材料回收加工业	6.20	2	6.40	2	0.03	33
电力、热力的生产和供应业	0.80	9	0.84	8	0.84	9
燃气生产和供应业	0.53	15	0.50	15	0.55	17
水的生产和供应业	0.49	16	0.49	16	0.59	15

资料来源：中国产业竞争力数据库。

2. 显示比较优势指数

2010 年新疆显示比较优势指数大于 1 的行业有 9 个，按照指数从高到低的顺序为石油和天然气开采业（15.09），石油加工、炼焦及核燃料加工业（5.57），化学纤维制造业（2.51），黑色金属矿采选业（1.91），其他采矿业（1.64），有色金属矿采选业（1.58），黑色金属冶炼及压延加工业（1.4），食品制造业（1.27），电力、热力的生产供应业（1.09），说明这些行业有较强的比较优势；RCA 大于 2.5 的行业集中在能源化工类产业。

比较 2008 年、2009 年、2010 年三个时点数据，RCA 呈下降趋势的有 9 个行业，其中比较明显的两个行业是废弃资源和废旧材料回收加工业（下降 7.89）和黑色金属矿采选业（下降 0.36），降幅最大的三个行业是废弃资源和废旧材料回收加工业（下降 99.5%），纺织服装、鞋、帽制造业（下降 50%），以及交通运输设备制造业（下降 50%）。RCA 呈上升趋势的行业有 24 个，其中比较明显的有：其他采矿业（上升 1.64），化学纤维制造业（上升 1.44），石油加工、炼焦及核燃料加工业（上升 0.83），电气机械及器材制造业（上升 0.33），黑色金属冶炼及压延加工业（上升 0.32），饮料制造业（上升 0.23），非金属矿采选业（上升 0.2），水的生产和供应业（上升 0.19），非金属矿物制品业（上升 0.18），食品制造业（上升 0.15），化学原料及化学制品制造业（上升 0.14），电力、热力的生产和供应业（上升 0.13），煤炭开采和洗选业（上升 0.13），橡胶制品业（上升 0.1），上升幅度超过 20% 的行业有 11 个。超过六成行业的 RCA 上升，说明新疆产业的整体比较优势正在逐步提升。

表 2 2008~2010 年新疆各行业显示比较优势指数及其排名

行业	2008 年		2009 年		2010 年	
	RCA	排名	RCA	排名	RCA	排名
煤炭开采和洗选业	0.76	12	1.11	10	0.89	11
石油和天然气开采业	15.09	1	15.59	1	15.09	1
黑色金属矿采选业	2.27	4	1.98	5	1.91	4
有色金属矿采选业	1.61	5	1.46	6	1.58	6
非金属矿采选业	0.41	21	0.38	22	0.61	18
其他采矿业	0.00	38	0.00	38	1.64	5
农副食品加工业	0.80	11	0.87	13	0.89	12
食品制造业	1.12	6	1.35	7	1.27	8
饮料制造业	0.70	14	0.88	12	0.93	10
烟草制品业	0.45	20	0.58	18	0.53	21
纺织业	0.48	18	0.46	19	0.55	19
纺织服装、鞋、帽制造业	0.02	37	0.02	36	0.01	38
皮革、毛皮、羽毛(绒)及其制品业	0.08	30	0.05	32	0.08	31
木材加工及木、竹、藤、棕、草制品业	0.19	27	0.14	28	0.17	27
家具制造业	0.36	22	0.32	23	0.28	24
造纸及纸制品业	0.21	26	0.24	25	0.24	25
印刷业和记录媒介的复制	0.24	25	0.26	24	0.24	26
文教体育用品制造业	0.00	39	0.00	39	0.00	39
石油加工、炼焦及核燃料加工业	4.74	3	5.48	3	5.57	2
化学原料及化学制品制造业	0.72	13	0.90	11	0.86	13
医药制造业	0.10	29	0.14	27	0.13	30
化学纤维制造业	1.07	8	2.51	4	2.51	3
橡胶制品业	0.05	32	0.06	30	0.15	28
塑料制品业	0.48	17	0.46	20	0.53	20
非金属矿物制品业	0.66	15	0.85	14	0.84	14
黑色金属冶炼及压延加工业	1.08	7	1.22	8	1.40	7
有色金属冶炼及压延加工业	0.26	24	0.22	26	0.32	22
金属制品业	0.29	23	0.41	21	0.32	23
通用设备制造业	0.05	31	0.05	31	0.05	32
专用设备制造业	0.11	28	0.13	29	0.13	29
交通运输设备制造业	0.04	33	0.02	35	0.02	37
电气机械及器材制造业	0.46	19	0.77	16	0.79	16
通信设备、计算机及其他电子设备制造业	0.03	35	0.04	33	0.04	34
仪器仪表及文化、办公用机械制造业	0.03	36	0.03	34	0.02	36
工艺品及其他制造业	0.03	34	0.02	37	0.03	35
废弃资源和废旧材料回收加工业	7.93	2	9.08	2	0.04	33
电力、热力的生产和供应业	0.96	9	1.16	9	1.09	9
燃气生产和供应业	0.87	10	0.83	15	0.82	15
水的生产和供应业	0.57	16	0.69	17	0.76	17

资料来源：中国产业竞争力数据库。

结合市场占有率和显示比较优势指数，新疆的石油和天然气开采业具有极强的行业竞争优势（市场占有率 >5% 且 RCA >2.5），石油加工、炼焦及核燃料加工业具有明显的行业竞争优势（3% < 市场占有率 <5% 且 RCA >2.5）。新疆有竞争优势的行业全部集中于石油天然气类能源产业。

二 低碳竞争力

1. 碳生产率

2009 年新疆碳生产率除工业外，其他四个产业均有所上升，但幅度不大。五大产业的平均碳生产率下降了 0.08，说明新疆产业整体低碳竞争力有下降趋势。

同全国碳生产率相比，新疆 2009 年高于全国平均水平的产业只有建筑业；农业，工业，批发、零售业和住宿、餐饮业的碳生产率则低于全国平均水平，其中批发、零售业和住宿、餐饮业远低于全国平均水平的 77%。五大产业的平均碳生产率也低于全国平均水平，说明新疆产业整体低碳竞争力水平较低。

综上，新疆仅建筑业为相对低碳竞争优势产业，并且这种优势在 2009 年得到进一步加强；农业，交通运输、仓储及邮政业，批发、零售业和住宿、餐饮业均无低碳竞争优势，但碳生产率有进一步提升，说明这种劣势有所缓解。

表 3 2008 和 2009 年五大产业增加值、碳排放量和碳生产率

年份	项目	农业	工业	建筑业	交通运输、仓储及邮政业	批发、零售业和住宿、餐饮业	合计（平均）
2008	增加值（亿元）	691.10	1790.70	296.04	191.69	287.55	3257.08
	碳排放（万吨）	187.73	2403.66	43.34	439.59	90.13	3164.46
	碳生产率（万元/吨）	3.68	0.74	6.83	0.44	3.19	1.03
2009	增加值（亿元）	759.74	1555.84	373.75	209.10	315.85	3214.28
	碳排放（万吨）	193.07	2613.99	49.91	424.40	97.03	3378.40
	碳生产率（万元/吨）	3.94	0.60	7.49	0.49	3.26	0.95
	全国碳生产率（万元/吨）	7.52	1.28	4.04	0.52	14.37	1.60

资料来源：《中国能源统计年鉴》、《中国统计年鉴》、《2006 年 IPCC 国家温室气体清单指南》。

2. 影响碳生产率的原因

（1）产业结构。2010 年新疆生产总值 5437.47 亿元，位居西北五省第二。

三次产业总产值分别为 1078.63 亿元、2592.15 亿元和 1766.69 亿元，占 GDP 的比重为 19.8%、47.7%和 32.5%。第一产业比重高出全国平均水平 10.5 个百分点，第二产业和第三产业比重分别低于全国平均水平 2.7 个和 7.9 个百分点。

表 4　新疆与全国 2010 年三次产业情况

单位：亿元，%

区域	生产总值	第一产业		第二产业		第三产业	
		总值	比重	总值	比重	总值	比重
新疆	5437.47	1078.63	19.8	2592.15	47.7	1766.69	32.5
全国	437041.99	40532.83	9.3	220064.77	50.4	176444.36	40.4

资料来源：《中国统计年鉴》。

从新疆历年三次产业结构的变化看，第一产业比重总趋势下降，但在 2010 年出现了 11.7%的升幅，第二产业比重提高 8.3 个百分点，第三产业则下降 7.0 个百分点。仍然是第二产业比重提高较快，而第三产业比重下降较多（见图 1）。2010 年第三产业比重出现 14.3%的历年来最大降幅。

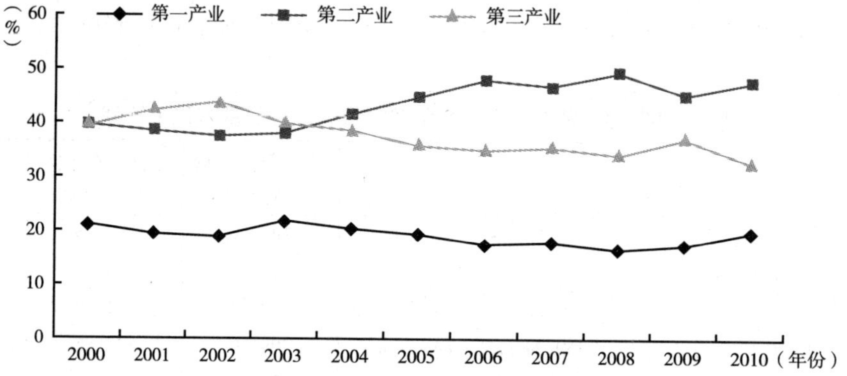

图 1　新疆 2000～2010 年三次产业结构变化

资料来源：《新疆统计年鉴》。

（2）能源结构。由图 2 可以看出，2000～2009 年新疆煤炭消费比重一直在 60%左右波动，2005 年之后持续上升；天然气消费比重在波动中稳步上升，近五年稳定在 13%左右；石油消费比重近几年呈明显下降趋势；水风电能源消费近几年稳步上升，2009 年达 5.2% 的最高比重。综合来看，新疆能源消费结构仍然属于以煤炭为主的低质型消费结构，这客观上造成了新疆能源总体利用效率偏低、环境污染严重等问题。

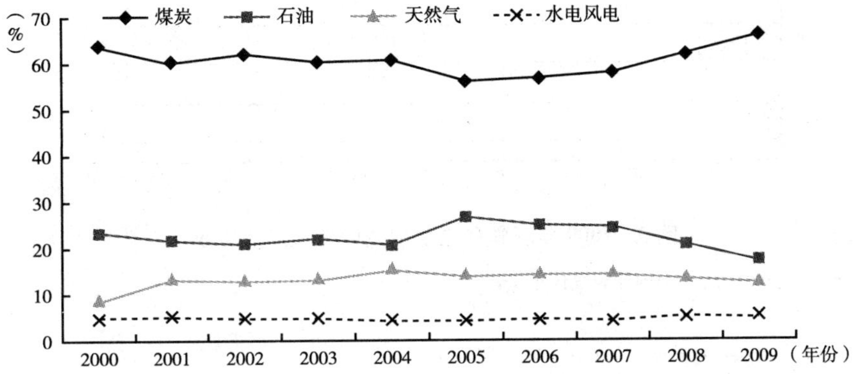

图 2　新疆 2000 ~ 2009 年能源消费结构变化

资料来源：《中国能源统计年鉴》。

2009 年新疆三次产业能源消费比重为 6.4∶81.3∶12.3，与 2000 年(11.0∶77.7∶11.3)相比，第二、第三产业能源消费比重上升，第一产业能源消费比重下降；与全国 2009 年（2.4∶86.0∶11.6）相比，第一、第三产业能源消费比重较高，第二产业能源消费比重低于全国平均水平；从历年三次产业能源消费比重变化看，2000 年之前的第一、第三产业接近于 10%，2000 年之后，第三产业能源消费比重逐步上升，第一产业能源消费比重逐渐下降。

结合部门能源消费结构，从图 3 可以看出，新疆 2009 年煤炭三次产业消耗比重为 5∶90∶5；石油三次产业消费比重为 12∶39∶49；天然气三次产业消费比重为0∶92∶8；电力三次产业消费比重为 13∶82∶5。

（3）技术水平。从研发经费内部支出占 GDP 比重来看，与全国平均水平比较，新疆研发经费内部支出强度一直远低于全国平均水平，甚至不足全国平均水平的 1/3，说明新疆科技投入水平极低；从变化趋势看，新疆自 2000 年以来，研发经费强度呈现逐年上升的态势，说明其开始重视科技水平（见图 4）。从大中型工业企业研发经费内部支出占工业总产值比重来看，新疆大中型企业研发经费支出强度仍低于全国平均水平，工业技术投入处于较低水平，这将制约新疆工业

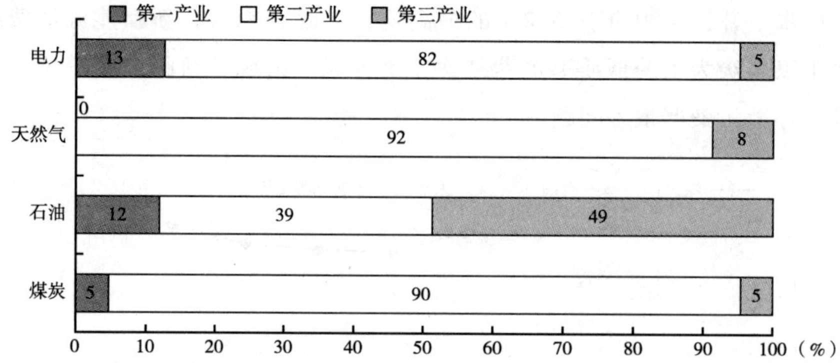

图3　2009年新疆各主要能源中三次产业比重

资料来源：《中国能源统计年鉴》。

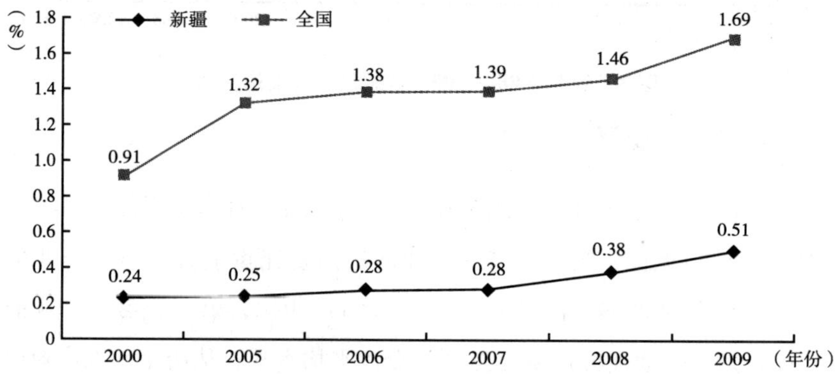

图4　新疆与全国2000～2009年研发经费内部支出情况

资料来源：历年《中国科技统计年鉴》。

产业竞争力的提升；从变化趋势看，新疆大中型工业企业研发经费逐年呈上升态势，2005～2009年平均增速为17.3%，远高于全国4.3%的增速水平，但由于基数低，这种增长带来绝对数的提高并不明显（见图5）。

（4）政策制度。新疆在《加快培育和发展战略性新兴产业总体规划纲要（2011～2015）》（以下简称《纲要》）中确定将重点发展新兴能源、新材料、先进装备制造、生物、信息、节能环保、清洁能源汽车等七大战略性新兴产业，并明确了发展目标、重点任务和保障措施。《纲要》提出，到2015年，战略性新兴产业初步形成健康发展、协调推进的基本格局，对产业升级的推动作用明显增强。初步建成一批产业链完善、创新能力强、特色鲜明的战略性新兴产业集聚

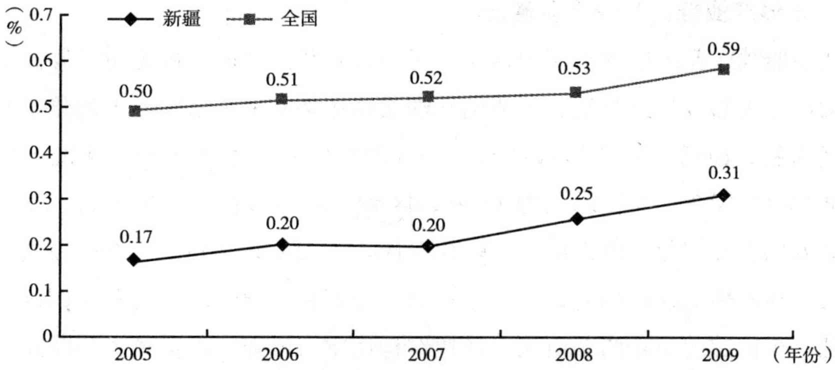

图 5　新疆与全国大中型工业企业研发经费内部支出占工业总产值的比重

资料来源：历年《中国科技统计年鉴》。

区。到 2020 年，战略性新兴产业成为经济社会发展的重要推动力量，地区生产总值的比重力争达到 15% 左右。新兴能源、新材料、先进装备制造成为全区经济的支柱产业，生物、信息、节能环保、清洁能源汽车成为全区经济的先导产业。

三　经验与借鉴

新疆油气资源丰富，石油预测资源量达 200 多亿吨，占全国陆地石油资源量的 30%；天然气预测资源量 10 余万亿立方米，占全国陆上天然气资源量的 34%。2010 年，新疆全区原油产量 2513 万吨，居全国第三；天然气产量 245 亿立方米，位居全国第一，油和天然气产业成为新疆第一大支柱产业。

1. 依托资源优势，加速产业发展

近年来，塔里木、准噶尔和吐哈三大盆地不断有新资源被探明，中石油塔里木油田新增油气储量创历史新高，中石化塔河油田已成为中石化第二大油田，同时亿吨级的稀油油藏的发现也为今后原油产量持续增长提供了保障。截至 2009 年底，已探明石油地质储量 30 亿吨、天然气地质储量 1.3 万亿立方米，具备了进一步发展的资源基础。丰富的油气资源为新疆的资源产业发展带来得天独厚的资源优势，也为新疆加速产业发展，提高主导产业竞争力提供了保障。

2. 延伸产业链，建设产业基地

新疆能源产业的快速发展得益于其对石油石化产业的明确定位，即建设国家最大的石油天然气生产基地、重要的原油战略储备基地、重要的石油化工基地及化肥（氮肥、钾肥）生产储备基地和国家能源陆上安全大通道。为此，新疆先后批准鄯善、库车、克拉玛依等 13 家园区为自治区级石化、化工园区。中国西部大开发标志性工程、国内最大的炼化一体化工程中石油独山子石化公司千万吨炼油百万吨乙烯工程已建成投产，这将有利于石油石化行业充分利用国内国外两种资源、开拓国内国际两个市场、加快结构调整、增强国际竞争力。同时，独山子石化的带动作用也很明显，千万吨炼油百万吨乙烯工程每年可提供 617 万吨炼油产品和 295 万吨化工产品。部分产品作为延伸新疆石化产业链基础原料，可极大带动周边区域形成精细化工、新材料等石化下游产品产业集群，促进新疆经济发展和产业升级。①

① 任意、姜帆：《新疆石油石化产业：发挥支柱作用，推动经济发展》，中国经济网，2010 年 8 月 4 日。

B.39

贵州产业低碳竞争力

胡文龙*

一　产业竞争力的变化

2010年，贵州省地区生产总值4593.97亿元，比上年增长12.8%。按GDP总额排名，贵州省位居全国第26，属于经济发展落后省份。贵州省2010年一、二、三产业工业总产值分别为630亿元、1800亿元、2164亿元，一、二、三产业占比分别为13.72%、39.18%、47.10%，占全国一、二、三产业工业总产值的比重分别为1.55%、0.96%、1.25%，而全国一、二、三产业占比分别为10.1%、46.8%、43.1%。总体来看，贵州省农业和服务业比重较大，工业比重相对低于全国平均水平。

1. 市场占有率

通过表1可以看出，2010年，贵州省市场占有率最高的前十大行业是烟草制品业（3.54%），煤炭开采和洗选业（2.94%），电力、热力的生产和供应业（2.25%），饮料制造业（2.15%），医药制造业（1.31%），橡胶制品业（1.27%），燃气生产和供应业（1.02%），非金属矿采选业（0.92%），有色金属冶炼及压延加工业（0.79%），黑色金属冶炼及压延加工业（0.76%）。整体而言，贵州省市场占有率最高的前十大行业在全国的市场占有率均没有超过5%，表明贵州省整体产业竞争力较弱。2008～2010年，煤炭开采和洗选业的市场占有率上升趋势比较明显；烟草制品业，电力、热力的生产和供应业的市场占有率出现了下降态势；其他行业市场占有率保持平稳。由于整体市场占有率较低，且占较高市场占有率的烟草制品业出现了下降态势，因此，贵州省2008年以来整体产业竞争力仍然处于低端平稳维持阶段，上升态势不明显。

---

* 胡文龙，中国社会科学院工业经济研究所助理研究员。

表 1　贵州省各行业市场占有率变化情况

单位：%

行业代码	行业名称	2010 年	2009 年	2008 年
06	煤炭开采和洗选业	2.94	2.36	2.36
07	石油和天然气开采业	0.00	0.00	0.00
08	黑色金属矿采选业	0.12	0.15	0.18
09	有色金属矿采选业	0.30	0.20	0.76
10	非金属矿采选业	0.92	0.88	0.91
11	其他采矿业	0.00	0.00	0.00
13	农副食品加工业	0.23	0.24	0.22
14	食品制造业	0.50	0.43	0.53
15	饮料制造业	2.15	2.09	2.17
16	烟草制品业	3.54	3.73	3.62
17	纺织业	0.02	0.01	0.02
18	纺织服装、鞋、帽制造业	0.03	0.03	0.04
19	皮革、毛皮、羽毛(绒)及其制品业	0.02	0.02	0.01
20	木材加工及木、竹、藤、棕、草制品业	0.35	0.38	0.30
21	家具制造业	0.04	0.01	0.00
22	造纸及纸制品业	0.23	0.19	0.12
23	印刷业和记录媒介的复制	0.37	0.42	0.38
24	文教体育用品制造业	0.03	0.03	0.03
25	石油加工、炼焦及核燃料加工业	0.20	0.24	0.26
26	化学原料及化学制品制造业	0.70	0.78	0.88
27	医药制造业	1.31	1.43	1.40
28	化学纤维制造业	0.00	0.00	0.00
29	橡胶制品业	1.27	1.23	1.27
30	塑料制品业	0.16	0.19	0.17
31	非金属矿物制品业	0.53	0.53	0.49
32	黑色金属冶炼及压延加工业	0.76	0.73	0.80
33	有色金属冶炼及压延加工业	0.79	0.81	0.84
34	金属制品业	0.22	0.31	0.39
35	通用设备制造业	0.09	0.09	0.09
36	专用设备制造业	0.16	0.18	0.17
37	交通运输设备制造业	0.25	0.33	0.31
39	电气机械及器材制造业	0.17	0.19	0.19

续表

行业代码	行业名称	2010 年	2009 年	2008 年
40	通信设备、计算机及其他电子设备制造业	0.08	0.09	0.07
41	仪器仪表及文化、办公用机械制造业	0.13	0.15	0.12
42	工艺品及其他制造业	0.28	0.35	0.28
43	废弃资源和废旧材料回收加工业	0.01	0.01	0.01
44	电力、热力的生产和供应业	2.25	2.49	2.30
45	燃气生产和供应业	1.02	0.76	1.15
46	水的生产和供应业	0.74	0.69	0.70

资料来源：中国产业竞争力数据库。

2. 显示比较优势指数

2010 年，贵州省显示比较优势指数最高的前 10 个行业分别是烟草制品业（5.93），煤炭开采和洗选业（4.93），饮料制造业（4.12），电力、热力的生产和供应业（3.74），医药制造业（2.55），橡胶制品业（2.39），燃气生产和供应业（1.68），非金属矿采选业（1.55），水的生产和供应业（1.42），黑色金属冶炼及压延加工业（1.31）。上述 10 个工业行业显示比较优势均大于 1，表明贵州省前十大市场占有率较高的工业行业显示比较优势也比较突出，具有进一步提高市场占有率的优势。从贵州省主要行业的显示比较优势指数变化情况来看，2008 ~ 2010 年，贵州省煤炭开采和洗选业上升趋势较为明显，其余工业行业整体变化不大，整体呈现"竞争优势较为稳定"的态势（见表 2）。

表 2　贵州省各行业的显示比较优势指数

行业代码	行业名称	2010 年	2009 年	2008 年
06	煤炭开采和洗选业	4.93	3.93	3.94
07	石油和天然气开采业	0.00	0.00	0.00
08	黑色金属矿采选业	0.21	0.26	0.29
09	有色金属矿采选业	0.52	0.33	1.32
10	非金属矿采选业	1.55	1.49	1.47
11	其他采矿业	0.00	0.00	0.00
13	食品制造业	0.83	0.70	0.88
15	饮料制造业	4.12	3.84	3.93
16	烟草制品业	5.93	5.95	5.97

续表

行业代码	行业名称	2010年	2009年	2008年
17	纺织业	0.03	0.03	0.03
18	纺织服装、鞋、帽制造业	0.05	0.05	0.06
19	皮革、毛皮、羽毛(绒)及其制品业	0.02	0.03	0.03
20	木材加工及木、竹、藤、棕、草制品业	0.60	0.66	0.56
21	家具制造业	0.06	0.01	0.01
22	造纸及纸制品业	0.39	0.33	0.23
23	印刷业和记录媒介的复制	0.61	0.68	0.61
24	文教体育用品制造业	0.06	0.05	0.05
25	石油加工、炼焦及核燃料加工业	0.38	0.48	0.45
26	化学原料及化学制品制造业	1.16	1.23	1.50
27	医药制造业	2.55	2.56	2.47
28	化学纤维制造业	0.00	0.00	0.00
29	橡胶制品业	2.39	2.25	2.27
30	塑料制品业	0.28	0.33	0.30
31	非金属矿物制品业	0.94	0.87	0.82
32	黑色金属冶炼及压延加工业	1.31	1.24	1.33
33	有色金属冶炼及压延加工业	1.30	1.33	1.38
34	金属制品业	0.35	0.48	0.64
35	通用设备制造业	0.15	0.15	0.17
36	专用设备制造业	0.28	0.30	0.27
37	交通运输设备制造业	0.43	0.55	0.53
39	电气机械及器材制造业	0.29	0.31	0.31
40	通信设备、计算机及其他电子设备制造业	0.13	0.14	0.11
41	仪器仪表及文化、办公用机械制造业	0.24	0.27	0.20
42	工艺品及其他制造业	0.51	0.56	0.43
43	废弃资源和废旧材料回收加工业	0.01	0.01	0.01
44	电力、热力的生产和供应业	3.74	3.99	3.75
45	燃气生产和供应业	1.68	1.21	1.88
46	水的生产和供应业	1.42	1.31	1.37

资料来源:中国产业竞争力数据库。

综合市场占有率与显示比较优势指数来看，尽管该省显示比较优势前十位的工业行业的显示比较优势指数均大于1，具有一定的竞争实力，但市场占有率却大多低于5%，贵州省整体产业竞争力是相对偏弱的。特别值得一提的是，烟草制品业作为贵州省的支柱产业，是唯一市场占有率超过3%、显示比较优势指数大于5的工业行业，产业竞争力较强。随着将来中国控烟进程的推进，烟草消费的下降，贵州烟草行业势必会面临巨大的转型和升级压力。

二 低碳竞争力

1. 碳生产率

通过图 1 可以看出，2005～2009 年，贵州省地区生产总值实现了快速增长，由 2005 年的 2005.42 亿元上涨到 2009 年的 3912.68 亿元，五年间增长了近 1 倍。同期，碳排放量呈现缓慢增长趋势，由 2005 年的 4578.314 万吨上涨到 2009 年的 5759.91 万吨，五年间增长了近 25.81%。从碳生产率来看，贵州省 2005 年以来碳生产率呈逐年上升趋势，表明贵州省以较少的碳排放量支撑了较高的经济增速，低碳竞争力越来越强。

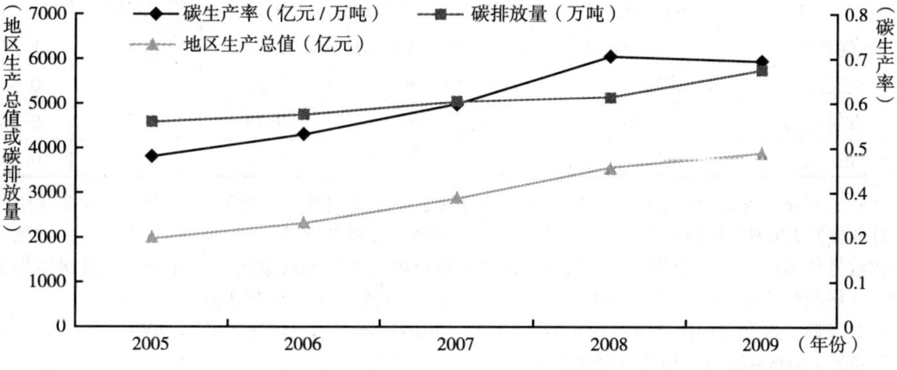

图 1 贵州省工业行业碳生产率变化情况（2005～2009 年）

资料来源：根据《中国能源统计年鉴》（2008～2010）、《贵州统计年鉴》（2008～2010）、《中国统计年鉴》（2008～2010）相关数据计算得出。

从二氧化碳排放量来看，2008 年，贵州省五个产业终端能源消费产生的总二氧化碳排放为 10736.15 万吨，其中，工业碳排放占总排放的 78.46%，达到 8423.83 万吨；交通运输、仓储及邮政业与批发、零售业和住宿、餐饮业的二氧化碳排放量较为接近，为 900 万吨左右，分别占总排放的 8% 左右；建筑业的二氧化碳排放量占比最低，绝对量仅为 114.06 万吨，占该年贵州省碳总排放量的 1.06%。2009 年，贵州省五个产业终端能源消费产生的总二氧化碳排放比 2008 年增加 787.48 万吨，增幅为 7.3%，其中，工业碳排放占总排放的 77.73%，增加到 8957.53 万吨；农业的碳排放量 2007 年以来出现了显著下降，一直维持在 350 万吨左右（见表 3）。

从碳生产率这一指标来看，2007～2009 年，建筑业的碳生产率整体处于较高水平，呈现出先降后升趋势，2009 年为 1.64 万元/吨；农业的碳生产率趋势与建筑业刚好相反，呈现出先升后降趋势，2009 年为 1.52 万元/吨，但整体来看，建筑业和农业碳生产率较高；工业，批发、零售业和住宿、餐饮业，交通运输、仓储及邮政业的碳生产率相对处于较低水平，均未超过 0.5 万元/吨（见图 2）。

表 3　贵州省各产业碳排放与碳生产率指标（2007～2009 年）

单位：万吨，万元/吨

产　业	二氧化碳排放量			碳生产率		
	2007 年	2008 年	2009 年	2007 年	2008 年	2009 年
农　业	626.49	340.57	360.88	0.71	1.61	1.52
工　业	9634.82	8423.83	8957.53	0.10	0.15	0.14
建筑业	68.84	114.06	136.31	2.04	1.46	1.64
交通运输	723.96	900.06	926.34	0.23	0.20	0.43
批发零售	408.67	957.63	1142.57	0.43	0.22	0.26
汇　总	11462.78	10736.15	11523.63	0.17	0.22	0.24

注：二氧化碳排放量 = Σ能源消耗量 × 碳排放因子。分类别的终端能源消耗量数据来自《中国能源统计年鉴》（2008～2010），而各类别能源的碳排放因子参照 IPCC 排放清单上的计算公式，根据《中国能源统计年鉴》上各种能源对应的热值，计算出相应种类能源的排放因子。表中，交通运输指交通运输、仓储及邮政业，批发零售指批发、零售业和住宿、餐饮业，方便列表故简写，下同。

资料来源：根据《中国能源统计年鉴》（2008～2010）、《贵州省统计年鉴》（2008～2010）、《中国统计年鉴》（2008～2010）相关数据计算得出。

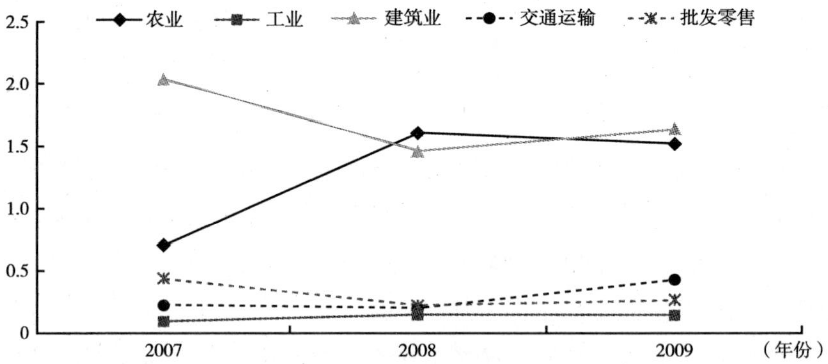

图 2　贵州省各产业碳生产率状况

资料来源：根据《中国能源统计年鉴》（2008～2010）、《贵州统计年鉴》（2008～2010）、《中国统计年鉴》（2008～2010）相关数据计算得出。

2. 贵州碳生产率的影响因素

首先，从产业结构来看，2010 年贵州省具有“三、二、一”的产业结构。贵州省产业结构层次较低，工业部门的支柱产业为烟草工业、电力工业、煤炭工业、以铝及铝加工为主的有色金属冶炼及压延加工业和以磷及磷化工为主的化学工业，产业结构中资源型产业和原材料产业所占比重很大、耗能较多，工业能耗占全省能源消耗的 70% 左右。目前，贵州省已初步形成了铝及铝加工、磷及磷化工、煤化工、有色冶金、黑色冶金、化工、建材等相对完整的资源型和原材料产业体系，并形成了瓮福、开磷为代表的一大批原材料生产龙头企业，由于对矿产资源的利用率不高，产品单一、深度加工不够，以及产业链短等问题，碳的排放强度严重超标。另外，贵州省 2010 年工业产值低于第三产业，表明工业创造的产值较低，从而使工业行业碳生产率较低。

其次，从能源结构来看，贵州省经济发展中能源资源消耗高、浪费大、效率低。一次性能源生产中煤炭占 95% 以上，能源消费中煤炭占 70% 以上；从单位产值的能耗看，每万元 GDP 的能耗为 3.9 吨标准煤，是全国平均能耗的 2.7 倍，每万元工业增加值能耗为 7.8 吨标准煤，是全国平均能耗的 3.5 倍。由于煤的碳密集程度比其他化石燃料要高得多，单位能源燃煤释放的二氧化碳量是天然气的近两倍，加之贵州省能源消耗强度高，能源资源利用效率较低，增长方式以粗放为主，因此，以煤炭为主的能源结构势必会产生较高的碳排放强度。

再次，从能源的利用效率来看，贵州省技术创新能力落后。贵州省长期欠发达、欠开发，还处在工业化、城镇化进程的初期阶段，在能源利用效率提升上的投入明显不足。开发利用可再生能源和清洁能源的关键是要研发和推广相关低碳发展的技术。相对于发达地区而言，贵州省的能源技术比较落后，无论是开发还是应用技术方面，与发达地区相比都还有很大差距，实施技术创新和产业结构升级的难度很大。

最后，在政策方面，贵州省采取了切实有效措施积极调整优化产业结构，加快淘汰落后产能。一是，制定了《贵州省淘汰落后生产能力工作实施方案》，淘汰化工、造纸、食品、酿造、电力、钢铁、建材、焦炭、火电等行业中能耗高、污染重、效益低的落后生产能力、工艺、技术和装备；二是，把好新建项目节能审查关，制定了《贵州省固定资产投资项目节能评估和审查制度》，对新建的年耗能3000吨标煤以上的项目进行节能评估和审查，严格控制高耗能产业过快增长；三是，推动企业发展清洁生产，制定了《贵州省节能减排综合性工作方案》，开展了省级清洁生产试点工作。

三　经验与借鉴

1. 发展循环经济，抓好节能减排

贵州省交通能源结构转变、建筑节能应用和节能技术产品开发应用等工作起步较晚，基础相对薄弱。但近年来，在国家政策引导下，通过努力，这些方面的工作已取得初步成效。一是积极开展公共交通能源替代工作，改善城市公共交通能源结构，减少污染物排放。贵州燃气（集团）有限责任公司、遵义市播州燃气有限公司分别在贵阳市和遵义市实施公共交通汽车燃油改燃气项目，车辆污染物排放基本能达到欧Ⅲ标准。该项目的实施可使贵阳市每年减少石油耗费15万吨，减少污染物排放1万吨以上。二是积极推进建筑节能。贵州省制定了《贵州省新型墙体材料与建筑节能产品管理办法》和《贵州省新型墙体材料目录》等规范性文件，通过省节能专项资金补助、争取国家财政资金支持等方式，支持墙体材料生产企业发展节能利废环保型的新型墙体材料。目前，已有一批新型节能利废环保墙体材料生产项目建成投产，为推进城市建筑节能打下了一定基础。三是加快节能技术产品的推广应用。积极支持中央空调节能控制、路灯节能控制、半导体照明等一批拥有自主知识产权的节能产品（技术）的推广应用，组织实施国家财政补贴高效照明产品的推广活动。

2. 加强生态环境保护，推进产业生态化发展

为保护环境，减缓和适应气候变化，贵州省确立了“生态立省”的发展战略，坚持走产业生态化的发展道路，采取切实有效措施积极调整优化产业结构，加快淘汰落后产能，并将实施植树造林、退耕还林还草、天然林资源保护、基本农田建设等内容纳入贵州省经济社会发展目标。在能源开发方面，大力发展水电、生物质能和煤层气发电，适当发展其他新能源，控制煤电的发展。以财政补贴、税收等优惠政策，积极引导相关产业进行产业生态化建设，充分发挥财政技改资金和节能专项资金的杠杆作用，引导产业结构调整，重点支持先进装备制造业、传统名优白酒业结构升级和扩能改造、企业资源综合利用、节能减排和发展循环经济改造，以及能源、优势原材料产业链延伸改造等。推动企业发展清洁生产，成立了以分管副省长牵头的省清洁发展机制（CDM）项目建设工作联席会议制度，并制定了《关于加快推进我省清洁发展机制项目开发工作的指导意见》，围绕企业节能技术改造和提高能效，推进产业结构调整，指导企业开展清洁发展机制项目的开发。

B.40
四川产业低碳竞争力

胡文龙*

一 产业竞争力变化

2010年，四川省地区生产总值16898.6亿元，比上年增长15.1%，高出全国平均水平4.8个百分点。按GDP总量排名，四川省位居全国第8。四川省2010年一、二、三产业工业总产值分别为2483.00亿元、8565.18亿元、5850.41亿元，一、二、三产业占比分别为14.69%、50.69%、34.62%，占全国一、二、三产业工业总产值的比重分别为6.13%、4.57%、3.38%，而全国第一、二、三产业占比分别为10.1%、46.8%、43.1%。可以看出，四川省主要以农业和工业为主，服务业比重相对低于全国平均水平。

1. 市场占有率

通过表1可以看出，2010年四川省市场占有率最高的前10个行业是其他采矿业（35.54%），饮料制造业（14.44%），非金属矿采选业（7.65%），燃气生产和供应业（5.67%），家具制造业（5.39%），医药制造业（5.34%），农副食品加工业（5.27%），水的生产和供应业（5.22%），非金属矿物制品业（5.22%），石油和天然气开采业（5.20%）。总体而言，四川省在全国市场占有率前十位的行业，其市场占有率大多超过5%、低于10%，表明四川省工业行业从整体上来看具有一定的竞争力，值得一提的是，其他采矿业的市场占有率较高，表明其市场竞争力较强。表1显示了四川省主要行业的市场占有率变化情况。2008~2010年，四川省居前十位的工业行业的市场占有率变化不大，呈现出“不升不降、平稳保持”的态势，其中，其他采矿业、饮料制造业、非金属矿采选业的市场占有率优势地位较为明显，多年来市场占有率均在7%以上。从市

---

* 胡文龙，中国社会科学院工业经济研究所助理研究员。

场占有率较高的行业来看，四川省2008年以来整体产业竞争力保持比较平稳，产业竞争力较强。

表1 四川省各行业市场占有率变化情况

单位：%

行业代码	行业名称	2010年	2009年	2008年
06	煤炭开采和洗选业	4.88	4.73	4.06
07	石油和天然气开采业	5.20	5.60	4.54
08	黑色金属矿采选业	4.42	5.08	4.93
09	有色金属矿采选业	4.48	3.78	3.54
10	非金属矿采选业	7.65	7.12	5.38
11	其他采矿业	35.54	10.63	10.01
13	农副食品加工业	5.27	5.52	5.22
14	食品制造业	3.95	3.52	3.34
15	饮料制造业	14.44	13.39	12.40
16	烟草制品业	2.94	4.46	2.92
17	纺织业	2.21	2.14	1.87
18	纺织服装、鞋、帽制造业	0.96	0.93	0.65
19	皮革、毛皮、羽毛(绒)及其制品业	3.75	4.14	3.71
20	木材加工及木、竹、藤、棕、草制品业	2.57	2.47	2.22
21	家具制造业	5.39	4.82	4.13
22	造纸及纸制品业	3.65	3.27	2.52
23	印刷业和记录媒介的复制	4.16	3.81	3.97
24	文教体育用品制造业	0.10	0.17	0.10
25	石油加工、炼焦及核燃料加工业	1.47	1.33	1.43
26	化学原料及化学制品制造业	3.33	3.32	3.06
27	医药制造业	5.34	5.42	5.49
28	化学纤维制造业	1.99	1.85	1.85
29	橡胶制品业	1.77	1.81	1.82
30	塑料制品业	3.07	3.22	2.55
31	非金属矿物制品业	5.22	4.87	3.91
32	黑色金属冶炼及压延加工业	3.18	3.28	2.73
33	有色金属冶炼及压延加工业	2.06	2.27	2.30
34	金属制品业	2.70	2.85	2.33
35	通用设备制造业	4.30	4.21	3.56

续表

行业代码	行业名称	2010年	2009年	2008年
36	专用设备制造业	3.58	3.87	3.88
37	交通运输设备制造业	2.27	2.37	2.46
39	电气机械及器材制造业	1.79	1.91	1.83
40	通信设备、计算机及其他电子设备制造业	2.26	2.14	1.66
41	仪器仪表及文化、办公用机械制造业	0.98	1.47	1.25
42	工艺品及其他制造业	2.02	0.88	0.68
43	废弃资源和废旧材料回收加工业	1.05	1.29	0.83
44	电力、热力的生产和供应业	3.38	3.16	2.90
45	燃气生产和供应业	5.67	6.31	7.07
46	水的生产和供应业	5.22	4.46	3.86

资料来源：中国产业竞争力数据库。

2. 显示比较优势指数

从表2可以看出，2010年，四川省显示比较优势指数最高的10个行业分别是其他采矿业（10.62），饮料制造业（4.42），非金属矿采选业（2.29），燃气生产和供应业（1.71），家具制造业（1.66），非金属矿物制品业（1.58），农副食品加工业（1.58），医药制造业（1.58），水的生产和供应业（1.56），石油和天然气开采业（1.56）。上述10个工业行业显示比较优势指数均大于1，表明四川省前十大市场占有率较高的工业行业显示比较优势也比较突出。从四川省主要行业的显示比较优势指数变化情况来看（见表2），2008～2010年，四川省主要行业除其他采矿业显示比较优势上升较快之外，其他行业各年显示比较优势整体情况变化不大，整体呈现“不升不降、优势稳定”的态势。

表2 四川省各行业的显示比较优势指数

行业代码	行业名称	2010年	2009年	2008年
06	煤炭开采和洗选业	1.44	1.41	1.38
07	石油和天然气开采业	1.56	1.69	1.40
08	黑色金属矿采选业	1.35	1.52	1.66
09	有色金属矿采选业	1.35	1.15	1.26
10	非金属矿采选业	2.29	2.12	1.84
11	其他采矿业	10.62	3.12	3.42
13	农副食品加工业	1.58	1.67	1.77

续表

行业代码	行业名称	2010 年	2009 年	2008 年
14	食品制造业	1.18	1.06	1.15
15	饮料制造业	4.42	4.12	4.29
16	烟草制品业	0.89	1.34	1.00
17	纺织业	0.66	0.65	0.64
18	纺织服装、鞋、帽制造业	0.30	0.28	0.23
19	皮革、毛皮、羽毛(绒)及其制品业	1.13	1.24	1.26
20	木材加工及木、竹、藤、棕、草制品业	0.78	0.74	0.76
21	家具制造业	1.66	1.43	1.35
22	造纸及纸制品业	1.11	0.99	0.86
23	印刷业和记录媒介的复制	1.25	1.16	1.38
24	文教体育用品制造业	0.03	0.05	0.04
25	石油加工、炼焦及核燃料加工业	0.44	0.40	0.49
26	化学原料及化学制品制造业	1.02	1.02	1.05
27	医药制造业	1.58	1.61	1.87
28	化学纤维制造业	0.59	0.58	0.62
29	橡胶制品业	0.53	0.54	0.61
30	塑料制品业	0.92	0.97	0.87
31	非金属矿物制品业	1.58	1.48	1.35
32	黑色金属冶炼及压延加工业	0.96	0.98	0.93
33	有色金属冶炼及压延加工业	0.62	0.69	0.79
34	金属制品业	0.81	0.87	0.80
35	通用设备制造业	1.29	1.27	1.21
36	专用设备制造业	1.09	1.17	1.36
37	交通运输设备制造业	0.68	0.72	0.85
39	电气机械及器材制造业	0.54	0.58	0.63
40	通信设备、计算机及其他电子设备制造业	0.70	0.66	0.57
41	仪器仪表及文化、办公用机械制造业	0.30	0.46	0.46
43	废弃资源和废旧材料回收加工业	0.33	0.37	0.28
44	电力、热力的生产和供应业	1.02	0.96	1.01
45	燃气生产和供应业	1.71	1.91	2.46
46	水的生产和供应业	1.56	1.35	1.32

资料来源：中国产业竞争力数据库。

综合市场占有率与显示比较优势指数来看，四川省前十大市场占有率较高的工业行业，市场占有率普遍高于5%，且显示比较优势指数均大于1，表明四川省相对来说具有较强的工业行业竞争力。整体来看，四川省产业竞争力是相对较强的，优势产业主要集中在饮料制造业，非金属矿采选业，燃气生产和供应业，家具制造业，非金属矿物制品业，农副食品加工业，医药制造业，水的生产和供应业，石油和天然气开采业。

二　低碳竞争力

1. 碳生产率

本报告对碳生产率的计算主要包括以下五个产业：农业，工业，建筑业，交通运输、仓储及邮政业，批发、零售业和住宿、餐饮业。

通过图1可以看出，2000～2009年，四川省地区生产总值实现了快速增长，从2000年的3928.2亿元上涨到2009年的14151.28亿元，十年间增长了3倍多。同期，碳排放量也呈现出逐年上涨趋势，从2000年的2864.25万吨上涨到2009年的7359.99万吨，十年间增长了2倍多。四川省碳生产率2000年来上升趋势明显，表明四川省在控制碳排放上的积极努力，以较少的碳排放量支撑了较高的工业经济增速，低碳竞争力越来越强。

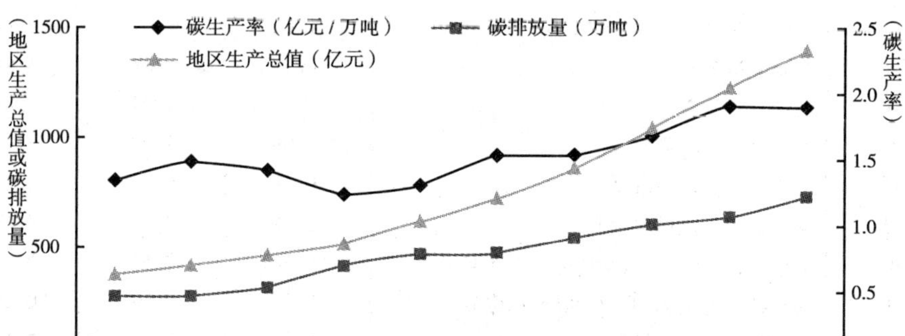

图1　四川省工业行业碳生产率变化情况（2000～2009年）

资料来源：根据《中国能源统计年鉴》（2008～2010）、《四川统计年鉴》（2008～2010）、《中国统计年鉴》（2008～2010）相关数据计算得出。

从二氧化碳排放量来看，2008年，四川省五个产业终端能源消费产生的二氧化碳总排放为21502.19万吨。其中，工业的碳排放占总排放的85.36%，达到18353.67万吨；碳排放第二大户是交通运输、仓储及邮政业，达到1930.94万吨，占总排放的8.98%；农业，建筑业，批发、零售业和住宿、餐饮业的排放不及总排放的10%。2009年，四川省的终端能源消耗产生的二氧化碳排放总量为23551.27万吨，比2008年增加了2049.08万吨。其中，工业碳排放绝对量比2008年增加1620.55吨，增长至19974.22万吨，但占总排放的比重下降到84.81%，交通运输、仓储及邮政业的排放量上升到2263.42万吨，占总排放量的比重上升为9.61%；农业碳排放总量逐年缓步上升，没有显著变化，一直维持在500万吨左右（见表3）。

表3　四川省各产业碳排放与碳生产率指标（2007～2009年）

单位：万吨，万元/吨

产　业	二氧化碳排放量			碳生产率		
	2007年	2008年	2009年	2007年	2008年	2009年
农　业	462.46	554.96	532.73	4.39	4.26	4.21
工　业	14452.44	18353.67	19974.22	0.27	0.27	0.28
建筑业	276.32	223.76	265.58	2.63	3.88	3.89
交通运输	1655.51	1930.94	2263.42	0.31	0.29	0.23
批发零售	439.42	438.86	515.32	1.42	1.68	1.69
汇　总	17286.15	21502.19	23551.27	0.45	0.44	0.44

注：二氧化碳排放量 = ∑能源消耗量×碳排放因子。分类别的终端能源消耗量数据来自《中国能源统计年鉴》（2008～2010），而各类别能源的碳排放因子参照IPCC排放清单上的计算公式，根据中国能源统计年鉴上各种能源对应的热值，计算出相应种类能源的排放因子。表中，交通运输指交通运输、仓储及邮政业，批发零售指批发、零售和住宿、餐饮业，方便列表故简写。

资料来源：根据《中国能源统计年鉴》（2008～2010）、《四川统计年鉴》（2008～2010）、《中国统计年鉴》（2008～2010）相关数据计算得出。

从碳生产率这一指标来看，2007～2009年，四川省农业的碳生产率一直处于高位，分别为4.39万元/吨、4.26万元/吨、4.21万元/吨；建筑业的碳生产率增长较快分别为2.63万元/吨、3.88万元/吨、3.89万元/吨。批发、零售业和住宿、餐饮业的碳生产率较为稳定，一直为1.5万元/吨左右；工业，交通运输、仓储及邮政业碳生产率相对处于较低水平，均未超过0.5万元/吨。将五个产业的增加值与碳排放分别加总，计算四川省的平均碳生产率，可得，四川省2007～2009年碳生产率变化并不明显，基本保持在0.45万元/吨，略高于重庆市平均水平。

2. 四川碳生产率的影响因素

首先，从产业结构上看，四川省产业结构不尽合理。四川省正处于工业化加速发展的阶段，2010 年的产业结构比为 14.69 : 50.69 : 34.62，是典型的“二、三、一”型产业结构，在工业内部，又呈现重型化的特征，工业以资源型产业为主，六大类高耗能产业占规模以上工业增加值的比重为 35.6%，超过全国平均水平 3.5 个百分点。工业产业结构的层次偏低，产业链条较短，加工程度和附加值较低，资源消耗较大，废弃物排放较多，环境污染较重。低能耗、低污染的第三产业以及相关新兴产业比重相对偏低，发展滞后，对经济发展全局的带动作用不明显。一、二、三产业内部各行业呈断裂型、单线式发展，产业链还没有在更广泛的程度上实现拓展与延伸，没有形成有机联系的良性循环圈。因此，在国内外减排和发展低碳经济转变经济发展方式的背景下，四川省产业发展迫切需要向低碳化转型。

其次，从能源结构上看，清洁能源占四川省一次能源消费的比重较高。一是，非碳基能源水电的比重高达 28%，二是，低碳能源天然气的比重也达到 10% 左右，两者合计占一次能源的比重接近 40%，是全国平均水平（12.7%）的三倍以上。因此四川省尽管单位生产总值的能耗高出全国平均水平 0.33 吨，但单位排放水平较低，单位生产总值的一次能源碳排放量却低于全国平均水平 0.2 吨。另外，四川省煤炭消费比重仍然较大，虽然近几年来能源消费结构有所调整，煤炭消费比重有所下降，但仍然存在煤炭供应紧张的状况。当前四川省正处于工业化、城市化、现代化快速发展时期，对能源需求不断增加，能源消费加速增长。按照国家统计局公布的能源消耗数据，2006 年以来全省能源消费总量以年均 8.9% 的速度增长，呈现快速增长的态势。“高碳”特征突出的“发展排放”，成为可持续发展的一大制约。因此，探索清洁性新能源，提高碳生产率，其紧迫性不言而喻。

再次，从能源的利用效率来看，整体科技水平落后，技术研发能力有限，主要依靠商业渠道引进，这是四川省经济由“高碳”向“低碳”转变的最大制约。另外，四川省矿产资源十分丰富，但由于产业结构、消费结构处于高能耗阶段，节能技术和管理的水平都较低，使得其能耗强度偏高、能源效率偏低。因此，通过结构调整、技术革新、改善管理、加强宣传等途径，实现节能减排的余地较大。

最后，在政策方面，四川省通过启动《“7 + 3”产业发展规划（2008 ~ 2020

年)》，出台《八大产业调整和振兴行动计划（2009～2011年)》，在发展低碳经济方面进行了积极探索，并取得了可喜成效。特别是广元、成都、德阳、遂宁、南充、眉山、华蓥等地，近两年来在发展低碳经济方面卓有成效。2011年，四川省政府常务会审定了《四川省战略性新兴产品“十二五”培育发展规划》，规划中的233个战略性新兴产品涉及新一代信息技术、新能源等四川省具有优势的六大领域，这些新兴产业将支撑四川省未来低碳经济健康发展。

三 经验与借鉴

1. 坚持因地制宜，推动经济产业结构转型升级

近年来，四川以生态农业建设为核心，调整农业生产布局和产品结构，发展立体农业，大力推进以沼气为重点的农村能源改造，鼓励开展绿色农业、无公害农业、有机农业的认证与管理。工业领域优势产业的主导性增强，电子信息、装备制造、能源电力等优势产业得到大力支持；高能耗、高污染行业得到一定抑制，攀西地区钢铁、有色、建材、化工、电力等“高碳”产业的准入门槛不断提高。结合成都等地的实际情况，建立生产性服务业发展的组织保障体系和技术支撑体系，大力发展低碳型的生产性服务业，不断提高低碳型服务业对经济增长的贡献率。传统资源类产业有了新定位，2010年中国白酒金三角战略全面启动，川酒焕发出了新的活力。

2. 积极探索低碳发展路径，各地开展试点取得实效

近年来，四川省在发展低碳经济方面进行了积极探索。广元市率先成立了低碳经济发展领导小组，先后印发了《清洁能源开发利用工作方案》、《关于推广清洁能源和建设循环经济产业园区实现低碳发展的意见》。2010年初成都市提出了建设世界现代田园城市的构想，并在青白江区进行了发展低碳经济试点；青白江区“生态保护及城市绿化建设工程项目”荣获了“2009年度中国人居环境范例奖”，并编制了《低碳经济发展实验区规划》；德阳市委市政府决定把国家级德阳技术开发区建设成为四川省高新技术成果产业化的示范基地、高新技术企业的培育地和德阳市新的经济增长点，并形成以新能源、新材料、新装备以及现代服务业为特色的优势产业集群；遂宁市制定了《遂宁市区域绿色经济指标体系研究》，把大力发展绿色经济作为调整产业结构、转变经济发展方式的目标定位，在全市实行了绿色发展行动计划，促进地区经济向绿色经济转型；眉山市经过多年努力已率先成为瑞士政府在中国的首个低碳经济试点城市；华蓥市通过科学规划设计打造低碳生态经济开发区，并出台鼓励使用新型节能低碳材料的政策，鼓励企业在项目建设中采用节能环保的新型建筑材料和工艺，同时加强既有建筑的节能改造，着力加快低碳建筑建设。

B.41

重庆产业低碳竞争力

胡文龙*

一　产业竞争力变化

2010年重庆市地区生产总值7925.58亿元，占全国GDP总量的1.98%，按GDP总额排名，重庆市位居全国第23。重庆市2010年一、二、三产业工业总产值分别为685.38亿元、4359.12亿元、2881.08亿元，一、二、三产业占比分别为8.6%、55%、36.4%，占全国一、二、三产业工业总产值的比重分别为1.69%、2.32%、1.66%，而全国一、二、三产业占比分别为10.1%、46.8%、43.1%。可以看出，重庆市工业总产值占比高于全国平均水平，服务业总产值占比低于全国平均水平。

1. 市场占有率

一个地区产业竞争力的大小，可以通过衡量该地区各产业在全国的市场占有率及其变化来考察。从表1可以看出，2010年重庆市市场占有率最高的前10个行业是交通运输设备制造业（5.27%），废弃资源和废旧材料回收加工业（3.15%），非金属矿采选业（2.55%），燃气生产和供应业（2.51%），水的生产和供应业（1.85%），仪器仪表及文化、办公用机械制造业（1.77%），烟草制品业（1.71%），印刷业和记录媒介的复制（1.55%），医药制造业（1.53%），煤炭开采和洗选业（1.49%）。除交通运输设备制造业外，重庆市其余行业在全国的市场占有率均没有超过5%，表明重庆市从整体上来看产业竞争力较弱。2008~2010年重庆市主要行业市场占有率情况除废弃资源和废旧材料回收加工业呈现出逐渐上升态势外，其余行业大多呈现出“稳中有微降”的发展特点，这表明重庆市2008年以来整体产业竞争力并没有出现显著上升，但在

---

* 胡文龙，中国社会科学院工业经济研究所助理研究员。

废弃资源和废旧材料回收加工行业市场占有率上升明显，表明重庆市在节能环保领域结构调整力度较大，产业竞争力逐步显现。

表1　重庆市各行业市场占有率变化情况

单位：%

行业代码	行业名称	2010年	2009年	2008年
06	煤炭开采和洗选业	1.49	1.50	1.49
07	石油和天然气开采业	0.73	0.69	0.39
08	黑色金属矿采选业	0.31	0.38	0.56
09	有色金属矿采选业	0.12	0.11	0.12
10	非金属矿采选业	2.55	2.63	1.71
11	其他采矿业	0.00	0.00	0.00
13	农副食品加工业	1.01	0.90	0.91
14	食品制造业	0.90	0.85	0.91
15	饮料制造业	1.17	1.18	1.01
16	烟草制品业	1.71	1.69	1.69
17	纺织业	0.59	0.59	0.48
18	纺织服装、鞋、帽制造业	0.30	0.23	0.23
19	皮革、毛皮、羽毛(绒)及其制品业	0.71	0.62	0.69
20	木材加工及木、竹、藤、棕、草制品业	0.23	0.18	0.20
21	家具制造业	0.99	1.06	0.71
22	造纸及纸制品业	1.32	1.02	0.72
23	印刷业和记录媒介的复制	1.55	1.47	1.41
24	文教体育用品制造业	0.05	0.03	0.02
25	石油加工、炼焦及核燃料加工业	0.15	0.19	0.16
26	化学原料及化学制品制造业	1.11	1.06	1.04
27	医药制造业	1.53	1.75	1.83
28	化学纤维制造业	0.14	0.14	0.11
29	橡胶制品业	1.23	0.88	0.75
30	塑料制品业	0.63	0.63	0.58
31	非金属矿物制品业	1.44	1.30	1.34
32	黑色金属冶炼及压延加工业	0.95	0.71	0.69
33	有色金属冶炼及压延加工业	1.43	1.49	1.54
34	金属制品业	0.80	0.67	0.58
35	通用设备制造业	1.24	1.23	1.07
36	专用设备制造业	0.99	0.97	0.92
37	交通运输设备制造业	5.27	5.57	5.61

续表

行业代码	行业名称	2010 年	2009 年	2008 年
39	电气机械及器材制造业	1.16	1.01	0.94
40	通信设备、计算机及其他电子设备制造业	0.40	0.23	0.17
41	仪器仪表及文化、办公用机械制造业	1.77	1.48	1.40
42	工艺品及其他制造业	0.28	0.27	0.21
43	废弃资源和废旧材料回收加工业	3.15	1.15	0.99
44	电力、热力的生产和供应业	1.11	1.11	1.10
45	燃气生产和供应业	2.51	2.75	2.91
46	水的生产和供应业	1.85	1.49	1.65

资料来源：中国产业竞争力数据库。

2. 显示比较优势指数

从表2可以看出，2010年，重庆市显示比较优势指数最高的前十行业分别是交通运输设备制造业（4.00），废弃资源和废旧材料回收加工业（2.58），非金属矿采选业（1.95），燃气生产和供应业（1.92），水的生产和供应业（1.38），仪器仪表及文化、办公用机械制造业（1.35），烟草制品业（1.33），印刷业和记录媒介的复制（1.22），医药制造业（1.17），煤炭开采和洗选业（1.12）。从重庆市主要行业的显示比较优势指数变化情况来看，2008～2010年，重庆市主要行业除废弃资源和废旧材料回收加工业显示比较优势上升较快之外，其他优势行业整体情况变化不大，整体甚至呈现“稳中微降”的态势。

表2　重庆市各行业的显示比较优势指数

行业代码	行业名称	2010 年	2009 年	2008 年
06	煤炭开采和洗选业	1.12	1.18	1.30
07	石油和天然气开采业	0.57	0.56	0.30
08	黑色金属矿采选业	0.24	0.27	0.49
09	有色金属矿采选业	0.14	0.08	0.12
10	非金属矿采选业	1.95	2.08	1.47
11	其他采矿业	0.00	0.00	0.00
13	农副食品加工业	0.77	0.70	0.79
14	食品制造业	0.68	0.65	0.77
15	饮料制造业	0.92	0.93	0.92

续表

行业代码	行业名称	2010 年	2009 年	2008 年
16	烟草制品业	1.33	1.41	1.45
17	纺织业	0.45	0.48	0.42
18	纺织服装、鞋、帽制造业	0.24	0.20	0.22
19	皮革、毛皮、羽毛(绒)及其制品业	0.54	0.49	0.61
20	木材加工及木、竹、藤、棕、草制品业	0.18	0.15	0.17
21	家具制造业	0.75	0.84	0.66
22	造纸及纸制品业	0.99	0.82	0.65
23	印刷业和记录媒介的复制	1.22	1.19	1.24
24	文教体育用品制造业	0.04	0.02	0.02
25	石油加工、炼焦及核燃料加工业	0.11	0.15	0.14
26	化学原料及化学制品制造业	0.85	0.85	0.94
27	医药制造业	1.17	1.43	1.53
28	化学纤维制造业	0.11	0.12	0.09
29	橡胶制品业	0.95	0.73	0.65
30	塑料制品业	0.49	0.51	0.51
31	非金属矿物制品业	1.09	1.02	1.18
32	黑色金属冶炼及压延加工业	0.71	0.57	0.61
33	有色金属冶炼及压延加工业	1.08	1.25	1.41
34	金属制品业	0.61	0.53	0.50
35	通用设备制造业	0.96	0.96	0.94
36	专用设备制造业	0.78	0.76	0.79
37	交通运输设备制造业	4.00	4.51	4.91
39	电气机械及器材制造业	0.89	0.84	0.83
40	通信设备、计算机及其他电子设备制造业	0.31	0.19	0.16
41	仪器仪表及文化、办公用机械制造业	1.35	1.14	1.24
42	工艺品及其他制造业	0.23	0.22	0.19
43	废弃资源和废旧材料回收加工业	2.58	0.92	0.86
44	电力、热力的生产和供应业	0.85	0.89	0.97
45	燃气生产和供应业	1.92	2.21	2.55
46	水的生产和供应业	1.38	1.17	1.42

资料来源：中国产业竞争力数据库。

综合市场占有率与显示比较优势指数来看，重庆市整体产业竞争力是相对偏弱的，这可能与重庆市本身所处的西部大环境有关，而且尤其值得警惕的是，其产业竞争力 2008 年以来具有“稳中微降”的发展态势。

二 低碳竞争力

1. 碳生产率

目前，关于低碳竞争力的定义还没有达成普遍共识，本报告采取碳生产率这一指标来衡量低碳竞争力，即碳生产率 = 产业增加值/产业的碳排放。某产业的碳生产率越高，表示该产业在应对气候变化方面越具有竞争力。本报告对碳生产率的计算主要包括以下五个产业：农业，工业，建筑业，交通运输、仓储及邮政业，批发、零售业和住宿、餐饮业。

通过图 1 可以看出，2000 ~ 2009 年重庆市工业增加值上涨势头明显，尤其是 2006 年以来，工业增加值由 845. 38 亿元迅速地增加到 2009 年的 2189. 39 亿元，五年间增长了 1. 5 倍多，工业获得了快速发展。同期，碳排放量呈现“先缓慢减少，后逐渐增多”趋势，由于 2006 年以来重庆市工业行业快速增长，总的碳排放量仍然也增长较快。这在一定程度上体现了重庆市在控制碳排放上的积极努力，以较少的碳排放量支撑了较高的工业经济增速。总的来看，整体碳生产率呈逐年上升趋势，2006 年以来尤其明显。表明重庆市工业行业单位碳排放量创造的经济价值逐年增加，低碳竞争力越来越强。

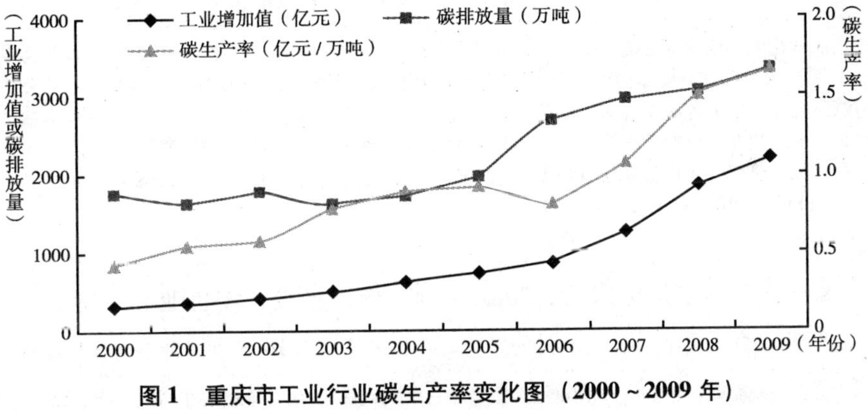

图 1 重庆市工业行业碳生产率变化图（2000 ~ 2009 年）

资料来源：根据《中国能源统计年鉴》（2008 ~ 2010）、《重庆统计年鉴》（2008 ~ 2010）、《中国统计年鉴》（2008 ~ 2010）相关数据计算得出。

从二氧化碳排放量来看，2008 年，重庆市五个产业终端能源消费产生的二氧化碳总排放为 10178. 13 万吨，其中，工业的碳排放占总排放的 80. 14%，达到

8156.83 万吨；重庆市二氧化碳排放的第二大户是交通运输、仓储及邮政业，达到1056.73 万吨，占总排放的 10.38%；农业，建筑业，批发、零售业和住宿、餐饮业的排放不及总排放的 10%。2009 年，重庆市的终端能源消耗产生的二氧化碳排放总量为 10825.54 万吨，比 2008 年增加了 647.41 万吨，增长了 6.36%。工业碳排放绝对量比 2008 年增加 770.62 吨，增长至 8927.45 万吨，占总排放的比重上升到82.47%；交通运输、仓储及邮政业的排放量有所减少，由 2008 年的 1056.73 万吨降低到 962.20 万吨，减排 8.9%；建筑业的排放总量和占比都有所下降，2009 年比2008 年排放量减少 26.59 万吨，占排放总量的比例从 2008 年的 1.83% 下降到 2009年的 1.47%；农业碳排放总量没有显著变化，一直维持在 600 万吨左右（见表 3）。

表 3　重庆市各产业碳排放与碳生产率指标（2007 ~ 2009 年）

单位：万吨，万元/吨

产　业	二氧化碳排放量			碳生产率		
	2007 年	2008 年	2009 年	2007 年	2008 年	2009 年
农　业	604.96	634.96	608.30	1.19	1.37	1.50
工　业	5208.15	8156.83	8927.45	0.24	0.22	0.25
建筑业	138.10	186.53	159.94	1.69	1.67	3.16
交通运输	928.50	1056.73	962.20	0.29	0.29	0.36
批发零售	129.64	143.08	167.65	2.82	3.14	3.12
汇　总	7009.35	10178.13	10825.54	0.40	0.37	0.41

注：二氧化碳排放量 = Σ能源消耗量 × 碳排放因子。分类别的终端能源消耗量数据来自《中国能源统计年鉴》（2008、2009、2010），而各类别能源的碳排放因子参照 IPCC 排放清单上的计算公式，根据中国能源统计年鉴上各种能源对应的热值，计算出相应种类能源的排放因子。表中，交通运输指交通运输、仓储及邮政业，批发零售指批发、零售业和住宿、餐饮业，方便列表故简写，下同。

资料来源：根据《中国能源统计年鉴》（2008 ~ 2010）、《重庆统计年鉴》（2008 ~ 2010）、《中国统计年鉴》（2008 ~ 2010）相关数据计算得出。

从碳生产率这一指标来看，2007 ~ 2009 年，批发、零售业和住宿、餐饮业的碳生产率一直处于高位，分别为 2.82 万元/吨、3.14 万元/吨、3.13 万元/吨；工业和交通运输业、仓储及邮政业的碳生产率相对处于较低水平，均未超过 0.5 万元/吨；农业的碳生产率一直较为稳定，基本维持在 1 万元 ~ 1.5 万元/吨；建筑业的碳生产率增长较快分别为 1.69 万元/吨、1.67 万元/吨、3.16 万元/吨。整体来看，与 2007 年相比，2009 年各产业的碳生产率都有不同程度的提高。上升幅度最大的是建筑业，产生这一现象的原因很可能是由于房地产的繁荣导致建筑业经济增加值上升明显，从而导致单位碳排放的经济增加值上升。将五个产业的增加值与碳排放分别加总，计算重庆市的平均碳生产率，可以得出，重庆市2007～2009年碳生产率变化并不明显，2008年碳生产率小幅下降后2009年又上升到0.41万元/吨（见图2）。

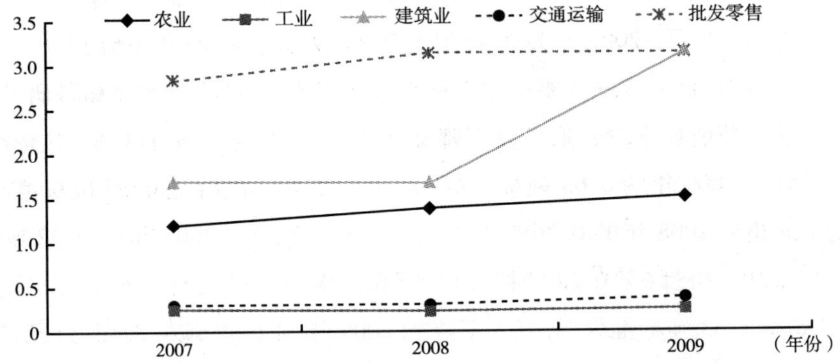

图2　重庆市各产业碳生产率状况

资料来源：根据《中国能源统计年鉴》（2008～2010）、《重庆统计年鉴》（2008～2010）、《中国统计年鉴》（2008～2010）相关数据计算得出。

2. 重庆碳生产率的影响因素

首先，从产业结构上看，重庆市产业形成了“二、三、一”的产业格局，且工业化水平高于全国平均水平。但对第二产业而言，重庆市目前还是以高能耗产业为主，采矿业和制造业中普遍能耗较高，同时由于汽车、钢铁等高能耗产业集聚重庆，使得其对电力、热力的生产和供应需求也较高，“高碳经济”特征显著。比如，2009年，工业行业中煤炭开采和洗选业，化学原料及化学制品制造业，黑色金属冶炼及压延加工业，电力、热力的生产和供应业4个行业占整个工业行业能源消耗的81.34%。尽管重庆市整个工业产业占地区生产总值具有较高比重，但由于较高的能源消耗，使得该市工业整体碳生产率较低。因此，只有进行产业结构调整，降低重庆市重点工业行业能源消耗，才能够在增加经济总量的同时，提高碳生产率，增强竞争优势。

其次，从能源供给结构上看，能源结构与能源利用效率是影响二氧化碳的主要因素。重庆市煤炭、天然气资源较为丰富，主要能源以煤和天然气为主。不同种能源的利用效率及其碳排放因子均不同，从而产生的二氧化碳量有所不同。在

2009年重庆市能源结构中，煤炭和天然气消耗量分别为占86.3%和13.6%，原油消耗量极少。针对重庆市经济发展状况来看，由于重庆市天然气资源充裕，且天然气的利用价值高、热量大，应逐步调整能源供给结构，增大清洁能源天然气的比重，减小煤炭消耗比重。

再次，从能源的利用效率来看，重庆市工业产值能耗逐年下降，2008年为0.48吨标准煤/万元，2009年为0.41吨标准煤/万元，2010年下降到0.35吨标准煤/万元。取得这一成绩主要得益于能耗较大的行业的转型升级和科研开发较为突出。从产值能耗来看，采矿业下降非常明显，从2008年的0.93吨标准煤/万元，下降到2009年的0.68吨标准煤/万元，2010年已降至0.60吨标准煤/万元。制造业也从2008年的0.36吨标准煤/万元，下降到2009年的0.32吨标准煤/万元，2010年已降至0.28吨标准煤/万元。电力、燃气及水的生产和供应业也从2008年1.63吨标准煤/万元，下降到2009年的1.47吨标准煤/万元，2010年已降至1.24吨标准煤/万元。但随着重庆工业化、城镇化的快速发展，以电力、建材、石化、有色和煤化工等为主的高耗能产业发展加快，部分区县能源重化工业增长的内在动力仍然强劲，钢铁、有色、焦化、水泥等高耗能产品的市场需求又比较旺盛，产业结构重型化的格局短期内难以取得根本性转变。

最后，在政策方面，重庆已经初步建立了发展低碳经济的政策框架。同时，为了贯彻国务院《关于发展循环经济的意见》（国办发［2005］22号）文件和2006年商务部在4个直辖市和20个省会及省辖市开展了再生资源回收网络体系建设试点工作的精神，重庆以市政府名义制定了《关于加快全市再生资源回收体系建设的意见》。重庆市公安局、市商业委员会、市工商行政管理局联合出台了《关于进一步加强废旧金属收购业管理工作的通知》等相关文件。上述政策的出台在建设再生资源回收利用体系以及规范市场管理上取得了明显成效，已经形成了以城市社区回收站（点）为基础，集散市场（分拣中心）为核心，加工利用为目的，点面结合，三位一体的再生资源回收网络体系。

三　经验与借鉴

1. 制定低碳经济发展规划和路线图，打造低碳产业群

重庆市制定了中长期低碳经济发展规划和路线图，明确了各个发展阶段推进低碳经济发展的目标，将单位 GDP 二氧化碳排放强度作为约束性指标纳入“十二五”规划纲要，编制“十二五”应对气候变化方案和低碳经济发展规划，着手选择 1 ~ 2 个市级产业园区进行低碳经济试验和示范，形成现代服务业和先进制造业为主的产业结构，降低高耗能产业的比重，逐渐形成低碳产业群。打造低碳产业集群，一是，大力发展创新金融、电子信息、服务外包、创意设计、品牌会展等高端服务领域；二是，加快发展新一代移动通讯、新能源、新材料、生物医药等战略性产业，从源头做好产业低碳化定位。

2. 加快产业结构调整升级，大力发展现代服务业

发展低碳农业，坚持走有机、生态、高效农业的新路子。一是，推广应用无公害低残留农药和生物农药，减少化肥等对环境的污染；二是，在农村大力推广沼气和农林废弃物气化技术，大量开发生物质能源。推进经济由“重”转“轻”，开展行业（工业、建筑、交通）、企业、城市、社区的低碳发展试点。在工业、建筑业和交通运输业领域开展高能耗行业的能效达标管理，淘汰重点用能部门的落后产能，强化新建项目的能效监管。加快新能源汽车的研发生产和推广使用，着力推广电动汽车。修订绿色建筑标准，以地方机关办公建筑和大型公共建筑为重点，建设一批低碳建筑项目。发展低碳服务业，一是，以金融创新为抓手，大力发展金融服务业；二是，提升发展现代物流业；三是，整合资源，推动低碳休闲、旅游业发展；四是，以提高民生为目的，大力发展文化体育服务业。

3. 加快开发低碳产品和低碳技术，积极发展新能源和可再生能源

重庆紧紧围绕全市产业发展规划，重点研究开发工业、交通运输、建筑等领域的节能技术与设备，如节能环保汽车及关键零部件技术、风力发电成套设备、大型输变电设备、超临界火力发电机组、以煤气化为基础的多联产技术等。大力发展新能源产业，以太阳能、核能、风能、LED 等新能源产业设备制造为重点，促进集约集群发展，建设国内重要的新能源产业基地。同时，大力提倡循环经济。在工业方面，在大型工业园区实施集中供气、集中供热。积极发展新能源汽车和以轨道为行走路线的公共交通工具，倡导绿色出行，发展绿色交通系统，推进交通低碳化。

权威报告　热点资讯　海量资料

当代中国与世界发展的高端智库平台

皮书数据库 www.pishu.com.cn

皮书数据库是专业的社会科学综合学术资源总库，以大型连续性图书皮书系列为基础，整合国内外其他相关资讯构建而成。包含七大子库，涵盖两百多个主题，囊括了十几年间中国与世界经济社会发展报告，覆盖经济、社会、政治、文化、教育、国际问题等多个领域。

皮书数据库以篇章为基本单位，方便用户对皮书内容的阅读需求。用户可进行全文检索，也可对文献题目、内容提要、作者名称、作者单位、关键字等基本信息进行检索，还可对检索到的篇章再作二次筛选，进行在线阅读或下载阅读。智能多维度导航，可使用户根据自己熟知的分类标准进行分类导航筛选，使查找和检索更高效、便捷。

权威的研究报告，独特的调研数据，前沿的热点资讯，皮书数据库已发展成为国内最具影响力的关于中国与世界现实问题研究的成果库和资讯库。

皮书俱乐部会员服务指南

1. 谁能成为皮书俱乐部会员？

- 皮书作者自动成为皮书俱乐部会员；
- 购买皮书产品（纸质图书、电子书、皮书数据库充值卡）的个人用户。

2. 会员可享受的增值服务：

- 免费获赠该纸质图书的电子书；
- 免费获赠皮书数据库100元充值卡；
- 免费定期获赠皮书电子期刊；
- 优先参与各类皮书学术活动；
- 优先享受皮书产品的最新优惠。

（本卡为图书内容的一部分，不购书刮卡，视为盗书）

3. 如何享受皮书俱乐部会员服务？

（1）如何免费获得整本电子书？

购买纸质图书后，将购书信息特别是书后附赠的卡号和密码通过邮件形式发送到pishu@188.com，我们将验证您的信息，通过验证并成功注册后即可获得该本皮书的电子书。

（2）如何获赠皮书数据库100元充值卡？

第1步：刮开附赠卡的密码涂层（左下）；

第2步：登录皮书数据库网站（www.pishu.com.cn），注册成为皮书数据库用户，注册时请提供您的真实信息，以便您获得皮书俱乐部会员服务；

第3步：注册成功后登录，点击进入“会员中心”；

第4步：点击“在线充值”，输入正确的卡号和密码即可使用。

皮书俱乐部会员可享受社会科学文献出版社其他相关免费增值服务
您有任何疑问，均可拨打服务电话：010-59367227　QQ:1924151860
欢迎登录社会科学文献出版社官网(www.ssap.com.cn)和中国皮书网（www.pishu.cn）了解更多信息